Haegels
Emmerin

Franz Schönhuber
Ich war dabei

FRANZ SCHÖNHUBER

Ich war dabei

Langen Müller

Die Abbildungen wurden mit freundlicher Genehmigung
folgender Stellen veröffenlicht:
Ernst Baumann, Bad Reichenhall (1)
Fritz Hofmann, Bad Reichenhall (1)
Bilderdienst Süddeutscher Verlag (12)
Ullstein Bilderdienst (1)

1. Auflage Oktober 1981
2. Auflage November 1981
3. Auflage Dezember 1981
4. Auflage Januar 1982
© 1981 by Albert Langen · Georg Müller Verlag GmbH
München · Wien
Alle Rechte vorbehalten
Umschlaggestaltung: Atelier Numberger, München, unter Verwendung eines
Photos, das freundlicherweise vom Munin-Verlag GmbH, Osnabrück,
(aus »Wenn alle Brüder schweigen« S. 104) zur Verfügung gestellt wurde.
Satz: type center Filmsatz GmbH, München
Druck: Mohndruck Graphische Betriebe GmbH, Gütersloh
ISBN: 3-7844-1906-2

Inhalt

	Zu diesem Buch	7
1	Anonyme Kampagne	11
2	Kindheit in Oberbayern	22
3	Schulzeit und Hitlerjugend	31
4	Bei der »Leibstandarte SS Adolf Hitler« in Berlin	44
5	Schlüsselerlebnis in den Masuren	56
6	Romanze in der Bretagne	69
7	Mit und gegen die Italiener in Korsika	77
8	Die Volksdeutschen und der Partisanenkrieg in Jugoslawien	90
9	Wie polnisch war Breslau?	102
10	Bedrohliche Situation in Warschau	107
11	Der 20. Juli und die Waffen-SS	112
12	Bei den französischen Freiwilligen der Waffen-SS, der Brigade »Charlemagne«	116
13	Franzosen, die letzten Verteidiger des Führerbunkers in Berlin	133
14	Auf der Junkerschule in Prag	139
15	Zum Endkampf an der Oder	155
16	Die Tätowierung und ihre tragischen Folgen	170
17	Die Nachricht von Hitlers Tod und Gefangenschaft	177
18	Die Engländer	187
19	Heimaturlaub und politisches Klima	231
20	Im Kieler Stadtgefängnis	251
21	Entlassung aus der Kriegsgefangenschaft	267
22	Das Spruchkammerverfahren	273
23	Bretter, die die Welt bedeuten	284
24	Erste Versuche beim Bayerischen Rundfunk	292
25	Begegnung mit SS-General Steiner	299

26	Unter einem Stalinbild:	
	Meine Hochzeit in Budapest	308
27	Als Reporter unterwegs	319
28	Neuanfang	322
29	»Vergangenheit« und was ich zu	
	Albert Speer meine	328
30	Reise in die Vergangenheit	333
31	Die Schandtat von Bad Reichenhall	338
32	Das Leben ist ein Würfelspiel	346
	Anhang	353

Das Leben nennt der Derwisch eine Reise.
Gotthold E. Lessing, Nathan der Weise

Zu diesem Buch

Erlauben Sie mir, lieber Leser, zunächst eine persönliche Anmerkung: Mit diesem Buch habe ich mir eine Last von den Schultern geschrieben. Sie drückte mich viele Jahre hindurch. Immer stärker spürte ich nämlich die Gefahr, eines Tages in einen Kreis hineingezogen zu werden, den der Philosoph Friedrich Nietzsche schon vor der Jahrhundertwende folgendermaßen beschrieben hat: »Die Dressierbarkeit der Menschen ist in diesem demokratischen Europa sehr groß geworden. Menschen, welche leicht lernen, leicht sich fügen, sind die Regel. Das Herdentier, sogar höchst intelligent, ist präpariert.« Dieser Satz macht nachdenklich, auch in Bezug auf unsere Zeit.
Meine Erinnerungen sollen für sich selbst sprechen. Ich will kein Vorbild und kein Wortführer für die eine, noch provozierender Buhmann für die andere Seite sein. Ich will weder Zeuge der Anklage, noch der Verteidigung sein, sondern Augenzeuge einer Zeit, die ich mitgemacht habe, in der ich dabei war. Bei diesem Bestreben werde ich mich selbst nicht schonen.
Immer wieder bekomme ich die Frage zu hören, warum denn diese meine Erinnerungen schon so relativ früh geschrieben werden? Die Antwort ist einfach: Die Zeit läuft einem davon. Die Schatten, die sich über das Erinnerungsvermögen legen, werden länger. Manchmal ging es mir bei der Suche nach Zeit und Ort wie beim Betrachten eines Filmes, der plötzlich reißt.

Es mag deshalb vorkommen, daß ich mich unter Umständen bei Details irre. Dort, wo mein Erinnerungsvermögen bei mir selbst Zweifel hinterließ, habe ich dies ausdrücklich vermerkt. Begreiflicherweise ließ mir das Leben wenig Zeit, von jedem Ort eine Skizze zu machen und mit dem Datum zu versehen. Schließlich bin ich kein ehemaliger Generalstäbler oder hoher Truppenführer, der auch nach dem Kriege nie aufgehört hat, Schlachten »nachzustellen«, in erster Linie, um zu beweisen, daß er militärisch recht hatte und moralisch »sauber« geblieben war. Ich habe die Kriegszeit nicht »oben«, sondern »unten« erlebt, beschreibe sie deshalb aus der Sicht des Landsers.

Im übrigen glaube ich, daß die sogenannte Vergangenheitsbewältigung erst jetzt beginnt. Die Archive öffnen sich. Der Schleier über bestimmten Vorgängen vor und während des Dritten Reiches hebt sich allmählich. Viele der bisher erschienenen Memoiren von hohen Politikern, Offizieren, Wirtschaftsführern und Künstlern jener für uns alle so schicksalschweren Zeit, scheinen mir vielfach mehr persönliche »Weißmacher« als ehrliche Abrechnung mit der Vergangenheit zu sein. Häufig werden die »Bücher des Lebens« in brauchbare und unbrauchbare Kapitel eingeteilt.

Nicht wenige Nazi-Propagandisten liefen nach 1945 mit fliegenden Fahnen zu den Siegern über und fielen, wohl zum Dank für die großzügige Aufnahme, in der Folge besonders über jene Kollegen her, die die Kunst des »Fliegenden Wechsels« nicht beherrschten oder beherrschen wollten. Andererseits kannten beispielsweise manche Emigranten, die über das »Dritte Reich« und den Krieg geschrieben haben, die Wirklichkeit jener Zeit nur aus zweiter Hand. Politische Gegnerschaft und verständlicher Haß haben ihnen nicht selten den Blick für die Realitäten getrübt.

Die Art, wie manchmal in den Massenmedien Vergangenheitsbewältigung betrieben wird, läßt nicht selten an den Satz denken: »Gut gemeint ist das Gegenteil von Gut.«
Es waren und sind in erster Linie Redakteure, die diese verhängnisvollen Jahre allenfalls nur vom Hörensagen kennen und von der nach dem Kriege betriebenen Re-Education geformt und geprägt wurden. Schuld an der Einseitigkeit mancher Berichte, Filme und Dokumentationen hat auch meine Generation selbst, die Kriegsgeneration. Sie blieb weitgehend abseits stehen, ließ sich vom »Ohne-mich«-Standpunkt leiten. Bei manchem spielte das schlechte Gewissen eine Rolle, bei anderen Karrieredenken oder einfach Bequemlichkeit.
Unsere Bundesrepublik ist meines Erachtens heute gefährdet durch Kräfte von ultra-links wie ultra-rechts. Erleichtert werden deren Aktivitäten durch die Gleichgültigkeit weiter Teile des gesamten Bürgertums, durch Trotzreaktionen älterer Menschen, die sich zu Unrecht immer noch an den historischen Pranger gestellt sehen und eine gewisse Schadenfreude über heutige Entwicklungen nicht unterdrücken können. Die Freude könnte kurz, der Schmerz aber lange dauern! Vielleicht sollte man sich gerade deshalb nicht nur mit der Auswirkung des Nationalsozialismus beschäftigen, sondern intensiver die Frage stellen, wie es dazu kommen konnte.
Am meisten aber gefährdet ist die Jugend, die über bestürzend schwache oder nur einseitige Geschichtskenntnisse verfügt. Wenn wir verhindern wollen, daß junge Menschen wieder Verführern von rechts oder links in die Hände fallen, sollten wir beherzigen, was der Philosoph Santayana einmal geschrieben hat: »Ein Volk, das sich seiner Geschichte nicht erinnert, ist dazu verurteilt, sie erneut durchleben zu müssen.«
»Das Vorwort zur Versöhnung ist die Wahrheit.« Von diesem französischen Spruch ließ ich mich bei der Niederschrift

meiner Erinnerungen leiten. Ich widme sie meiner Frau Ingrid, ohne deren Verständnis es nicht geschrieben worden wäre und meinen Kindern Suzanne, Andrea und Florian, in der Hoffnung, daß ihnen »große Zeiten« erspart bleiben mögen.

München, im Frühjahr 1981

1
Anonyme Kampagne

Ende April 1945. Die ganze Menschheit scheint unterwegs zu sein. Die Straßen, die von der Oder westwärts führen, sind überfüllt. Greise schleppen sich dahin, von den Kindern gestützt, Frauen schieben Kinderwägen, verzweifelt bemühen sich alle, Tuchfühlung zu halten, sich nicht zu verlieren. Aus dem Osten grollt dumpf Geschützfeuer. Die vorwärtshastenden Flüchtlinge haben ihre ganzen Habseligkeiten in Rucksäcken oder kleinen Handkoffern. Tiefflieger greifen an und schießen rücksichtslos in die Flüchtlingsströme. Den Menschen ist das Grauen in die Gesichter geschrieben und die Angst vor der heranrollenden russischen Dampfwalze.
Unser Holzgaser rumpelt mühselig auf der Straße nach Neustrelitz, meistens hupend, einmal im Schritt-Tempo, dann etwas schneller, da und dort über die Wiesen, den in Brand geschossenen oder zerstörten Fahrzeugen ausweichend. Auf dem Wagen Verwundete und Kranke. Darunter der fiebernde Unterscharführer der Waffen-SS Schönhuber, Angehöriger der Division Nordland, 21 Jahre alt, Bayer.
Plötzlich vor uns Feldgendamerie. Ein Feldwebel befiehlt: »Wer gehen kann, runter vom Wagen! Russische Panzer sind in der Nähe durchgebrochen, Auffangstellen sind vorbereitet. Hitlerjugend und Volkssturmleute sind bereits dort. Da drüben gibt es Panzerfäuste.«
Ich gehöre zu denen, die trotz Fiebers laufen können, hole Panzerfäuste, hocke mich in ein frisch aufgeworfenes Panzerloch. Es dauert nicht lange, vielleicht eine Stunde, dann kommen sie. Das Mahlen der Panzerketten wird lauter. Wild feuernd tauchen ein paar T 34 Panzer auf, halten auf uns zu. Der erste erreicht ein etwa hundert Meter links von mir auf-

geworfenes Erdloch, bleibt stehen, dreht und mahlt die Ränder nieder. Mein Kamerad hat keine Chance. Ein weiterer Panzer kommt auf mein Loch zu. Ich schieße, Entfernung etwa 50 Meter. Treffer. Der T 34 fängt zu brennen an. Die nächsten rollen heran. Gegen die militärischen Regeln, aber instinktiv, springe ich aus meinem Loch, renne hinter ein Haus, sehe in der Straße einen aufgerissenen Spalt, der von einem Bombeneinschlag herrühren mag. Ich stürze hinein. Links und rechts fester Untergrund. Der Lärm wird jetzt infernalisch. Der Panzer donnert mit einer Raupe über mich hinweg. Man sieht mich nicht. Ich schicke ein Stoßgebet zum Himmel: »Herr, laß mich leben.« Der Lärm entfernt sich jetzt. Einige Panzer brennen, der Rest dreht ab.
Bei den Hitlerjungen halten sich Begeisterung über den ersten Einsatz und panischer Schrecken die Waage. Ich zünde mir mit zitternden Händen eine Zigarette an. Das Herz schlägt immer noch bis zum Hals. Ich bin schweißüberströmt. Gott danke ich für meine Rettung und sage zu mir selbst: »Recht viel Schlimmeres kann Dir im Leben nicht mehr passieren. Und solltest Du aus dieser Hölle heraus und einigermaßen gesund nach Hause kommen, brauchst im Leben vor nichts mehr Angst zu haben.«

Ich kam nach Hause, einigermaßen heil, empfand im sogenannten Zivilleben Ängste wie andere auch, unterwarf mich da und dort Zwängen wie andere auch. Den Krieg bemühte ich mich zu vergessen, schlimme Szenen – wie die eben geschilderte – zu verdrängen. Auf den Sprossen der Karriereleiter stieg ich hoch und höher, wurde Chefredakteur einer Zeitung, Vorsitzender des Bayerischen Journalistenverbandes, Hauptabteilungsleiter beim Fernsehen. Die Vergangenheit schien mir wie ein böser Traum. Doch im Dezember 1979 holte sie mich ein, wurde wieder Realität.

Ein schöner, sonniger Kurzurlaub lag hinter mir. Acht Tage lang hatte ich mich beim Tiefschneefahren am Arlberg ausgetobt. Ich spürte meinen Körper, hatte jenes prickelnde Gefühl von leichten Muskelschmerzen und angenehmer Müdigkeit, das mich an meine Jugendzeit als Leistungssportler erinnerte. Jüngeren Kursteilnehmern gegenüber glaubte ich mich relativ gut gehalten zu haben. Das schmeichelte meiner Eitelkeit, hob die Stimmung. Schon seit langem hatte ich mir angewöhnt, das Leben als Wettbewerb und den Erfolg als Wanderpreis zu betrachten. Den gediegenen Luxus in dem bekannten Sporthotel hatte ich bewußt genossen. Menschen, die wie ich einen Milieusprung hinter sich gebracht haben und Sozialaufsteiger sind, betrachten die Annehmlichkeiten des Lebens ja nicht als Selbstverständlichkeit. Sie werden das Gefühl der lauernden existenziellen Bedrohung selten los, die Angst vor dem Abstieg. Depressive Anwandlungen, die sich bei längerem Alleinsein fast zwangsläufig einstellen, unterlief ich durch anregende Flirts. Und nun saß ich zufrieden im Wagen eines Ferienbekannten, der mich nach München mitnahm. Er war etwa in meinem Alter, ein Mittfünfziger, erfolgreicher Geschäftsmann. Wir sprachen zunächst über Politik, kamen dann auf Krieg und Kriegsgefangenschaft. Er erzählte von seiner Flucht und mühseligen Heimkehr. Er war Gebirgsjäger gewesen, rühmte die Tapferkeit seiner Truppe, die nur von der der Waffen-SS erreicht, ja sogar noch übertroffen worden wäre, fügte aber mit plötzlicher Verlegenheit hinzu, diese Wertung bedeute nicht, daß er ein Nazi gewesen sei. Mir gab es einen leisen Stich. Ich schwieg, dachte: müßte ich jetzt nicht etwas sagen? Ich sagte nichts. Die Stimmung war jedoch weg, ich verkrampfte innerlich, das Gefühl der nicht faßbaren Bedrohung war wieder da, der Schatten meiner Vergangenheit.
Sie war gewiß vorzeigbar, ich hatte sie außerdem nie ver-

schwiegen. Aber ich wußte auch, wie man Meinungen aktivieren und manipulieren kann. Schließlich bekam ich in meinem Beruf als Journalist beinahe täglich deutlichen Anschauungsunterricht darüber, wie sehr der Neid der Bruder des Erfolges ist, und wieviel mehr Kains als Abels es unter den journalistischen Brüdern gibt. Wer hier Fairneßpokale sucht, wird kaum einen Blumentopf finden.
In München erwartete mich Ingrid, meine Frau. Meine fast neurotische Sensibilität belastete mich mit dunklen Vorahnungen. Ich fand sie bestätigt. Im Gesicht meiner Frau stand deutlich zu lesen, daß etwas passiert war. Sie sagte: »Ich wollte dir den Urlaub nicht kaputt machen, aber jetzt muß ich es dir sagen. In den letzten Tagen wurde ich von vielen Bekannten angerufen, darunter heiligen und scheinheiligen. Es sind böse anonyme Briefe über dich im Umlauf. Sie betreffen deine Waffen-SS-Zeit, deine Karriere in der Nachkriegszeit. Die Lügen lassen sich mit Händen greifen. Daß es solche Schweine gibt!«
Meine Frau ist Rechtsanwältin. Sie trägt ihre Gefühle nicht auf der Zunge, ist nicht leicht aus der Ruhe zu bringen und vielleicht gerade deshalb von einer selten zu findenden Verläßlichkeit. Ich spürte ihre Empörung, ihren Wunsch, mir helfen zu wollen. Ich aber war plötzlich sehr müde und niedergeschlagen: »Danke Ingrid. Aber ich muß das alles erst einmal überdenken.«
Eines war klar: Die Pamphlete waren zeitlich gezielt abgeschickt worden. In ein paar Tagen ging es im Rundfunkrat um meine Bestätigung als Hauptabteilungsleiter. Für jeden denkenden Menschen, der mein Lebensalter und meine Herkunft kannte, waren die Beschuldigungen, die vom einstigen Kommunisten über jetzigen geheimen Naziverschwörer, bis zum mordlüsternen SS-Offizier reichten, zwar absurd; sie wären schon allein zeitmäßig nicht möglich gewesen. Aber in

solchen Treibjagden, wo es auf dem Hintergrund von Karriere und Rivalität ums Abschießen geht, scheidet die Vernunft aus, macht der Haß blind. Da zielen viele, und einer schießt. Und er schoß aus dem Dunkel noch ein paar mal. Die Anschuldigungen wurden immer wirrer und bösartiger, dadurch aber auch unglaubwürdiger. Allmählich avancierte ich in Begleitkommentaren sogar zum Major. Das schmeichelte mir fast, war ich doch zum fraglichen Zeitpunkt erst 22 Jahre alt gewesen, und in diesem Alter hatte es selbst Napoleon noch nicht so weit gebracht.
Traf mich der erste Stoß nach dem Urlaub, wie die Boxer sagen »kalt«, um so ruhiger wurde ich allmählich und dem Verleumder gegenüber fast dankbar. Jetzt genügte es mir nicht mehr, darauf hinzuweisen, daß ich aus meiner Zugehörigkeit zur Waffen-SS nie ein Geheimnis gemacht hatte; wie sollte dies auch möglich gewesen sein, bin ich doch nur eine Autostunde von München entfernt groß geworden und hatte die letzten 20 Jahre dauernd im Licht der Öffentlichkeit gestanden. Nein, ich sah in dieser Rufmordkampagne einen Wink des Schicksals, einen Teil »von jener Kraft, die stets das Böse will und stets das Gute schafft«. Hatte ich, der in der Nachkriegszeit im Leben wieder Fuß fassen konnte, nicht die Pflicht, für diejenigen der ehemaligen Kameraden zu sprechen, die dazu nicht in der Lage waren und sind?
Ich nahm die Herausforderung an, schrieb einen Brief an meine Mitarbeiter, erläuterte ihnen die damalige Situation und meine Motive, die zum Eintritt des 19jährigen in die Waffen-SS führten. Sie reagierten auf eine mich menschlich beeindruckende Weise. Sie gaben für mich eine Solidaritätserklärung ab. Bezeichnenderweise bewiesen jetzt gerade jene Kollegen, die unter dem Nationalsozialismus gelitten hatten, was Freundschaft ist. Der Sportreporter und Regisseur Sammy Drechsel und mein Stellvertreter Felix Heidenberger,

sowie der Rundfunkredakteur Almar Reitzner, Sohn des ehemaligen SPD-Bundestagsabgeordneten Richard Reitzner, der nach der Invasion in die Tschechoslowakei sein Leben als Emigrant in England fristen mußte, brachten in Briefen an den Intendanten ihre Abscheu vor dieser Schmutzkampagne zum Ausdruck. Intendant Reinhold Vöth und Fernsehdirektor Dr. Helmut Oeller verhielten sich fair und korrekt. Besonders dankbar bleibe ich in diesem Zusammenhang auch dem Stellvertretenden Chefredakteur der Münchner »Abendzeitung« Wolf Heckmann, der mir politisch nicht unbedingt nahesteht, aber trotzdem unter der Überschrift »Dreck aus dem Hinterhalt« folgenden Leitartikel schrieb: »Die Generation, der TV-Chef Franz Schönhuber angehört, hat entweder im Krieg gekämpft, oder ist (in wenigen Exemplaren) in die Emigration gegangen, oder hat Schlimmeres getan. Entweder als Marinerichter Nazi-Urteile gefällt, im KZ gemordet, oder am Schreibtisch den Mördern zugearbeitet. Franz Schönhuber hat gekämpft. Das hat er mit der Mehrzahl seiner Altersgenossen gemeinsam. Daß er es in einer Einheit der Waffen-SS tat, macht für denjenigen, der sich mit Zeitgeschichte befaßt, keinen Unterschied: Waffen-SS wurde in der Regel höchstens noch brutaler verheizt als Wehrmacht. Diese Vorbemerkungen sind nötig, um die Hintermänner der anonymen Briefkampagne zu klassifizieren, die nach 35 Jahren versuchen, Franz Schönhuber (oder einem seiner Oberen?) aus seiner SS-Zugehörigkeit einen Strick zu drehen. Das müssen reizende Leute sein. 1947, in der Zeit ersten Entsetzens über die Naziverbrechen und im Zeichen der (geschichtlich unhaltbaren) pauschalen Verurteilung der Waffen-SS durch die Alliierten, war eine Spruchkammer aus Verfolgten und Anti-Nazis einsichtig genug, die Motive eines 18jährigen Freiwilligen richtig einzustufen. Aber offensichtlich geht es den Dreck-Schleudern aus dem Hinterhalt keineswegs um

hygienische Abgrenzung von wirklich belasteten Ex-Nazis. Diejenigen, die (natürlich ungefragt) in den Pamphleten als Positiv-Figuren erscheinen, sollten sich schleunigst von ihren abscheulichen Verteidigern distanzieren. Besonders von CSU-Generalsekretär Stoiber erwartet man ein deutliches Wort. Der Dschungelkrieg in den Funkhäusern ist ohnehin schlimm genug. Wo immer man politisch steht: Der Anstand gebietet es, sich vor einen Mann zu stellen, dessen Vergangenheit in einer Zeit mörderischer Verwirrung untadelig geblieben ist.«
Jetzt schwenkten auch diejenigen meiner hochgestellten Kollegen wieder um, die mich am Anfang schon abgeschrieben hatten. Ich amüsierte mich, wenn sie mir am Telefon versicherten, sie hätten das Pamphlet nur mit spitzen Fingern angefaßt und ungelesen in den Papierkorb geworfen, jedoch über den Inhalt trotzdem erstaunlich gut informiert waren.
Und dann bot sich mir die Möglichkeit, ein Buch über mein Leben zu schreiben. Ich zögerte, sprach mit meiner Familie, mit Freunden, auch mit Fremden, die mich in Zusammenhang mit der Rufmordkampagne ansprachen.
Eine hochgestellte Medienpersönlichkeit riet mir ab: »Also, Sie lieben doch den Wiener Dramatiker Schnitzler und zitieren bei passender und unpassender Gelegenheit seinen Satz ›wir spielen alle, wer es weiß, ist klug‹. Nun, Sie wissen doch, daß das Welttheater einen Teufel braucht, und der trägt nun mal eine SS-Rune und einen Totenkopf an der Mütze. Das können Sie nicht ändern. Was für eine Rolle wollen Sie also spielen; den Bekenner, den Aufklärer, den Spielverderber? Diese Rolle ist eine Wurzen. Man wird Sie auspfeifen, vielleicht sogar Schlimmeres.«
Meine Antwort: »Wissen Sie, das Stück, das wir täglich spielen, wird allmählich langweilig. Das Publikum wird der Einseitigkeit überdrüssig. Die Leute sind nicht dumm. Sie wissen,

die Guten sind nicht so gut, wie sie sich dünken. Die Schlechten nie so schlecht, wie man sie macht.«
»Das stimmt, aber nehmen 'S doch den Deutschen nicht ihr Alibi. Die brauchen die SS, um sagen zu können: Wir waren's nicht, sondern die!«
Er hatte eigentlich recht. Ich hatte den Aufschrei noch im Ohr, als durch eine Sendung bekannt wurde, daß auch das Schild der Wehrmacht nicht fleckenlos war. Und ist es nicht gleich Revanchismus, wenn man auf die fürchterlichen Verbrechen auch der ehemaligen Gegner hinweist?
Ein Verleger: »Schreiben 'S doch gefällige Sachen, Anekdoten aus Ihren Sendungen. Das lesen die Leute gerne. Aber Zeitgeschichte: da kommen 'S doch über einen Vorschuß nicht hinaus.«
Ich sagte nichts!
Ein guter Freund, der auch in schwierigen Zeiten zu mir stand: »Warum willst du deine Karriere gefährden? Du kennst doch die Kollegen!«
»Weißt du, im Hindernisrennen meines Lebens habe ich den größten Teil der Strecke hinter mir und biege allmählich in die Zielgerade ein. Du weißt, Steinböcke haben einen guten Endspurt. Ich möchte dem Zielband mit gutem Gewissen entgegenlaufen, und wenn ich es durchreiße und die Zeit zum Stillstand gekommen ist, dann höre ich sowieso nicht mehr den Beifall oder das Mißfallen der Zuschauer. Außerdem springe ich nicht wie ein Hund nach jeder hingehaltenen Karrierewurst, zahle nicht jeden Preis. Weißt du, was Arnold Gehlen einmal gesagt hat?: ›Zahllose Personen sind mit allen Mitteln der Meinungsmache öffentlich bemüht, allem was irgendwie noch steht, das Mark aus den Knochen zu blasen.‹ Ich will stehen bleiben!«
Ein wohlmeinender Politiker: »Die Politiker Ihrer Generation halten im allgemeinen nicht viel von Vergangenheitsbe-

wältigung. Die wollen Vergangenes vergangen sein lassen. Die wollen nicht daran erinnert werden, daß sie einmal Gebietsführer waren, Oberleutnant oder was sonst noch. Die nehmen Ihnen das übel! Sie werden das merken! Die entwickeln nämlich Berührungsängste! Außerdem setzen Sie sich zwischen sämtliche Stühle.«

»Das ist ja nun einmal der legitime Sitz von Journalisten. Und im übrigen ist es ja gerade meine Hitlerjugendgeneration, die mich am meisten ankotzt. Sie rutscht unentwegt auf den Knien herum, ruft › Pater, peccavi ‹ und hat eine Dauerkarte nach Canossa in der Tasche.«

Ein wichtiger Medienexperte: »Warum schrieben Sie in Ihrem Brief immer von Ihren Kameraden der Waffen-SS. Muß das sein? Das nehmen einige Herren sehr übel!«

»Aber Sie selbst waren doch Wehrmachtsoffizier. Sie haben mir doch selbst erzählt, wie oft Sie von der Waffen-SS herausgehauen wurden. Wir waren doch die Feuerwehr, die überall hineingeworfen wurde, und wo es brannte, aushalf. Wir haben mit Ausnahme der U-Boot-Fahrer doch den größten Blutzoll entrichtet. Jeder Dritte meiner Kameraden«, ich betonte das Wort Kameraden ausdrücklich, »ist doch schwer verwundet oder tot. Und die sollte ich posthum verleugnen?«

Ich schaute ihn an, ein glattes Gesicht, trotz seiner etwa 60 Jahre. Hier hatte der Griffel des Schicksals keine Linien hineingegraben. Das schüttere blonde, mit silbernen Strähnen durchsetzte Haar verstärkte noch den Eindruck trister Farblosigkeit. Der Mann kam überall durch, der wird immer durchkommen, der wird immer auf der richtigen Seite stehen. Er wußte, wie man Menschen behandelt, kleinmacht, auf Distance hält. Selbst seine Zimmertemperatur, die einen stets frösteln ließ, war Teil seines Führungsstils. Mein Blick glitt an seiner Figur herunter. Er hatte die Beine übereinandergeschlagen, ein Zipfel seiner langen Unterhose war über die

Socken gerutscht. Plötzlich tauchte in meinem Innern die absurde Frage auf, wie's der wohl im Bett mit seiner Frau treibt, wenn überhaupt. Ich hörte gar nicht mehr zu, was er weiter sagte mit seiner einschläfernden, leicht schwäbelnden Stimme. Ich dachte: »Ach, leck mich doch ...!«
Langsam ging ich durch das winterliche München nach Hause, dachte nur einmal noch kurz an das große Würstchen, diese graue Maus. Die vielen Gespräche hatten mich aufgewühlt, mich hin und her gerissen. Wut kam in mir hoch über manche meiner Kollegen, über unsere sogenannten Umerzieher, die ehemaligen Kriegsberichterstatter, Journalisten, die trotz sogenannten »inneren Widerstandes« immer brav ihre Lobhudeleien auf das damalige Regime abgeliefert hatten. Ein bayerischer SPD-Landtagsabgeordneter, ein guter Freund von mir, nannte sie, die sich trotz ihrer Vergangenheit heute als Zeigefinger der Nation verstehen, einen »Haufen mietbarer Zwerge«. Seit Jahren kotzten sie mich an, diese meine Kollegen, die mühelos 1945 die Fronten gewechselt hatten und den neuen demokratischen Herren ebenso beflissen dienten wie vorher den braunen. Ich hatte vor kurzem die Faksimile-Ausgabe der nationalsozialistischen Rennomier-Zeitung »Das Reich« gelesen. Namen, die heute jeder kennt, mit Respekt nennt, waren darunter. Natürlich hatten sie für ihr damaliges Schreiben ein Alibi. Sie wollten ja nur Schlimmeres verhüten! Nun, ich glaube, das Schicksal wird diese Leute irgendwann einholen. Dann nämlich, wenn die Insignien der Macht, jene Zauberstäbe zum Einschläfern des Gewissens, weg sind; wenn sie als Greise in ihren Lehnstühlen sitzen, Zeit zum Nachdenken finden und vielleicht erfahren, wie ihre ehemaligen Kollegen, vielleicht sogar ihre eigenen Kinder wirklich über sie denken.
Ich bemühte mich, eine gefährliche Versuchung in mir niederzukämpfen, nämlich unreflektiert stolz auf das zu sein,

was der Historiker Nolde über die europäischen Waffen-SS-Freiwilligen schrieb, zu denen auch ich einige Zeit gehörte: »Sie waren die letzten echten Söhne des Kriegsgottes.«
Ich war zwar kein Heldensohn, aber ich gehörte nun einmal zu dieser Familie, wenn auch als Außenseiter, und sie manchmal hassend. Aber gegenüber diesen opportunistischen Kakerlaken, Politik-Windsurfern, war ich doch ein wahrer Steppenwolf. Ich steigerte mich in eine Euphorie, betrank mich, hatte am nächsten Tag Kopfweh und Katzenjammer. Meine Frau betrachtete mich lange und schweigend. Plötzlich fiel mir wieder auf, daß ihre Augen zweierlei Farben haben; eines ist braun, das andere grün. Diese Zweifarbigkeit ist in ihrem Paß ausdrücklich unter »besondere Kennzeichen« erwähnt. Mir kam in den Sinn, daß ich mich zuerst in ihre Augen verliebt hatte. Sie deuteten einen erregenden Widerspruch zwischen äußerer Kühle und innerem Feuer an. Meine Augen sahen es richtig ...! Sie fragte mich nach dem Gespräch mit dem Schwaben. Ich erzählte ihr alles, auch meine inneren Reaktionen. Nach einer weiteren Pause sagte sie in ihrer ruhigen und selbstverständlichen Art: »Schreib das Buch, Franz! Mache dir aber dabei nichts vor, vergolde auch aus Trotz nicht die Vergangenheit; sie war, wie du selbst oft sagtest, letztlich Blech. Stilisier dich nicht zum Helden, sag die Wahrheit!«
Noch war ich unentschlossen. Hatte ich nicht genug gekämpft, nahezu keinen Konflikt ausgelassen?
Am nächsten Tag hatte ich ein Gespräch mit einem jungen Kollegen, er hatte Geschichte studiert. Wir sprachen über die SS. Er hatte keine Ahnung, daß die Waffen-SS nichts gemein hatte mit jenen KZ-Wächtern, die den Namen Deutschlands in der Welt besudelten. Das gab den Ausschlag. Ich unterschrieb den Vertrag. Fing an, aufzuschreiben, wie es begann.

2
Kindheit in Oberbayern

1923 wurde ich in Trostberg an der Alz geboren, mitten im Chiemgau, der Wiege des Bayuwarentums, wie man gerne sagt. Das Voralpengebiet mit dem bayerischen Meer, dem Chiemsee, ist eine sanfte, beruhigende Landschaft, der Übergang zum benachbarten Salzburgischen ist beinahe fließend. Das gilt auch für die Menschen. Sie sind verbindlicher, weniger direkt oder derb wie die Bewohner der Alpen. Die Völkerwanderung hat hier in diesem großen Durchzugsgebiet deutliche, nämlich ungarische, kroatische und pandurische Spuren hinterlassen.
Trostberg ist eine fast italienisch anmutende Stadt, mit einem langgestreckten Kern sich dicht aneinander drängender und duckender Häusern, dazwischen enge Gassen und Durchgänge. Die Kirche steht leicht erhöht. Die zu meiner Kindheit etwa 3500 Einwohner zählende Stadt ist geprägt von Gegensätzen. Auf der einen Seite stand und steht ein konservatives Kleinbürgertum, auf der anderen Seite eine starke Arbeiterschaft, die ihr Entstehen den »Süddeutschen Kalkstickstoffwerken«, der SKW, verdankt, einem der größten chemischen Unternehmen Deutschlands. Wenn der Föhn von den Voralpen hereindrückt, treibt eine dichte schwarze Rauchwolke über die Stadt und verpestet die Luft. »Die Schwarzen haben wieder einmal Rückenwind«, pflegte mein Vater dann zu sagen, um so bissig auch das politische Klima zu kommentieren.
Die Zusammensetzung der Bevölkerung führte in der sogenannten Kampfzeit, also vor 1933, zu erheblichen Spannungen. Einer »Harzburger Front« von Nationalsozialisten und Deutschnationalen (Hakenkreuz am Stahlhelm, schwarz-

weiß-rotes Band) stand ein Linksblock von Sozialdemokraten und auch Kommunisten gegenüber, die sich untereinander alles andere als grün waren. Die meisten aus dem sogenannten »besseren Bürgertum« hielten es zunächst mit der Bayerischen Volkspartei. Hier brachten sie ihre klerikalen und bayerisch-patriotischen Vorstellungen unter einen – schwarzen – Hut. So sehr die Nazis und die Linken sich auch da und dort prügeln mochten, in der Abneigung, ja im Haß gegen die Schwarzen waren sie sich wieder einig. Mein Vater, der Metzgermeister Xaver Schönhuber, mochte zwar auch die Roten nicht – ihnen warf er mangelnden Patriotismus vor –, aber die Schwarzen waren ihm in tiefster Seele zuwider. Auch mit den Gewerkschaften konnte er nicht viel anfangen. Sie brachten seine überschaubare Welt des Handwerks durcheinander. Dabei behandelte er selbst die Gesellen und Lehrlinge gut, aber wie im Geschäft, so war er auch in der Familie der Meister, der Patriarch. Meine Mutter pflegte die bei uns ständig wechselnden Dienstboten dazu anzuhalten, zu ihrem Mann »der Herr« zu sagen. Als meine Mutter in den letzten Jahren ihres Lebens in meine Familie zog, hatten meine Frau und ich größte Schwierigkeiten, ihr den Satz abzugewöhnen: »Fragen'S doch den Herrn, was er mag.« Mir selber wird heute im Beruf gerne ein etwas patriarchalisches Verhalten nachgesagt. Wenn dem so ist, so liegen die Wurzeln dazu wohl in meiner Herkunft.
Gegen die Roten kämpfte mein Vater mit Argumenten, den Schwarzen aber brachte er nur Ressentiments entgegen. Er verachtete sie, nannte sie manchmal mir gegenüber »Bürgerpack«, »Krämerseelen«. Er selbst war eigentlich am Rande dieses Bürgertums angesiedelt. Er stammte aus einer Familie von Korbflechtern, Fischern, Wirtsleuten und Kellnerinnen, die zwar eine Menge weitbekannter Originale hervorbrachte, aber dem Bürgertum zu anrüchig und nicht »fein« genug war.

Die »Feinheiten« nahm eine Seitenlinie für sich allein in Anspruch. Sie brachte fast nur Lehrer und Advokaten hervor. Mein Vater war ein ebenso grundanständiger und guter Metzgermeister wie erfolgloser Viehhändler. Für diese Branche war er nicht pfiffig genug. Er unterhielt sich lieber stundenlang mit den Bauern über die Weltlage, über Kriegserlebnisse, statt ihnen billig die Kühe aus dem Stall zu holen. Überall war er jedoch als Mensch geschätzt. Man konnte sich auf sein Wort verlassen, und ein Handschlag war für ihn so bindend wie ein notariell beglaubigter Vertrag. Beide Berufe befriedigten ihn jedoch nicht. Er hätte gerne zur See fahren und Schiffskoch werden wollen. Er mußte aber zuhause bleiben und seiner Mutter helfen, die Kellnerin war, ihn ledig geboren hatte. Erst als mein Vater bereits ein Jüngling war, bequemte sich sein Vater, ein trinkfroher, lustiger, bei den »Weiberleit« sehr geschätzter Wirt, die Mutter seines Sohnes endlich zu heiraten. Für dessen Drang in die Ferne hatte er kein Verständnis.

Gedient hatte mein Vater bereits vor dem Ersten Weltkrieg. Er war bei den »Fußern« und dann bei der Artillerie in Ulm und Grafenwöhr, stand im Ersten Weltkrieg vier Jahre im Feld und brachte es lediglich zum »Rückgrat der Armee«, zum Gefreiten. Da er zu Extremen neigte, mochte er zeitlebens nur Marschälle und Gefreite. Vielleicht hat diese Einstellung seine anfängliche Bejahung der NSDAP gefördert; daß Hitler ebenfalls nur ein Gefreiter war, galt für ihn als Beweis dafür, daß man in der deutschen Armee Tapferkeit und Können nicht recht zu würdigen wußte. Über den Gefreiten kam er übrigens auch im Zweiten Weltkrieg nicht hinaus, als er, weit über 50 Jahre alt, erneut eingezogen wurde. Alles in allem brachte er es auf gut 8 Dienstjahre. Obwohl er das Kunststück fertigbrachte, auf der untersten Stufe der militärischen Erfolgsleiter beharrlich stehenzubleiben, behielt er auch spä-

ter eine für mich bis heute unerklärliche Vorliebe für alles Soldatische.
1931 war er Parteigenosse geworden. Er selbst bezeichnete sich gerne ironisch als »Schlachtsteuer-Nazi«, weil die Nazis eine Senkung der hohen Schlachtsteuer versprochen hatten. Im Grunde genommen aber hat ihm wohl das nationale Pathos, das paramilitärische Gehabe der SA mit Geländespielen und Märschen imponiert. Nach der Machtübernahme brachte er es zum Zweiten Bürgermeister und zum Stützpunktleiter in Altenmarkt, einem nahe bei Trostberg liegenden Dorf, in das wir übergesiedelt waren. Aber schon bald legte er sich mit den Parteioberen an, die Wirklichkeit hatte ihn ernüchtert, nationalsozialistische Intoleranz stieß ihn ab, und fortan galt er bei der Partei als unzuverlässiger Kantonist, der immer am Rande eines Ausschlußverfahrens spazierenging. Seinen Bürgermeisterposten legte er nieder. Das alles tat jedoch seiner Begeisterung für das Militärische auch weiterhin keinen Abbruch, und da er in seiner Frau kaum einen Gesprächspartner fand – sie war passiv, überdies kränkelnd und neigte zu Depressionen – mußte ich also seine nachempfundenen Schlachtenerzählungen über mich ergehen lassen. Er hatte eine Schwäche für die Franzosen, die er samt und sonders für gute Artilleristen hielt. Da er selbst bei dieser Waffengattung gedient hatte, hielt ich dies für eine Expertenmeinung. Sein Lieblings-Heerführer war Pétain, der Held von Verdun. So was wollte ich denn nun auch werden, ein Marschall, der auf einem weißen Schimmel in eine befreite Stadt einreitet, wie Pétain in Metz. – Außer Loyd George und Churchill, die sich zu Anfang des Dritten Reiches auch positiv zu Hitler geäußert hatten, mochte mein Vater keinen Engländer. Er hielt die Briten für Krämer. Von ihm hörte ich zum ersten Mal den Spruch: »Sie sagen Gott und meinen Kattun.« Das soll bedeuten, daß ihre Kolonialkriege unter dem Vor-

wand der Übermittlung von Christentum und Zivilisation geführt, nichts anderes als Raubkriege waren; Gold und Geld trieben nach meines Vaters Meinung die Söhne Albions. Er war geprägt von dem »Gott-strafe-England!«-Gefühl des Ausbruchs zum Ersten Weltkrieg. Buren und Iren waren seine Lieblingsvölker.

Im Gegensatz zu meinem Vater, der zwar die Kirche im Dorf ließ, sonst aber einen großen Bogen um sie machte, war meine Mutter sehr fromm. Das hinderte sie aber nicht, in die NS-Frauenschaft einzutreten, »weil halt der Xaver in der Partei ist, und da gehört eben dann auch die Frau hin«. Ihre religiösen Gefühle und den Parteieintritt brachte sie leicht unter einen Hut. Auch wenn Kirchenobere es heute nicht mehr gerne hören, damals, besonders nach der Machtübernahme, war der Großteil des Klerus durchaus nicht gegen Hitler. Das gilt für die katholische wie für die protestantische Kirche. Meine Mutter hat mit Sicherheit damals ein 1933 in ganz Deutschland verbreitetes Wahlplakat gesehen, das den päpstlichen Nuntius Vasallo di Torregrossa in herzlichem Händedruck mit Adolf Hitler zeigt. Darunter standen die Worte des Nuntius: »Ich habe Sie lange nicht verstanden. Ich habe mich aber lange darum bemüht. Heute versteh' ich Sie.« Ganz unten war, etwas kleiner gedruckt, zu lesen: »Auch jeder deutsche Katholik versteht heute Adolf Hitler und stimmt am 12. November mit ja.«

Wie hätte meine Mutter das alles durchschauen und so klug sein können, wie heute manche sind. Wenn man aus dem Rathaus herauskommt, ist man bekanntlich klüger als vorher. Aber ihren Bewußtseinsstand vor dem Rathausgang hätten gerade Kirchenleute nach dem Ende des Dritten Reiches nicht verschweigen dürfen. Wahr ist und bleibt, daß auch Kardinal Faulhaber einmal an Hitler geglaubt und einige Briefe mit Heil Hitler unterzeichnet hat. Wahr bleibt und ist, daß der Wiener

Kardinal Innitzer beim Einzug Hitlers in die Donaumetropole die Glocken läuten ließ und mit dem Hitlergruß salutierte. Noch ruht viel und bedenkliches Material in den kirchlichen Archiven. Es wird beweisen, daß heute prominente Kirchenführer noch 1944 an den Endsieg glaubten und zum Standhalten aufforderten. Auch Pastor Niemöller war ja nicht von Anfang an der Widerstandskämpfer. Bei allem Respekt vor seinem Freimut, der ihn ins KZ brachte, wies er bei seinem Prozeß nicht nur auf seine U-Boot-Kommandantentätigkeit hin, sondern auch darauf, daß er Freicorpskämpfer gewesen war und von 1924 an die NSDAP gewählt hatte. Schade, daß er nach dem Krieg, und mit ihm einige hohe evangelische Würdenträger und Professoren, erst in einer Fernsehsendung des Jahres 1981 dem staunenden Publikum erzählten, daß auch sie Hitler ihr Kreuzchen gegeben hatten.

Für meine Mutter war dies alles 1933 ganz einfach. Der Pfarrer war ein national denkender Mensch. Der Hitler sprach stets von der Vorsehung. Das Kloster kaufte vor und nach der Machtübernahme im Geschäft meines Vaters ein. So ging sie mit gleich gutem Gewissen in die Messe wie zu den Frauenschaftsabenden. Kreuzzeichen und Hitlergruß schlossen sich also nicht aus. Somit brachte auch ich Heimabende beim Jungvolk und Ministrantentätigkeit in der Kirche durchaus unter einen Hut, wenn ich auch den jungen feurigen Cooperator stets im Verdacht hatte, seine ohnmächtige Wut über die Nazis bei Stockschlägen auf meinen lederhosengewandeten Hintern schmerzsteigernd mit hineinzulegen. Der Cooperator, der »Pfarrerlehrbua«, wie wir ihn untereinander respektlos nannten, hatte überhaupt eine lockere Hand. Diejenigen meiner Schulkameraden, denen er wieder einmal eine saftige Watschn, oder »Arschprügel«, also Stockschläge auf das Hinterteil, oder Tatz'n – Schläge auf die Innenseite der ausgestreckten Hand – verabreicht hatte, rächten sich dadurch, daß sie am nächsten Tag deutlich sichtbar Zeitungen mitbrachten, auf denen, was damals nahezu täglich geschah, in großer Aufmachung von Sittenskandalen in den Klöstern berichtet wurde. Der Cooperator hatte bei diesem von den Kindern hämisch geführten und sicher da und dort auch von den Eltern inspirierten Zweikampf eine schlechte Position. Er gab allmählich nach, tat uns kaum noch etwas an, offensichtlich in der damals nicht unberechtigten Angst, jede Berührung zu vermeiden, die ihm bei der herrschenden Hysterie in der Tat zum Verhängnis hätte werden können. Es gab ja Nazis, die in jeder Pfarrersköchin die Bettgenossin von Herrn Hochwürden sahen, und in jedem Klosterbruder einen sexuell Abartigen, einen »Dapper«, der an Jugendlichen unsittliche Berührungen vornimmt. Kurzfristig gewann der Cooperator allerdings wieder an Boden, als einige von uns Schülern, darunter auch ich, in einem Stall beim Doktorspielen erwischt wurden, und zwar in der verfänglichen Situation, als wir gerade eingehend die Anatomien von zwei Schulkameradinnen betrachteten und untersuchten. Es handelte sich um wohlbehütete Bürgerstöchter. Am nächsten Tag hielt uns der junge Kirchenmann eine gepfefferte Kapuzinerpredigt über den Sittenverfall der heutigen Jugend, die in dem Satz gipfelte, besonders schlimm sei es, daß auch der Sohn des ehrenwerten Zweiten Bürgermeisters, der Schönhuber-Bua, dabei gewesen sei. Also übermäßig christlich war diese Retourkutsche auch nicht, und mein Vater war deshalb auf den Cooperator wütender als auf mich. Ich kriegte ein paar Saftige hinter die Ohren, und damit war die Sache abgetan. Den Cooperator würdigte er von nun an keines Blickes mehr. Meine Mutter bekam jedoch einen ihrer theatralischen Anfälle, der in dem Ausspruch gipfelte: »Bua, tu mir des nimmer an. Des is a Schand für uns alle. So was kann ma net überlebn.« – Darauf mein Vater: »Also, Marie, jetzt übertreib' net, so schlimm is des a wieder net. War'n wir zwei net auch amal jung?« Beiden mußte ich jedoch das Versprechen geben, es nie wieder zu tun – und dies hielt ich auch.

Meine Mutter hielt mich auch stets dazu an, den Pfarrer artig zu grüßen, ihm die Hand zu geben und »Gelobt sei Jesus Christus« zu sagen, worauf der Pfarrer dann mit »in Ewigkeit, Amen« antwortete. Manche unter uns machten sogar einen Knicks und küßten Hochwürden die Hand. Hochwürden bedankte sich, indem er uns Heiligenbilder schenkte. Die haben wir dann versucht, gegen Salem-Zigaretten-Bilder auszutauschen. Aber man mußte schon viele Heilige herausrükken, um dafür das Bild eines Fußball-Lieblings, wie das des Torhüters Heiner Stuhlfauth, des Dresdner »Bombers« Richard Hofmann, oder gar eines Max Schmeling zu bekommen.

Meine Mutter las die Kirchenzeitung. Den »Stürmer« dagegen haßte sie. »Die Juden sind doch auch Menschen«, war ihre ständige Redensart. Meine Familie war überhaupt der Widerspruch in Person, oder besser gesagt in Personen. 1933 wurde mein Bruder geboren. Mein Vater bestand darauf, ihn Adolf zu nennen. Damals war ja sein Hitlerbild noch in Ordnung. Er neigte stets dazu, seine Gefühle demonstrativ sichtbar zu machen; leider habe ich dies von ihm geerbt, es ist mir nicht immer gut bekommen. Auch die Lust an der Provokation. Wäre mein Bruder Ende 1934 geboren, so hätte er sicher den Namen Ernst oder Gregor erhalten, damit ja alle auch merken, daß mein Vater die ermordeten Röhm und Strasser für keine Verbrecher hielt. Besonders von Strasser, dem Exponenten des sozialistischen Flügels der NSDAP, hielt er viel. Seine Ermordung traf ihn tief. Mein Vater hat stets an das geglaubt, was Strasser die »antikapitalistische Sehnsucht des deutschen Volkes« nannte. Obwohl oder gerade weil mein Vater Handwerker war, ging es ihm um mehr soziale Gerechtigkeit. Er gehörte eigentlich zu den Linken in der NSDAP. Hier darf ich rückblickend einwerfen, daß der bekannte Historiker Diwald mit Sicherheit recht hat, wenn er den Nationalsozialismus eine linke Bewegung nennt. Dies gilt zumindest für seine Anfangsjahre. Trotz des Mordes an Röhm und des Nieberganges der SA verfolgte jedoch mein Vater mit einer gewissen, fast schizophrenen Sympathie den Aufstieg jener Organisation zu einer quasi paramilitärischen Truppe, die mit schuld am Untergang Röhms und Strassers war, der SS. Mein Vater war in jedem Fall für eine Art Volksmiliz, die nach seiner Auffassung anstelle der alten »Monokelfritzen«, der ehemals kaiserlichen Militärs, treten sollte. Auch war mein Vater stets ein überzeugter Republikaner und hielt überhaupt nichts von der monarchistischen Schwärmerei mancher Bayern für die Wittelsbacher. Ich denke noch heute wie mein Vater.

Wie in nicht wenigen Bayern, steckte auch in meinem Vater ein Schuß Anarchie. Wenn er auch die Räterepublik verurteilte, so hätte ich ihn mir in München durchaus bei heftigen Rededuellen mit den literarischen Wortführern vorstellen können, beispielsweise in einer der Brutstätten der Revolution, im Café »Größenwahn«, nomen est omen.

Im krassen Gegensatz zur Partei stand mein Vater in der Judenfrage. Die Judenverfolgung entsprach nicht seiner angeborenen Toleranz. Er huldigte dem Prinzip »Leben und leben lassen«, teilte seine Hobbies, wie Fischen und Bergsteigen, auch mit politischen Gegnern. Er hatte nichts dagegen, daß einer meiner besten Spezis der Sohn eines Altenmarkter Kommunisten war. Gemeinsam trugen wir in der Kampfzeit unsere Parteizeitungen aus, er die »Rote Fahne«, ich den VB, den »Völkischen Beobachter«.

3
Schulzeit und Hitlerjugend

Um was »Besseres« zu werden, wurde ich auf eine Realschule in Traunstein geschickt. Ursprünglich sollte ich ja »auf geistlich« studieren; der Pfarrer bot hier seine Hilfe an, er meinte, ich könnte es in der Kirche zu was bringen. Wenn ich an den Zölibat denke, schaudert's mich noch heute. Aber mein Vater sagte kategorisch und nahezu vulgär: »Nein, ein Kuttenbrunzer wird mir der Bua net«, was meine Mutter beinahe in Ohnmacht fallen und meinem Vater zurufen ließ: »Versündige dich nicht, Xaver, so spricht man nicht vor einem Ministranten.« Immerhin, in einem Punkt setzte sie sich durch. Ich kam nach Traunstein zu den »Maristen«, in ein streng katholisches Internat. Wurde ich nach dem Beruf meines Vaters gefragt, erwähnte ich stets nur den Metzgermeister; den Händler unterschlug ich, diesen Beruf hielt ich für nicht so recht gesellschaftsfähig. Nur die historische Tatsache, daß auch der Tiroler Freiheitsheld Andreas Hofer Wirt und Viehhändler dazu war, hielt meine Mißachtung gegenüber den Händlern in Grenzen. Heute muß ich allerdings zu meiner Verwunderung feststellen, daß die Historiker den Hofer nur als »Sandwirt« gelten lassen.
Meine Idole waren damals die von den Kommunisten ermordeten »Helden der Bewegung«, der SA-Führer Horst Wessel und der Hitlerjunge Herbert Norkus, der Freicorpskämpfer Schlageter und der Wildschütz Jennerwein. Hätte ich von Robin Hood damals schon etwas gehört, er müßte ebenfalls in diese Liste aufgenommen werden. Diese Liste ist übrigens sehr typisch für meine jugendliche Einstellung. Diesbezüglich kann ich übrigens auch noch heute den damals 12jährigen verstehen. Es waren Idealisten und Bürger-

schrecks, die er mochte. Vielleicht findet irgendwann einmal sogar der sozialengagierte und kämpferische Sohn eines hohen evangelischen Geistlichen, Horst Wessel, eine differenziertere und gerechtere Beurteilung in der neueren Geschichte.
Übrigens wurden in der damaligen Zeit die Viehhändler mit Juden in Verbindung gebracht. Manche Handelsausdrücke kamen nach Meinung meines Vaters aus dem Jiddischen, wie »Schmugeld«, was man heute kleine Gefälligkeit nennen würde, »Pferdeschmuser«, »dallig«, was nicht ganz einwandfreies Vieh bedeutete, und den Begriff »Pleite«. Mein Vater trat den Juden sehr unbefangen gegenüber, vor allem dann, wenn sie – gleich ihm – im Weltkrieg waren. Mit einem »Darmjuden«, einem Darmhändler namens Grünhut, stellte er nächtelang die Schlachten an der Somme, an der Marne, an der Aisne nach. Grünhut trug das Eiserne Kreuz Erster Klasse. Mein Vater versuchte, ihm zu helfen wie und wo es nur ging. Er war auch befreundet mit einem jüdischen Ingenieur, der Mitglied des Jagdgeschwaders Richthofen gewesen war. Es handelte sich um einen betont nationalbewußten Mann, der nichts dabei fand, bei Hitlerreden seinen Volksempfänger ans Fenster zu stellen. Nur die allerdümmsten Kälber wählen ihre Schlächter selber, möchte man dabei denken. Die Nazis sprachen ironisch von sogenannten »raus-mit-uns-Juden«, die sich bewußt von den nicht-assimilierten Juden abgrenzten, die das Auftreten der Orthodoxen, oder, wie sie sagten, »polnischen Juden« störte, weil es die sogenannte Judenfrage auch optisch sichtbar machte. Viele dieser national gesinnten Juden waren ja bewußt für Deutschlands »Wiedererweckung«. Sie waren auch bereit, persönliche Opfer dafür zu bringen. Sie hofften auf eine nationale Revolution minus Rassismus. Sie täuschten sich. Die Ablehnung wurde immer größer. Es gab Juden, die Hitler als Retter begrüßten und in den

Kommunionbild des elfjährigen Dorfbuben.

Abiturklasse in München 1942. Viele der Mitschüler sind gefallen. Der Jahrgang 1923 hatte einen hohen Blutzoll zu entrichten.

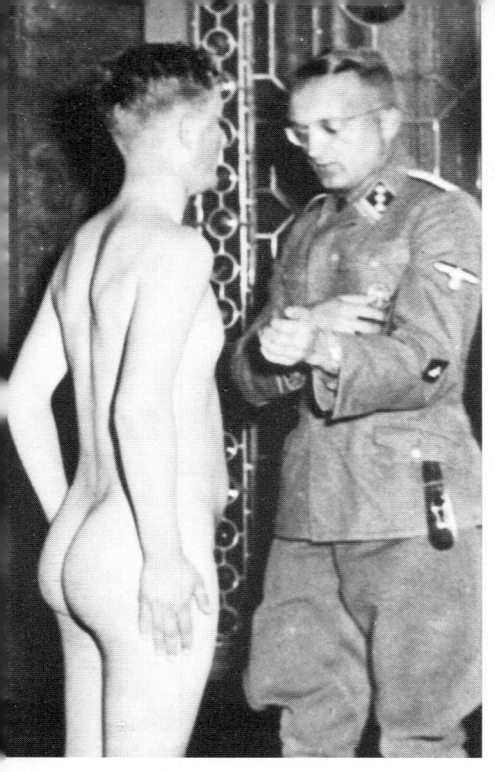

Peinliche Musterung. Die Auswahlkriterien sind hart. Für die Leibstandarte-SS Adolf Hitler ist eine Mindestgröße von 1,80 m vorgeschrieben.

Es wird erbarmungslos geschliffen und gedrillt. Devise: Gelobt sei, was hart macht.

Gaskammern endeten. Die Ablehnung des Antisemitismus durch meinen Vater hatte aber noch einen anderen Grund. Er wies mich auf eine alte Bauernweisheit hin, die besagt: »Mit Weihrauch und Knoblauch soll man sich nicht anlegen.«
Ich verließ mit 12 Jahren mein Elternhaus und tat es nicht ungern. Ich war wie ein Zigeuner aufgewachsen, wurde im Ort auch hänselnd so genannt. Dies führte zu Trotzreaktionen, die wohl heute noch nachschwingen: »Euch Bürgerpack werd ich's schon zeigen!« Ich genierte mich, daß meine Mutter mich tagelang im gleichen Hemd und in dreckigen Hosen herumlaufen ließ. Sie hatte zwar eine innige Beziehung zur Seele, aber eine sehr schlampige zum Leib. Vielleicht ist es ein Relikt aus meiner Kinderzeit und dem im Unterbewußtsein steckenden Abscheu vor Schmutz und üblem Geruch, daß ich später dann eine wahre Wasch- und Reinigungsmanie entwickelte. Noch heute muß ich meinen übertriebenen Hang zu Parfum, diversen Gesichtswassern und Desodorants unter Kontrolle halten. Sie sollen den säuerlichen Geruch aus meiner Kindheit, der mir in der Nase haften geblieben ist, überdecken.
Mein Vater dagegen huldigte einem spartanischen Erziehungsideal. Waschen hatte für ihn, auch im tiefsten Winter, nur im Freien zu erfolgen. Getreu dem Spruch: »Gelobt sei, was hart macht« ließ er mich, als das Maristen-Internat geschlossen wurde und ich eigentlich Fahrschüler hätte werden sollen, jeden Tag mit dem Fahrrad von Mögling bei Trostberg nach Traunstein fahren. 24 km hin, 24 km zurück. Meinen schulischen Leistungen bekam das nur bedingt, dafür aber den Waden- und Oberschenkelmuskeln.
Es wäre unfair zu verschweigen, daß viele von uns Kindern im Dritten Reich eine schöne Zeit erlebten. Sie kam unserer Abenteuerlust entgegen, sie lehrte uns Mucker und Spießer verachten. Wir machten Fahrten, Geländespiele, lebten in

Zeltlagern. Mit Begeisterung zogen wir in militärischer Ordnung singend durch die Kleinstadt, stimmten vor den Häusern jener Ortsbewohner, von denen wir wußten, daß sie Nazigegner waren, provozierende Lieder an, wie beispielsweise »Als die goldne Abendsonne / sandte ihren letzten Schein / zog ein Regiment von Hitler / in ein kleines Städtchen ein.« Oder, und dies ausgerechnet in einer oberbayerischen Kleinstadt: »Durch Großberlin marschieren wir / für Adolf Hitler kämpfen wir.« Vor dem Pfarrhaus dagegen stimmten wir gerne an: »Es zittern die morschen Knochen, der Welt vor dem großen Krieg«, oder noch lieber den Refrain eines anderen Liedes: »Die Juden ziehen dahin, daher / sie zieh'n durchs Rote Meer / die Wellen schlagen zu / die Welt hat Ruh'.«
Jugend kann grausam sein und ist leicht zu verführen. Wir waren Bauernkinder, hatten unsere eigenen Gesetzmäßigkeiten, erfuhren von der Sexualität im Stall und auf dem Heuboden, indem wir uns dort versteckten und atemlos zuschauten, wie die Knechte über die Mägde herfielen. Wir hatten kein Mitleid mit dem Dorfdeppen, und quälten ab und zu Haustiere. Dieser schwitzigen, dumpfen Lebensart stellten die Nazis eine für uns durchaus verführerische Blut-und-Boden-Romantik entgegen. Man predigte uns Achtung vor dem Alter, vor der Frau und Mutter, und verordnete Tierliebe. Wie kann man denn auch Hunde quälen, wenn die Propaganda Hitler gerne mit einem Schäferhund zeigte. Wie konnten wir ahnen, daß unter einigen, die damals die Werte Sitte, Anstand, Würde und Menschlichkeit predigten, später auch jene waren, die Menschen wie Ungeziefer vertilgen ließen. Aber trotz aller Propaganda gefielen mir die Maiandachten mindestens genauso gut wie die diversen Heimabende.
Als Kind hatte ich oft Todesangst. Mit niemandem konnte ich darüber sprechen. Der Vater hielt das alles für »spinnert«, und die Mutter hatte stets ein paar fromme Sprüche parat,

mit denen ich aber nichts anfangen konnte. Wenn ich in einer von einem Friedhof umgebenen Dorfkirche war, so hat mich dieses Nebeneinander von Tod und Leben, von Sterben und Auferstehung nahezu körperlich angerührt. In der Kirche selbst nahm mir die Mischung von Weihrauch und schwerem Blumenduft oft fast den Atem. Das Herz klopfte schneller, wenn die Augen über die Mädchen in ihren luftigen Sommerkleidchen und nackten Beinen glitten. Und wenn dann nach der Andacht auf dem Kirchplatz flüchtige Blicke mit der Angebeteten ausgetauscht wurden und ein hastiges Erröten über unsere Gesichter huschte, dann waren wir im Vorhof zum Himmel. Ich habe die Kirche immer sinnlich begriffen.
Als Hitlerjungen aber standen wir voll im Banne der Romantik. Am schönsten war es für uns, am Lagerfeuer sitzen zu können. Wir sangen da alte Landsknechtslieder: »Der Wind streicht über Felder, ums regennasse Zelt...«, oder: »Ein Heller und ein Batzen, die waren beide mein, der Heller ward zu Wasser, der Batzen ward zu Wein«. Und wenn man auch heute darüber lachen mag: uns gab das Lied von dem damals populärsten nationalsozialistischen Barden Hans Baumann viel: »Deutschland, heiliges Wort, Du voll Unendlichkeit, über die Zeiten fort, seist Du gebenedeit.« Diesem Deutschland wollten wir dienen. Kämpfen, Siegen, ja selbst Sterben für dieses Deutschland wollten wir üben. Jede Woche stand Exerzieren auf dem Programm. Mancher Jungzugführer oder Fähnleinführer, der sich als Ausbilder betätigte, ließ den kommenden »Schleifer« ahnen.
Unsere Lehrer erzählten von der Größe des Reiches, zitierten bedeutende Geister, wie Gerhart Hauptmann, die freudig Ja zum Reich sagten. Der später vom Nationalsozialismus sich abwendende Gottfried Benn schrieb damals: »Hört Ihr den Marschtritt der Million, Hitler größer als Napoleon.« Wir begeisterten uns an den Taten der Studenten von Lange-

marck, die mit dem Deutschlandlied auf den Lippen gegen den Feind anstürmten und starben. Ich erinnere mich meines Geographie-Professors. Sein Unterricht bestand in erster Linie aus der Beschreibung der Schlachten, an denen er teilgenommen hatte, nur nebenbei wurde in diesem Zusammenhang die Bodenbeschaffenheit (»konnte man sich gut eingraben«) oder das Klima (»es gab drehende Winde, das konnte bei Gasangriffen für den Angreifer gefährlich werden«) gestreift. Er avancierte zu unserem Lieblingslehrer, und in manchen unter uns mag der Keim zur späteren Freiwilligenmeldung in diesen »Heldenstunden« gelegt worden sein. Beinahe ungläubig hörte ich nach dem Kriege, daß unser Geo-Held der erste war, der sich nach dem Kriege bei den Amerikanern andiente, Kollegen anschwärzte und auf seine Antinazi-Haltung verwies. Auch einer dieser Tarnzwerge, von denen man erst nach dem Kriege erfuhr, wie tapfer sie gegen die Nazis waren, oder zumindest ohnmächtig die Faust in der Hosentasche geballt hatten.

Meine Familie siedelte 1935 nach Dresden über. Hier bekam mein Vater eine Abteilungsleiterstelle im Schlacht- und Viehhof. Ein mit ihm aus der Kampfzeit befreundeter NS-Funktionär hatte ihm dazu verholfen, wohl auch aus dem Bestreben, ihn aus der Schußlinie zu ziehen; denn seine Schimpfereien hatten die örtlichen Bonzen zunehmend irritiert. In Dresden kam ich auf die Johann-Georgenstädter-Oberrealschule, später Dietrich-Eckart-Oberrealschule genannt. »Wenigstens gibt's einen Bayern in deiner Schule«, meinte mein Vater, und spielte auf die Oberpfälzer Herkunft des einstigen Duzfreundes von Hitler an, dessen Gedicht »Sturm, Sturm, Sturm – läuten die Glocken von Turm zu Turm« wir damals alle auswendig lernen mußten. In der Klasse hatten wir zwei jüdische Buben; wenn ich mich nicht irre, so hießen sie Kariel und Feuerstein. Wir waren mit ihnen gegenüber zwar

etwas befangen, aber nicht unfreundlich. Sie durften überall mitmachen, nur nicht beim Turnen, was ihnen bei ihrer nicht allzu sportlichen Konstitution wahrscheinlich gar nicht so unsympathisch war. Insofern entsprachen beide wieder dem Typ, den uns die Nationalsozialisten über die Juden eingetrichtert hatten: »Juden sind faul und unsportlich.« Aber dieser Nazi-Zahn wurde mir sehr bald gezogen. Wir hatten einen Turnlehrer, der mich sehr förderte und mich bis zu der Dresdner Jugendskimeisterschaft in der etwas seltsamen Kombination Slalom-Springen in meiner Klasse führte. In Rehefeld im Erzgebirge durfte ich stolz den Gauleiter-Mutschmann-Ehrenpreis in Empfang nehmen. Es war ein Scherenschnitt. Mein Lehrer war merkwürdig einsilbig, wenn es um die Erfolge der Nazis ging. Nachdem er offensichtlich Vertrauen zu mir gefaßt hatte, sagte er einmal:
»Weißt du, die Juden sind nicht weniger sportlich als wir. Schau, der Max Schmeling zum Beispiel ist von einem Juden besiegt worden, von Max Baer.«
Ich fiel aus allen Wolken: »Aber der Baer ist doch ein Amerikaner!«
»Ja, ein jüdischer Amerikaner. Und weißt du auch, warum hier so wenige Bilder von dem Kampf gezeigt wurden?« Er beantwortete die Frage selbst: »Weil der Baer mit einem Davidstern an seiner Hose gekämpft hat. Und der Maxie Rosenbloom, der in einem Weltmeisterschaftskampf unseren tapferen Adolf Heuser schlug...«
»Vielleicht auch ein Jude?«
»Natürlich, Rosenbloom klingt doch nicht sehr arisch, oder?« Er fuhr fort: »Du verfolgst doch die Olympischen Winterspiele, weißt also, wie großartig unsere Eishockeymannschaft spielt.«
»Jetzt sagen Sie bloß, Herr Lehrer, in dieser Mannschaft gäb's auch Juden!«

»Und ob! und zwar ist der nach Gustav Jaenecke Beste ein Jude.«
»Was, also der Rudi Ball?« sagte ich spontan.
»So ist es, den haben sie für die Spiele aus dem Ausland geholt. Ich glaube aus Italien oder Österreich und denk an die deutschen Daviscup-Spieler Gottfried v. Cramm und seinem jüdischen Doppelpartner Daniel Prenn.«
Meine Verwirrung wurde noch größer, als wir auf die kommenden Sommerspiele von Berlin zu sprechen kamen.
»Da wird die Olympiasiegerin von 1928 im Florettfechten, die Helene Mayer, am Start sein – eine Jüdin aus Offenburg, aus der Lederbranche.«
Nun spielte ich meinen letzten Trumpf aus, um das alles nicht glauben zu müssen: »Aber, die ist doch blond und blauäugig!«
»Ja, glaubst du denn, alle Juden sind schwarz und haben eine Nase wie Ringelsocken?«
Er geriet in Eifer und fuhr fort aufzuzählen, welche Juden alle in der Olympischen Ehrenhalle registriert seien. Er erzählte von Leichtathleten, von dem schnellsten Mann der Welt 1924, dem Engländer Abrahams; von dem berühmten amerikanischen Mittelstreckler und Weltrekordler über 400 Meter, Olympiasieger von Los Angeles, Carr; von den ungarischen Fechtern, von denen die besten auch Juden seien, und so fort.
Ich mußte mit meinem Vater reden, konnte dies gefahrlos tun. Auch er mochte den Turnlehrer und hätte nie einen Menschen verpfiffen. Ich fiel aus allen Wolken als mein Vater sagte: »Dein Lehrer hat recht, aber behalt's für dich, darüber sollte er auch nicht reden.« Aber nun geriet mein Vater in Fahrt, war anscheinend froh, sich lange angestauten Groll von der Seele reden zu dürfen. »Dieser fränkische Lakl Streicher mit seinem Schmierenblattl, dem Stürmer, gehört für

mich schon lang in eine Irrenanstalt.« Bei diesen Worten kam mir allerdings der leise Verdacht, daß neben der echten Verachtung für diesen Menschen auch noch berufsbedingte antifränkische Ressentiments im Spiel waren; hatte es doch den ehrgeizigen Wurstmetzger und bewußten Altbayern immer gewurmt, daß die fränkischen Wurstsorten höher eingeschätzt wurden als die altbayerischen. Manche Meinung wird zwar im Hirn und im Herzen geboren, aber im Unterbewußtsein verstärkt oder abgeschwächt, je nach den gespeicherten Erfahrungen. Immerhin war es für mich überraschend, daß mein Vater eine solche Meinung über Streicher äußerte, schließlich war er auch ein alter Kämpfer aus dem Jahre 1931. Aber mit dem Satz: »Der Führer kann ja nicht alles selbst machen«, wollte er mich aus einem Gewissenskonflikt retten. Allerdings fügte er noch nachgrollend hinzu: »Weißt du, wer am meisten den Stürmer liest und sichtbar in die Joppentasche steckt? Die Märzenveilchen.« Ihnen, den nach 1933 in die Partei eingetretenen Menschen galt die ganze Verachtung meines Vaters, der den umgekehrten Weg genommen hatte. »Erst warn's dagegen, dann konnten sie nicht schnell genug dem Hitler nachlaufen, um Posten zu ergaunern.« Ich kannte dieses Steckenpferd meines Vaters, das pflegte er stets lange zu reiten. So trollte ich mich so schnell es ging.

Wir zogen wieder um, nach München. Mein Vater konnte auch in Dresden den Mund nicht halten. Man entließ ihn. Jetzt war er arbeitslos. In der Luitpold-Oberrealschule, nicht weit vom Friedensengel entfernt, bereitete ich mich auf das Abitur vor. Mein Mathematiklehrer und Rektor war der Vater des berühmten Kapitänleutnant Endraß, der als Torpedo-Offizier von Günther Prien bei der militärischen Glanzleistung von Scapa Flow dabei war, als innerhalb des Stützpunkts von dem U-Boot ein englisches Schlacht-Schiff versenkt wurde. Bei meinem Rektor hatte ich einen besonderen Stein im Brett, weil ich den täglichen Wehrmachtsbericht gut vortragen konnte, wobei ich gezielt die Erfolge der Marine besonders herausstrich. Als »Gegenleistung« sah der Mathematiker Endraß großzügig über meine augenfälligen Schwächen in der Mathematik hinweg und half mir gelegenlich sogar auf die rechte Spur.

Es kam das Jahr 1942. Schon zwei Jahre war Krieg. Jahre der siegreichen Schlachten und des erneuten Vorwärtsstürmens nach Rückschlägen. Deutsche Soldaten waren die Herren Europas, auch aus Afrika kamen bald Erfolgsmeldungen. Wir Jungen hatten Angst, zu spät zu kommen. Ich meldete mich freiwillig und machte ein anständiges Notabitur. Am liebsten wäre ich ja Endraß zuliebe zu den U-Boot-Fahrern gegangen, aber meine Beklemmung vor diesen schwimmenden Särgen war unüberwindbar. So meldete ich mich zur Luftwaffe, wollte zum fliegenden Personal. Es war für mich ausgemachte Sache, daß ich auf keinen Fall zu den »Stoppelhopsern«, also zur gewöhnlichen Infanterie gehen wollte, auch nicht dorthin, wo alle hinmußten, zum Heer. Schon damals machte sich bei mir eine Eigenschaft bemerkbar, die mir auch später noch oft genug zu schaffen machte: eine ausgesprochene Ruhmsucht, etwas Besonderes, mit gewöhnlichen Sterblichen nicht Vergleichbares zu sein, den Viehhändlerssohn zu verdrängen und die Herkunft durch besondere Leistungen zu kompensieren. Am Veto des mich untersuchenden Luftwaffenarztes zerbrachen meine Ambitionen, ein zweiter Rudel, Galland oder Mölders zu werden. Er erklärte mich für nicht flugtauglich. Blieb also übrig die militärische Glamour-Truppe, die »Paras« oder »Ledernacken« von damals, die Waffen-SS. Jeden Tag konnte man in den Zeitungen von den Heldentaten der Waffen-SS-Männer lesen, im Radio hören, und in den

Wochenschauen wurden sie besonders herausgestellt. Immer mehr prägten sich die Namen von hohen Truppenführern ein, allen voran der des legendären Sepp Dietrich, des Kommandeurs der Leibstandarte. Er wurde nicht zuletzt auch deshalb mein Vorbild, weil er mir bewies, daß man bei der Waffen-SS auch von unten, ohne einer großen Familie anzugehören, nach oben kommen konnte, wenn man nur tapfer genug war. Er erinnerte mich an die großen französischen Marschälle, die aus dem Mannschaftsstand und minderen Berufen kamen und trotzdem unsterblich wurden: die Masséna, Murat, Ney und andere. In der Waffen-SS schien jeder den Marschallstab im Tornister zu haben. Auch heute noch bin ich der Meinung, daß auf diesem Gebiet in der Waffen-SS ein neuer und revolutionärer Geist herrschte, das Prinzip der Leistung über allem stand. Ich habe nie begriffen, warum gerade Kritiker, die von links kamen, an der Tatsache Anstoß nahmen, daß der Vater von Sepp Dietrich ein Wachtmeister war und seine Mutter eine Kuhmagd gewesen sein soll. Auch daß man Hitler mit der Bezeichnung »Anstreicher« abqualifizierte, will mir auch heute noch nicht recht in den Sinn. Es entspricht doch sozialistischen Vorstellungen, daß jedem ohne Ansehen seiner Herkunft der Weg nach oben offen stehen müßte. Kommt hinzu, daß man bei den sowjetischen Marschällen rühmend hervorhebt, was bei Offizieren der Waffen-SS gerne mit einem verächtlichen Achselzucken getan wird. Gerade diese sich übrigens fälschlicherweise für links haltenden Kritiker haben oft eine merkwürdige Affinität zum Geld- und anderem Adel. Dem Nixon beispielsweise warfen sie immer wieder vor, daß er von ganz einfachen Leuten abstamme, Kennedy dagegen von feinen und reichen Bostoner Kreisen mit Lebensart. Daß dieser feine Bostoner Kreis über den Alkoholschmuggel und andere zweideutige Geschäftspraktiken reich geworden war, stört nicht! Verzeihen Sie, verehrter Leser, aber ich mußte das

zwischendurch loswerden, denn dies »wurmt« mich schon seit Jahrzehnten. Vielleicht sollte man sich gerade heute daran erinnern, daß die Weimarer Republik auch am Zynismus vieler sogenannter linker Intellektueller zugrundeging. Man wurde nie müde, einen Ebert als Sattlergesellen abzuqualifizieren, auch andere Sozialdemokraten als nicht standesgemäß hinzustellen und lächerlich zu machen.
Ich habe mich mit meiner Frau, deren starkes soziales Engagement sie bereits während ihrer Studentenzeit in die SPD eintreten ließ, oft über diesen merkwürdigen Zwiespalt auf der linken Seite des politischen Spektrums unterhalten. Sie gehört zur sogenannten zweiten Generation, stammt aus einer wohlhabenden Familie, fleißige und zielstrebige Väter aus dem Handwerker- und Bauernstand haben sie dazu gemacht. Meine Frau wurde in München SPD-Stadträtin und gehörte dem linken Flügel der SPD-Fraktion an. Sie war oft verzweifelt über die Kälte und Arroganz, mit der nicht wenige sozialdemokratische Studenten und Akademiker, die ihre marxistische Weisheit mit dem Löffel gefressen hatten, über den Genossen Arbeiter sprachen. Sie zog eines Tages die Konsequenzen, trat aus der Partei aus, gab ihr Mandat zurück, trat jedoch zu keiner anderen Gruppierung über. Ihren sozialen Verpflichtungen sucht sie heute in ihrem Beruf als Rechtsanwältin gerecht zu werden. Ich bitte den Leser, diese Abweichung zu entschuldigen. Sie gehört aber dazu, um die Bitternis verständlich zu machen, die aus dem Arbeiterstand kommende ehemalige Soldaten und Offiziere der Waffen-SS überkam, wenn sie nach dem Kriege bei ihrem Bestreben, ihre sozialistischen Vorstellungen in der SPD zu verwirklichen, von den jungen Genossen zurückgewiesen wurden. Kurt Schumacher hatte ihnen einst die Hand gereicht, manche seiner Nachfolger wollten davon nichts mehr wissen.
Es soll aber an dieser Stelle nicht verschwiegen werden, daß

ehemalige Angehörige der Waffen-SS im Bundestag und in den Länderparteien saßen und sitzen, als Diplomaten die Bundesrepublik vertreten, in Parteizentralen wichtige Funktionen einnehmen, Bürgermeister und Landräte geworden sind. Auch über die SPD. Sie haben sich für das Gemeinwohl eingesetzt und ihre Treue und Loyalität dem Staat gegenüber bewiesen.

4
Bei der »Leibstandarte SS Adolf Hitler« in Berlin

Inzwischen hatte ich mich, der Vorliebe meines Vaters für die Reiterei folgend, in München beim Reitstall Fegelein angemeldet, den der Vater der berühmten SS-Offiziere und Klasse-Reiter Waldemar und Hermann betrieb. Hermann Fegelein war der Ehemann von der Schwester der späteren Frau Hitler, Eva Braun. Er wollte zwar den Aufstieg, aber nicht den Niedergang des Schwagers teilen, und versuchte, sich in den letzten Kriegstagen, unter Mitnahme von Geld und Schmuck, aus Berlin zu stehlen. Umsonst setzte sich seine zukünftige Schwägerin für ihn ein, bat um sein Leben. Vergeblich. Hermann Fegelein endete vor einem Peleton seiner ehemaligen Kameraden. Er starb mannhaft.
Endlich kam der Einberufungsbefehl. Darauf stand als Zielort Berlin-Lichterfelde, der Name der Truppe: »Leibstandarte SS Adolf Hitler«. Ich konnte es kaum fassen. Das war für mich die Elite der Elite. Das Tragen des Ärmelstreifens »Leibstandarte SS Adolf Hitler« war der sichtbare Ausweis, daß man zur Garde gehört, ein Prätorianer geworden ist. Für diese Truppe galt die Devise der garde napolienne: »Die Garde stirbt, aber sie ergibt sich nicht.« Die Angehörigen der Leibstandarte hielten sich daran. Ihre Gräber im weiten russischen Land sind verweht und vergessen wie die ihrer tapferen französischen Vorgänger des Jahres 1812.
Am 6. Juli 1942 packte ich meinen Koffer, zog meinen guten blauen Sonntagsanzug an, verabschiedete mich von meinen Eltern und meinem Bruder. Meine Mutter schlug das Kreuzzeichen. Mein Vater gab mir schweigend die Hand und murmelte: »Paß gut auf. Zieh rechtzeitig den Kopf ein. Und komm gesund wieder!« Während der ganzen Fahrt war ich

aufgeregt, tat kaum ein Auge zu. Am nächsten Tag war ich in Berlin. Tempo und Lärm der damals noch intakten Metropole beeindruckten mich, machten mich beklommen. Mit Herzklopfen stand ich vor dem imposanten Tor, das den Weg zum weiten Gelände der damaligen, ehemals kaiserlich-preußischen Kadettenanstalt freigab. Etwas linkisch überreichte ich dem Wachhabenden meine Papiere. Er behandelte mich so, wie eben ein alter Krieger einen grünen Zivilisten behandelt, nämlich geringschätzig und von oben herab. Das Einkleiden ging ruck-zuck. Wünsche konnten kaum geäußert werden. Auf eine Nummer mehr oder weniger kam es bei Stiefel, Anzug und Stahlhelm nicht an. Das Vokabular des »Kammerbullen« schien allein aus dem Wort »paßt« zu bestehen.
Die soldatische Wirklichkeit unterschied sich deutlich von meinen Träumen. Die Rekrutenzeit hatte offensichtlich den Zweck, einem erst einmal das Kreuz zu brechen, um es dann wieder stückweise zusammenzusetzen. Stechschritt üben, Kriechen und Robben nahmen nunmehr in meinem Bewegungsablauf einen beachtlichen Teil ein. Ein Witzbold meinte: »In Lichterfelde braucht es nicht zu regnen, da genügen die Schweißtropfen der Rekruten.« Sicher war 1942 die Ausbildungszeit nicht mehr ganz so gründlich und deshalb eine Spur weniger hart als in den vorangegangenen Jahren, aber die Rekruten des Jahres 1942 waren auch nicht mehr zu vergleichen mit den durchtrainierten, gründlich ausgewählten Burschen der Vorkriegszeit. Trotzdem gab es immer noch genügend Schikanen. In deutlicher Erinnerung sind mir die »Maskenbälle«, wo man sich in kürzester Zeit an- und umziehen mußte und der Unterscharführer mit der Stoppuhr dabeistand: »Eine Minute 27 Sekunden, zwei Sekunden zuviel. Das ganze noch einmal.« Und das Gekeuche und Gerenne ging von vorne los, und wehe dem, der mehrfach der letzte

war. Der bekam die ganze Wut der Kameraden zu spüren, weil er für die Wiederholungen verantwortlich war. Höchste Strafe war »Pumpen«, sprich Kniebeugen, mit aufgesetzter Gasmaske; eine besondere Schikane war das Putzen eines Ganges mit der Zahnbürste.

Meine Ausbilder waren, von einer Ausnahme abgesehen, Preußen. Die einen nannten uns Bayern »Südgermanen«, die uns weniger wohlgesonnenen »Fußkranke der Völkerwanderung«. Aber alle waren der in der Leibstandarte weitverbreiteten Ansicht, daß die Bayern erst einmal marschieren lernen müßten. Wir waren für sie bessere Spaziergänger. In der Tat hatte ich beim Parademarsch Schwierigkeiten, und beim Griffeklopfen klappte ich immer eine Idee nach, so daß man mich beim Exerzieren und Marschieren vor Vorgesetzten immer ins hinterste Glied verbannte. Wenn ich daran dachte, daß der allgemein verehrte Kommandeur der Leibstandarte, der Sepp Dietrich, fast als Parade-Bayer galt, so schien mir die Einstellung meiner Ausbilder nicht frei von widersprüchlichen Zügen zu sein. Offensichtlich mußte man es als Bayer erst einmal zum General bringen, um für voll genommen zu werden. Allerdings bat ich meinen preußischen Ausbildern alles ab, als ich einen Zugführer aus Wien bekam. Der wollte nun partout unter Beweis stellen, daß der Drill keine preußische Erfindung sei, und daß die Österreicher da schon noch etwas zulegen könnten. Diese erste Erfahrung fand ich auch später bestätigt, wonach gerade Wiener preußischer als Preußen sein wollten. Das erinnert mich an Konvertiten, die in ihrer neuen Religionsgemeinschaft an Eifer und Bekennertum ihre »geborenen« Glaubensbrüder zu übertreffen suchten. Unser Wiener hielt jedenfalls nicht viel von alpenländischer Nachbarschaft oder Stammesverwandtschaft. In einem Streitgespräch, das er uns einmal großzügig gönnte, nannte er die Bayern »Napoleonsöldlinge«, die den Andreas Hofer und andere Tiroler Freiheitskämpfer auf dem Gewissen hätten. Aus Vorsicht und Angst vor Repressalien, die sich bei schlechterer Laune wieder einstellen könnten, strapazierte ich meine Geschichtskenntnisse nicht besonders, vor allem hielt ich Wallensteins »Dank vom Haus Österreich«, einen Satz, den ich seit meiner Schulzeit kannte, unter Verschluß. Dieser Spruch hätte sich sogar auf den Freiheitskampf der Tiroler anwenden lassen.

Mein Wiener, der so gerne ein waschechter Preuße gewesen wäre, fiel allerdings, wenn er besoffen war, in die Walzerseligkeit seiner Heimat zurück, war der Ottakringer Schaukelbursch, der erst seine Mizzi verprügelt, um sie dann reumütig sein Herzerl, Haserl, sein Schnuckerl zu nennen, oder was es sonst an Verniedlichungen gibt, bei denen die Wiener bekanntermaßen Meister sind. In solchem Gemütszustand hörte man aus seiner Stube Lieder wie »Heimat, Deine Sterne«, »Mei Muaterl war a Weanerin«, »Wien, Wien, nur Du allein«, »Wer das Scheiden hat erfunden« und anderes aus dem Schlagerschmalzkübel. Denke ich heute an ihn zurück, so fällt mir wieder einmal Schnitzler ein. Er schrieb: »Die Sentimentalität ist das Alibi der Hartherzigen.« Ich schreibe dies ungern über meinen Wiener Ausbilder, denn eigentlich liebe ich diese Stadt und fühle mich dort genauso zuhause wie in Prag oder in Budapest.

Zurück zu Berlin. Allmählich bildete sich bei uns ein Kreis aus skeptischen, nachdenklichen Rekruten. Dazu gehörten ein bayerischer Landsmann und ich, sowie drei Oberschlesier. Sie hänselte man gerne wegen ihrer Namen, nannte sie Antek und Frantek oder Pironjes. Sie rächten sich dadurch, daß sie jeden, der es hören oder nicht hören wollte, die Namen der Mitglieder der damaligen deutschen Fußball-Spitzenmannschaft Schalke 04 aufsagten: »Klingen die vielleicht sehr deutsch, die Szepan, Kuzorra, Kallwitzki, Tibulski, Bur-

47

denski (Vater des heutigen Nationaltorwarts), Gellesch und andere?« fragten sie trotzig. Man nannte unsere oberbayerisch-oberschlesische Allianz auch die »Katholische Liga«. Ihren größten Tag hatte die »Liga« beim deutschen Fußball-Pokalfinale 1942 zwischen 1860 München und Schalke 04. Wir marschierten ins Olympiastadion, das mit 80 000 Zuschauern ausverkauft war. Unsere Sympathien waren geteilt. Die Oberschlesier waren für Schalke: »Spielt die halbe polnische Nationalmannschaft«, sagte mein Freund Jan aus Kattowitz, ein schlanker, schwarzhaariger »windschlüpfriger« Bursche, der bei den Mädchen, besonders bei den Blondinen, einen großen Schlag hatte. Ich drückte natürlich, bei aller Sympathie für die Oberschlesier, den Münchnern die Daumen. 1860 gewann 2:0. Meine oberschlesischen Freunde trösteten sich damit, daß auch bei den Münchnern der beste Mann ein Oberschlesier gewesen sei, Ernst Willimowski. Er spielte vor dem Krieg bei der Mannschaft Ruch-Bismarckhütte und ware lange Jahre das As der polnischen Nationalmannschaft. Abends gab es in der Kaserne ein großes Besäufnis. Wie schon so oft, erklang die Aufforderung: »Franz, sing was!«

Hier muß ich nachtragen, daß ich sozusagen der Liedersänger vom Dienst war. Auch und gerade die norddeutschen Kameraden hörten gerne meine bayerischen Lieder. Sie sahen dafür großzügig über meine sonstige schlampige Haltung hinweg und halfen mir beim Bettenbau, wo ich nie die messerscharfen Kanten hinkriegte. Also sang ich halt, und zwar in bunter Folge, zu Ehren von 1860 München: »In München steht ein Hofbräuhaus«, »Solang' der Alte Peter«, »Wir fahr'n nach Minga mit'm Floß«, und immer wieder »Auf den Bergen wohnt die Freiheit«. Unsere Stimmung stieg. Jan sang plötzlich polnische Lieder. Wir wurden laut und lauter, fingen an, uns gegenseitig zu provozieren. Es hätte nicht viel gefehlt, und die schönste Keilerei wäre in Gang gekommen. Dies trotz meiner Beschwichtigungen als »Pokalsieger«. Ich war zwar ein ganz guter Boxer, aber niemals ein Schläger. Raufereien bereiteten mir körperliches Unbehagen. Ich ging ihnen aus dem Weg. Es war unser Glück, daß der Diensthabende an diesem Tag Unterscharführer B war, ein Württemberger, der Jan und mich ganz gerne mochte. Auch B gehörte zur »Südfront«. Ich war eine zeitlang sein Putzer. Meine Hauptaufgabe bestand darin, dafür zu sorgen, daß er mit seinen diversen »Flammen«, also seinen Freundinnen, nicht durcheinander kam. Er revanchierte sich dadurch, daß er darüber hinweg sah, wenn wir den »Zapfen wichsten«, also über die Mauer stiegen, weil wir den Ausgang überschritten hatten. Dieser gute und menschlich verständnisvolle Vorgesetzte beendete mit einem Donnerwetter unsere Veranstaltung, rettete so die Siegesfeier vor einem fatalen Ausgang.

Ein anderes Problem war unser Verhältnis zur Kirche. Unterscharführer B tolerierte auch unseren sonntäglichen Kirchgang. Wir bekannten uns gerade jetzt, in dieser Umgebung, fast demonstrativ zur katholischen Kirche. Auch unsere preußischen Ausbilder sahen darüber hinweg, nur der Wiener, natürlich, nahm Anstoß. Einmal fand er einen Vorwand, um uns Angehörige der »Katholischen Liga« anschließend an den sonntäglichen Kirchgang Strafexerzieren zu verpassen. Intern nannten wir's die »Christenverfolgung«. Da hieß es dann »Häschen hüpf«, wobei man in der Hocke wie ein Känguruh vorwärtsspringen und dabei das Gewehr in den nach vorne ausgestreckten Händen halten mußte. Dann ging es weiter mit Robben bis zu seinen Stiefelspitzen. Dabei stellte er sich so auf, daß wir durch die größten Drecklachen hindurch mußten, was uns später stundenlanges Reinigen kostete: »Ihr werdet mir noch katholisch, gut katholisch!« rief er. Auf das Kommando »Gas!« mußten wir die Gasmasken aufsetzen,

und sadistisch fügte er hinzu: »So, und jetzt kommt Eure heilige Wandlung. Ein Lied: Es ist so schön Soldat zu sein!« Aus den Masken drang kaum verständliches Gekeuche und Gekrächze: »Singt Ihr in der Kirche auch so schön?« Verbissen grölten wir weiter: »Es ist so schön Soldat zu sein«. Leider konnte ich meinen Spezialtrick nicht anwenden, nämlich Zündhölzer zwischen Haut und Gasmaskenrand zu klemmen, um somit Luft zu bekommen; der Wiener sah alles. Die »Krönung« war das »Pumpen«, also das Kniebeugen mit Namensgebung. Da hieß es: »Jetzt 5 Kniebeugen für den Papst... jetzt 5 für den Heiligen Geist... jetzt 5 für die Jungfrau Maria... und jetzt 10 für Jesus Christus!« Er schlauchte uns bis kurz vor dem Umfallen. Wir hätten ihn am liebsten höchst unchristlich umgebracht. Am Abend erzählten wir »UScha« B von unseren »christlichen Übungen«. Er berichtete dies außerdienstlich dem Kompanieführer, mit dem er im Feld gewesen war und in einem guten kameradschaftlichen Verhältnis stand. Dieser ließ den erbitterten Kirchengegner von der schönen blauen Donau kommen, und wie wir zu unserer großen Befriedigung von unserem Württemberger hörten, ging's jetzt andersherum. Der Kompagnieführer setzte gegen unseren Quälgeist ein Strafexerzieren an, und nun mußte er hüpfen und die Knie beugen: »Jetzt 10 für Sepp Dietrich... jetzt 10 für Heinrich Himmler... jetzt 10 für die Waffen-SS« usw. usw.
Überraschend und wohl auch schockierend war es für mich, wie in der Waffen-SS körperliche Intimpflege gefordert und kontrolliert wurde. Ich komme, wie bereits gesagt, mütterlicherseits aus dem sogenannten katholischen Milieu, wo die Körperteile unter der Gürtellinie zur Tabuzone erklärt wurden. Ich habe meine Mutter bis kurz vor ihrem Tod nie nackt gesehen. Wörter wie Penis, Koitus, waren für uns tatsächlich Fremdwörter, sie kamen in unserem Vokabular nicht vor.

Natürlich war dieses katholische Milieu nicht geschlechtslos, ganz im Gegenteil: In dieser dumpfen Atmosphäre der Verdrängung und der Tabuisierung wurde in uns Buben eine überhitzte Phantasie geweckt, die sich dann, wie bereits gesagt, im Doktorspielen, im Bekritzeln von Wänden und dergleichen, entlud. In der Waffen-SS gab es diesbezüglich kein Tabu. Da wurden die Dinge beim Namen genannt, und zwar nicht in der Diktion eines Mädchenpensionats. So schockte mich kurz nach meinem Einrücken um 5 Uhr früh der Ruf: »Aufstehen! Raustreten zum Schwanzappell!« Da standen wir nun in einer Reihe, nackt, und der Spieß ging von Rekrut zu Rekrut, ließ sich den Penis zeigen, da und dort die Vorhaut zurückschieben, um zu sehen, ob – wie bei einem Gewehrappell – kein Stäubchen im Lauf wäre. Das ging ganz sachlich vor sich, und der Spieß, ein schnoddriger Berliner, meinte erklärend: »Der Nillenkopp is jenau so wichtig wie der richtige Kopp. Da muß alles klar sein, oben wie unten.« Wer den Reinheitsvorstellungen nicht genügte, hatte mit Strafexerzieren, oder – was schlimmer war – mit Ausgangssperre zu rechnen: »Was, mit so einem Harzer Roller wollt Ihr Eure Bräute beglücken!?« Man kann auch sagen, daß es in der Waffen-SS bereits in Umrissen das gab, was man heute Sexualerziehung nennt. Dabei wurden im Unterricht, ohne Zoten, sachlich und allgemein verständlich, die verschiedenen Körperfunktionen erklärt, wobei man auf oft abenteuerlichen Umwegen Rassenprobleme mit einflocht. Ich erinnere mich noch eines wahren verbalen Slalomlaufes, den unser Arzt durch Sinn oder Unsinn der Beschneidung machte. Man konnte dabei durchaus denken, daß die SS ihre Angehörigen gerne selbst beschnitten hätte, was sich aber durch das bereits vorhandene jüdische Ritual selbstverständlich verbot. Im übrigen waren pornographische Witzeleien und Zweideutigkeiten verpönt. Sie galten als Überbleibsel der Systemzeit, als dekadent, als jüdisch.

In der Ausbildungszeit aber schnitt ich nicht nur schlecht ab. Ich konnte auch zwei Pluspunkte aufweisen. Im Gelände gehörte ich zu den Besten: »Wie der Wildschütz Jennerwein«, meinte anerkennend UScha B, außerdem war ich Kapitän unserer im Kasernenwettbewerb sehr erfolgreichen Fußballmannschaft.
Als Fußballer wurde ich überall beneidet, weil ich einmal bei einem Sonderspiel als Junior den berühmten Nationalspieler und Rechtsaußen von Bayern München, Sepp Bergmeier, der »Dribbelkönig« genannt, zu decken hatte. Er war nicht mehr der Jüngste, schon etwas füllig und machte keine allzu großen Schwierigkeiten. Aber vor Aufregung stolperte ich meistens über meine eigenen Füße und entschuldigte mich, wenn es mir gelang, dem Nationalspieler den Ball abzunehmen.
In der Leichtathletik war ich einer der besten, lief die 100 Meter um die 11,5 Sekunden, sprang über 6 Meter weit und warf den Jugendspeer an die 50 Meter.
Sport wurde überhaupt sehr groß geschrieben, praktisch und theoretisch. So hatten wir auch Gelegenheit, den wahrscheinlich letzten Start des wohl bedeutendsten deutschen Läufers aller Zeiten, Rudolf Harbig, im Berliner Olympiastadion zu erleben; kurz darauf fiel er an der Ostfront.
Betrachte ich das Thema Reinlichkeit und Sexualität rückblickend, so vermag ich in der damaligen Erziehung durchaus auch positive Seiten zu entdecken. So widersprüchlich das klingen mag: Meinen heute oft verlachten »Reinlichkeitsfimmel« verdanke ich, wie bereits erwähnt, dem negativen Anschauungsunterricht aus meiner Kind- und Schulzeit, sowie der fast exerziermäßigen Durchführung von Kontrollen einer als selbstverständlich vorausgesetzten Grundhaltung bei der Waffen-SS. Ich habe noch heute eine große Aversion gegen den gerade in Bayern nicht selten anzutreffenden Typ des – wie man hierzulande sagt – »verdruckten« christlichen

Politikers. Bei einigen konnte man eine kaum glaubliche Diskrepanz zwischen ihrem sittlichen Anspruch und ihrem tatsächlichen Verhalten entdecken.
Ein solches Verhalten, das in allen Parteien zu finden ist, stört mich besonders bei jenen, die sich als »Legionäre Christi« fühlen. Wehe, wenn der ehemalige Bayerische Kultusminister Hundhammer sie entdeckt hätte, der war nämlich so wie er redete und deshalb in den Augen mancher Ketzer ein besonders armer Hund. Aber ich erinnere mich sehr gut, wie mir ein hochstehender christlicher Politiker erzählte, warum er mit einem anderen der gleichen Couleur gebrochen hat: »Also, daß er bis hinten zu dem Ellbogen unterm Weiberrock war, da mag i ja gar nix sagn, mir san ja alle Menschen, aber daß er mir nachher die Hand gebn hat, die Sau, des find i amoralisch!«
Es versteht sich von selbst, daß in der Waffen-SS die großen Anforderungen an die körperliche Sauberkeit ihre Entsprechung in Uniform, Lederzeug und Schuhwerk fand. Deshalb waren die Kontrollen durch den Wachhabenden am Kasernentor so gefürchtet. Meistens geschahen die Kontrollen an den Ausgängen in Sichtweite der draußen wartenden Soldatenbräute. Entdeckte der Wachhabende ein Stäubchen am Koppel, war das Koppel-Schloß blind und glänzten die Schuhe nicht vorschriftmäßig, so hieß es: »Und so wollen Sie nach Berlin 'rein? Sie als Angehöriger der Leibstandarte? Kommen Sie in 10 Minuten wieder, aber dann tipp-topp!« So eine Prozedur konnte man mehrfach über sich ergehen lassen müssen. Mir passierte es sogar einmal angesichts meiner Flamme, daß ich den Stiefel ausziehen mußte. Prompt fand der Wachhabende das, was er offensichtlich vermutete: einen »Kartoffel« in der Socke, also ein Loch. Aus Scham blieb ich in der Kaserne.
Neben Sportveranstaltungen besuchte ich auch die großen

Theateraufführungen, bewunderte Käthe Gold, Heinrich George, Gustaf Gründgens; die beiden Rivalen in der Gunst der theaterbegeisterten Damenwelt, Horst Caspar und Will Quadflieg; vergaß für kurze Zeit Krieg und Ausbildungszeit.

Diese Zeit war rückblickend gesehen zwar sehr hart, aber es ging auch sehr kameradschaftlich zu. Das Verhältnis von uns Mannschaftsdienstgraden zu Unterführern und Offizieren war, von Ausnahmen abgesehen, bei allem Respekt eher leger. Dies kam nicht zuletzt daher, daß sich die Ausbildungsmethoden des Kommandeurs der Division Wiking, General Steiner, auch bei uns mehr und mehr durchsetzten. Sport trieben Offiziere und Mannschaften gemeinsam. Beim Fußballspiel konnte man gelegentlich schon mal seinen Vorgesetzten »rüffeln«. Aber bei aller Kameradschaft und sportlichem Umgang kam es nie zu Vertraulichkeiten. Die Autorität – es war in der Waffen-SS in der Regel die der besseren Leistung – blieb unangetastet. Aus Gesprächen mit Kameraden des Heeres glaubten wir herauszuhören, daß dort die Unterschiede zwischen Offizieren und Mannschaften größer waren, daß das Einhalten der Disziplin weniger in der freiwilligen Anerkennung einer durch Leistungen bedingten Autorität des Vorgesetzten lag, sondern aus einer alten und überlieferten berufssoldatischen Tradition kam. Wir fühlten uns als Speerspitze eines neuen soldatischen Denkens, als Revolutionäre in Uniform. Wir haben oft, und sicher manchmal auch unberechtigt, über die sturen Kommißköpfe bei der Wehrmacht gelästert. Wir spürten andererseits wieder die Abneigung von Wehrmachtsoffizieren, wenn wir, wie es bei der Waffen-SS Pflicht war, mit ausgestreckter Hand grüßten, und sie dann betont nachlässig 2 Finger an die Mütze legten. Solche Erfahrungen, das Gefühl geachtet, bewundert oder gefürchtet zu sein, ließ uns dann überzeugt und herausfordern das Lied singen: »Wir sind die Schwarze Garde, die nie ein Feind gefällt / des Führers Leibstandarte, das beste Corps der Welt!« Aber alle Kameradschaft konnte nicht verhindern, daß meine anfängliche Begeisterung mehr und mehr abflaute. Dunkel ahnte ich, daß ich kein geborener Gardist sei. Ich war zu individualistisch und verletztlich, zu künstlerisch interessiert, zu religiös, vielleicht auch zu süddeutsch in meinem auf Ausgleich und Versöhnung angelegten Wesen. Meine Physis hielt stand, meine Psyche weniger.

Darüber hinaus ließ sich bäuerliches Mißtrauen gegenüber Glanz und Gloria nicht verbergen. Vor allem gingen mir, wie übrigens den meisten meiner Kameraden auch, die weltanschaulichen Kraftsprüche auf die Nerven: »Du bist nichts, Dein Volk ist alles«. Über den Rassefimmel lachten wir untereinander, machten uns ein Vergnügen daraus, unsere Schädel nach den Vorstellungen des damals weit bekannten Rasseforschers Hans F. K. Günther – wir nannten ihn den »Rassegünther« – zu vermessen. Im übrigen war die Zeit der Reinrassigen sowieso vorbei. Auch die Waffen-SS mußte, um die fürchterlichen Verluste auszugleichen, ihre Normen im wahrsten Sinne des Wortes herabschrauben. Ich gehörte zu den letzten, die bei der Leibstandarte mindestens 1,80 Meter groß sein mußten, schaffte dies auf den Zentimeter genau, war demzufolge einer der Kleinsten in unserer Kompanie. Einige Monate später nahm man es auch mit der Größe nicht mehr so genau. Im übrigen lag das sonstige »Gardemaß« bei 1,74 Metern. Später nahm man es mit der Größe nicht mehr so genau. In der »Elite« begann es zu »menscheln«. Nicht mehr alle waren außerdem Freiwillige.

5
Schlüsselerlebnis in den Masuren

Das Ende der Grundausbildung bereitete mir eine weitere Enttäuschung. Im Gegensatz zu Jan, der sich wie ich zur Reiterei gemeldet hatte und akzeptiert wurde, kam ich zu einer Kraftfahrerersatzabteilung, die in der militärischen Wertskala etwas tiefer rangierte. Nunmehr kutschierte ich »Berlin-raucht-Juno-Busse« durch die Gegend und machte anstandslos meinen Führerschein. Trotz dieser Enttäuschung blieb mein Wunsch, möglichst bald an die Front zu kommen und mich dort auszuzeichnen, ungebrochen. Ich glaubte, ein besserer Frontsoldat als Heimatkrieger zu sein. Aber die Preußen schossen nicht so schnell. Und so bekam ich eines Tages einen Marschbefehl nach Arys in die Hand.

Zunächst wußte keiner, wo das liegt. Einmal siedelten wir es im Westen, dann im Osten in Rußland oder in Polen an. Ein Blick auf die Karte zeigte, Arys liegt mitten in der masurischen Seenplatte, in der Nähe von Angerburg, Lötzen und Lyk, Orte, die beim Einfall der Russen 1914 schon im Gespräch waren. Arys galt als gefürchteter Truppenübungsplatz. Das war er in der Tat, besonders deshalb, weil wir in einen harten Winter hineinkamen. Die Temperaturen sanken bis zu minus 25 Grad. Wir heizten unsere Baracken, was das Zeug hielt, froren aber trotzdem wie die Schneider. Ich wurde einem MG-Zug zugeteilt und – wohl weil von kräftiger Statur – als Schütze Zwei eingeteilt, das heißt ich mußte die Lafette schleppen, auf die das Maschinengewehr aufmontiert wurde. Neben dem Drill am Gerät und Gefechtsübungen mit längeren Märschen hatten wir noch eine Nebenaufgabe zu erfüllen. Wir mußten die neue Winterbekleidung testen, die leider zu spät ausgeliefert wurde. Bekanntlich hat ja »General Win-

ter« den deutschen Vormarsch vor Moskau gestoppt. Die unzulänglich ausgerüsteten deutschen Soldaten erfroren zu Tausenden oder trugen schwere Erfrierungen davon. Die neue Winterbekleidung hätte hier viel verhindern können, aber sie kam um ein Jahr zu spät. Es waren papiergefütterte Anzüge, die einen sehr guten Kälteschutz abgaben. Wir mußten uns oft stundenlang in den Schnee legen, um Erfahrungen zu sammeln. Sie fielen positiv aus. Weniger positiv waren die Tests für unsere Gesundheit. Durch das lange Marschieren und durch die Gefechtsübungen schwitzten wir ordentlich, und auch der beste Kälteschutz konnte nicht verhindern, daß wir uns erkälteten. Ich legte in Arys den Grundstein für eine chronische Bronchitis.
Verliebt war ich dagegen in die Landschaft. Unendliche Wälder wechselten mit Seen und Flüssen ab, die Luft war würzig, und die Kälte trocken. Ab und zu fuhren wir nach Lyk, Lötzen oder Angerburg und versuchten mit Mädchen anzubandeln, darunter auch sogenannten Wasserpolakinnen, die uns wegen ihrer fremden und nicht selten sinnlichen Schönheit ins Auge fielen. Sie sprachen ein merkwürdiges Deutsch, vermischt mit einigen polnischen Brocken. Da ich noch »Jungmann« war und man mir offensichtlich die fehlende Praxis bei Liebesbeziehungen anmerkte, ging ich in der Regel leer aus. Wohl als Ausgleich dafür befreundete ich mich hier mehr und mehr mit einer anderen soldatischen »Tugend«, dem Saufen. Der »Bärenfang«, ein starker landesüblicher Schnaps aus Honig, erwies sich als guter Tröster für meine »Fehlversuche« auf amoureusem Gebiet und meine gelegentlich auftretenden Depressionen.
Erst am Ende meiner Ausbildungszeit in Arys kam es zu meinem ersten »richtigen« Erlebnis. Daß es eine Metzgermeistertochter war, störte mich am Anfang, warf es mich doch zurück in ein Milieu, dem ich dauernd zu entfliehen hoffte. An-

dererseits verschwanden diese »gesellschaftskritischen Überlegungen« angesichts der schmackhaften Würste, die der ewig hungrige Lafettenträger und Schütze 2 mit Genuß vertilgte. Meine Freundin versorgte aber nicht nur mich, sondern auch meine MG-Kameraden aus den Beständen des häuslichen Ladens. Es ist anzunehmen, daß ihre Nachschubaktionen sich am Rande der Legalität bewegten. Im übrigen war dieses weiche, vollbrüstige und etwas breithüftige Mädchen harten Getränken durchaus nicht abgeneigt und hielt bei unseren feuchten Tanzvergnügungen diesbezüglich wacker mit. Auch sie war übrigens eine sogenannte Wasserpolakin. In diesem Zusammenhang darf ich einflechten, daß ich während meiner ganzen Zeit in der Waffen-SS nie gemerkt habe, daß ihre Angehörigen dem nordischen Schönheitsideal besonders verpflichtet gewesen wären. Offiziere und Mannschaften hielten es da mit dem Lied von Robert Stolz, gesungen von Jan Kiepura: »Ob blond, ob braun, ich liebe alle Frau'n«. Hier – und später auch in Polen – konnte ich sogar die Feststellung treffen, daß der slawische Charme und die starke erotische Ausstrahlung vieler Polinnen die Angehörigen der Waffen-SS stärker ansprach als dies die adretten Erscheinungen von deutschen Wehrmachtshelferinnen, der sogenannten »Blitzmädchen«, vermochten. Aber durch den Nationalstolz der Polinnen und den Haß des weitaus größten Teils der Bevölkerung gegenüber den Deutschen kam es nur sehr selten zu Liebschaften. Im übrigen trösteten wir uns über unsere offensichtlich nur gering entwickelte rassische Standfestigkeit mit der – natürlich nur unter guten Freunden und verstohlen – getroffenen Feststellung hinweg, daß unser »Reichsheini«, Reichsführer Heinrich Himmler, auch nicht gerade wie Achill aussah, sondern eher wie einer der von der Propaganda häßlich dargestellten und verteufelten östlichen »Untermenschen.«

Sonst liefen unsere Tage träge dahin, im ewig gleichbleibenden Trott des militärischen Alltags. Aus diesem wurde ich eines Tages unbarmherzig herausgerissen.
Ein Freund kam und sagte: »Weißt du, daß wir im Lager einen zum Tode Verurteilten haben?«
»Nein, was hat er denn gemacht?«
»Kameradendiebstahl. Er hat ein Feldpostpäckchen mit ein paar Schachteln Zigaretten und Schokolade von einem Kameraden geklaut.«
In diesem Zusammenhang muß man wissen, daß in der Waffen-SS einem der Diebstahl sehr leicht gemacht wurde. Spinde durften grundsätzlich nicht verschlossen werden; dies zur Förderung des gegenseitigen Vertrauens. Der Kameradendiebstahl galt daher als eines der schlimmsten Verbrechen. Er wurde häufig mit dem Todesurteil geahndet!
Mein Kamerad fuhr fort: »Laß uns nach dem Essenfassen an der Kantine vorbeigehen, da ist daneben eine Baracke, darin ist eine Arrestzelle. Da kannst ihn sehen, wie er hinter dem vergitterten Fenster immer rausschaut...«
Ich war entsetzt und neugierig zugleich. Wir gingen vorbei. Richtig, da schaute ein rotblonder, blutjunger Bursche heraus, Sommersprossen im blassen Gesicht!
»Er hat um Begnadigung gebeten, aber viel Chancen geb' ich ihm nicht. Du weißt, der ›Reichsheini‹ kennt kein Pardon.«
Es kam, wie mein Kamerad es vorhergesagt hatte. Himmler lehnte eine Begnadigung ab, bestätigte das Todesurteil. An diesen Vorfall in Arys mußte ich 20 Jahre später denken, als ich in dem Buch »Der SS-Staat« von Eugen Kogon über Himmler und sein Verhalten bei Begnadigungsgesuchen unter Hinweis auf seinen paradoxen »Gerechtigkeitsehrgeiz« folgendes las: »Er bestrafte unerbittlich und verschärfte fast immer die Urteile der SS-Gerichte. Seinen eigenen Neffen,

Hans Himmler, SS-Obersturmbannführer, ließ er wegen einer in Trunkenheit begangenen Ausplauderei von SS-Dingen degradieren, zum Tode verurteilen, an der italienischen Front als Fallschirmjäger sich bewähren, dann wegen einiger abfälliger Äußerungen erneut einkerkern und schließlich als Homosexuellen in Dachau liquidieren.«
Es kam der Tag, als aus unseren Kompanien Schützen für den Erschießungspeleton zusammengestellt wurden. Gott sei Dank ging das Los an mir vorrüber. Am nächsten Tag in aller Frühe hieß es Antreten. Das ganze Bataillon stand am Appellplatz. »Stillgestanden! Rechts um! Vorwärts Marsch!« Wie ein langgestreckter, grauer Wurm wanden sich die Kompanien in der fahlen Morgendämmerung durch den Schnee. Die Stiefel knirschten. Aus den Mündern quoll weißer Dampf. Wir marschierten schweigend, dann und wann hustete einer. Jeder hing seinen Gedanken nach. Endlich waren wir da. Es war eine nach einer Seite offene Sandgrube. In der Mitte stand ein Pfahl. Wir stellten uns im offenen Viereck auf. Das Erschießungskommando marschierte heran, postierte sich in kurzer Entfernung vor dem Pfahl. Nach einiger Zeit erschien ein Lastwagen. Er hielt. Begleitet von zwei Posten mit aufgepflanztem Bajonett sprang der zum Tode verurteilte Sturmmann, ein Gefreiter, von der Rampe. Mit staksigen Schritten bewegte er sich fast mechanisch zum Pfahl. Ein Offizier verlas das Urteil. Er riß ihm dann noch den Gefreitenwinkel vom Ärmel. Nun wollte man dem Sturmmann mit einem schwarzen Tuch die Augen verbinden. Mit einer ebenso rührenden wie verzweifelten Geste lehnte er ab. Er wollte tapfer sterben, wie ein richtiger SS-Mann. Man gewährte ihm seine letzte Bitte. Ein scharfes Kommando: »Legt an – Feuer!« Die Schützen schossen nicht völlig gleichzeitig, die Salve hörte sich wie ein bösartiges kurzes Bellen an. Zunächst schien es, als würde der Sturmmann noch stehen bleiben,

dann sich aufbäumen. Dann rutschte er langsam den Pfahl herunter, aus seiner Brust lief Blut. Dann kippte er nach vorne. Ein Offizier trat heran, setzte seine Pistole an die Schläfe des Verurteilten, um ihm den Gnadenschuß zu geben. Ein kurzer trockener Knall – es war vorüber!
Ich stand in der ersten Reihe. Meine Kehle war trocken, meine Knie zitterten, mir war ganz übel. Es kam der Befehl zum Abmarsch. Die Kompanien schwenkten hintereinander ein. Wir trotteten durch den Schnee, trotz der Kälte spürte ich, wie mein Körper klatschnaß war. Plötzlich ein Kommando: »Ein Lied!« Wir sangen: »Oh du schöner Westerwald ...« Das Bild des langsam den Pfahl herunterrutschenden Sturmmannes ging mir nicht aus dem Sinn. Er war der erste Tote, den ich im Kriege gesehen hatte. Es war ein Kamerad. Er wurde erschossen von Männern, die die gleiche Uniform trugen wie er.
Ohne es genau zu wissen, nahm ich nach dieser Exekution innerlich Abschied von meinen Idealvorstellungen. Wie hieß die Losung für uns junge Leute während der HJ-Zeit: »Hart wie Kruppstahl, zäh wie Leder, flink wie Windhunde.« Also, hart wie Kruppstahl war ich nicht. Ich war zu dünnhäutig.
Trotz meines ständigen Hungers ließ ich das Abendessen diesmal aus, haute mich früh in die Falle, konnte aber nicht einschlafen. Ich dachte an meine Mutter, an meine Kindheit und fiel dann in einen kurzen, von Angstträumen durchsetzten Schlaf. Seit der Hinrichtung war mir klar geworden, daß ich einen schweren Stand haben würde in dieser gnadenlosen Ordenswelt. Hatten wir früher, der sehr höfliche Oberschlesier Jan und ich, immer gewitzelt, daß im Wortschatz eines Angehörigen der Waffen-SS das Wort »Verzeihung« keinen Platz haben durfte – es galt als pfäffisch –, so wußte ich jetzt, daß die Praxis so war, wie es das theoretische Verbot forderte. Pardon wurde nicht gegeben, es war so, wie es in einem

Kampflied heißt: »Wer auf die Fahne schwört, hat nichts mehr, was ihm selber gehört.«
Am nächsten Tag habe ich erfahren, daß sich die Angehörigen des Erschießungspeletons bis zur Bewußtlosigkeit betrunken hatten. Auch ihnen war es an die Nieren gegangen. Aber sie konnten ihrem Schicksal nicht entgehen. Mir stehen diese Kameraden in meiner Erinnerung weit näher als jener Angehörige der Wehrmacht, von dem mir mein Freund Felix Heidenberger erzählte, als ich ihm von meinen Erfahrungen von Arys berichtete. Felix, der als Vierteljude für unwürdig angesehen wurde, in die HJ zu gehen, der aber trotzdem zur Verteidigung eines Vaterlandes eingezogen wurde, das Verwandte von ihm diskriminierte und später ermordete. In der Wehrmacht bekam er zwar die Erlaubnis, sich quasi totschießen zu lassen, aber Offizier durfte er nicht werden was Felix allerdings nicht störte. Die Geschichte, die er mir aus seiner Militärzeit erzählte, beweist, daß es überall Anständige und Unanständige gab, unabhängig von ihrer Zugehörigkeit zu einem bestimmten Truppenteil.
»Wir lagen in Poitiers«, erzählte Felix. »Es war zu einer Zeit, als ein amerikanischer Flieger abgeschossen wurde, der einen Spionageauftrag erfüllen sollte. Er wurde zum Tode verurteilt. Am Tage vor der Hinrichtung kam der Spieß in die Stuben, benannte wahllos die Männer des Erschießungskommandos, in der Regel die Jüngsten, darunter auch mich. Ich war verzweifelt. Ausgerechnet ich sollte auf einen Menschen schießen, der vielleicht bewußt auch sein Leben eingesetzt hatte, damit Leute wie ich eines Tages nicht weiter so gedemütigt werden sollten? In der Stube sprach ich darüber mit meinen Kameraden. Plötzlich fuhr mich ein älterer Kompanieangehöriger an, Vater von sechs Kindern. ›Scheißkerl verdammter, was jammerst hier so 'rum. Hast vielleicht Mitleid mit einem solchen Verbrecher, der den Tod verdient?

Schade, daß sie mich nicht ausgelost haben, ich würde sofort schießen.‹
Ich ging zum Spieß, erzählte ihm, daß mein Stubenkamerad sich gerne freiwillig melden, und ich ihm meinen Platz im Peleton überlassen würde. Der Spieß hatte ein Einsehen, ich wurde ausgetauscht.«
Mich würde interessieren, ob der Mensch seinen 6 Kindern von seiner damaligen freiwilligen Meldung erzählt hat. Und wenn ja, mit welchem Unterton.
Felix machte den Krieg bis zum Ende mit. Angesichts der sie umzingelnden amerikanischen Truppen sagte sein Kompanieführer: »Schlagt Euch durch nach Berlin. Der Führer erwartet Euch!« Er war dann der erste, der in Zivilkleidern verduftete. Felix aber marschierte in Gefangenschaft.
Ja, es war eine Zeit voller Widersprüchlichkeit. Da war ich in einer Truppe, die die Kameradschaft wie kaum eine andere pflegte, dabei unbarmherzig war gegen den, der die Kameradschaft auch nur geringfügig mißbrauchte. Sie gaben ihm keine helfende Hand. Sie priesen die Männerfreundschaft und verfolgten jene bis zur physischen Vernichtung in den KZ's, bei denen aus Männerfreundschaft Männerliebe wurde. Vielleicht war die Verfolgung von Homosexuellen auch das vom Schuldbewußtsein getragene Bestreben, mit einer historischen Hypothek fertig zu werden. Gerade in der Führerschaft der SA, aus der die SS ja hervorging, war die gleichgeschlechtliche Liebe ziemlich verbreitet. Röhm selbst war homosexuell, was Hitler nicht hinderte, ihm als einzigen in seiner Umgebung das »Du« zu konzedieren. Nach der Hinrichtung wies er jedoch mit Abscheu auf seine Homosexualität hin. Ich kann mich noch an das peinliche Schweigen unseres Weltanschauungslehrers in Arys erinnern, als während einer der Geschichtsstunden plötzlich ein Kamerad fragte: »Untersturmführer, Sie sagen, Alexander der Große und Cäsar ge-

hörten zu unseren Vorbildern. Ich habe gehört, beide seien schwul gewesen. Stimmt das?« Der Untersturmführer war sichtlich aus dem Konzept gekommen: »Dies ist historisch nicht erwiesen, und anzunehmen ist, daß die Geschichtsschreibung in der Systemzeit dies erfunden hat, um die Verderbtheit der Führung der Weimarer Republik, die ja in erster Linie aus Juden und Schwulen bestand, zu legitimieren.«

In meine Zeit in Arys fielen zwei interessante Ereignisse. Von einem weiß ich allerdings nur aus zweiter Hand. Eines Tages kam ganz aufgeregt ein Kamerad zu mir, der gelegentlich in der Offiziersmesse als Bursche aushalf: »Du Franz, hast du schon mal den Namen Karl Albrecht gehört?« – Ich hatte. Wie Millionen anderer Deutscher auch, hatte ich den damaligen Bestseller »Der verratene Sozialismus«, von dem über zwei Millionen Exemplare verkauft wurden, mit atemloser Spannung gelesen. Mein Kamerad fuhr fort: »Die Offiziere erzählten von einer Begegnung mit ihm. Der hat ihnen anscheinend gehörig die Leviten gelesen, hat gesagt, daß wir die Russen völlig falsch behandeln, und, stell dir vor, der Lenin einer der größten Persönlichkeiten der Geschichte gewesen sei. Er hat den Offizieren auch gesagt, daß wir die angebotene Freundschaft der Ukrainer durch saudumme Maßnahmen zurückgestoßen und sie in die Arme der Partisanen getrieben hätten.«
»Und was haben unsere Offiziere gesagt?«
»Nicht viel, den meisten gefiel er, und anschließend haben sie zusammen gesoffen. Nur einer war dagegen. Da habe ich gehört, wie er geflüstert hat: ›Kein Wunder, einmal Kommunist, immer Kommunist.‹«
In der Tat muß Karl Albrecht, den ich persönlich nie kenengelernt habe, eine der farbigsten und umstrittensten Figuren der damaligen Zeit gewesen sein. Unlängst erzählte mir ein Be-

Die Waffen-SS gilt als »Feuerwehr«, die überall eingesetzt wird, wo es brennt und die Lage verzweifelt ist.

Der Autor als zwanzigjähriger Unterscharführer (Unteroffizier)

Im Dienst der Waffen-SS waren auch freiwillige Helferinnen, besonders aus den baltischen Ländern.

Der Kommandeur der Division Wallonie, Léon Degrelle, war der bekannteste und am höchsten dekorierte Offizier der ausländischen Freiwilligen der Waffen-SS.

Degrelle heute in Spanien. Er kommt von seiner Vergangenheit nicht los. Für die einen ist er ein Held, für die anderen ein Verräter.

kannter, der ihn auf einer Junkerschule als Weltanschauungslehrer hatte, daß Albrecht nie ein Blatt vor den Mund nahm und sich stets als Sozialisten bezeichnete.
Karl Albrecht, ein stämmiger, sanguinischer Mann, rundschädlig, ehrlich in seinen Aussagen, hat nach dem Kriege, 1954, ein interessantes, wenngleich ekstatisches und wirres Buch geschrieben, das er als eine Fortsetzung seines Erstling »Der verratene Sozialismus« empfand. Dieses zweite Buch hieß »Sie aber werden die Welt zerstören«. Karl Albrecht war von Jugend an auf der äußersten Linken beheimatet. Dies hinderte ihn nicht daran, sich im Kriege, wo er mehrfach schwer verwundet wurde, auszuzeichnen und Tapferkeitsoffizier zu werden. Nach dem Ersten Weltkrieg emigrierte er als Forstfachmann in die Sowjetunion, stieg dort in die höchsten Ränge auf, nahm mehrfach an Beratungen mit Stalin und Molotow teil, stand unmittelbar vor seiner Ernennung zum Stellvertretenden Volkskommissar für Waldwirtschaft und Holzindustrie, als er von der GPU verhaftet, zu Tode verurteilt und dann begnadigt wurde. Die Begnadigung erfolgte auf Fürsprache leitender deutscher Kommunisten, darunter auch der legendären Clara Zetkin. Nach langer und hartnäckiger Intervention der deutschen Botschaft durfte er ins Reich »heimkehren«, das inzwischen nationalsozialistisch geworden war. Hier steckte man ihn zunächst wieder in Gefängnisse, dann ging er in die Schweiz, später in die Türkei, stellte sich aber dann der deutschen Propaganda zur Verfügung, um gegen die »Verräter« am Sozialismus, die Kommunisten, zu kämpfen. Später focht er auch mit der Waffe in der Hand gegen sie. Er trat in die Waffen-SS ein und brachte es hier zum Sturmbannführer, das heißt Major. Er war ein enger Freund des Chefs der Freiwilligen-Einheiten der Waffen-SS, des Generals Berger, und hat ihn und die gesamte Waffen-SS nach dem Kriege mannhaft verteidigt. Von der Spruchkammer

wurde er infolge der vielen Entlastungszeugen als »nichtbetroffen« eingestuft.
Mich hat die Figur dieses Mannes schon in meiner Jugend sehr beschäftigt. Wenn ich auch nicht in der Lage war, nachzuprüfen, ob sich alles wie geschildert zugetragen hat, so imponierte mir sein bedingungsloser Einsatz gegen das, was er als falsch erkannt hatte, und sein Kampf auf der Seite derer, die bis gestern seine Feinde waren. Ich entdeckte eine verwandte Seele, wenn ich auch später die bittere Erfahrung machen mußte, daß in der Bundesrepublik eine Korrektur der politischen Ansichten von links nach rechts als charakterlos und opportunistisch eingestuft wird, der umgekehrte Weg aber als ein Pfad zur Erlangung der Tugend gepriesen wird.
Schon sehr früh hat sich Karl Albrecht auch für eine Verbesserung der Situation der russischen Kriegsgefangenen eingesetzt und die Aufstellung gleichberechtigter russischer Freiwilligen-Einheiten propagiert. Ich glaube, daß es Menschen wie Karl Albrecht gibt (bis zu einem gewissen Grad rechne ich mich fast dazu), die zu Kampf und Auseinandersetzung eine fast erotische Beziehung haben, getreu der Devise: Solange ich atme, lebe ich, solange ich lebe, kämpfe ich. – Wie so viele Kämpfer wurde er letztlich Pazifist und arbeitete selbstlos in der Gesellschaft für moralische Aufrüstung in Caux mit. Dort konferierte er gemeinsam mit ehemaligen Gegnern, wie dem Führer des Warschauer Aufstandes General Bor Komorowski, und dem tschechischen General Prchalla. Man erlaube mir den längeren Hinweis auf Karl Albrecht, weil er zeigt, daß in der Waffen-SS die heterogensten Gruppierungen zu finden waren, überzeugte Sozialisten und überzeugte Nationalisten, dazu ebenfalls Pan-Europäer. Interessant auch, daß nicht wenige ausländische Faschisten, die den Weg des deutschen Nationalsozialismus als verhängnisvoll für die Zielsetzung eines europäischen Faschismus à la Mussolini

ansahen, in die Waffen-SS gingen, um eines Tages von hier aus die »zweite Revolution« vorzubereiten. Auch davon wird noch die Rede sein, wenn ich auf meine Zeit als Ausbilder bei der Division Charlemagne eingehe.

Ich selbst hatte am letzten Tag meiner Zeit in Arys ein anderes Erlebnis, das sich bei mir eingegraben hat. Wir saßen in einer der wenigen trostlosen Kneipen in der Nähe des Truppenübungsplatzes. Der Schnaps machte die Runde. Wir waren in der nervösen Hochstimmung, die immer ein Aufbruch hervorruft. Ich habe übrigens diese Aufbruchstimmung noch oft kennen gelernt, denn bei der Waffen-SS wurde man dauernd hin und her geworfen, Neuaufstellungen, Umgruppierungen, Lehrgänge und »Feuerwehreinsätze« an Frontpunkten wechselten unentwegt miteinander ab.

Ich saß also neben einem alten und bedächtigen Dorfbewohner. Wir kamen ins Gespräch. Er erzählte mir, wie er 1914 den Einzug der Kosaken in Angerburg und Gumbinnen erlebt hatte: »Das war schlimm. Die haben alles in Brand gesteckt. Ich höre sie noch schreien ›Na Berlin, na Berlin‹, nach Berlin, nach Berlin! Hoffentlich passiert das nicht wieder!«

Er hatte eher zu sich selbst gesprochen und schaute mich ganz erschrocken an, so als gewahrte er erst jetzt, daß er neben einem Angehörigen der Waffen-SS säße. Ich gab mich jovial und vielleicht ein bißchen überheblich: »Keine Sorge, das werden wir zu verhindern wissen. Eher sind wir in Moskau, als die in Königsberg.« Es war Frühjahr 1943. Stalingrad hatte zwar erstmals Zweifel an der deutschen Unbesiegbarkeit aufkommen lassen. Aber unsere Propaganda münzte die Niederlage an der Wolga in ein Heldenepos um. Wer erinnert sich noch heute an den Funkspruch von dem kurz vorher zum Feldmarschall ernannten Oberbefehlshaber der untergehenden 6. Armee, Paulus: »Zum Jahrestag der Machtübernahme grüßt die 6. Armee ihren Führer. Noch weht die Hakenkreuzfahne über Stalingrad. Unser Beispiel möge den lebenden und kommenden Generationen ein Beispiel dafür sein, auch in der hoffnungslosesten Lage nie zu kapitulieren. Dann wird Deutschland siegen. Heil, mein Führer.« Dann der letzte Funkspruch: »Wir haben in unserem Bunker Führerproklamation gehört und vielleicht zum letzten Mal gemeinsam bei den Nationalhymnen die Hand zum deutschen Gruß erhoben.«

Mir ging das damals durch und durch. Das war die Sprache des Helden Leonidas, des Spartaners. »Nun, trotz Stalingrad, stehen wir noch vor Leningrad.« Der alte Mann schaute mich freundlich an: »Du wirst schon recht haben. Wenn wir nämlich verlieren würden, wäre das, was damals passiert ist, ein Kinderspiel gegen das, was käme.« Zwei Jahre später war es soweit. Und der Russeneinfall von 1914 war ein Kinderspiel gegen 1945.

6
Romanze in der Bretagne

Im Frühjahr 1943 wurden wir verladen. Unsere Fahrt ging quer durch Deutschland. Wir überquerten den Rhein, durchfuhren halb Frankreich. Es war eine Fahrt in den Frühling. Unser Ziel war die Bretagne. Ausgeladen wurden wir in der Mitte der Halbinsel, in Loudeac. Ich kam zu einer neu aufgestellten Infanteriegeschütz-Einheit, die später in die sich formierende Sturm-Brigade »Reichsführer SS« eingegliedert werden sollte. Diese Sturmbrigade hatte sich nach dem Willen des Reichsführers SS in eine ähnliche Elite innerhalb der Waffen-SS zu entwickeln wie die Leibstandarte Adolf Hitler. Deshalb wurde auf gründliche Ausbildung besonderer Wert gelegt. Ich setzte in der Bretagne den Fuß auf die erste Sproße der Karriereleiter und wurde Sturmmann, also Gefreiter. Im übrigen gefiel es mir in der Bretagne sehr gut, wie ich überhaupt sagen muß, daß alle meine Ausbildungs- oder Kriegsschauplätze sich geradezu als Stützpunkte des Tourismus eigneten. Mit Ausnahme von Arys habe ich sie alle nach dem Kriege besucht, aber gerade nach Arys würde es mich besonders ziehen. Einmal lief ein Kurzfilm über die Masuren in einem von mir zu verantwortenden Fernsehprogramm. Landschaft und Menschen schienen sich überhaupt nicht verändert zu haben. Leider kann man dies von der Bretagne nicht mehr so ganz behaupten.
Meine Kompanie richtete sich in dem malerischen Örtchen Trevé, ein paar Kilometer von Loudeac entfernt, ein. Das Dorf lag in einer typisch bretonischen Landschaft, mit sanften, ginsterbewachsenen Hügeln und überall verstreuten großen Findlingen. Meistens war es in der Früh bis 9 Uhr neblig, dann zerrissen die Nebelschleier, und wir hatten nahezu

Tag für Tag schönes Wetter. Auch wenn es die Franzosen heute nicht mehr gerne hören, aber es mittlerweile doch da und dort zugeben: Wir wurden von den Bewohnern freundlich aufgenommen, unterhielten uns mit ihnen, tranken zusammen den Aperitif – der Krieg war weit weg. Schon damals legten die Bewohner dieses Ortes auf ihre bretonischen Eigenheiten Wert, wollten nicht mit den anderen Franzosen, les autres français, in einen Topf geworfen werden. Die Pariser dürften in der Bretagne ähnlich gerne gesehen worden sein, wie die ›Spree-Athener‹, die Berliner, in Bayern. Merkwürdigerweise führte mich der Krieg immer in Gegenden mit starken autonomistischen Bestrebungen, erst die Bretagne, dann Korsika und letztlich Schleswig.
Bald hatte sich alles eingespielt. Die Ausbildung mit den höchst altmodisch scheinenden Geschützen machte sogar Spaß. Außerdem avancierte ich zum Spitzenmann im Karabinerschießen in der Kategorie »liegend-aufgelegt«. Dafür bekam ich manche Tage frei. Unsere Geschütze, die l.IG 7,5, die leichten Infanteriegeschütze 7,5 also, hatten keine Pferdebespannung mehr, sondern wurden von Geländewagen gezogen. Es waren Steyrer-Puch-Modelle. Während einer Geländeübung lernte ich im Lauf einer kurzen Rast auf einem Bauernhof ein bildhübsches Mädchen kennen. Das bunte Kopftuch konnte kaum das schwere schwarze Haar bändigen. Unter dichten, schön geschwungenen Augenbrauen blitzten dunkelblaue Augen. Aber beherrscht wurde das Gesicht von einem vollen, sinnlichen Mund, der keines Lippenstiftes bedurfte. Wenn sie lachte – und sie tat es gerne –, dann brauchte es eine kleine Anlaufzeit, bis sich ihre Oberlippen nach oben zogen, um die starken Zähne freizugeben. Das lose hängende Stallgewand ließ die vollen festen Brüste ahnen und die ebenmäßige Figur. Die strammen Beine steckten in Holzpantinen. Das Mädchen dürfte in meinem Alter gewesen

sein. Sprachliche Hindernisse gab es nicht. Ich war damals bereits offizieller Ortsdolmetscher. Sie war bewußte Bretonin, lehrte mich einige Brocken aus dem Bretonischen, das ja eine eigenständige keltische Sprache ist. Es versteht sich von selbst, daß es bei diesen verbalen Übungen unter uns 20jährigen sich nur um das Vokabular der Liebe handeln konnte. Ansonsten unterhielten wir uns über die Landwirtschaft. Ich erzählte von bayerischen Bauernhöfen, überraschte sie durch meine Kenntnisse der verschiedenen Vieharten. Allmählich bemerkte ich, daß auch sie Feuer gefangen hatte. Unter einem Vorwand kam ich schon am nächsten Tage wieder. Allmählich wurde ich abendlicher Dauergast, marschierte täglich 6 km hin und 6 km zurück, dies durch völlig einsame Gegenden.

Bei meinen abendlichen Märschen auf Liebespfaden kannte ich keine Furcht. Von der Résistance hatten wir bis dahin nichts gehört und gesehen.

In diesem Zusammenhang darf ich vielleicht folgende Feststellung in der Rückblende treffen. So wie viele Deutsche die zwei Buchstaben »SS« als Alibi für ihre Schuldlosigkeit benutzen, so dient in Frankreich auch heute noch die Résistance als Alibi für den Mythos eines kämpfenden Frankreichs. Beide Alibis halten mit Sicherheit einer historischen Überprüfung nicht stand. Auch in Frankreich setzt sich mehr und mehr die Meinung durch, daß die Bedeutung der Résistance bei weitem übertrieben wird. Daran ändern auch die vielen Filme nichts, in denen die Mitglieder der Résistance als Helden und Supermänner dargestellt, und die deutschen Soldaten als dumme Boches über die Leinwand geistern. Bei dieser Gelegenheit fragt man sich, wie diese dummen Deutschen ein europäisches Land nach dem anderen in die Knie zwingen und die Welt in die Nähe des Abgrundes bringen konnten. Aber das Wort Résistance gehört nun einmal zum nationalen

Pathos und zur rhetorischen Grundausstattung vieler französischer Politiker. Ich erinnere mich hierbei an ein Interview mit dem ehemaligen französischen Ministerpräsidenten Chaban-Delmas, der zu den Chefs der Résistance gehörte. Ich traf vor zwei Jahren den Oberbürgermeister von Bordeaux in seiner »Cabane«, also in seinem schmucken Landhaus in der Nähe der spanischen Grenze, in den Pyrenäen, unweit von St.-Jean de-Luz. »Monsieur le president, was denken Sie heute von der Résistance?«

Der blendend aussehende, sportive Chaban – er spielt ebenso hervorragend Rugby wie Tennis – nahm sozusagen Haltung an, richtete seine Augen hinauf zum tiefblauen Baskenhimmel, sammelte sich und sagte dann, mit emotionsgeladener Stimme: »La résistance, c'est la gloire!« (Die Résistance, das ist der Ruhm!)

Nun, man muß das Pathos verstehen. Ältere Menschen, auch und gerade Politiker, haben oft nur noch ihre Erinnerungen. Die wollen sie sich nicht nehmen lassen und vergolden sie deshalb von Jahr zu Jahr mehr. So wie die Zukunft der Jugend das Alter ist, so sind Erinnerungen die happy pills der Alten, sind ihr Stimulans. Mich erinnert diese Vergoldung der Vergangenheit immer an den französischen Film »La grande illusion«.

Nun, damals in der Bretagne war von der heute so häufig beschworenen Résistance nichts zu spüren. Das Herz schlug dort, wie fast überall in Frankreich, für Philip Pétain, den Sieger von Verdun. Überall hingen seine Bilder. Überall wurde voll Verehrung von ihm gesprochen. Dies immerhin noch im Jahre 1943, als man nicht unbedingt mehr an den Sieg Deutschlands glauben mußte. Nur die Eltern von Françoise, von Franziska, also dem weiblichen Gegenstück meines Vornamens, waren vorsichtige, die Weltläufe mit bäuerlicher Witterung beobachtende Dorfleute. Sie hörten BBC London ebenso wie Radio Paris. De Gaulle mochten sie allerdings nicht besonders. Im Herzen waren sie sicher auch Pétainisten; denn die Vorstellungen von travail et famille, von Arbeit und Familie, kamen den ihren sehr nahe, aber »on sait jamais« – man weiß niemals. Kommen die »Ançiens«, die ehemaligen Politiker, wieder oder nicht? Was dann? So baten mich die Eltern, die mich zwar ganz gut leiden konnten, mich in der Öffentlichkeit mit ihrer Tochter nicht zu zeigen. Dafür hatte ich Verständnis, wenngleich ich meinen Kameraden, die meine amoureusen Patrouillengänge natürlich bewitzelten und belächelten, gerne meine blitzsaubere Eroberung vorgeführt hätte. Dabei konnte man von einer Eroberung gar nicht einmal sprechen. Zu mehr als Küssen und Umarmungen kam es nämlich zunächst leider nicht. Wohl auch ein bißchen zu ihrer Überraschung, vielleicht auch Enttäuschung. Aber mein Respekt vor ihr, meine fast primanerhafte Anbetung hinderten mich daran, eine Aufforderung zu kühner Attacke zu sehen, wenn sie bei Kerzenlicht unter dem Tisch ihre Knie an meine preßte, ihre Hand wie versehentlich flüchtig über meine Oberschenkel strich, oder in irgendeiner Stallecke ihre Zunge schmeichlerisch in meinem Mund spielen ließ. Mein Gott, was war ich für ein dummer Tor. Hätte ich mich doch von ihren weit größeren Erfahrungen leiten lassen. Aber ich hatte erst ein einziges Erlebnis hinter mir, soweit man von einem Erlebnis sprechen konnte, es glich in Arys eher einer Hau-Ruck-Aktion. Mein mangelnder Mut auf dem Felde der Liebe wurde kompensiert durch den Respekt, den man mir als 20jährigem im Dorf entgegenbrachte, und den ich innerlich nicht immer verkraftete. Ich war als Dolmetscher die rechte Hand des Bürgermeisters, der meine frankophile Einstellung nicht nur schätzte, sondern zugunsten der Dorfbewohner auch gehörig ausnutzte. Ich betrachtete es als eine Ehre und eine Pflicht, den Landsleuten von Françoise zu helfen, wo es

nur ging. Manchmal waren die Verhandlungen der deutschen Stellen mit den bretonischen nicht leicht. Nicht umsonst spricht man von einem »tête dure« der Bretonen, von einem bretonischen Dickschädel, une ›tête de breton‹. Aber letztlich kamen wir doch immer wieder zusammen.
In diese fast friedensmäßige örtliche Idylle platzte der Befehl zum Aufbruch. Er sollte strikt geheimgehalten werden, was natürlich in der Praxis nicht ging. Zu enge persönliche Bindungen hatten die meisten unter uns in den Wochen des Zusammenlebens geknüpft. Es war ein Sonntag. Ich hatte mir Ausgang bis zum Wecken besorgt. Es war mein letzter Abend mit Françoise. Nach einem ziemlich schweigsamen Abendessen im Kreise der Familie – die Mutter sah mich forschend, und wie es mir schien, traurig an – gingen Françoise und ich spazieren, auf Schleichwegen, damit uns die Nachbarn nicht sehen konnten. Für Liebende sind Wiesen mit hohen Hecken ein guter Schutz. Wir legten uns in das noch sonnenwarme Gras. Überall roch es süßlich nach Ginster. Auch das starke Parfum, das ich das erste Mal an Françoise wahrnahm, kam dagegen nicht an. Françoise trug ein dünnes, luftiges Sommerkleid. Sie hatte keinen Büstenhalter an. Unter dem Stoff zeichneten sich deutlich die Brustwarzen ab. Wir lagen zunächst still nebeneinander. Ihre leichten Sommerschuhe und meine Knobelbecher bildeten einen merkwürdigen Kontrast. Neben uns lagen ihr Hut und mein Koppel mit der Pistole. Françoise spielte mit einem Grashalm im Mund. Sie schaute mich fragend an, nahm meine Hand, führte sie an ihre Brust. Ich spürte eine pochende Erregung. Sie zog wie zufällig ihre Knie an, das Kleid rutschte nach oben; ihre Geste, es wieder über die Knie zu ziehen, reizte mich noch mehr. Meine Hand glitt über ihr Knie, an der Innenseite des Oberschenkels höher, über den Rand des Seidenstrumpfes hinweg, berührte ihr nacktes Fleisch. Sie stöhnte. Meine Bewegungen waren tapsig

wie die eines jungen Hundes. Sie führte mich mit unendlicher Zärtlichkeit, half mir, obwohl auch sie ihre Erregung kaum noch meistern konnte. Ihre Stimme war heiser: »Viens!« – komm!
Es war mittlerweile dunkel geworden. Selbstvergessen und ungeschickt zogen wir uns aus. Ich wandte mich dabei ab. Die Stiefel sperrten sich. Schlüpfer und Turnhose, Seidenstrümpfe und graue Socken, Stiefel und Schuhe, Kleid und Uniformjacke lagen wahllos verstreut auf der Wiese, neben- oder übereinander. Es war eine lange Nacht. Ich vergaß den Krieg – alles! Wir machten Zukunftspläne, wollten heiraten. Sie weinte: »Ah non, Toi – t'es allemand, et moi – je suis Française. Ça n' va pas.« Ich erzählte vom baldigen Frieden, von meinem Elternhaus, daß mein Vater die Franzosen möge, usw. usf. Und immer wieder verlangte sie Zärtlichkeit. Sie stieß mir das Tor zum Olymp der Liebe auf. Sie tat es ebenso selbstverständlich wie raffiniert. Sie führte mich nicht auf geraden Wegen, sondern auf kunstvoll verschlungenen Umwegen. Spießer mögen es Abwege nennen. Und wenn es tausendmal ein Klischee ist: Frankreich ist das pays d'amour; und es muß nicht immer Paris sein.
In der Morgendämmerung torkelte ich erschöpft, aber glücklich ins Dorf. Gerade noch zur rechten Zeit. Nur wenige schienen in dieser Nacht geschlafen zu haben. Amor und Bacchus triumphierten. Sie machten die Gesichter entweder grau und übernächtig, oder ließen sie unnatürlich rot erscheinen. In dieser Nacht hätte eine handvoll englischer Fallschirmjäger genügt, um unser Nest auszuräuchern.
Ich habe in der Nachkriegszeit oft mit dem Gedanken gespielt, wieder Kontakt mit Françoise aufzunehmen. Ich habe es nicht getan. Nicht nur, um ihr keine Schwierigkeiten zu bereiten, sondern, um ihr und mir Enttäuschungen zu ersparen. 20 Jahre ist man halt nur einmal. Und als 20jährige möchte

ich sie in meinem Gedächtnis behalten. Es ist was dran an dem Spruch: »On revient toujours à ses premierès amours«.

Als wir uns um 8 Uhr auf dem Dorfplatz zur Abfahrt versammelten, sah man dort ein merkwürdiges Bild: Ein großer Teil der Dorfbewohner war da, darunter – trotz ihrer sonstigen Scheu und Vorsicht auch Franziska. Ihr sonst so gebräuntes Gesicht kam mir blaß vor. Obwohl unser etwas bärbeißiger Kompaniechef zur Eile antrieb, kam es noch zu sehr persönlichen Verabschiedungen. Einige Bewohner gaben uns auch kleine Geschenke mit auf den Weg. Ich sah, wie Franziska Tränen in den Augen hatte; verstohlen nickte ich ihr zu. Ich hatte ein Brennen in der Kehle. Dann wurden die Fahrzeugkellen geschwungen, das Zeichen zum Abmarsch. Die Motoren heulten auf, die Kolonne setzte sich in Bewegung. In einer Wolke von Staub verschwand allmählich das Dorf. Die Müdigkeit übermannte mich. Ich schlief auf dem Wagen ein.

Heute denke ich manchmal: Hoffentlich ist der schönen Bretonin nichts passiert. Sie hatte den Menschen gern, nicht den Deutschen. Aber während der sogenannten Libération hat man oft Unschuldigen den Kopf kahlgeschoren, oder ihnen Schlimmeres angetan.

7
Mit und gegen die Italiener in Korsika

Raus aus der Kartoffel, rein in die Kartoffel! In Italien sammelte sich die neuaufgestellte Sturmbrigade »Reichsführer SS«. Nach meinen Erinnerungen wurden wir von Pisa aus in einem der etwa 150 Soldaten fassenden »Giganten«, der Messerschmitt 323, dem damals größten Transportflugzeug der Welt, nach Korsika geflogen. Dieses ursprünglich als Lastensegler verwendete Ungetüm konnte, mit sechs 700 PS starken französischen Motoren ausgerüstet, sogar einen Panzer transportieren. Es war keine angenehme Luftreise, die uns das Lufttransportgeschwader bescherte. Ängstlich spähten wir aus den Luken heraus und suchten den azurblauen Himmel über dem Mittelmeer nach plötzlich auftauchenden Spitfire-Jagdflugzeugen ab. Selbstverständlich flogen auch wir unter Jagdschutz, aber nicht umsonst hießen bei uns die Giganten »Fliegende Särge«.
Alles ging glatt, und nach einer guten Flugstunde setzten wir auf dem Flugplatz in der Nähe Bastias auf. In Korsika sollten wir die italienischen Besatzungstruppen verstärken und ihnen bei der Abwehr einer drohenden Invasion durch die Anglo-Amerikaner oder durch die »Londoner« Franzosen helfen. Die Truppen des sogenannten Freien Frankreichs standen unter dem Oberbefehl der rivalisierenden Generäle De Gaulle und Giraud, der kurz vorher aus einem Offizierslager in der Sächsischen Schweiz, der Feste Königstein bei Dresden, ausgebrochen war. Er hatte es geschafft, nach dem inzwischen befreiten Marokko, nach Casablanca, zu gelangen.
Wir mußten in Korsika mehrfach unseren Standort verlegen. Wir waren im Inneren bei Corte, dann wieder an den Küsten.

In Korsika setzte ich dann den Fuß auf die dritte Sprosse der militärischen Leiter und wurde, unter Überspringen des Rottenführers, des Obergefreiten, zum Unterscharführer befördert. Trotz meiner keineswegs verschwundenen inneren Vorbehalte gegenüber manchen Erscheinungen in der Waffen-SS, scheine ich ein relativ begabter Infanteriegeschützzugführer gewesen zu sein. Außerdem war ich sicherer im Umgang geworden und sowohl bei den Mannschaften wie auch den Offizieren ganz gut gelitten. Auch schweißte uns jetzt die Frontstellung noch stärker zusammen. Natürlich genoß ich es, zu den anderen Unterführern jetzt auch Du sagen zu dürfen, und für kleinere Besorgungen über eine Art Putzer zu verfügen. Mein Vater sah offensichtlich bereits den Marschallstab in meinem Tornister. Stolz übermittelte er dem »Trostberger Tagblatt« meine Ernennung zum Unterscharführer. Seine Meldung wurde auch abgedruckt. Als ich sie las, dachte ich mir: »Na, jetzt müssen's halt doch denken, die Herren Bürger, daß er nicht ganz so blöd sein kann, der Viehhändlersbua.« Das »Heimzahlen« ist nun einmal eine starke Motivation für eine Karriere, und sei sie noch so klein. Kommt man, wie ich, aus einer stets umstrittenen Familie, ist das Streben nach gesellschaftlicher Anerkennung besonders stark entwickelt. Leider war mein Uniformrock immer noch blank. Keine Auszeichnung schmückte ihn. Da tat man sich in dem in der Regel bereits dekorierten Unterführercorps nicht so leicht. Man blieb trotz des Ranges eine Art Greenhorn. Nun legte ich mir ein flottes Bärtchen zu, das – wie ich glaubte – zu dem braunen Kakihemd und überhaupt zur Tropenuniform ganz gut paßte. Im übrigen prunkte ich mit meinem mittlerweile fast perfekten Französisch, was mir aber bei den Annäherungsversuchen bei den korsischen Schönheiten wenig half. Sie waren unnahbar und im wahrsten Sinne des Wortes zugeknöpft bis zum Hals.

Auch den Italienern ging es nicht besser. Deshalb wuchsen vor dem Bordell in Bastia die Menschenschlangen. Dabei kam es öfters zu einer Art Wettlauf zwischen deutschen Kakis und den bunt gekleideten Italienern, bei denen auch der nackte Oberkörper eine häufige und offensichtlich akzeptierte Uniformart darstellte. Nicht nur wegen des geringeren bekleidungsmäßigen Ballastes ging es bei den Italienern schneller. Es schien, als ob ein Italiener nur die Hälfte der Zeit brauchte, um »befriedigt« von dannen zu marschieren. Der ursprünglich aus Österreich und Bayern stammende Ausdruck »Katzlmacher« wurde allmählich zur Standardbenennung unserer Bundesgenossen. Mag sein, daß da schon ein kleiner Penisneid eine Rolle spielte. Ich machte im Bordell von Bastia den diesbezüglich ersten und einzigen Versuch in meinem Leben. Er ging schief. Die Umgebung stieß mich ab, überall standen Desinfektionsfläschchen und Reinigungsgegenstände herum. Das Bett war zerwühlt und unsauber, desgleichen der Schlafrock von Madame. Ihr »vite, vite, vite« gab mir den Rest. Mein Standvermögen brach zusammen. Leistung und finanzielle Gegenleistung standen in einem Mißverhältnis. Außer Spesen nichts gewesen! Ich zahlte also und ging. Tief getroffen in meiner, wie ich glaubte, Landsehre kam ich zur Einheit zurück und erzählte selbstverständlich Wunderdinge, was ich alles erlebt hätte. Man schien es sogar zu glauben. Hinterher schämte ich mich, ein so großer Angeber gewesen zu sein, aber nicht lange. Wir hatten viel zu tun.
Der Bataillonskommandeur war ein Münchner, Sturmbannführer D. Er war ein Charmeur, liebte gepflegtes Essen und gehaltvolles Trinken, trug eine weiße Uniform; ein Typ wie aus einem österreichischen k. u. k.-Photo-Album. Andere höhere Offiziere mokierten sich stets über diesen Salon-Offizier. Ich aber mochte ihn, und er schien auch mich gut leiden

zu können. Immerhin waren wir ja Landsleute. Er zog häufig meinen Zug zu Sonderarbeiten heran. Wir mußten Zufahrtsstraßen bauen und Stellungen anlegen. Außerdem mußte ständig Kleinholz gerodet werden, denn die um diese Jahreszeit in Korsika wütenden Waldbrände machten unseren Zelten zu schaffen. Wir lagen in großen Zelten, etwa 12 Mann, die Unterführer in kleineren Zweimannzelten oder in festen Häusern. Wir machten viele Schießübungen. Die Waffen wurden peinlich sauber gehalten. Mein Zug galt als eine »Zugnummer«. Nur ein Grazer, ein besonders angenehmer und liebenswürdiger Kamerad, störte etwas unser Erscheinungsbild. Er hielt es nicht so sehr mit preußischer Schnelligkeit. Er war ein Gemütsmensch mit der Devise: »Kumm i heit net, kumm i morgen.« Ich höre ihn noch oft, wie er zu mir sagte: »Aber Unterscharführer, wos lafen'S denn so, mir kumma jo eh z'spaat!« Leider kam er bei seinem ersten Einsatztag »z'spaat«, nämlich beim Sprung in die rettende Deckung. Er war unser erster Gefallener.

Während wir unseren Dienst taten, beobachteten wir sehr genau die sich ständig und überall verschlechternde militärische Lage. Wir hörten vom Zusammenbruch der Afrikafront, erfuhren, daß Teile des Afrikakorps mittlerweile im benachbarten Sardinien stationiert waren. Die fatale Insellage war uns durchaus bewußt. Wenn hier einem Gegner die Landung glücken sollte, dann war ein Rückzug von der Insel ein kaum zu lösendes Problem. Wir erfuhren von gelegentlichen Überfällen auf die Besatzungstruppen. Sie galten aber immer nur den Italienern, nie uns Deutschen. Offensichtlich hatte man Angst vor einem harten Zurückschlagen. Jedenfalls, hier war der Maquis spürbar. Dieses Wort ist übrigens korsischen Ursprungs und heißt soviel wie Unterholz. Immerhin, wir wußten, dies ist nicht die grüne, friedliche Bretagne, hier sind wir im Lande der Vendetta, der Blutrache.

Unsere Besorgnis reagierten wir in flapsigen Landsersprüchen ab, so zum Beispiel beim Straßenbau: »Was strengst dich denn so an, trainierst wohl für das Holzhacken in Kanada oder Straßenbauen in Amerika.« Die Führung bekam unsere besorgte Stimmung mit und stellte die Sprüche unter Strafe. Unser Kommandeur verlor seinen Charme und sagte knallhart: »Wer die Moral der Truppe untergräbt, Zweifel am Sieg aufkommen läßt, kann sich eines Tages in einer Strafeinheit wiederfinden und in Danzig-Matzkau über seinen Blödsinn nachdenken.« Das Wort Danzig-Matzkau fuhr uns in die Knochen. Schlagartig war's aus mit den Sprüchen. Danzig-Matzkau war das gefürchtete Straflager der Waffen-SS. Dieses Lager, das wußten wir aus Erzählungen, war die Hölle. Die fast ausschließliche Gangart war Laufen, alle nur vorstellbaren Exerzierschikanen wurden angewendet. Nicht wenige Kameraden sind hier zerbrochen und kamen als Wracks zurück. Es galt schon als Glück, wenn man das Lager einigermaßen heil überstanden hatte und zu einer Bewährungseinheit an die Front geschickt wurde. Auch da war die Chance gering, beim Minensuchen und anderen Himmelfahrtskommandos zu überleben, aber immerhin war man in relativer Freiheit. Die schlimmste Bewährungseinheit war die Brigade Dirlewanger. Dieser Mann, obgleich militärisch tapfer, muß ein Galgenvogel gewesen sein, wie ihn François Villon beschrieben hat. Einige meiner Kameraden waren in einer Strafeinheit. Sie zeichneten sich dort durch besondere Tapferkeit aus, gewannen allmählich ihre alten Ränge zurück. Generell waren die Strafen bei der Waffen-SS viel härter als in der Wehrmacht. Schon ein kleines Wachvergehen konnte einen nach Danzig-Matzkau bringen, zum Beispiel wenn man infolge Übermüdung beim Wacheschieben einschlief. Mir ist es einmal so ergangen. Der Kommandeur ließ Gnade vor Recht ergehen und meldete mein Vergehen nicht weiter. Noch einmal sollte mich der Eiseshauch der Strafeinheit streifen, aber davon wird später die Rede sein. Abschließend möchte ich aber zum Thema Danzig-Matzkau und den Bewährungseinheiten nur noch sagen: Die menschliche Würde wurde am Lagereingang abgegeben. Nur ganz harte Naturen hielten stand.

Eines Nachts erreichte uns der Krieg auch in Korsika. Aber anders als wir es gedacht oder vermutet hätten. Die Italiener fielen von uns ab. Sie vereinbarten einen Waffenstillstand mit den Alliierten. Sie begannen, sich da und dort mit den Untergrundkämpfern zu verbrüdern, ihnen sogar Waffen zu geben. Ihre feindselige Haltung uns gegenüber wuchs. Wir waren in einer verzweifelten Situation. 80 000 Italiener standen etwa 15 000 Deutschen gegenüber. Am Tage des Waffenstillstandes war ich zufällig mit einem dienstlichen Auftrag in Bastia. Es war der 8. September 1943. Als Waffe hatte ich lediglich die P 38, eine Pistole, am Koppel. Überall freudetrunkene Menschen. Sie beachteten mich kaum. Junge Leute mit Waffen machten die Straßen unsicher. Ich schloß mich irgendeiner Wacheinheit eines Depots an, um nicht allein in diesem Sturm zu sein. Die jungen Korsen waren auf der Suche nach Vichyisten, nach Anhängern des Marschalls. Die Stunde der Abrechnung schien gekommen zu sein. Jetzt zeigte es sich, daß die Engländer mit ihren vielen Waffenabwürfen erfolgreich gewesen waren. Es fielen vereinzelt Schüsse. Man hörte da und dort die Marseillaise, aber auch die Internationale. Am Rathaus sahen meine Kameraden und ich eine begeisterte Menge. Man hatte die Fahnen der Alliierten aufgezogen. Auch die Rote Fahne war darunter. Die Kommunisten gaben den Ton an. Der Bürgermeister, der von Vichy eingesetzte General Gherardy, ging mit fliegenden Fahnen zu den Alliierten über, ließ eine Proklamation anschlagen, worin er ihre baldige Landung ankündigte. Ein Kamerad, der nur mangel-

haft französisch sprach, bat mich, die Proklamation zu übersetzen. Ich tat es. Es war mir unglaublich, was da vor unseren Augen geschah. Mich erfaßte eine immer größere Unsicherheit, wollte raus aus dieser Mausefalle. An manchen Häuserwänden erschienen bereits uns betreffende Aufschriften, wie »sales boches« (dreckige Boches), »vandales« oder »huns«. Ich zog vorsichtshalber meine Pistole. Auch die anderen entsicherten ihre Waffen. Ich meldete dem Offizier, daß mein Auftrag erfüllt sei und ich nunmehr zu meiner Einheit zurück müsse, die sich noch im Inneren des Landes befände. Mit einem Verpflegungslastwagen verließ ich die Stadt, stieß zu meiner schon im Aufbruch befindlichen Einheit.
Die Wut gegen die Italiener war überall unbeschreiblich: »Die haben uns verraten wie 1914 – diese Schweine!« Da und dort war es bereits zu Scharmützeln mit in der Nachbarschaft liegenden italienischen Einheiten gekommen. Zu uns standen nur die »Camicie Nere«, die faschistischen Schwarzhemden, hervorragende Kämpfer übrigens. In der Nacht sollten wir aufbrechen und an die Küste durch die italienischen Linien nach Bastia durchzustoßen versuchen. Wir mußten den Hafen in die Hand bekommen, um unsere Truppen evakuieren zu können. Unsere Parole hieß: »Führer und Treue«. Wir fühlten uns wie die letzten Goten. Ich möchte nicht verhehlen, daß ich in jenen Stunden wieder zu einem bedingungslosen Kämpfer der Waffen-SS wurde und mich wieder als Teil einer Schicksalsgemeinschaft fühlte. Wir kamen ohne größere Verluste nach Casamozza. Da und dort aufflackernder Widerstand wurde rücksichtslos gebrochen. Am 10. September kam es zu den ersten Zusammenstößen zwischen Italienern und Deutschen in Bastia. Italienische Batterien beschossen deutsche Schiffe. Diese antworteten. Ein großes italienisches Schiff mit dem unkriegerischen Namen »Humanitas« fing zu brennen an, getroffen von einem deutschen Torpedo. Am

12. September flog das große italienische Munitionsdepot in unmittelbarer Nähe des Friedhofes in die Luft. Im Morgengrauen des 15. Septembers griffen wir an, unterstützt von Panzern und Sturmgeschützen. Wir mußten Bastia, die wichtigste Hafenstadt des Landes, den Italienern entreißen, da deutsche Truppen, die von Sardinien nach Korsika übergesetzt wurden, sich hier mit uns vereinigen sollten.

Beim Kampf hatten die Italiener die bessere Ausgangslage. Sie hatten die Höhen um Bastia besetzt, wir mußten uns auf der Ebene und auf der Küstenstraße vorankämpfen. Wir lagen dabei dauernd unter italienischem Feuer. Die Italiener wehrten sich zunächst verbissen, unternahmen immer wieder Gegenangriffe. In der Nähe des Friedhofes gelang einigen Kampfwagen auf der Straße ein Durchbrechen der dünnen deutschen Infanterielinien. Mein IG-Zug wurde nach vorne befohlen. Ich preschte in einem BMW-Seitenwagen nach vorne, suchte nach einer Geschützstellung, fand eine unmittelbar an der Ecke des Friedhofes, ließ die Geschütze nachziehen, abprotzen. Die letzten Meter zogen wir im Mannschaftszug die Geschütze. Wir hatten eine gute Position. Wir konnten die Kampfwagen direkt unter Beschuß nehmen, als sie in einer Entfernung von etwa 80 Metern an uns vorbeifuhren. Wir hatten Glück. Schon einer der ersten Schüsse saß. Wir hatten die Ketten getroffen. Der Wagen drehte sich einmal um die Achse, stand und versperrte den anderen den Weg. Links und rechts von der Straße fluteten die Infanteristen vorbei. Die Italiener waren verwirrt, ergaben sich. Wir hasteten weiter, protzten wieder auf, blieben in ständiger Tuchfühlung mit der Infanterie, wurden immer wieder zur Beseitigung von Widerstandsnestern eingesetzt. Ich war wie im Rausch, nahm keine Rücksicht auf die Gefahren. Immer hatte ich bis dahin in meinem Leben Rollen gespielt, die Wirklichkeit meinen Vorstellungen angepaßt. Diesmal durfte

84

ich den Heldendarsteller spielen, noch dazu vor »Publikum«, vor den Augen vieler Soldaten. Diese Art Kriegsführung entsprach meinem Temperament. Man muß allerdings verstehen, daß die Grauen des Krieges mir bislang erspart geblieben waren. Ich hatte keine Erfahrungen, die mich vorsichtig gemacht hätten. Ein fast sportlicher Ehrgeiz hatte mich ergriffen. Das alles mag frivol klingen, aber es drückt meine damalige Bewußtseinslage ehrlich aus. Am Abend war Bastia in unserer Hand. Ich wurde zum Brigadekommandeur zitiert. Er sprach mir seine Anerkennung aus, wiederholte sie vor der Truppe. Ein paar Tage später erfuhr ich, daß er mich zum EK II vorgeschlagen hatte. Dies für den ersten Tag meines Kampfeinsatzes. Ich war stolz.
Die Italiener hatten sich in die Höhen und Wälder von Bastia zurückgezogen. Wir verfolgten sie wie die Spürhunde. Eines Tages überraschten zwei Kameraden und ich vier Italiener, die auf einem Waldweg in einem Fiat gerade Siesta machten, offensichtlich nach einer angenehmen Mahlzeit. Wir schrien sie an. »Testa di Morte«, hörte ich einen angstvoll rufen. Sie hatten keine Chance, ließen alles fallen und rissen die Hände hoch. Wir nahmen ihnen die Waffen, den Rotwein, einen Cap Corse und die Würste weg. Einer holte Verstärkung, um die Gefangenen abzutransportieren. Ein Italiener meinte in gebrochenem Deutsch: »Mussolini gut Mensch.« Darauf mein Kamerad: »Und deshalb du gegen uns machen Bum Bum?« Er machte eine bezeichnende Geste: »Nix verstehn!«
»Arschloch.«
»Nix verstehn!«
»Macht nix. Du lecko mio!«
Ich schritt ein und beendete den Dialog. Inzwischen waren ein paar Kameraden nachgekommen, nahmen die Italiener in ihre Mitte, und wir stiegen in den Wagen und brausten los.
Die nächsten Tage machte ich mit dem Fiat die Küstenstraße

unsicher, ich fühlte mich wie eine Art Nuvolari, den großen Gegner unserer Asse von Brauchitsch, Stuck, Carraciola, Rosemeyer und anderer. Jeder harmlose Fahrer wurde zum »Rivalen«. Mein »Spieß« beendete die halsbrecherischen Rennversuche. Er nahm mir den Wagen ab. Er wurde der Küche zugeteilt, in meinen Augen von einem Rennpferd zum Droschkengaul degradiert.

Wir bezogen nun Stellung ein paar Kilometer nördlich von Bastia, Richtung Cap. Ein paar Tage hatten wir Ruhe, machten uns über die von den Italienern erbeuteten Lebensmittel und vor allem Weine her. Mein Alkoholspiegel sank nie unter eine bestimmte Grenze. Inzwischen war es offenkundig geworden, daß wir die Insel räumen würden. Über uns donnerten die Giganten hinweg, die ME 323, zuerst mit Verwundeten an Bord, dann auch mit Soldaten und Material. Schiffe legten an und fuhren vollbeladen davon. Sehnsüchtig sahen wir zum Himmel und wünschten, in den Flugzeugen zu sitzen. Wir wurden täglich weniger und die Gefahren größer. Jetzt zeigte die echte Resistance ihre Schlagkraft. Sie war aus der Luft von den Engländern mit Waffen versorgt worden. Die franc tireurs, die Freischärler, regten sich, bedrohten unseren Nachschub, machten Jagd auf kleinere Trupps von uns. Als einige meiner Kameraden von Partisanen erschossen wurden, gab man die Stadt für ein paar Stunden zur Plünderung frei, offiziell nannte man es Suche nach Waffen und Munition.

Ich will mich nicht besser machen als ich war, aber mich hat das Schicksal an der Teilnahme gehindert. Vor dem ersten Haus, das wir zu plündern gedachten, saß eine alte, schwarz gekleidete Frau. Als wir scheu an ihr vorübergehen wollten, zeigte sie mir ein Bild. Es war ein sogenanntes Sterbebild, darauf das Foto eines blutjungen Burschen. Fast tonlos murmelte sie: »Mon fils, tombé en guerre.« (Mein Sohn, im Kriege gefallen.) Ich dachte an meine Mutter, drehte mich um, ging schweigend davon. Zur Ehre meines Zuges sei gesagt, daß auch meine Kameraden mir folgten. Sie hatten die Szene mitbekommen. Schadlos hielten wir uns lediglich an den Weinflaschen, die noch in einem schon halb zerstörten Geschäft standen. Der Gerechtigkeit halber muß ich erwähnen, daß nach den Deutschen auch manche in Bastia zurückgebliebene Bewohner zwischen Dein und Mein nicht mehr unterscheiden konnten; später aber sagte man, das wären die Deutschen gewesen. Dabei waren die zurückgelassenen Gegenstände, wie Bekleidungen, Küchengegenstände, Glaswaren und dergleichen für uns völlig wertlos.

Eines Tages, gegen Mittag, wurde Bastia von den Alliierten bombardiert. Die Schäden waren beträchtlich, besonders am Bahnhof und im Hafen. Nahezu alle Schiffe wurden versenkt. Jetzt mußte unser Abtransport auf sogenannten Fährprahmen erfolgen. Inzwischen kam es zur langerwarteten Invasion der »Freien Franzosen« in Ajazzio, das schon vorher von den Maquisards besetzt worden war. Die Italiener hatten auch hier keinen Widerstand geleistet. Sie gaben ihre Waffen den Franzosen. Ihr Oberbefehlshaber, General Magli, hatte den Verrat sanktioniert und sich mit den Franzosen abgesprochen.

Der französische Oberbefehlshaber Giraud selbst kam nach Korsika. Der Kampf hatte einen besonderen historischen Stellenwert. Korsika war das erste französische Land, das von den Franzosen selbst befreit werden sollte. Überall drangen die Franzosen vor. Der Ring um uns schloß sich. Von Saint Florent auf der Westseite der Insel aus wollten sie den Col de Teghime einnehmen. Dieser Paß war das letzte Hindernis vor Bastia. Meine Kompanie wurde in aller Eile auf die Paßhöhe geworfen, um den Durchbruch der Franzosen zu verhindern. Bastia war ja der einzige Hafen, von dem aus wir die Insel verlassen konnten. Ging Bastia verloren, saßen wir gefangen wie in einer Mausefalle. Die Paßhöhe lag unter schwerstem Artilleriebeschuß. Wir versuchten, mit unseren Kanonen die Paßstraße, die von Saint Florent aus in vielen Windungen zur Spitze führte, für die vorrückenden Gegner unpassierbar zu machen. Die Kämpfe waren erbittert. Zweimal wechselte die Paßhöhe den Besitzer. Die Franzosen sickerten über Schleichwege, geführt von Widerstandskämpfern, in unseren Rücken, bedrohten plötzlich unsere Stellungen von hinten. Es kam zu erbitterten Nahkämpfen. Ich machte den einzigen Bajonettkampf meines Lebens mit, verlor durch einen Kolbenhieb einen Zahn. Diese Kampfart lag mir nicht besonders. Schon als Boxer hatte ich Angst vor Kopftreffern, und ich gehörte auch nicht zu jenen tapferen und nicht eben feinfühligen Naturburschen, für die beispielsweise ein Nahkampf eine Art Fortsetzung einer Wirtshausrauferei, nur mit anderen Mitteln war. Am Ende konnten wir den Einbruch bereinigen. Anschließend hätte ich beinahe das Zeitliche gesegnet. Der Fahrer unseres Geschützfahrzeuges weigerte sich nämlich infolge des Dauerbeschusses, aus der Deckung herauszukommen, um während einer Feuerpause den Wagen zu wenden und hinter der nächsten Kurve in Deckung zu bringen. Da mußte ich selbst ans Steuer, drehte den Wagen um – bei der Enge der Paßstraße kein leichtes, vor allem aber zeitraubendes Manöver. Der Feind mußte dies bemerkt haben, Granaten rauschten heran, eine schlug in der Nähe ein. Dreck wirbelte hoch, der Wagen kippte um, und ich knallte mit voller Wucht mit dem Rücken auf die Straße. Der Sturz verursachte Schmerzen, aber sie zu beachten war keine Zeit. Sozusagen Schritt für Schritt zogen wir uns nach Bastia zurück. Im Häusergewirr des Hafens kam es erneut zu Handgemengen, von denen ich allerdings verschont blieb. Eine Kanone konnten wir sogar auf das Schiff retten. Unsere Abfahrt begleiteten die

Franzosen mit Granatwerferfeuer. Links und rechts spritzten die Wasserfontänen hoch. Wie durch ein Wunder kamen wir aus dem Hafen heil heraus, gewannen schnell die offene See. Wir hatten unser Dünkirchen in kleinerer Ausgabe hinter uns!

Unbehelligt von feindlichen Schiffen gelangten wir nach Elba. Dort gingen wir, ich weiß nicht mehr genau wo und in welchem Hafen, erschöpft an Land. Ruhe fanden wir allerdings auch hier nicht. Tiefflieger machten uns das Leben sauer. Meine Schmerzen im Rücken wurden immer stärker. Ich ging zu einem Arzt, er untersuchte mich flüchtig und stellte innere Prellungen fest. Ich mußte ein paar Tage stilliegen. Noch lange nicht schmerzfrei, verließ ich das Lazarett, wir durchquerten die Insel und wurden in Richtung Italien erneut eingeschifft.

Seit dieser Zeit blieb übrigens der Rücken mein Sorgenkind. Immer wieder meldeten sich Schmerzen, besonders nach sportlichen Anstrengungen. Vor ein paar Monaten ließ ich mich deshalb von einem bekannten Münchner Orthopäden gründlich untersuchen. Er stellte eine »Degenerative Veränderung am 3. und 4. Lendenwirbel« fest, mit Sicherheit eine Folge meines korsischen Sturzes.

8
Die Volksdeutschen und der Partisanenkrieg in Jugoslawien

In Italien kamen wir in der Nähe von Livorno an. Dort wurden uns die Auszeichnungen überreicht. Wohl etwas pfauenhaft flanierte ich am Abend mit dem Kreuz am Bande durch die Stadt. Die Mädchen, die wir ansprachen, sagten: »SS, Truppa molto corragiosa« (SS Truppe, sehr tapfer), und sie fügten hinzu »La guardia« (die Garde). Anschließend waren wir in kleine Scharmützel mit versprengten italienischen Einheiten und Partisanen verstrickt. Wir fingen dabei einige amerikanische Flieger, die abgesetzt worden waren, um mit den Italienern Kontakt aufzunehmen. Dann waren wir schon wieder unterwegs mit Ziel Ungarn, um dort aufgefüllt und ergänzt zu werden. Über Florenz, Bologna, Mestre erreichten wir das adriatische Meer. Es war leider keine Bildungsreise, die alliierte Luftwaffe hatte für Unternehmungen dieser Art kein Verständnis.

Nach Ungarn gelangte ich nicht, in Laibach war für mich der Transport zu Ende. Hier wurde ich krank, bekam die infektiöse Gelbsucht, sah bald quittengelb wie ein Chinese aus. Vielleicht hat auch die Tatsache, daß mir so vieles über die Leber gelaufen war, den Zustand dieses Organs noch verschlimmert. Einige Zeit lag ich in einem Lazarett in Laibach. Diese schöne slowenische, die K. u. K.-Zeit nicht verleugnende Stadt war eigentlich schon Frontgebiet. Slowenische Partisanen operierten ganz in der Nähe. Ab und zu konnte man auch Schüsse hören. Tag für Tag wurden Verwundete des Partisanenkrieges eingeliefert. Es waren meist Kameraden von der SS-Division »Prinz Eugen«, die zum größten Teil aus Volksdeutschen bestand, aus Schwaben aus der Batschka und

Sachsen aus dem Banat. Sie berichteten von einer unvorstellbaren Grausamkeit des Kampfes. Das Wort »Pardon« schien im Partisanenkampf ein Fremdwort zu sein: auf beiden Seiten. Mir war das alles ziemlich neu. Unsere Propaganda hatte stets versucht, das Ausmaß der Partisanenkämpfe in Jugoslawien herunterzuspielen, Tito und seine Leute als Desperados und Verbrecher zu bezeichnen.
Ich erfuhr schon damals, daß der Haß völkischen, religiösen und geschichtlichen Ursprungs war. Kroaten und Serben waren sich nie besonders grün. Die Serben waren in ihrer Mehrheit orthodox, die Kroaten katholisch. Die Serben verwendeten das kyrillische Alphabet, die Kroaten das lateinische. In Kroatien gab es zeitweilig eine klerikal-faschistische Allianz. Ihre paramilitärische Gruppe, die Ustascha, kämpfte auf unserer Seite. Die Mehrzahl der Partisanen war dagegen links eingestellt, die Kommunisten hatten die Führung. Serben, Slowenen und Montenegriner stellten das Gros der Partisanenbewegung. In diesem wahrhaft balkanischen Wirrwarr verschoben sich hin und wieder auch die Fronten. So kämpften Montenegriner und Bosniaken später in einer muselmanischen Freiwilligen-Einheit der Waffen-SS.
Noch gut kann ich mich an ein Bild aus der Münchner Illustrierten Presse erinnern. Es zeigte SS-Freiwillige aus Bosnien und der Herzegowina. Durch einen Zufall habe ich kürzlich das Bild wieder gesehen und den dazugehörigen Text gelesen: »Zwischen Islam und Judentum besteht uralte Feindschaft. Junge Bosniaken, die in die SS-Freiwilligen-Verbände eingetreten sind, lesen eine Broschüre, in der geschildert wird, wie die Juden versuchten, Mohammed zu vergiften.« Ob eine solche Broschüre heute nicht auch in einem PLO-Lager denkbar wäre?
Mein Bettnachbar, ein »Batschkaner«, brachte seine Meinung über diesen Kriegsschauplatz auf die einfachste Formel:

»Franz, gnade dir Gott, wenn du als Angehöriger der Waffen-SS in die Hände der Tito-Leute fällst. Dann hast du noch Glück, wenn du gleich einen Genickschuß kriegst. Darauf hast du als Reichsdeutscher übrigens noch eher einen Anspruch als wir Volksdeutsche. Bei uns machen sie's gerne etwas länger und intensiver.«

Diese Gespräche förderten nicht unbedingt meinen Genesungsprozeß. Heute weiß ich, daß mein Freund aus der Batschka nicht übertrieben hatte. In den slowenischen und montenegrinischen Bergen hieß es: Aug' um Auge, Zahn um Zahn. Nichts neues übrigens in dieser Wetterecke Europas. Auch die geschichtlichen Auseinandersetzungen zwischen Serben und Türken waren von unvorstellbarer Grausamkeit. Das Pfählen wurde von Zigeunern so kunstvoll betrieben, daß die Leiden der Gepfählten tagelang dauerten. Man lese bei Yvo Andric in seiner »Brücke an der Drina« nach. Auch daß man den Siegern die herausgerissenen Augen der Unterlegenen zum Geschenk machte, ist kein geschichtliches Märchen. Das Rote Kreuz und Genf waren dort im Zweiten Weltkrieg weit weg. Das Wort »Pardon« kam in den verschiedenen Sprachen der Kämpfenden nicht vor.

Die Volksdeutschen hatten nach dem Krieg die Zeche für das Völkermorden zu zahlen. Ihr Schicksal ist besonders beklagenswert. Dabei weiß man heute, daß Hitler Tito und seine Kampfesweise durchaus schätzte, und wenn ein General aus seiner Umgebung versuchte, »Tito und seine Banditen« lächerlich zu machen, so soll Hitler stets gesagt haben, hätte er mehr Generale vom Schlage Titos, die deutsche Armee stünde anders da. Nicht nur aus solchen Äußerungen wurde ersichtlich, daß sich Hitler mehr und mehr von der Wehrmacht weg bewegte und die Rettung nur noch durch den Einsatz junger, fanatisch kämpfender Soldaten wie die der Waffen-SS sah. Die Lage der Deutschen hatte sich durch den Abfall der Ita-

liener, die wie auf Korsika bei der Kapitulation teilweise ihre Waffen den Partisanen überließen, verschlechtert. Die Kämpfe wurden härter und grausamer.
Ich kam mit den volksdeutschen Kameraden gut aus. Sie wie ich waren bäuerlicher Herkunft, weniger »zackig« im Umgang, sondern ziviler, freundlicher. Unverkennbar war auch, daß sie von den Geburtsländern wie Ungarn, Rumänien oder Jugoslawien geprägt waren. Kamen ihre Bräute zu Besuch, küßten sie ihnen die Hand. Der familiäre Zusammenhalt war ungewöhnlich stark. Sie bekamen weit mehr »Freßpakete« aus der Heimat als wir. Leider verhinderte meine angeschlagene Leber eine Teilnahme an Einladungen zum Verzehr von ungarischen Salamis mit darauf folgenden Verdauungsstamperln mit Barrack-Pálinka, dem ungarischen Aprikosenschnaps, oder Sliwowitz, dem jugoslawischen Pflaumenschnaps.
Eigentlich waren wir ein ganz fideles Lazarett von fast balkanesischem Zuschnitt. Ich fühlte mich recht wohl. Vor allem aber interessierte ich mich für die Geschichte der Gebirgs-SS-Division »Prinz Eugen« und meiner Waffen-SS-Kameraden aus Ungarn, Rumänien und Jugoslawien. Als die ersten SS-Freiwilligen-Divisionen aufgestellt wurden, war der Andrang der jungen Volksdeutschen sehr groß. Sie mußten sich einer sehr strengen Musterung unterziehen, in deren Maschen viele hängen blieben. Viele flohen auch aus den Heeren ihrer Gastländer und gingen zur Waffen-SS. Die Begeisterung bei den deutschen Volksgruppen für diesen Dienst am einstigen Vaterland war ungewöhnlich groß und hielt auch weit länger an als im Reichsgebiet. Später, als die allgemeine Begeisterung durch die Kette von Niederlagen gedämpft und der Freiwilligenstrom immer dünner wurde, ging man auch zur Zwangsrekrutierung über. Am Ende haben weit über 300000 Volksdeutsche in der Waffen-SS gedient, manche

Schätzungen sprechen sogar von 320000. Sie hatten es besonders am Anfang nicht leicht. Sie litten unter der Arroganz ihrer reichsdeutschen Ausbilder, die sie samt und sonders zu windigen Balkanesen degradierten. Von den völkischen Eigenarten und Zusammensetzungen hatten die Ausbilder zumeist keine Ahnung. Erst als SS-Obergruppenführer Phleps, ein ehemaliger hoher Offizier in der rumänischen Armee, der als Volksdeutscher seine Landsleute kannte, sich als Kommandeur der SS-Gebirgsdivision mehr und mehr militärische Anerkennung erwarb, wurde der Umgang zwischen Reichs- und Volksdeutschen besser. Eigentlich gut war er aber nie. Ich bin bei meinem Urteil nicht nur auf die Unterhaltungen im Laibacher Lazarett angewiesen. Später fand ich Gelegenheit, diese Erfahrungen auch in der Praxis selbst zu machen.

Wenn man das Thema noch ausweitet, kommt man an der Feststellung nicht vorbei, daß wir Deutschen keine besonders glückliche Hand im Umgang mit unseren Freunden und Verbündeten hatten. In der Waffen-SS bemühten sich jedoch einsichtige Führer, an der Spitze der spiritus rector der europäischen Freiwilligen, Obergruppenführer Berger, die besserwisserische Art, die ein Bestandteil des deutschen Wesens zu sein scheint, zu dämpfen und den reichsdeutschen Ausbildern ein Gefühl des Verständnisses für ihre neuen Partner beizubringen. Nicht überall gelang dies. Am ehesten noch bei den westlichen Freiwilligen, die geprägt vom demokratischen Geist ihrer Herkunftsländer sich sowieso nicht so leicht die Butter vom Brot nehmen ließen, auf ihre Eigenständigkeiten pochten und sie sich in der Regel auch erzwangen. Dies gilt besonders für die wallonischen, aber auch für die holländischen, flämischen, französischen und skandinavischen Freiwilligen. Die teilweise überhebliche Behandlung, die gerade die Volksdeutschen erfuhren, kränkte sie tief, und dies mit Recht. Jahrzehnte, ja Jahrhunderte lang hatten sie sich als

Vorposten des Deutschtums im Osten gefühlt, mit rührender Treue am deutschen Volkstum, an der deutschen Kultur und Sprache gehangen und das Reich glorifiziert. Sie wehrten sich beispielsweise in Ungarn gegen brutale Magyarisierungsbestrebungen, desgleichen gegen die kaum schwächeren Versuche der Rumänen und Jugoslawen, ihnen ihre deutsche Identität zu nehmen. Der Dank des Reiches bestand häufig darin, sie als Beutedeutsche abzuqualifizieren, ihre Sitten und ihren Dialekt zu belächeln.
Diesbezüglich hat sich leider auch heute nicht viel geändert. Die Menschen in der Bundesrepublik benahmen und benehmen sich da und dort auch noch heute so wie die Deutschen des Dritten Reiches. Die Flüchtlinge wissen ein Lied davon zu singen! Ein Teil der satten, geschichtsunkundigen deutschen Jugend will nicht akzeptieren, daß die treuesten Söhne Deutschlands häufig seine ärmsten waren und gerade heute immer noch sind. In der Nachkriegszeit hatte ich beruflich und privat häufig die deutschen Minderheiten in Ungarn und Rumänien besucht. Mir imponierte dabei, wie sie sich auch jetzt noch gegen die Assimilationsbestrebungen wehren, ihre deutschen Kirchen pflegen, die Vorstellungen der deutschen Theater besuchen. Erst in allerletzter Zeit scheinen sie, besonders in Rumänien, mehr und mehr zur Überzeugung gelangt zu sein, daß sie kaum noch eine Chance haben, ihr Deutschtum zu bewahren. Die Zahl der Aussiedlungsanträge nimmt deshalb sprunghaft zu. Ich fühle mich diesen Deutschen besonders verbunden. Der Grundstein zu dieser Einstellung mag auch im Lazarett Laibach gelegt worden sein.
Dort besserte sich mein Zustand allmählich. Zur Genesung wurde ich in das nicht weit entfernte Velden am Wörthersee verlegt, in eine wundervolle, friedliche Landschaft. Man konnte sich nicht vorstellen, daß keine hundert Kilometer weiter in den Karawanken Partisanen saßen. Ärztliche Be-

treuung und Verpflegung waren durchweg gut. Es war eine Zeit zum Nachdenken. Im Lazarett tat eine flämische SS-Krankenschwester Dienst, ein stilles, ungemein hilfsbereites Mädchen. Sie wollte später Medizin studieren. Wir verehrten sie alle, aber niemand wagte, ihr zu nahe zu treten. Es lag etwas in ihrer zwar freundlichen, aber gleichzeitig zurückhaltenden Art, das Vertraulichkeiten untersagte. Sie war nicht allzu groß gewachsen, sah aber ansonsten aus wie ein Mädchen aus dem SS-Wunschkatalog. Blond, blauäugig, eine ebenmäßige Figur. Die Schwesterntracht stand ihr wie ein Modellkleid. Sie wirkte stets wie aus dem Ei gepellt, und der leichte kühle Parfumduft, der von ihr ausging, wirkte wie eine frische Brise in einem von typischem Männermief »geheizten« Zimmer. Ein bißchen genierten wir uns vor ihr. Sah ein Patient, daß sie auf dem Weg zu uns war, stürzte er herein und schrie: »Achtung, Schwester kommt.« Wir rissen dann schnell das Fenster auf, um ihr die Samariterdienste wenigstens geruchlich zu erleichtern. Genützt hat dies freilich nicht viel. Manchmal zog sie etwas unwillig ihr Näschen kraus, sagte aber nichts. Wir wurden allmählich Freunde, Astrid und ich. An schönen Tagen machten wir lange Spaziergänge an der Drau oder am See. Sie war sehr offen und verhehlte ihre Enttäuschung und Verbitterung uns gegenüber nicht. »Weißt du, im Grunde sind die meisten der Deutschen Spießbürger ohne Lebensart, wenn auch tapfer. Ich glaube nicht, daß am deutschen Wesen die Welt genesen wird. Der deutsche Nationalsozialismus hat den europäischen Faschismus kaputt gemacht. Ich bin Faschistin, wie viele meiner flämischen und wallonischen Freunde, aber keine Nationalsozialistin.«
Diese Gedankengänge, diese Unterscheidung zwischen Nationalsozialismus und Faschismus, waren mir neu, und ich erfuhr vieles, was ich trotz meines regen Interesses für Geschichte nicht wußte. Vor allem bekam ich allmählich einen

Der Großmufti von Jerusalem, Husseini, war ein fanatischer Hitleranhänger. Hier beim Besuch einer muselmanischen Waffen-SS-Einheit. Die meisten Freiwilligen sind Bosniaken.

Der Warschauer Aufstand ist zusammengebrochen. Sieger und Besiegte wechseln einen Händedruck. Links der polnische General Bor-Komorowski, rechts der SS-General von dem Bach-Zelewski.

Appel der Brigade Charlemagne.

Überall in Frankreich werben Plakate für den Eintritt in die Waffen-SS. 12000 Franzosen kämpften auf deutscher Seite.

Einblick in die Motivationen von Europäern zum Eintritt in die Freiwilligen-Divisionen der Waffen-SS. Viele Belgier beispielsweise glaubten an eine Wiederherstellung des burgundischen Reiches, wobei Deutschland die Rolle des primus inter pares spielen könnte, die anderen germanischen Völker aber gleichberechtigt sein sollten. Astrid hatte diese Gedanken allerdings schon hinter sich gelassen und meinte: »Aber der deutsche Rassedünkel wird die Gleichberechtigung nicht zulassen.«

Ausgerechnet von ihr, der Flamin, hörte ich erstmals mehr über den Führer der wallonischen Waffen-SS, den legendären Léon Degrelle. Im alten Belgien standen sich zeitweilig Wallonen und Flamen wie Hund und Katz' gegenüber, wie übrigens auch heutzutage wiederum. Diese stille schöne Flamin aber bewunderte und, wie ich glaube, liebte insgeheim den wallonischen Kriegsgott. Zu Degrelle muß ich ein paar Anmerkungen machen.

Er kämpfte sich im wahrsten Sinne vom einfachen Soldaten zum Divisionskommandeur hoch. Sechsmal wurde er verwundet, bekam die höchsten Auszeichnungen aller europäischen Freiwilligen. Hitler sagte von ihm, hätte er einen Sohn, er müßte so sein wie Degrelle. Dieser Degrelle, Führer der vor dem Kriege zeitweilig einflußreichen katholischen Rexistenbewegung, war nicht nur tapfer, sondern auch tiefgläubig. Auch in den Dörfern der Ostfront besuchte er die Messe. Da stand der ehemalige Führer des katholischen Studentenbundes von Löwen aufrecht als Bruder in Christo inmitten der einheimischen »Untermenschen«. Ich habe ihn später in Wildflecken während meiner Ausbilderzeit bei den Franzosen selbst gesehen: Ein Bild von einem Mann, ausgestattet mit einer faszinierenden Rednergabe. In den letzten Tagen des Zusammenbruchs kämpfte er sich bis Norwegen durch und konnte jenes Fluchtflugzeug besteigen, das die Deutschen dem Norweger Quisling zur Verfügung gestellt hatten, der sich aber weigerte, sein Land zu verlassen. Er wurde später bekanntlich hingerichtet. Mit Degrelle an Bord gelang dem Flugzeugführer ein abenteuerlicher Flug durch halb Europa. Buchstäblich mit dem letzten Tropfen Benzin erreichte er gerade noch die spanische Grenze und mußte auf dem Strand von San Sebastian notlanden. Mit mehrfach gebrochenen Beinen kroch Degrelle aus dem Wrack und stellte sich den spanischen Behörden. Er war noch einmal davongekommen! Er wurde in Abwesenheit von den Belgiern zum Tode verurteilt, von den Spaniern aber nicht ausgeliefert. Für einige Zeit zog er sich nach Südamerika zurück, als auch der spanische Boden zu heiß wurde. Er geht heute wieder in Spanien seinen Geschäften nach, zieht ab und zu seine ehemalige Uniform mit allen Auszeichnungen an und empfängt junge Belgier, die mit Charterflügen ihn besuchen. Für nicht wenige junge Belgier bleibt er der »Héros de la Guerre«. Der Leser möge mir diese Abschweifung entschuldigen, aber Degrelle ist eine Schlüsselfigur der SS-Freiwilligen.

Astrid erzählte mir eines Abends, daß es das Beispiel des Wallonen Degrelle gewesen sei, das ihren flämischen Bruder bewogen habe, ebenfalls in die Waffen-SS einzutreten. Sie fing leise zu weinen an. »Ich werde ihn wohl nie wiedersehen. Wir werden sterben mit euch Deutschen, für euch Deutsche, für eine verlorene Sache.« Ich war schockiert: »Warum steigst du nicht aus, gehst nach Belgien zurück?« fragte ich naiv. Sie lachte bitter: »Wie denn? In mein Dorf? Dort bin ich eine deutsche Soldatenhure, der Bruder ein Verräter, ein Nazi. Nein, nach Hause will und kann ich nicht mehr.« Leicht ironisch fügte sie hinzu: »Ihr sprecht allerdings ja immer noch vom Endsieg, von euren Wunderwaffen.« Plötzlich preßte sie meinen Arm: »Franz, wer bei der Waffen-SS ist, ist für immer gezeichnet, kann nicht mehr aussteigen. Denk doch an deine Blutgruppe unterm Arm.«

Jetzt hatte sie den Punkt getroffen, der mich schon seit langem beschäftigte: Warum hat man uns die Blutgruppe in die Innenseite des linken Oberarmes eintätowiert? Nur aus medizinischen Gründen? Damit man schneller das Blut für Transfusionen bestimmen könne? Nannten wir nicht insgeheim die Tätowierung – bei mir war sie, weil Blutgruppe AB, besonders gut sichtbar – den »Schlüssel zu Walhall«, den »Genickschuß-Stempel«? Steckte nicht vielleicht doch die Absicht dahinter, uns durch diese Tätowierung ein für allemal zu zeichnen, zu brandmarken als Prätorianer, für die es nur eine Alternative gibt: Sieg oder stirb? Begann ich mich nicht deshalb schon weniger als Angehöriger einer Elite, fast schon als Desperado zu fühlen? Mehr und mehr glaubte ich, das Ende des Krieges nicht mehr zu erleben. Mehr und mehr aber war ich auch bereit, die letzte Kugel für mich aufzusparen, wenn ich gegen die Partisanen oder Sowjets kämpfen müßte und vor einer Gefangennahme stünde.

Ich weiß nicht, was aus Astrid und ihrem Bruder geworden ist. Aber an beide mußte ich denken, als ich vor kurzem in dem ausgezeichneten Buch »Eurofaschismus« von Hans Werner Neulen folgende Zeilen las: »In Westeuropa unternahmen die kollaborierenden Parteien und Zirkel im Jahre 1944 den letzten verzweifelten Versuch, ihre nationalen Kontingente in der Waffen-SS zu erhöhen. Fanatiker und Idealisten, Gläubige und Zyniker stießen zu den multinationalen Verbänden, die sich in letzter Stunde zu Divisionen auswuchsen. Ohne Selbstmitleid verkündete ein holländischer NSB-Rundfunksender den Preis, den die Freiwilligen für ihr Engagement in der Waffen-SS zahlen mußten: ›Ihr seid allein. Väter und Mütter sind isoliert von ihren Familien, verflucht von ihren eigenen Kindern. Ihr werdet von früheren Freunden ge-

schnitten, von euren Arbeitskollegen boykottiert, sogar von euren Kirchen verwünscht.‹«
Dies stand am Ende einer Hoffnung, die am Anfang Leon Degrelle in seinem, im Monfalcone-Verlag 1971 erschienenen Buch »Hitler per mille anni«, rückblickend so formulierte: »Alle waren argwöhnisch und mit Komplexen beladen zur russischen Front gekommen. Die Deutschen waren in unsere Länder eingefallen. Wir hatten daher keinen Grund, sie zärtlich zu lieben. Einige von ihnen, in Berlin und in den besetzten Ländern, brachten uns auf mit ihrem hochfahrenden Stolz der Herrscher. Das Europa, das wir wollten, ließ sich nicht, wie sie es verlangten, verwirklichen: Die Hand an der Hosennaht vor irgendeinem Generaloberst oder Gauleiter. Es ließ sich nur realisieren in der Gleichheit, ohne daß ein übermächtiger Staat gegenüber den Ausländern zweiter Klasse eine Feldwebeldisziplin durchsetzte. Ein gleiches Europa oder kein Europa.« Er hat die Situation richtig gesehen.
Nach Laibach bekam ich endlich den ersten Heimaturlaub. Auf der Fahrt hatte ich Gelegenheit, Bilanz zu ziehen. Ehrlich mußte ich mir selbst eingestehen, daß es im Kampf mindestens ebenso tapfere Kameraden wie mich gegeben, daß ich aber meinen spektakulären Einsatz gut »verkauft« hatte, wie man heute sagen würde. Ich war im Kampf eher ein Sprinter, kein Steher. Ein gütiges Schicksal hat mich davor bewahrt, wochenlange Stellungskämpfe bei Eis und bitterer Kälte mitmachen zu müssen, wochenlang schwerem Artilleriefeuer ausgesetzt gewesen zu sein, das entnervende und infernalische Jaulen der Stalinorgeln zu ertragen; ich weiß nicht, ob ich diese Prüfungen bestanden hätte. Um so größer ist mein Respekt und meine Bewunderung vor denjenigen meiner Kameraden, die sich hier bewährten.
Zuhause in Trostberg wurde ich mehrfach eingeladen. Auch bei jenen, die sich nach dem Zusammenbruch als »schon im-

mer gegen Hitler gewesen« entpuppten. Das Tagblatt erwähnte meine Auszeichnung. Mich stach der Hafer. Ich wurde wieder zum Angeber und meinte beiläufig, daß das Eiserne Kreuz bei der Waffen-SS mindestens dem Deutschen Kreuz in Gold bei der Wehrmacht gleichzusetzen sei. Freunde machte mir diese Haltung nicht. Aber meine Kindheitserfahrungen brachten mich dazu, in meinem Geburtsort immer einen Zahn zuzulegen, leider!
Meinem Vater konnte ich allerdings nichts vormachen. Ich versuchte es auch gar nicht erst. Er spürte sofort, daß mich die SS-Wirklichkeit enttäuscht hatte, ihm vertraute ich an, daß ich auf keinen Fall Offizier werden wolle. Als Hauptgrund gab ich meine religiöse Überzeugung an; das gefiel ihm weniger. Er hatte nach wie vor etwas gegen die Pfaffen, vor allem deshalb, weil meine Mutter mehr denn je zur Kirche ging. Auch ihr Hinweis, daß sie eben für meine glückliche Heimkehr beten müsse, beeindruckte ihn nicht übermäßig: »Es ist gescheiter, wenn er den Kopf einzieht, und nicht den Helden spielt.«
Als ich in der Uniform der Waffen-SS in die Kirche ging, hörte ich da und dort ein Tuscheln. Der Pfarrer nickte mir wohlwollend zu. Ich fand auch nichts dabei, zu beichten und zu kommunizieren. Er gab mir seinen Segen. Weltanschaulichen Gesprächen gingen wir beide aus dem Weg. Jetzt, da die unmittelbare Spannung und die Angst weg waren, rebellierten die Nerven. Ich wachte oft schweißgebadet nachts auf, sah den jungen Kameraden von Arys von Kugeln durchsiebt am Pfahl hängen.
Zuhause gefiel es mir nicht, mir war es zu eng. Manche meiner Kameraden fehlten mir. Der säuerliche Geruch stieg mir in die Nase. Meine Eltern spürten dies, waren verletzt und traurig. Dies tut mir heute noch leid.

9
Wie polnisch war Breslau?

Mit zwiespältigen Gefühlen reiste ich zurück zur Einheit, einem Ersatztruppenteil in Breslau, wo ja nach Meinung des früheren Fürstprimas von Polen, Kardinal Wyszynski sogar die Steine polnisch sprechen. Ich habe in Breslau nie ein polnisches Wort gehört. Breslau schien mir so deutsch wie München oder Berlin. Ich weiß, was es bedeutet, wenn ich dies schreibe. Ist bei den Polen ein Hinweis auf ein einstmals größeres Polen nichts anderes als die patriotische Pflicht, die nationale Identität zu bewahren, so wird das gleiche Unterfangen bei uns als Revanchismus diffamiert.
Nach meiner Krankheit, und infolge der Ängste, die mich plagten, war ich von einem wahren Lebenshunger ergriffen. Jeden Abend ging ich aus, saß bis zum Zapfenstreich oder darüber im Café Preysing oder den »Arabischen Weinstuben«, trank irgendein undefinierbares Gesöff, versuchte ein Mädchen »aufzureißen«. Aber während meiner ganzen Kriegszeit gehörte ich nie zu den Spitzenreitern auf diesem Gebiet. Irgendwie war ich zu scheu, stellte einerseits zu hohe Ansprüche, andererseits merkte ich nicht, daß viele der Mädchen gar nicht so hoch »angesprochen«, sondern handfest angefaßt werden wollten. Schon damals gingen Frauen wie Männer mehr und mehr von der Devise aus: Genieße den Krieg, der Friede wird schrecklich sein.
Auf ein Erlebnis in Breslau möchte ich allerdings zu sprechen kommen. Es beweist, daß man als SS-Mann nicht nur an der Front, sondern auch in der Heimat gefährlich lebte. Die Geschichte ging so: Meine Leber machte wieder einmal Schwierigkeiten. Ich brauchte die Exerzierübungen nicht mitzumachen und bekam Zimmerdienst. Gegen 6 Uhr kamen meine

Kameraden zurück. Plötzlich schrie einer: »Mein Feldpostpäckchen ist weg.« Zunächst nahmen meine Kameraden das nicht allzu ernst, außerdem gehörte der Zimmergenosse, ein Obergefreiter, nicht zu den Beliebtesten, da er als geizig bekannt war. Deshalb raunzten meine Stubenkameraden: »Wahrscheinlich hast' selber alles gefressen«, oder: »such' doch mal endlich richtig.« Er suchte verdrossen, fand nichts. Jetzt wurde die Sache ernster. Er wandte sich dienstlich mit einer Verlustmeldung an den Stubenältesten, der sah uns an, zuckte die Achseln, meinte: »Es wird sich sicher aufklären«, und holte den Spieß. Der kam, fragte dienstlich, mit einem Unterton von Ärger: »Was ist eigentlich los?« Der Verlustmelder baute sein Männchen, brüllte: »Hauptscharführer, bitte melden zu dürfen, Päckchen verschwunden!« – »Wer war im Zimmer?« – »Ich, Hauptscharführer.« – Die Kameraden wurden unruhig, schauten mich an. »Haben Sie was gesehen?« – »Nein, Hauptscharführer!« – »Haben Sie das Zimmer mal verlassen?« – »Nur zum Austreten, Hauptscharführer.« Ich spürte, wie ich blaß wurde, mir der Schweiß auf die Stirn trat. Das Bild des in Arys erschossenen Sturmmannes tauchte blitzartig in mir auf. Meine Kameraden sahen von einem zum anderen. Der Hauptscharführer: »Alle treten vor ihre Spinde! Tornister öffnen!« Ich öffnete zitternd meinen Tornister. Nichts wurde gefunden. Nun wurden die Betten durchsucht. Unter dem Kopfkissen des Rottenführers, des Obergefreiten, fand man sein Päckchen. Er hatte es offensichtlich versteckt, um die Fressalien nicht teilen zu müssen, und dann das Versteck vergessen. Rufe des Unwillens wurden laut: »Sauerei! Angeber! Unkameradschaftlich!« – »Ruhe!« brüllte der Spieß, und fügte hinzu: »Rottenführer L wird zwei Wochen lang zum Stubendienst eingeteilt«, und dann anzüglich: »Und zum Postholen.« Er ging, drehte sich aber plötzlich an der Tür um und sagte: »Ich mache keine Meldung. Ihr

regelt die Sache untereinander.« Jeder von uns wußte Bescheid, was das bedeutete. Der Angeber wurde blaß. Er spürte bereits den »Heiligen Geist«, so nannten wir nächtliche Strafaktionen wegen Unkameradschaftlichkeit.
Abends konnte ich nicht einschlafen. Es kam wie erwartet. Um 12 Uhr flammte eine Taschenlampe auf, eine Decke wurde über den Rottenführer geworfen, und schon hagelten die Schläge mit dem Lederkoppel. Ab und zu hörte man einen leichten Schmerzenslaut. Ich rief: »Hört doch auf, der hat genug!« – »Jetzt spiel mal nicht den feinen Max, Franz, der hätt' dich doch bald nach Danzig-Matzkau oder sonst wohin bringen können.« Und wie zur Bekräftigung seines Abscheus gab einer ihm noch einen gezielten Tritt. Das Ganze dauerte ein paar Minuten. Ich kann nicht leugnen, daß ich das Erscheinen des »Heiligen Geistes« begrüßte, fühlte mich als Kamerad unter Kameraden. Diese Art, Gerechtigkeit zu üben, mag einem heute sehr rauh vorkommen, aber sie kann man nicht losgelöst von der Zeit sehen. Im übrigen kam der »Heilige Geist« auch bei der Wehrmacht, wenngleich ich meine, daß Elitetruppen sich ihre eigene verschärfte Gesetzgebung schaffen, denken wir nur heute an die amerikanischen Ledernacken, oder die französischen Paras, die Fallschirmjäger.
Übrigens: Beim Stubendurchgang am nächsten Morgen fragte der Spieß besonders deutlich: »Besondere Vorkommnisse?« – »Nein, Hauptscharführer!« Er ging weiter, blieb vor dem vom »Heiligen Geist« Heimgesuchten stehen, der sich nur mit Mühe auf den Beinen halten konnte. »Na, was ist denn mit Ihnen los?« – »Nichts, Hauptscharführer, nur beim Austreten nachts ausgerutscht und auf den Rücken gefallen.« – »Na, dann passen'S das nächste Mal besser auf, damit Sie nicht wieder ausrutschen, in jeder Beziehung!« Die Sache war erledigt.
Aber nun griff die »Karriere« nach mir. Anderthalb Jahre zu-

vor hätte ich mich darüber noch gefreut, jetzt nicht mehr – im Gegenteil, jetzt wollte ich keine mehr machen. Aber ich war Abiturient, hatte mich als Zugführer erstaunlich gut bewährt, hatte eine Auszeichnung. Also kommandierte man mich ab zum Führervorbereitungslehrgang nach Warschau. Zuerst bekam ich noch mal Kurzurlaub.

Die Heimat schien mir unverändert zu sein, vom Kriege so gut wie nicht berührt, zu Essen gab's weit mehr als in den Großstädten, Hamsterfahrten und Tauschgeschäfte mit den Bauern besserten die Rationen auf und lagen bei nicht wenigen weit über denen der Lebensmittelkarten. Auch jetzt, Anfang 1944, kam man mir noch freundlich, wenn auch vielleicht eine Spur zurückhaltender entgegen. Besonders amüsierte mich eine höchst seltene Art eines Familientreffens.

Mein Vater war inzwischen zur Bewachung einer Munitionsanstalt eingezogen worden, auch nach sieben Dienstjahren in der Zeit vor dem Ersten Weltkrieg und in diesem war er immer noch Gefreiter. Der Unterscharführer Schönhuber besuchte den Gefreiten Schönhuber. Kurz bevor ich an das Kasernentor kam, sah ich den Gefreiten. Und stellte mich so auf, daß er mich nicht gleich bemerken konnte. Plötzlich brüllte ich: »Na, Sie Krummstiefel, vom Grüßen noch nichts gehört?!« Er drehte sich erschrocken um, riß die Hand an die Mütze, erkannte mich. »Saubua elendiger, muaßt deinen Vater so erschrecken.« – Ich spielte mit: »Ja, wie sprichst du denn mit einem Vorgesetzten, hast wohl schon lange nicht mehr Häschen-Hüpf gespielt?« – Wir lachten beide herzlich. Er tat mir leid. Er war weißhaarig geworden. Da stand er nun, er, der 1931 in die Partei eingetreten, sich später dann distanziert hatte, und den man jetzt als Mittfünfziger wieder einzog. Sein Groll gegen seine Intimfeinde brach wieder durch: »Meinst' vielleicht, daß einer von den ›Märzenveilchen‹ eingezogen worden wär? Die haben alle ihre Druckposten, sind UK, unabkömmlich, gestellt.« Immer wenn er sich ärgerte, wurden seine geschlitzten Augen kleiner und er einem mongolischen Bauern noch ähnlicher. Bei uns in der Familie hatte man ja immer die Meinung vertreten, daß mein Vater in sich eine Art blutsmäßiges Überbleibsel aus dem 10. Jahrhundert hatte, wo die Ungarn 907 bis in den Chiemgau vorgedrungen waren. – Ich erwirkte für ihn eine Ausgangsgenehmigung. Wir waren einen Tag dann zusammen, verstanden uns gut. Zum Abschied sagte er: »Bua, der Krieg ist verlor'n. Schau, daß du ihn überstehst!«

Mittlerweile war aber das Überleben nicht nur an der Front schwer geworden. Alle Großstädte Deutschlands wurden buchstäblich Frontgebiet, und ich meine noch heute, daß der Bombenterror fast genauso schlimm war wie das Artilleriefeuer an der Front. Bei einer Dienstreise nach Karlsruhe mußte ich zum ersten Mal in einen Luftschutzkeller. Das Geschrei der Kinder, das Pfeifen der herabsausenden Bomben, die Einschläge, die die Betonwände erzittern ließen, machten mir so zu schaffen, daß es mir Mühe bereitete, jene Haltung zu bewahren, zu der ein Angehöriger der Waffen-SS gerade in der Öffentlichkeit verpflichtet war.

10
Bedrohliche Situation in Warschau

Der Vorbereitungslehrgang fand in Grochow bei Warschau statt. Unser Dienst war hart. Nur selten kamen wir zum Ausgehen. Das war aber gerade in Warschau damals nicht mehr ungefährlich. Beinahe körperlich spürte man den Haß, der uns entgegenschlug. Nacht für Nacht gab es Überfälle. Man hörte Schüsse, Tote und Verwundete waren an der Tagesordnung. Allmählich waren wir auch untertags nicht mehr sicher.
Ich erinnere mich eines Vorfalls, der mir damals Angst und Schrecken einjagte. Nach meiner Erinnerung durften die Polen nur den zweiten Wagen einer Straßenbahn benutzen. Wie es genau war, weiß ich nicht mehr. Nur soviel: Da ich zu spät dran war, und die Bahn bereits fuhr, sprang ich auf die Plattform des zweiten Wagens auf, stand unter Polen. Es fiel kein Wort. Alle starrten mich an. Mit beiden Armen hatte ich mich an die Schlaufen gehängt. Plötzlich merkte ich, wie etwas Hartes gegen meine Brust drückte. Leise, in perfektem Deutsch, sagt eine Stimme: »Rühren Sie sich nicht, behalten Sie die Hände oben!« Ich spürte, daß der Lauf einer Pistole gegen meine Brust gerichtet war. Mit der größten Gemütsruhe öffnete der Pole meine Pistolentasche, holte die 38er heraus und sagte fast fröhlich: »Bei uns ist die besser aufgehoben.«
Zwei Stationen vor Grochow leerte sich schlagartig die Plattform. Ich war allein. Mit gemischten Gefühlen meldete ich mich zurück, wissend, daß der Verlust einer Waffe empfindlich bestraft werden konnte. Ich schilderte meinem Lehrgangs-Vorgesetzten wahrheitsgemäß den Vorgang, bekam einen gewaltigen Anschiß, vor allem deshalb, weil ich in den

für die Polen reservierten Wagen aufgesprungen war. Am darauffolgenden Sonntag war es nichts mit dem Ausgang. Ich wurde zum Strafexerzieren eingeteilt und geschliffen, bis mir »das Wasser im Arsch kochte«. Weiter geschah nichts.
Uns war der Haß der Polen gegen alles Deutsche nicht unverständlich. Kein Volk war so schlecht behandelt worden wie das polnische. Es bedeutet keine Aufrechnung, wenn ich allerdings hinzufüge, daß die Polen ihre deutsche Minderheit, besonders ab 1938, alles andere als gut und gerecht behandelt hatten. Der Bromberger Blutsonntag von 1939, wo Tausende von Deutschen ermordet wurden, ist keine revanchistische Lüge. Wahr ist auch, daß man noch damals in Gesprächen mit Polen ihre antisemitische Haltung spüren konnte, und das nicht uns zuliebe. Der Antisemitismus saß tief bei den Polen. Man kann sagen, daß – zumindest in der Vorkriegszeit – der Antisemitismus in Polen stärker, elementarer, und von weiten Schichten des Volkes getragen war, während er den Deutschen sozusagen von oben verordnet wurde, wobei der Großteil willig und gern gehorchte.
Im Frühling 1944 lag eine unheimliche Spannung in der Luft. Mädchen gaben sich mit uns nicht ab, nur Nutten. Wir Männer von der Waffen-SS konnten kaum noch allein ausgehen. Wir waren die bevorzugten Attentatsopfer, galten wir doch als die Prätorianer Hitlers. Der Lehrgang war eigentlich Nebensache geworden. Ich schnitt, wie gewollt, schlecht ab. Es schien mir so gut wie sicher zu sein, den Aufstieg zum Offizier vermieden zu haben. Außerdem gab ich mit äußerster Vorsicht zu erkennen, daß ich nicht glaubte, wirklich einen guten Offizier abzugeben. Ich meldete mich mehrmals an die Front, wurde aber zunächst wieder nach Breslau zu meiner alten Einheit zurückgeschickt. Unterscharführer H., der mit mir von Breslau aus nach Warschau befohlen worden war, und ich hatten Glück. Ein paar Monate später brach der Aufstand

aus. Ich weiß nicht, was aus jenen Junkern geworden ist, die damals in Grochow waren. Die Kämpfe waren ja auch für die deutschen Truppen sehr verlustreich. Die Polen kämpften, wie man aus Berichten weiß, mit heroischem Einsatz, verteidigten Haus um Haus, versteckten sich in den Kanälen, griffen wieder an und mußten letztendlich kapitulieren, weil sie von den Russen verraten wurden. Die Russen standen ja schon während des Aufstandes im Vorort Praga, am Ufer der Weichsel. Stalin ließ die polnischen Patrioten umkommen, damit sie für seine »Lublin-Kommunisten« keine Gefahr mehr darstellen konnten. Die kommunistische Partei hatte sich bekanntlich in Lublin wieder konstituiert; sie ging davon aus, daß Polen unter kommunistischen Einfluß kommen und in den sowjetischen Machtbereich eingereiht werden müsse. Die Aufständischen waren jedoch Anhänger der polnischen Exil-Regierung in London. Historische Gerechtigkeit gebietet übrigens zu sagen, daß der Aufstand nicht nur von Einheiten der Waffen-SS, sondern auch des Heeres und der Luftwaffe niedergeschlagen wurde. Es darf auch nicht verschwiegen werden, daß die gefangenen Aufständischen militärisch korrekt behandelt wurden, und man ihnen den Status von Kriegsgefangenen gab. Die Offiziere durften ihre Waffen behalten. Der Befehlshaber der Waffen-SS in Warschau, von den Bach-Zalewski, salutierte, als sich der polnische Oberbefehlshaber, General Bor-Komorowski, ergab. Beide wechselten einen Händedruck. Von diesem ritterlichen Akt gibt es viele Bilder. Hitler wollte zunächst alle Aufständischen erschießen lassen, aber der auch für die Kriegsgefangenen zuständige SS-Obergruppenführer Berger setzte die anständige Behandlung durch.
Auch hier gestatten Sie mir, lieber Leser, einen Sprung in die Friedenszeit. Als Reporter war ich 1958 beim sogenannten Erntefest der Exilpolen in London. Dort konnte ich den Eh-

rengast Bor-Komorowski interviewen. Der drahtige kleine Mann, dem man auf Schritt und Tritt den Kavalleristen und Turnierreiter ansah, sprach perfekt deutsch. Kein Wunder, er hatte während des Ersten Weltkrieges als Rittmeister in einem österreichischen Kavallerieregiment gedient. Ich erzählte ihm, daß ich vor dem Aufstand in Warschau gewesen war, und wollte von ihm die Einzelheiten der Kapitulation wissen. Er bestätigte die faire Behandlung und fügte hinzu, daß besonders SS-Gruppenführer Berger die treibende Kraft gewesen war.

Rückblickend möchte ich hinzufügen, daß ich auch heute noch nicht begreife, was der eigentliche Anlaß zu dem sich allmählich verschlechternden deutsch-polnischen Verhältnis war. Ich erinnere mich der bewundernden Worte, die man damals deutscherseits für den Marschall Pilsudski, den Gründer des modernen Polens fand. Er hatte während des Ersten Weltkrieges mit seinem Jägerbatallion auf der Seite der Deutschen gekämpft. In unseren Geschichtsbüchern wurde der siegreiche Kampf der Polen gegen die Sowjets in der »Schlacht an der Weichsel« als ein historisches Ereignis gewürdigt, das den »roten Horden« den Weg nach dem Westen verlegte. Wir sprachen mit Achtung von den polnischen Sportlern und Künstlern. Ich erinnere mich noch gut an die blonde Polin Jadwiga Weiß, oder Weisowna, die der beliebtesten deutschen Sportlerin, Gisela Mauermayer, bei den Olympischen Spielen in Berlin im Diskuswerfen einen großen Kampf lieferte. Wir mochten dieses fesche, dralle Mädchen. Sie galt als Beweis, daß auch Spitzensportlerinnen feminin sein konnten. Niemand ahnte, daß sie eine Jüdin war. Gerade wir Bayern schätzten den Skispringer Marusewitz, der sogar die sieggewohnten Skandinavier gefährdete. Wir schwärmten als Schüler für Pola Negri und Jan Kipura. Auch BDM-Mädchen waren gerührt vom Schicksal der schönen Gräfin Wa-

lewska, die aus Patriotismus die Geliebte Napoleons geworden, ihm dann aber auch in seinem Unglück treu geblieben war.
Noch während der Tschechenkrise schien unser Verhältnis zu den Polen intakt geblieben zu sein. Dann kam die jähe Wende. Ich glaube, hier bleibt für die Historiker noch einiges zu tun. Ich möchte meinen Respekt dem polnischen Volk nicht versagen. Kein Volk hat unter uns so gelitten wie das polnische. Kein unterdrücktes Volk, außer dem jugoslawischen vielleicht, hat aber auch so todesmutig gegen uns gekämpft.

11
Der 20. Juli und die Waffen-SS

In Breslau blieb ich nicht lange. Eines Tages wurde ich zum Kompaniechef gerufen: »Uscha Schönhuber, Sie sprechen so gut wie fließend Französisch?« – »Jawohl Obersturmführer!« – »Kennen Sie die Brigade Charlemagne?« – »Nein, Obersturmführer!« – »Dann wird es Zeit, daß Sie sie kennen lernen. Es ist eine französische Freiwilligeneinheit. Sie werden nach Wildflecken in Marsch gesetzt. Dort wird die Brigade, die später eine Division werden soll, zusammengestellt. Sie gehen dorthin als Ausbilder und Dolmetscher!« – »Jawohl Obersturmführer!« Ich grüßte, machte eine zackige Kehrtwendung und ging.
Von einem Wildflecken hatte ich noch nie gehört. Die von mir befragten Kameraden wußten auch nichts. »Nomen est omen«, kehrte einer seine Bildung heraus, »scheint kein angenehmer Platz zu sein.« Ein älterer Kamerad, der früher bei der Leibstandarte gedient hatte, wußte Bescheid. »Wildflekken, das liegt in der Rhön, bei Bad Brückenau.« Und damit ich auch gleich die richtige Vorstellung von diesem Ort bekäme, lieferte er noch den passenden Landserspruch mit: »Lieber den Arsch voll Zecken als einen Tag in Wildflekken.«
Meine Abkommandierung verzögerte sich, so daß ich einen deutschen Schicksalstag noch in Breslau erlebte: den 20. Juli. Er verursachte kaum Nervosität. Über die Hintergründe erfuhren wir nichts. Einhellig waren wir der Meinung, daß es eine Sauerei gewesen sei, der kämpfenden Front in den Rücken zu fallen. Manche sagten auch höhnisch: »Nicht einmal putschen können sie, die Monokelfritzen. Hätten sie wenigstens geschossen.« Die Todesurteile akzeptierten wir. Über-

rascht hat uns lediglich, daß auch SS- und SA-Angehörige in den Putsch verwickelt waren, darunter der Berliner Polizeipräsident Graf Helldorf. (Welch einen Schock muß das für seinen Sohn bedeutet haben, der als Obersturmführer mit besonderer Tapferkeit in den Reihen der Hitlerjugenddivision an der Invasionsfront kämpfte.)
Eine Nebenwirkung des 20. Juli amüsierte uns eher und verschaffte uns eine gewisse Befriedigung gegenüber der Wehrmacht, die wir nämlich insgeheim wegen ihres militärischer anmutenden Grußes, durch Anlegen der Hand an die Mütze, beneideten. Mit erhobenem Arm grüßend, kamen wir uns manchmal wie die »Julmänner« vor und fühlten uns dadurch in unserer Auffassung gestört, daß die Waffen-SS als rein militärische Eliteformation zu betrachten sei. Aus diesem Grunde hatte es sich auch allmählich eingebürgert, in den höheren Rängen neben die SS-Dienstgrade auch die traditionellen der Wehrmacht zu setzen. So hieß es auch in den Zeitungen beispielsweise »Obergruppenführer und General der Waffen-SS«. Später ließ man häufig das Obergruppenführer ganz weg. Gerade ehemalige Wehrmachtsoffiziere, wie Hausser und Steiner, haben diese Entwicklung vorangetrieben. Ein Felix Steiner, der vor Berlin mit dem letzten Aufgebot das Kriegsglück wenden sollte, aber seinen Männern den sinnlosen Opfergang ersparte, ist als SS-General Steiner in die Kriegsgeschichte eingegangen.
Als Folge des 20. Juli mußte sich nun die Wehrmacht zumindest beim Grüßen der Waffen-SS anpassen. Durch Führerbefehl wurde das Hand-an-die-Mütze-legen durch den Hitlergruß ersetzt. Wir von der Waffen-SS wären innerlich gerne den umgekehrten Weg gegangen, aber auch so war wenigstens der letzte äußere Unterschied zwischen Wehrmacht und Waffen-SS gefallen. Ein bayerischer Stubenkamerad meinte: »Das kann denen gar net schaden, daß's jetzt auch die Pratzen

hochreißen müssen. Jetzt merken's endlich, wo der Bartl an Most holt.« Für den des Bayerischen unkundigen Leser darf ich die leichter verständliche Berliner Version nachliefern: »Wo der Bartl an Most holt« heißt da nichts anderes als »wo's lang geht«. Aber auch alte Ressentiments kamen zum Durchbruch. Ein Wiener stichelte: »Na, dös wird den Herren Fürsten und Grafen, der ganzen Bagage halt, net leicht fallen, ihre Patschhanderl auszustrecken.«

Übrigens war in der Waffen-SS das Verhältnis zum Adel unterschiedlich. Himmler beispielsweise umgab sich gerne mit Trägern klingender Namen. Kein Wunder, wenn man bedenkt, daß der Vater dieses Kleinbürgers bayerischer Prinzenerzieher war. Aber auch Hitler hatte ja lange Zeit eine Schwäche für den deutschen Adel. Man schaue sich die Liste seiner Adjudanten an. Vielleicht brauchte er dies als Krönung einer Laufbahn, die ihn über ein Wiener Obdachlosenasyl vorübergehend zum Herrn und Meister Europas machte. In ihrer Einstellung glichen übrigens Hitler und Himmler diesbezüglich Napoleon, der sich auch vorzugsweise mit Edelleuten aus dem »ancien régime« umgab. Zum Kämpfen allerdings bevorzugte er den »Schwertadel«, also jene Haudegen, die sich vom Unteroffiziersstand bis zum Marschall hoch gefochten hatten. Auch hier wieder eine Parallele zur Waffen-SS. Im übrigen hat man bei dem ebenso unwürdigen wie beleidigenden Nürnberger Verdammungsurteil gegenüber der Waffen-SS die sogenannte Reiter-SS ausdrücklich ausgenommen. Hier waren – vielleicht ist das eine Erklärung – nicht wenige Angehörige des deutschen Adels organisiert. War dieser Freispruch auch eine Verbeugung vor dem weitverzweigten europäischen Hochadel, insbesondere vor Prinz Bernhard der Niederlande, der einmal einer Reiter-SS-Einheit angehörte?

Im Laufe der Säuberungen nach dem 20. Juli zeigte sich ein

Phänomen, auf das ich später noch zurückkommen werde. Auch bei uns in der Waffen-SS war die Kritik an den Nazi-Bonzen, an den Goldfasanen, groß; meines Erachtens sogar größer als in der Wehrmacht. Wir waren durch deren Verhalten auch stärker betroffen. Sie desavouierten ja die Idee, für die wir bereit waren, unser Leben einzusetzen. Viele von uns glaubten an die Zweite Revolution, die nach dem Kriege kommen müßte, und wo dann an die Stelle der korrupten braunen Heimatkrieger verdiente Frontoffiziere der Waffen-SS treten sollten. Aber von all der Kritik blieb in der Truppe Hitler immer ausgenommen. Er war und blieb unser Führer. Wir machten uns diese fragwürdige Meinung dadurch leicht, daß wir sagten, von all den Mißständen wisse der Führer nichts.

12
Bei den französischen Freiwilligen der Waffen-SS, der Brigade »Charlemagne«

Relativ ausgeruht fuhr ich in die Rhön. Von diesem Gebiet kannte ich nur die Wasserkuppe, das Mekka der Segelflieger. Mit der Bahn ging's nach Bad Brückenau, einem stillen, freundlichen Städtchen mit einigen Fachwerkbauten. Von Brückenau aus holte mich ein Lastwagen zu einem großen Tor mit einem Bogen, dem Eingang zum Kasernenbereich. Darüber stand: »Unsere Ehre heißt Treue«. Dann ging's eine steile Rampe empor bis zum Kasernenkomplex. Es war Spätherbst. Die Luft war schon frisch, das Laub bunt. Die sanften, von weiten Wäldern durchzogenen Hügel gefielen mir, noch konnte ich nicht ahnen, wie ungemütlich das Klima hier sein konnte. Die Kaserne war gut getarnt, so gut übrigens, daß sie bis zum Kriegsende aus der Luft nicht entdeckt wurde, obwohl ab 1944 unentwegt alliierte Bombergeschwader mit den totbringenden Lasten ihre Bahn über die Rhön zogen. Mit der Anlage des Truppenübungsplatzes hatte man 1937 begonnen. Zu den verschiedenen Einheiten, die hier stationiert waren, gehörten auch Kompanien der Leibstandarte. Hier wurde 1942 das 1. SS-Panzerregiment der Leibstandarte formiert. Es war die erste Panzereinheit, die auf dem Truppenübungsplatz aufgestellt wurde und übte. Die Waffen-SS war hier überhaupt sehr stark vertreten. Ein SS-Gebirgsjägerregiment lag hier, die SS-Division Nord wurde hier umgegliedert. Die SS-Sturmbrigade Wallonien wurde hier aufgestellt, und endlich die Brigade Charlemagne, der ich zugeteilt war. Sie sollte hier zu einer Division aufgestockt werden.
Der Wagen bog um die Ecke. Wir waren da. Vor uns lag ein riesiger Kasernenkomplex. Überall hörte man französische

Laute. Gegrüßt wurde ich sehr lässig (in der Waffen-SS mußte man, wie beim Heer, vom Unteroffizier, also Unterscharführer, aufwärts gegrüßt werden). Auch die Uniformen hatten eine sehr persönliche Note. Die Uniformröcke schmückten deutsche, aber auch französische Auszeichnungen, die gegen uns im Ersten Weltkrieg und beim Westfeldzug des Zweiten Weltkrieges errungen worden waren, und solche wie das Eiserne Kreuz, die sie beim Kampf in unseren Reihen bekommen hatten. Man sah bunte Halstücher. Die Krägen waren häufig offen, und die Mützen saßen höchst verwegen und unvorschriftsmäßig nahe am Ohr. Am rechten Ärmel trugen sie einen Winkel mit der Trikolore, übrigens auch wir Ausbilder. Als ich das Wappen mit der Trikolore angenäht hatte, schienen mir auf einmal die Sigrunen am rechten Kragenspiegel »erträglicher« zu sein. Nun fühlte ich mich als Soldat Europas, so unklar und widersprüchlich meine Vorstellungen darüber auch gewesen sein mögen. Wir gehörten nach unserer Auffassung zur Weißen Garde, die Europa vor der roten Gefahr retten sollte.

Gleich am Anfang des Komplexes war der Appellplatz. Er hieß selbstverständlich Adolf-Hitler-Platz. Manche Freiwilligen nannten ihn »Place du Grand Jules«. Großer Julius war der heimliche Spitzname, mit dem sie Hitler gallisch respektlos bedachten. Ich ging die breite Lagerstraße entlang, auch Küchenstraße genannt, und fand endlich mein Zimmer, das ich mit einem anderen Unterscharführer teilte. Die Mannschaften waren unterschiedlich zwischen 6 bis 12 Mann in geräumigen Stuben untergebracht. Als ich wieder auf die Straße trat, bot sich mir ein höchst seltsames und unvergeßliches Bild. Ein schwergewichtiger Mann trabte auf einem prächtigen Schimmel vorbei. Über seinem Uniformrock trug er ein großes Kreuz. Es war der legendäre französische Monsignore Conte de Mayol de Lupé, der Seelsorger der Brigade.

Er war damals schon 71 Jahre alt, hielt sich aber, wenn auch sichtbar bemüht, wie ein Junger im Sattel. Die Franzosen sagten von ihm: »Il a deux amours, Adolf et le Pape.« Man erzählte von dem überzeugten Hitlerverehrer, daß er einen guten Draht zu Papst Pius habe. Sein Dienstgrad war Sturmbannführer, also Major. – Ich komme auf die Haltung bestimmter Kreise des französischen Klerus dem Nationalsozialismus gegenüber noch zurück.

Ich war zunächst der Wach- und Ausbildungskompanie zugeteilt, sie wurde auch Ehrenkompanie genannt. Nach meiner Erinnerung war dort ein Untersturmführer Schwarzer. Ich weiß nur noch mit Sicherheit, daß er ein Berliner war, ein stämmiger, gut aussehender Mann mit dichtem blondem Haar, das ihm tief in die Stirn hereinwuchs, und blitzenden blauen Augen. Bei den Mädchen kam er glänzend an. Er sprach kein Wort Französisch: »Wie jut is Ihr Französisch, Uscha Schönhuber?« Ich war glücklich, daß ich über ein Gespräch mit dem anwesenden französischen Putzer Kostproben meiner Sprachkenntnisse geben konnte. – »Ick vasteh ja keen Wort, aber det klingt schon sehr französisch.«

Mein Vorgesetzter gefiel mir auf Anhieb. Er war alles andere als ein sturer »Komißkopp«. Wir führten oft lange Gespräche und ich bemerkte sehr schnell, daß auch er von Zweifeln über den Sinn unseres Daseins geplagt war. Er wollte vor allem etwas über die Motivation des Eintritts der Franzosen in die Waffen-SS erfahren, und wie sich die Brigade zusammensetze.

Die Sturmbrigade »Charlemagne« (Karl der Große) war kein monolithischer Block. Zu ihr gehörten Männer der L.V.F., der »Legion des volontaires Francais contre le Bolschevisme« (Legion der französischen Freiwilligen gegen den Bolschewismus). Die Legion war von Jaques Doriot gegründet worden. Doriot, der sich an der Ostfront als Leutnant vor Mos-

kau auszeichnete und schwer verwundet wurde, war der vielleicht bedeutendste Führer der französischen Faschisten. Er hatte eine bemerkenswerte Vergangenheit. Er war Kommunist gewesen, stand in der Partei vor einer glänzenden Karriere, war Instrukteur in China, wurde erster Bürgermeister des Pariser Arbeiter-Vorortes Saint Denis. Später überwarf er sich mit den Kommunisten, die er als Verräter der Arbeiterklasse ansah, weil sie seiner Forderung nach Bildung einer antifaschistischen Einheitsfront nicht nachkamen. Die französischen Kommunisten nahmen nämlich Rücksicht auf die Weltlage, vermieden die totale Konfrontation mit dem Faschismus. Doriot gründete deshalb eine sozialistische Partei.
Sein Prestige unter den Arbeitern war so groß, daß er auch als Führer dieser Partei mit großer Mehrheit als Bürgermeister von Saint Denis wiedergewählt wurde. Im Laufe seiner politischen Wandlung suchte Doriot eine Annäherung an Deutschland. Er hat wahrscheinlich die sozialistische Komponente in der NSDAP überbewertet. Sein Patriotismus wird auch von seinen Gegnern nicht bestritten. Er kam durch den Angriff eines Flugzeuges um, dessen Nationalität nie festgestellt wurde. Ich habe ihn nur einmal gesehen. Er hat mich durch die Geradheit und Schlichtheit seines Auftretens nicht unbeeindruckt gelassen. Ich glaube, er war das französische Pendant zu Karl Albrecht, von dem ich schon erzählt habe. Er war nach der Niederlage der französischen Armee einer der ersten in Frankreich, der auf eine Zusammenarbeit mit den Deutschen drängte und eine Freiwilligen-Einheit, eben die L.V.F. aufstellte. Die Legionäre schlugen sich an der Ostfront tapfer, wenn auch ihre Disziplin zu wünschen übrig ließ. Die Devise von Doriot hieß: »Das Blut, das wir im Osten vergießen, öffnet uns die Tore nach Europa.«
Eine andere Gruppe kam aus den Reihen der Miliz, der »mi-

lice francaise«. Ihr Chef, Aimé Joseph Darnand, war ein hochdekorierter Soldat des Ersten Weltkrieges. Mit Bravour nahm er auch am zweiten teil, wurde wegen Tapferkeit Offizier der Ehrenlegion. Die Miliz verstand sich als Ordnungseinheit, als bewaffnete Polizei des Vichy-Staates. Sie war ständig in harte Auseinandersetzungen mit den Maquisards verwickelt. An Grausamkeiten schenkten sich beide Seiten nichts. Das Ansehen der Miliz im besetzten Frankreich war nicht sehr hoch. In ihren Reihen befanden sich auffallend viele Abenteurer, darunter ehemalige Legionäre und Kolonialsoldaten. Die Miliz war die in Wildflecken am wenigsten angesehene Gruppierung.

Als Elite verstanden sich die jungen Männer, die sich in Frankreich direkt zur Waffen-SS gemeldet hatten und bei ihren Einsätzen, vor allem in den Karpaten, einen hervorragenden Eindruck gemacht hatten. Von 1000 Kämpfern starben 130, mehr als 700 wurden verwundet. Aus den Reihen der schon vorher existierenden französischen Waffen-SS kamen auch die besten Offiziere der Brigade »Charlemagne«.

Zwischen den Gruppierungen gab es dauernd Reibereien, auch schon mal Schlägereien, und es war für uns deutsche Ausbilder nicht leicht, uns aus den französischen Querelen herauszuhalten. Besonders in Erinnerung geblieben ist mir der sogenannte Bilderkrieg. Die Milizionäre hatten die Bilder von Darnand in ihren Zimmern aufgehängt, zusammen mit dem von Marschall Pétain. Die ehemaligen Legionäre dekorierten ihre Stuben mit Fotos von Doriot. Die Freiwilligen der Waffen-SS hielten sich an Grand Jules, an Hitler. Die einen rissen die Bilder der anderen von der Wand: »C'est la bagarre« (Da ist der Teufel los), sagte Generalmajor Kruckenberg, der tatsächliche Chef der Brigade, ein energischer und umsichtiger Mann. Er kannte die französische Mentalität, hatte länger in Frankreich gearbeitet und wußte, wie man die französischen Soldaten zu nehmen hatte. Er schritt ein. Man einigte sich auf ein Bild: auf das des Führer. Somit eroberte Adolf Hitler alle Stuben. Aber wirklich zusammengeschweißt wurde die Brigade erst durch die Eidesleistung. Ich nahm an ihr teil. Sie fand am 12. November statt. Ursprünglich war sie auf den 11. festgesetzt. Aber dagegen protestierte die französische Führung. Der 11. November war ja der 26. Jahrestag des Abschlusses des Waffenstillstandes von 1918 zwischen dem Deutschen Reich und den Siegermächten. Die Franzosen argumentierten, dies könne als Revanche oder Verhöhnung verstanden werden. Etwa 8000 Franzosen verpflichteten sich, »fidéle et brave jusqu'a la mort« – »tapfer zu sein und Adolf Hitler treu bis zum Tod«, wie es das SS-Treuelied verlangt: »Wenn alle untreu werden, so bleiben wir doch treu«.*

Am Abend hörte man überall Landserlieder, deutsche und französische, darunter das berühmte Lied des »Poilu«, des französischen Landsers, »La Madelon«. Da und dort erklang aber auch die Marsaillaise.

Wildflecken war für mich, wenn man überhaupt von Glück reden kann, die glücklichste Zeit in diesem Krieg. Hier lernte ich Menschen kennen, mit denen ich reden konnte. Sie waren aufgeschlossen, sensibel, geprägt von den demokratischen Traditionen ihres Landes. Über die Struktur der Charlemagne schrieb der später noch zu erwähnende Schriftsteller und ehemalige Angehörige dieser Truppe, Christian de La Mazière, daß sie sich zu einem Drittel aus Arbeitern, einem Drittel Studenten und einem weiteren Drittel aus Aristokraten, Großbürgern und Abenteurern zusammengesetzt habe.

---

* Etwa 8000 Franzosen schworen: »Je jure d'obéir fidélement à Adolf Hitler, Chef de la Waffen-SS, dans la lutte contre le bolschevisme en loyal soldat.« Auch aus dem Text der Eidesleistung ging hervor, daß die Angehörigen der französischen Waffen-SS nur gegen die Sowjets eingesetzt werden durften, und niemals gegen die Westmächte.

Bauern seien so gut wie keine darunter gewesen, auch nicht der typische Bourgois. Im Gegenteil: die jungen Freiwilligen waren vor allem Rebellen gegen das in Frankreich starke Spießertum. Sie liebten die Diskussion, das geschliffene Wort, die große Geste. Sie stellten Argumente und sich selbst in Frage. Ich geriet in eine völlig neue SS-Wirklichkeit, war fasziniert und verwirrt gleichermaßen. Die meisten der jungen französischen SS-Freiwilligen verstanden sich als Weiße Garde, als die große kämpferische Bewegung gegen den Kommunismus, und fühlten sich als Vorkämpfer eines »nouvelle Europe«, eines neuen Europas, in dem Frankreich ein gleichberechtigtes Mitglied sein sollte. Es waren, um in der Terminologie von heute zu sprechen, Faschisten mit menschlichem Antlitz. Nie in meinem Leben werde ich die Abende vergessen, die wir diskutierend zusammensaßen, billigen Rotwein trinkend. Meistens war mein Vorgesetzter dabei. Ich höre ihn noch heute sagen: »Übersetz doch, Franz«, oder: »Was sagt er gerade?«

Man gab mir Bücher von Drieu la Rochelle, dem geistvollsten aller französischen Faschisten. Er beging kurz vor Kriegsende Selbstmord und wird heute in Frankreich wiederentdeckt. Ich las Brassilach, den De Gaulle nach dem Kriege, trotz massiven Protestes vieler französischer Schriftsteller, darunter auch Linker wie Camus, hinrichten ließ (ich meine, dies wird Ihnen übel angerechnet werden im Himmel, mon General!). Kaum einer der diskutierenden jungen Franzosen hatte ein weltanschauliches Brett vor dem Hirn, aber viele hatten eine tiefe Traurigkeit im Herzen. Pol Vandromme, der über La Rochelle schrieb, hat dieses Gefühl auf die meines Erachtens gültigste und tragischste Formel gebracht. Im Hinblick auf die Freiwilligen schrieb er: »Aktive Politik zu treiben ist eine sichere Methode getötet zu werden. Der moderne Werther stirbt als Aktivist unter den Bomben inmitten der Trümmer.

Nicht für eine entsagungsvolle Liebe, sondern für eine verlorene Sache und in der Uniform der Besiegten.«
In Wildflecken sprachen die jungen Franzosen mit vom Wein geröteten Wangen von einer »Crepuscule des Dieux«, einer Götterdämmerung. Sie zitierten die Garde imperiale, die kaiserliche Garde von Napoleon: »Die Garde stirbt, aber sie ergibt sich nicht.« Sie versuchten ihr Leben auszuschöpfen, zu genießen. Sie hatten einen »Schlag« bei den Mädchen, besonders bei den Fremdarbeiterinnen in der benachbarten Munitionsfabrik. Rassedünkel war ihnen fremd. Schwarzer und ich hatten der galanten französischen Art am Anfang nur eine gewisse teutonische Unbeweglichkeit entgegenzusetzen. Trotzdem schätzten uns die Franzosen, wenn auch immer offenkundiger wurde, daß wir von den Franzosen mehr annahmen als sie von uns. Wir glichen uns in Kleidung und Gebaren an, klebten die Zigaretten nach Art der Gauloise-Raucher auch beim Sprechen in die Mundwinkel. Nicht alle Dolmetscher und Ausbilder fanden das gleiche gute Verhältnis zu den Franzosen. Besonders ein Elsäßer nicht, der deutscher als die Deutschen sein wollte, und der seine anti-französischen Gefühle gerne durch kleine Schikanen zum Ausdruck brachte. Die französischen Kameraden rächten sich dadurch, daß sie ihm gegenüber durchblicken ließen, mein Französisch sei besser als sein etwas kehlig-alemannisches, wobei aber der Ehrlichkeit halber hinzugefügt werden sollte, daß sein Wortschatz größer war als meiner. Ich mußte mich außerdem erst an die französischen Kommandos gewöhnen.
Im 57. Regiment, das fast nur aus ehemaligen französischen SS-Angehörigen bestand, wurde deutsch kommandiert, im 58. französisch. Dort hatten die L.V.F.-Leute und die Milizionäre das Sagen. Dort wurde »Stillgestanden« durch »Garde à vous« ersetzt, »Rührt Euch« durch »Repos«, »Antreten« hieß »Rassemblement de la Compagnie«. Manchmal

war es so, daß man auf dem Truppenübungsplatz kommandos wie »Hinlegen – auf-marsch-marsch«, »Panzer von vorn«, »Fliegerdeckung« und ähnliche Kommandos hörte, und nicht weit davon »Arme sur l'epaule – droite« – »Das Gewehr über«, »Reposez arme« – »Gewehr ab«.
Mit den französischen Offizieren kam ich gut aus, nur mit einem nicht. Es war der Chef der Infanteriegeschützkompanie, Hauptsturmführer Roy, ein Bretone. Ihm war ich als Ausbilder und Dolmetscher zugeteilt. Wenn der etwa 40jährige Mann auf seinem dürren Klepper über das Gelände trottete, schien sich seine ständige Verdrossenheit selbst auf sein Pferd zu übertragen. Ich machte um Pferd und Reiter gerne einen weiten Bogen. Über Roy lernte ich sozusagen die Kehrseite der von mir so geliebten Bretagne kennen, eine Zuneigung, die nicht zuletzt von meiner Schwärmerei für Françoise geprägt war: »Cherchez la femme.«
Roy war das glatte Gegenteil von Charme. Er war bärbeißig und schroff. Auf einem gedrungenen, vierschrötigen Körper saß ein runder, stets geröteter Kopf, der die ebenfalls roten und spärlichen Haare kaum noch wahrnehmbar machte. Wenn er mal nicht zu Pferd saß, sondern zu Fuß auf seinen kurzen Beinen daherkam, konnte man nicht von einem Gehen reden, sondern von einem Stapfen. Er war brummig. Er konnte aber auch aufbrausend und verletzend sein. Dies hing nicht selten von seinem Alkoholspiegel ab. Ich habe ihn selten ganz nüchtern gesehen, dafür des öfteren »voll wie eine Feldhaubitze«, um bei der Artillerie zu bleiben. Er kommandierte nicht nur eine Batterie, er führte, wohin es auch immer gehen mochte, auch Batterien mit sich, Batterien von Wein- und Schnapsflaschen. Dabei war er ein genialer Artillerist, fast möchte man sagen: aus Intuition. Wenn er kommandierte, waren seine Sinne klar, mochte er noch so voll sein. Jahrelang hatte er in den Kolonien gedient und mit Bravour gekämpft.

Sand und Sonne schienen dabei sein Herz und sein Gefühl ausgedörrt zu haben. Die Deutschen blieben für ihn Boches, mich nahm er nicht aus. Er betrachtete mich als notwendiges Übel, kultivierte mir gegenüber eine gallische Arroganz, die wahrscheinlich zum Repertoire der französischen Kolonialoffiziere gehörte. Eine Szene aus unserem Zusammensein bleibt mir unvergeßlich. Während einer kurzen Zigarettenpause, bei der mir Roy in einem Anfall von Großzügigkeit einen Schluck aus der schnapsgefüllten Feldflasche anbot, beging ich die Unvorsichtigkeit, von meiner bretonischen Freundin zu schwärmen. Da traf ich in ihm den bretonischen Patrioten. Sein Mund wurde verkniffen, das Gesicht noch röter als sonst. Seine Stirnadern schwollen an. Dann knurrte er: »Il y a des putains partout – même en Bretagne.« (Es gibt überall leichte Mädchen – selbst in der Bretagne.) Ich ging hoch wie eine Leuchtrakete: »Hauptsturmführer, je... je« »Taisez-Vous, Taisez-Vous« (Schweigen Sie!). »Ou'est ce que ça veut dire ›Optsturmführer‹. Une fois pour toutes, je vous interdis katégoriquement de 'mappeller ›Optsturmführer‹.« Er wiederholte mit sich beinahe überschlagender Stimme: »Katégoriquement!« (Ich verbiete Ihnen kategorisch mich »Hauptsturmführer« zu nennen.)
Ich brachte vor Erregung kaum ein Wort heraus. »Aber...« – »Nix abeer! Nous sommes une unité française, et moi, je suis capitaine. Alors, pour Vous – Sergent – c'est ›mon capitaine‹ – compris?« (Wir sind eine französische Einheit, und ich bin Hauptmann. Und Sie, Unteroffizier, nennen mich gefälligst »mon capitaine« klar?) Nach der französischen Militärtradition hatte man dem Dienstgrad das »mon« voranzusetzen.
Ich schwieg, nahm ostentativ nicht Haltung an, schaute an ihm vorbei. Alle Kompanieangehörigen waren näher gekommen, umstanden uns in einem Halbkreis. Was wird jetzt passieren?

Mit ausgestrecktem Zeigefinger deutete Roy in eine entfernte Ecke der Kaserne: »Foutez-moi le camp, foutez-moi le camp!« (Hauen Sie schon ab!)
»Ich gehe, wann ich will, ich bin Ihnen nicht unterstellt, außerdem bin ich kein grüner Junge!«
Das war das Stichwort für ihn, seinen langangestauten Groll und seine Mißachtung loszuwerden: »Was sind Sie denn? Woher haben Sie Ihre Auszeichnung? Im Kampf gegen diese Operettensoldaten, diese Violinspieler, diese Spaghettis, diese Hosenscheißer, Davonrenner, diese Italiener!«
Er schnappte nach Luft. Ich konnte ihn eine Sekunde unterbrechen: »Und gegen Ihre Landsleute habe ich gekämpft und die Kolonialtruppen.« —»Ah, les pauvres et braves Zouaves. Mais avec des officiers sans Valeur.« (Ach, die armen und tapferen Zuaven, aber ohne Offiziere von Format.)
Ich verbiß mir zu sagen »wie Sie, und Sie wären wohl lieber auch dort«, schnappte lediglich zurück: »Ich bin kein Araber von Bled, mit dem Sie so umspringen können.«
Beinahe wären wir handgreiflich geworden, der alte Troupier und ich, aus dem der ganze Haß gegen den von ihm als überflüssig empfundenen deutschen Ausbilder, dem deutschen Unteroffizier hervorbrach, dem er in der Tat militärisch weit überlegen war.
Den französischen Kameraden war der Auftritt sichtlich peinlich. Sie schätzten Roy zwar als tapferen Soldaten, mochten ihn aber nicht übermäßig gerne. Sie befanden sich in einem Loyalitätskonflikt. Wenn sie mich persönlich auch ganz gut leiden konnten, so war doch Roy ihr Landsmann, war obendrein mehrfach ausgezeichneter Hauptmann, und im übrigen waren sie von Deutschen schon mehrfach durch Kostproben teutonischer Arroganz verletzt worden. Einer meinte, als ich ging: »Machen Sie sich nichts daraus, Unterscharführer. Er hat eben einen tête de Breton, einen bretoni-

schen Dickschädel, und ist eben ein ›vieux colonial‹.« Und etwas später fügte er hinzu: »Er ist nur hier, weil er die Kommunisten noch mehr haßt als die Deutschen, und weil er ohne Artillerie einfach nicht leben kann.«
Der Zusammenstoß hatte sich schnell im ganzen Kasernenbereich herumgesprochen. In der sogenannten Küchenstraße sah man überall Gruppen heftig diskutierender Soldaten.
Meine deutschen Vorgesetzten ermahnten mich, Roy zu respektieren und keine Unstimmigkeiten aufkommen zu lassen. Sie waren um so ärgerlicher, weil Roy der engste Freund des französischen Chefs der Brigade war, von Oberführer und Brigadegeneral Puaud. Sie hatten zusammen in den Kolonien gedient. Puaud selbst war sehr empfindlich und wachte eifersüchtig darüber, daß die französischen Rechte nicht geschmälert würden.
Ich riß mich zusammen und bemühte mich, die deutsch-französischen Beziehungen in Wildflecken nicht mehr zu stören. Die Zusammenarbeit mit Roy war fortan korrekt, aber »glacial«, wie die Franzosen sagen, eisig. Hinzufügen aber möchte ich der Gerechtigkeit halber, daß Roy sich heldenmütig bei seinem Osteinsatz schlug und ein beispielhafter Offizier war. Ich weiß nicht, ob er noch lebt. Aber: »Mes respects, mon capitaine!«
Der Streit mit Roy hatte meine immer enger werdende Freundschaft mit den jungen Franzosen nicht getrübt. Immer wieder kamen wir zusammen und tauschten unsere Kriegserlebnisse aus. Nicht wenige hatten den Westfeldzug mitgemacht und gegen uns gekämpft. Sie schimpften auf die damalige militärische Führung und behaupteten einmütig, daß bei einer besseren Ausrüstung der französischen Armee es nicht zu dem schändlichen militärischen Spaziergang der Deutschen gekommen wäre.

Hier muß ich eine Feststellung treffen, die vielleicht hilft, auch einige heute noch vorhandene Vorurteile gegenüber französischen Freiwilligen abzubauen. Die französischen Faschisten waren samt und sonders gute Patrioten. Auch wenn die Schriftsteller, wie Drieu la Rochelle, Brassilach, Rebatet, Politiker wie Darnand und Doriot, aus ihrer Sympathie für Deutschland keinen Hehl machten, eilten sie doch bei Kriegsausbruch 1939 freiwillig zu den Fahnen und kämpften tapfer.
Der französische Kommunistenführer Thorez dagegen desertierte über die Schweiz nach Moskau, um den Hitler-Stalin-Pakt von 1939 sichtbar zu akzeptieren. Während es aber Thorez in der Nachkriegszeit, obwohl Deserteur, sogar zu Ministerehren brachte, wurden die französischen Faschisten entweder hingerichtet oder lange eingesperrt. Bei dem Ruf: »Les fascistes a la lanterne« (Faschisten an die Laterne), waren dann allerdings die Kommunisten die lautesten. Sie haben dann ja auch genügend aufgehängt.
Ich erzählte meinen französischen Kameraden vom Fronteinsatz in Korsika. Mit Befriedigung hörten sie, daß die »Kameraden von der anderen Seite«, die Soldaten von De Gaulle und Giraud, tapfer gekämpft hätten. Über den Einsatz von Franzosen hüben wie drüben entspann sich eine längere Debatte. Wir sprachen über Legionäre, über Vielvölkerarmeen. Die meisten meiner Freunde waren Bonapartisten. Sie erwärmten sich am Ruhm der damaligen Zeit. Ein Unterführer, der vor dem Krieg ein Leistungssportler war, meinte: »Was sind wir denn anderes als die ›grande armée‹, nur waren halt damals wir Franzosen an eurer Stelle und kommandierten, und die Waffen-SS von damals war die kaiserliche Garde. Zur Grande Armée gehörten Bayern, Württemberger, Italiener, Polen, Österreicher.«
»Aber nicht alle kamen freiwillig«, warf ich ein.

Eidesleistung. Die ausländischen Freiwilligen verpflichten sich zum Kampf gegen den Bolschewismus und damit nur zum Einsatz im Osten.

Soldaten, noch halbe Kinder, stehen im Kampf. Sie wurden sinnlos geopfert. Hier einer der Freiwilligen mit der Panzerfaust zur Panzerbekämpfung.

Abschied von Kameraden. Die Waffen-SS hatte die höchsten Verlustziffern. Jeder Dritte ist gefallen oder wurde schwer verwundet.

SS-General Steiner, der Schöpfer neuer Ausbildungsmethoden. Er war Hitler's letzte Hoffnung beim Endkampf um Berlin. Der General weigerte sich jedoch, seine Soldaten in die aussichtslose Schlacht zu treiben.

»Ihr Bayern weniger, dafür die Polen um so mehr«, meinte er.
Übrigens genossen die Polen bei den französischen Freiwilligen hohes Ansehen. Hier war etwas von der traditionellen, besonders von Napoleon geprägten Freundschaft zu spüren. Es schmerzte sie, daß wir Deutschen kein Verhältnis zu unseren polnischen Nachbarn gefunden hatten. Besonders bei den ehemaligen Angehörigen der L.V.F. war die napoleonische Nostalgie am stärksten ausgeprägt. Ihr Emblem war der kaiserliche Adler, ihr Marschtritt der der Garde. Sie wiesen mit Stolz darauf hin, daß unter Napoleon jeder Tapfere nach oben kommen, es bis zum Marschall bringen konnte, selbst wenn er aus dem Mannschaftsstand kam. Sie erwähnten die Namen der Marschälle Masséna, Aùgereau, Bernadotte, Lefevre und andere. Unsere Gespräche über die napoleonische Zeit aber verstummten jedesmal, wenn Capitaine de Beaumont in Hörweite kam. Sein Urgroßvater war jener General gewesen, der am Vorabend der Schlacht von Waterloo, unter Mitnahme von Schlachtplänen zu den Verbündeten überlief: »Einmal Verräter – immer Verräter«, knurrte einer meiner bonapartistischen Freunde, als die Rede auf diesen Vorfall kam. Er ließ offen, was und wen er damit meinte.
Fast alle Angehörigen der Charlemagne waren religiös. Sie gingen zur Messe, die der Comte Mayol de Lupé mit Pathos zelebrierte. Seine Predigten waren wütende Kampfansagen gegen den Kommunismus. Stalin war für ihn der Antichrist schlechthin. Mit dieser Meinung stand de Lupé im französischen Klerus nicht allein, im Gegenteil, sie war weitverbreitet. Einer der höchsten katholischen Würdenträger Frankreichs, der Kardinal Baudrillart, Direktor des berühmten Institut Catholique, machte bei der Abreise der L.V.F. nach Rußland, die Legionäre zu Verteidigern des christlichen Abendlandes. Er sagte: »Als Priester und Franzose wage ich zu sagen, daß

diese Legionäre zu den besten Söhnen Frankreichs zählen. An die Spitze des entscheidenden Kampfes gestellt, ist unsere Legion das lebende Abbild des mittelalterlichen Frankreichs, unseres Frankreichs der wiederauferstandenen Kathedralen. Und ich betone, und ich bin mir dessen sicher, daß diese Soldaten dazu beitragen, die große französische Wiedergeburt vorzubereiten. In Wahrheit stellt diese Legion in ihrer Art ein neues Rittertum dar. Die Legionäre sind die Kreuzfahrer des 20. Jahrhunderts. Ihre Waffen sollen gesegnet sein. Das Grab Christi wird befreit werden.« Diesen christlichen Geist trugen viele Legionäre auch in die französische Waffen-SS.
Baudrillart starb rechtzeitig, kurz vor dem Einmarsch der Alliierten. Er ersparte sich und der Kirche viel. Man sollte ihn aber nicht nur verdammen. Er war der geistige Wortführer einer gewiß nicht geringen Zahl von Franzosen, bei der alles Böse auf der Welt mit der Französischen Revolution begann. Damals stürzten die Säulen, die Frankreich Jahrhunderte trugen: Adel und Klerus. Für Baudrillart und seine Gesinnungsgenossen ging es 1789 um einen Kampf zwischen den Guten und den Bösen, einer meiner Kameraden sagte halb scherzhaft, den Blonden und den Dunklen. Die Masse triumphierte über das Individuum. Ich mußte einige Jahrzehnte später an Baudrillart denken, als ich in Burgund eine Sendung über die romanischen Dome machte. Was die Revolutionäre mit ihren Stangen und Äxten erreichen konnten, haben sie zerstört. Unersetzliche Kunstschätze gingen so verloren. Skulpturen wurden umgestürzt. Engel an den Portalen und Kapitellen deformiert. Es schmerzt, wenn man die abgeschlagenen Nasen und Ohren in klassisch schönen Gesichtern sieht. Man muß einmal in Cluny gewesen und den zerstörten Dom gesehen haben, der einmal der größte der Christenheit war, um den Vandalismus in seiner ganzen Sinnlosigkeit zu begreifen. Und doch stritten in mir zwei Seelen in der Brust, heute wie damals

in Wildflecken, wo wir auch über die Französische Revolution diskutierten. Damals wie heute stand und stehe ich auf der Seite der Revolutionäre, die Klassenschranken niederrissen, es waren »meine Leute«. Wir hatten in Deutschland zu lange Kaiser und Könige. Trotzdem bleibt die Trauer, daß der Preis für die Freiheit damals ein so hoher war. Meine Freunde und ich in Wildflecken fühlten uns in der Mehrheit wohl als Christen und Sozialisten. Die Franzosen respektierten Baudrillart, ohne die Revolution zu verraten.

Eines Tages kam auch der Prototyp des christlichen Soldaten der Waffen-SS nach Wildflecken: Léon Degrelle. Er sah aus wie der Kriegsgott persönlich: ordensgeschmückt, jugendlich straff in der Haltung, ein glänzender Redner. Die romantische Schwärmerei meiner flämischen Krankenschwester von Velden am Wörthersee wurde mir verständlich. Sie war sicher nicht die einzige. Nicht wenige Angehörige der »Charlemagne« waren von dem Wallonenführer so begeistert, daß sie aus Wildflecken verschwanden, um in die Reihen der Division Wallonie zu gelangen. Einige schafften es, andere wurden erwischt und schwer bestraft.

Das Leben in Wildflecken wurde von Tag zu Tag härter. Die bittere Kälte und der eisige Wind, der meistens über die Rhönhügel strich, machten gerade den aus dem Süden stammenden Kameraden schwer zu schaffen. Es gab keine ausreichende Winterbekleidung. Im Dezember lag kniehoher Schnee. Unsere IG-Kompanie war nicht motorisiert. Die Geschütze hatten eine Pferdebespannung. Wenn die Pferde durch den Schnee zu erschöpft waren, mußten sich die Kanoniere im wahrsten Sinne des Wortes selbst ins Geschirr legen und ihre Geschütze ziehen. Es waren Bilder wie aus dem Ersten Weltkrieg. Aber auch die Soldaten waren öfter am Rande ihrer Kraft. Die Verpflegung wurde von Woche zu Woche schlechter. Viele wollten schon allein deshalb an die Front, weil es dort bessere Rationen gab und auch die Chance, etwas zu erbeuten. Der Nachschub von Kriegsmaterial wurde immer schwieriger. Durch die alliierte Luftherrschaft war das deutsche Eisenbahnnetz schwer in Mitleidenschaft gezogen worden. Manche Waffen erreichten nie ihren Bestimmungsort.

Weihnachten 1944. Es sollte das letzte in dem großen Völkerringen werden. In den Kasernenstuben waren fast überall kleine Christbäume aufgestellt. Wir sangen französische Weihnachtslieder und auch auf deutsch mit Akzent: »Schtille Nackt, eilische Nackt« – Stille Nacht, Heilige Nacht! Mir war nicht zum Lachen zumute. Viele hatten feuchte Augen, manche verdrückten sich still, wieder andere besoffen sich. Irgendeine Weihnachtsbotschaft von Himmler oder sonst einer braunen Größe wurde verlesen, ich übersetzte. Von einem entscheidenden Jahr war die Rede, vom baldigen Endkampf und vom nahen Sieg. Niemand hörte zu. Das Blatt fiel unbeachtet zur Erde. Rotweinflecken sammelten sich auf dem Papier, Stiefel stiegen drüber. Einer bückte sich, hob es auf, warf es in den Papierkorb, »merde« – Scheiße.

13
Franzosen, die letzten Verteidiger
des Führerbunkers in Berlin

Der Nachschub tröpfelte stärker, an Mensch und Material. Die Brigade hieß nun Division »Charlemagne«, aber das war sie lediglich auf dem Papier. Endlich erfuhren wir, daß der Tag der Verladung nahe sei. Ziel Ostfront. Wie bereits angedeutet, hatten ja die Freiwilligen eine verbindliche Zusage, nie im Westen eingesetzt zu werden. Ein paar Tage vor der Abreise meldete sich bei mir erneut die Leber, die Gelbsucht war eigentlich nie richtig ausgeheilt worden. Man verlegte mich in ein Lazarett im benachbarten Bad Brückenau. Ich war untröstlich. Nicht, daß es mich zur Front, zu Heldentaten trieb. Mein Bedarf war gedeckt. Meine Ernüchterung über Waffen-SS und Drittes Reich war noch größer geworden; aber bei den Franzosen hatte ich eine Art Heimat gefunden, als Europäer unter Europäern. Dies suggerierte ich mir zumindest. Die Einweisung ins Lazarett war im Grunde ebenso mein Glück, wie der Marschbefehl von Breslau nach Wildflecken. Breslau war eine Festung geworden, die bis zum Kriegsende unter fürchterlichen Verlusten und Entbehrungen aushielt. Nur wenige meiner Kameraden von Breslau-Lissa dürften überlebt haben. Das Schicksal der Division »Charlemagne« kenne ich nur aus Erzählungen eines Überlebenden und aus Büchern. Ich erzähle es in Stichworten:
Schon während des Bahntransportes quer durch Deutschland, erlitt die Division durch dauernde Luftangriffe Verluste an Mensch und Material. In Pommern gerieten die Freiwilligen bereits beim Entladen in schwere Kämpfe mit den durchgebrochenen Russen. Immer wieder wurden die Franzosen in Frontlücken geworfen, um Einbruchstellen zu bereinigen. Sie

gingen zurück, sammelten sich, griffen erneut an. Manchen demoralisierten deutschen Einheiten gaben sie ein Beispiel an Durchhaltevermögen. Bei Stargard wurden sie eingeschlossen. Gefangenschaft und damit Tod oder Auslieferung erschienen unvermeidlich. Da kam dichter Nebel auf. Der französische Brigadegeneral Puaud beschloß, unter dem dichten Nebelvorhang einen Ausbruchsversuch zu wagen. Am Anfang ging alles gut. Plötzlich riß die Nebeldecke, und wie lebende Schießscheiben standen die Franzosen in deckungslosem Gelände vor den sie umzingelnden Russen. Bis auf wenige Mann wurden alle Franzosen niedergemacht. Edgar Puaud wurde nie mehr gesehen. Ein Rest der Truppe schlug sich zu den deutschen Linien durch, vereinigte sich hier mit Angehörigen der Charlemagne, die an anderen Punkten eingesetzt waren. Der chevareske General Kruckenberg stellte es ihnen frei, weiter zu kämpfen oder bei den Kriegsgefangenen und Fremdarbeitern unterzutauchen. Die meisten blieben. Es waren 300. Sie fühlten sich als die Elite der Elite. Sie kämpften weiter bis zur Götterdämmerung, zur crepuscule des dieux. Es ist ein fast tragischer Witz der Weltgeschichte, daß unter den letzten Verteidigern der Reichskanzlei, dem Untergangsort des Führers, vor allem französische Freiwillige waren, Angehörige jenes Volkes, das in unseren Schulbüchern noch als Erbfeind bezeichnet wurde. Die Franzosen schlugen sich mit unvergleichlicher Tapferkeit. Hätten die Armeen unter Gamelin und Weygand nur halb so tapfer gekämpft, vielleicht hätte die Weltgeschichte einen anderen Verlauf genommen. Sie kämpften, wie es ihnen ihr Eid befahl, treu »jusqu'à la Mort« (bis zum Tod).
In seinem Buch »Die Freiwilligen«, weist der General der Waffen-SS Steiner noch auf einen tragischen Aspekt der deutsch-französischen schicksalshaften Verbundenheit hin. Er schreibt in Zusammenhang mit dem Ausbruchsversuch:

»Ein französischer Freiwilligenverband, der nach Kolberg abgedrängt worden war, wurde vom dortigen Kommandaten, Oberst Fullriede, in der Verteidigungsfront der Festung eingesetzt. Neben den deutschen Kameraden des Heeres und der Luftwaffe hielt er in vierzehntägigen erbitterten Kämpfen den Ansturm der Sowjets stand und hat dabei soviele Beweise der Tapferkeit gegeben, daß allein diese Tat wert ist, in die Kriegsgeschichte einzugehen ... Gewiß ist die Verteidigung Kolbergs nur eine Episode in dem großen Kriegsgeschehen. Doch war sie nicht weniger ruhmvoll als einst die Tat Gneisenaus und Nettelbecks, die in der preußischen Kriegsgeschichte als Beispiel von Mannesmut und Tapferkeit verewigt ist. Die Freiwilligen aber haben hier dem ruhmreichen Namen des französischen Soldaten besondere Ehre gemacht.« Auch wenn diese Sprache nicht mehr die heutige ist, so erschüttert jeden geschichtsbewußten Menschen, daß die Urenkel napoleonischer Soldaten, die damals Kolberg erfolglos belagerten, im letzten Krieg neben den Nachfahren ihrer damaligen Gegner kämpften und starben. Während ich dies schreibe, steht neben mir eine Flasche Rotwein, ein herber Medoc aus den Anbaugebieten um Bordeaux, den ich mir aus dem Keller geholt habe, und grüble über die Verführbarkeit der Militärsprache nach, der Faszination von Tagesbefehlen. Da ließ Napoleon die »Sonne von Austerlitz« aufgehen, Marschall Foch sagte im Ersten Weltkrieg: »Wir schlagen uns vor Reims, in Reims, hinter Reims«, Pétain bei Verdun: »Sie kommen nicht durch«; der Bogen, es war nicht immer ein Triumphbogen, spannt sich bis zu Hitlers letztem Aufputschappell: »Berlin bleibt deutsch, Wien wird wieder deutsch und Europa wird niemals russisch.«

Es waren häufig Tagesbefehle, die zum Ruhme der Führer mit dem Blut der Soldaten geschrieben wurden. Die Zeche bezahlten wie immer die Kleinen, die Namenlosen. Andererseits hatten solche Appelle nicht selten die Wirkung einer Droge.

Ein ehemaliger ungarischer Offizier jüdischer Herkunft, der, um rassischen Verfolgungen zu entgehen, zur »Roten Armee« übergelaufen war, erzählte mir, wie ihm die Tränen in den Augen standen, als er Stalins Aufruf zur Verteidigung Moskaus vor den einen Tagesmarsch entfernt stehenden deutschen Soldaten hörte: »Pobjeda budjet nascha« – Der Sieg wird unser sein! hieß der Schlußsatz. Je schlichter die Worte, desto größer die Wirkung. Dieser Satz rührte auch Menschen, die Gegner des Systems waren, unter ihm gelitten hatten. Der große Menschenkenner Stalin aber verstand es, in der Stunde der Gefahr die sozialistischen Phrasen zu vergessen, um dafür die patriotischen Töne vom »großen vaterländischen Krieg« anzustimmen. Etikettenschwindel nennt man so etwas. Aber er zog. So kämpften die Bekannten und Verwandten derer, die im Namen des Sozialismus eingesperrt oder getötet wurden, nicht nur für Rußland, sondern auch um das Überleben der Kerkermeister und Mörder. Auch im »Dritten Reich« befand sich mancher in diesem Zwiespalt. Aber vielleicht haben bei diesem oder jenem, der die Klagen seiner Freunde noch im Ohr hatte, die mit den Liszt'schen Préludes angekündigten Sondermeldungen das Leid übertönt. Zumindest solange die Sondermeldungen nach Triumphmärschen klangen. In der Regel meldet sich das Gewissen erst bei drohenden Niederlagen. Wir sind halt Menschen. Je älter ich werde, desto mehr sagt mir die Lebensphilosophie der großen Wiener Volksdichter Raimund und Nestroy mit ihrem charmanten und abgeklärten Pessimismus zu. Es ist tröstlich zu wissen, daß die Schlußmeldung bei allen schlicht und leise im »Hobellied« des Meister Anton aus dem »Verschwender« steht: »Das Schicksal setzt den Hobel an, und hobelt alle gleich.«

Darum »carpe diem«, nütze den Tag! Vielleicht haben gerade diejenigen eine besondere Beziehung zu diesem Motto, die die letzten und vielleicht grausamsten Tage des Krieges mitgemacht haben, den Endkampf um Berlin. Auch hier standen die französischen Freiwilligen an vorderster Front.

In dem Buch »Eurofaschismus« von Neulen wird der Kampf um Berlin beschrieben: »Die Kämpfe um Berlin übertrafen an Härte, Opferbereitschaft und Fanatismus alles seit Stalingrad dagewesene. Waffen-SS-Einheiten kämpften um jede Straße, jedes Haus, jeden Keller.« Ein Überlebender des französischen Sturmbataillons berichtete: »Allmählich waren wir kaum noch Menschen ähnlich. Unsere Augen brannten, die Gesichter waren eingefallen und vom Staub verschmiert. Vor allem fehlte es an Wasser. Verpflegung kam nur tropfenweise von der Division. Auf alle Ereignisse reagierten wir nur noch automatenhaft. Es war ein Höllenleben. Die Zukunft interessierte uns nicht mehr. Uns bewegte nur noch ein Gedanke: Panzer zerstören, auf die Roten schießen, Handgranaten werfen, aushalten, den Feind nicht durchlassen. Dies war das Ziel, der Zweck unseres Lebens und Sterbens zugleich.«

In der nüchternen Sprache des von Major Schultz-Naumann verfaßten Kriegstagebuches des OKW: »Die letzten 30 Tage«, liest sich der letzte Kampf der europäischen Freiwilligen für Adolf Hitler so: »Um die Reichskanzlei, in der sich Hitler und seine Gefolgschaft befanden, war der Verteidigungsbereich ›Zitadelle‹ entstanden. Er war dem SS-Brigadeführer Mohnke unterstellt. Er befehligte etwa 1000 Soldaten, darunter Balten, viele Franzosen, Belgier, Flamen, Holländer, Skandinavier, Schweizer, Engländer und Spanier. Alle waren freiwillig der SS beigetreten. Sie kämpften erbittert gegen den Ansturm der Sowjets auf das Zentrum der Stadt. Das SS-Sturmbataillon Charlemagne vernichtete in 8 Tagen über 60 Feindpanzer. Es erlitt hohe Verluste. Von 300 Soldaten, die noch am 24. April in die Stadt verlegt worden waren, erlebten nur 30 den 2. Mai 1945, nachdem sie bis zuletzt gekämpft hatten.«

Ihnen, den Angehörigen der »Troupe maudite«, der Legion der Verdammten, wurde kein Denkmal gesetzt. 9 von 10 Franzosen, die nach Wildflecken gekommen waren, sind gefallen, verwundet worden oder kamen in Gefangenschaft. Auf die Großmut der Sieger oder gar auf die Anerkennung ihrer Tapferkeit konnten die übriggebliebenen nicht hoffen. Sie wurden nach der Kapitulation zu out laws, zu Gesetzlosen. Nicht wenige Franzosen reagierten ihre Scham für ihr passives Verhalten während der deutschen Besatzung durch besonders gnadenlose Behandlung der SS-Männer ab. Auch die »Grande Nation« bedurfte eines Alibis. Allmählich aber kommt man auch jenseits des Rheins zur Einsicht, daß es nicht die schlechtesten Söhne waren, die der faschistischen Verführung erlagen. Der Prozeß ist aber langwierig und von schweren Rückschlägen unterbrochen.

Während meine Kameraden bei ihrem Opfergang nach Berlin fast vollständig aufgerieben wurden, lag ich noch im Lazarett in Bad Brückenau. Alle meine Bitten, mich wieder zu meinen französischen Freunden zu lassen, waren abgelehnt worden. Zu recht, denn nach ein paar Schritten fühlte ich selbst, wie mir die Beine einknickten. Es dauerte noch gute zwei Wochen bis ich soweit hergestellt war, wieder nach Wildflecken in Marsch gesetzt zu werden.

14
Auf der Junkerschule in Prag

Überall spürte man schon den Frühling. Die Welt schien voller Frieden, nur die hoch über den Rhönhimmel dahinziehenden amerikanischen Bomberpulks erinnerten daran, daß Krieg ist. Die Menschen schienen müde zu sein, fatalistisch dem Ende entgegen zu warten. In Wildflecken erwartete mich eine kaum noch für möglich gehaltene Überraschung: Ich wurde nicht nach Pommern geschickt, sondern zur Junkerschule nach Prag. Ich hielt diesen Marschbefehl für einen Irrläufer, war ich doch schon von dem Vorbereitungslehrgang in Warschau mit einer so schlechten Beurteilung abgegangen, daß die Junkerschule gestorben zu sein schien. Meine dienstlich vorgetragene Bitte, an die Front geschickt zu werden, wurde ebenso dienstlich verneint. »Dienst ist Dienst und Schnaps ist Schnaps, Befehl ist Befehl.« Der Spieß sagte: »Überlassen Sie das Denken den Pferden, die haben den größeren Kopf als Sie. Ist doch besser für Sie, sich in Prag auf den Hosenboden zu setzen, statt sich in Pommern die Kartoffeln von unten anzusehen.« Also machte ich mich auf die Reise nach Prag. Am Anfang mußten wir wegen der Fliegerangriffe dauernd aus dem Zug heraus, aber je näher wir Prag kamen, um so ruhiger wurde es.
Prag selbst bot den Anblick tiefsten Friedens. Beim Verlassen des Zuges am Hauptbahnhof, dem früheren Wilson-Bahnhof, kam ich mir fast wie ein Urlauber vor.
Die Junkerschule war im Haus der Neuen Technik untergebracht, in der Nähe des Hradschins. Sehr bald konnte ich feststellen, daß es hier im Protektorat den Menschen besser als im Reich ging. Der Schwarzhandel blühte und jeder schien irgendwie beteiligt zu sein. Die Tschechen machten den An-

schein, sich arrangiert zu haben, auch wenn es durch Kriegsverlauf und schlechte deutsche Besatzungspolitik nicht mehr die gleiche Situation wie unter dem Reichsprotektor, SS-Obergruppenführer Heydrich, war. Der sich sehr geschickt verhaltende Heydrich, in dem viele einen ernst zu nehmenden Rivalen von Himmler sahen, hatte die tschechischen Arbeiter in den Genuß sozialer Absicherungen und auch sonstiger Vergünstigungen kommen lassen. In London sahen der Chef der Exilregierung, Präsident Benesch und seine Leute, mit großer Sorge, daß die Heydrich'sche Umarmungspolitik Früchte zu tragen schien. Das Attentat gegen den sportlichen, musischen, aber auch eiskalt kalkulierenden Heydrich wurde in Szene gesetzt, um die Deutschen zu harten Vergeltungsmaßnahmen zu provozieren. Sie taten dies. Die Ermordung der Tschechen in dem Dorf Lidice war eine ruchlose Tat, erfüllte die Welt mit Abscheu und warf die beginnende deutsch-tschechische Annäherung auf den Nullpunkt zurück. Im Verlauf der nächsten Jahre agierten sie trotzdem nicht wie der tollkühne hussitische Reiterführer Jan Žiska, sondern wie der vorsichtige, pfiffige Schwejk. Zwischen Žiska und Schwejk liegt meines Erachtens die Spannweite des tschechischen Wesens, wenn auch mit einem großen Übergewicht auf der Seite des Schwejk.

Obwohl mir Prag auf Anhieb gefiel, leierte ich auch hier mein Sprüchlein herunter, bat um Ablösung. Mein Lehrgangsleiter, ich glaube es war ein Hauptsturmführer, war ein verständnisvoller und fast gemütlicher Schwabe. Er trug das Eiserne Kreuz Erster Klasse. Er meinte: »Na, warten Sie's ab, jetzt lernen Sie erst mal vernünftig, dann sehen wir weiter.«
»Jawohl, Hauptsturmführer.«
In den folgenden Tagen brauchte ich mich nicht einmal übertrieben dumm anzustellen. Ich habe in technischen Belangen, wenn sie mich nicht aus bestimmten Gründen interessieren,

in der Tat zwei linke Hände und so glänzte ich bei den waffentechnischen Übungen als Schlußlicht. In Taktik und Strategie gab ich mit überzeugendem Gesichtsausdruck immer nur halbrichtige Anworten. Beim sehr strengen Außendienst war mir meine immer noch etwas angeschlagene, leicht geschwollene Leber eine verläßliche Stütze. Sie ließ mich sichtbar schnell schlapp machen.

Im übrigen kam ich bei meinen Kameraden schnell in den Ruf eines »Exoten«. Die Zeit bei den Franzosen hatte mich für deutsche Einheiten »verdorben«. Mehr als einmal wurde ich scharf darauf aufmerksam gemacht, daß man in Uniform nicht die Hände in die Hosentaschen steckt, bei den Franzosen eine normale Angewohnheit. Auch hatte ich mir eine freche Lippe angewöhnt und klopfte zum Erstaunen meiner Kameraden arglos an weltanschauliche Tabus. Die Kunde davon drang auch zu unserem Lehrgangsleiter. Der ließ mich kommen:

»Stellen Sie sich so dumm an oder sind Sie's wirklich.«
»Hauptsturmführer, ich habe kein Talent zum Offizier. Das stellte sich bereits in Warschau heraus.«
»Aber beim Diskutieren sind Sie doch ganz munter.«
»Mir macht das Spaß, Hauptsturmführer.«
»Da ist aber doch kein Defaitismus dabei?«
»Selbstverständlich nicht, Hauptsturmführer!«
Er wurde zugänglicher und sichtbar neugierig: »Erzählen Sie doch mal, wie war's denn bei den Franzmännern?«
Ich fing an zu berichten, der Hauptsturmführer wurde abgerufen, sagte aber sehr freundlich, bevor er mich entließ: »Na, dann trinken wir heut' abend ein paar Pilsner.«
Abends saßen wir in einem Prager Beisel und tranken ein zwar schon etwas dünner gewordenes, aber immer noch durchaus trinkbares Bier. Unser Gespräch glich einem Abtasten wie bei Boxern zu Anfang eines Kampfes, um die Stärken

und Schwächen kennenzulernen. Ein »Hundertprozentiger« saß nicht vor mir. Das spürte ich sehr bald. Dies trotz der Tatsache, daß er Ausbilder in der Junkerschule geworden war. Über den Ausgang des Krieges dachten wir wohl ähnlich, hüteten uns aber, dies zu sagen. Wir schimpften gedämpft über die Goldfasane, die Parteibonzen. Da bestand keine Gefahr, das gehörte bei der Waffen-SS zum guten Ton. Beim Hauptsturmführer klangen ähnliche Töne wie bei den Franzosen in Wildflecken an. In gewissem Sinne war er immer noch Nationalsozialist, verehrte den Führer, sah aber im Dritten Reich vieles für reformbedürftig an. Mit resignierendem Unterton meinte er: »Die Frage ist, ob wir für die ›zweite Revolution‹ noch Zeit haben werden.«

Er erschrak dann förmlich über die eigene Kühnheit – er kannte mich ja kaum – und solche Gedanken waren gefährlich. Schnell fügte er also hinzu: »Na ja, jetzt müssen wir erst mal schnell den Krieg gewinnen, was klar ist, dann sehen wir weiter.« Scherzend meinte er: »Sie drängt es ja förmlich, Prag zu verlassen, um beim Endsieg dabei zu sein.«

Ich sagte nichts. Irgendwo trieben wir noch ein paar Schnäpse auf und ließen uns langsam vollaufen; meine Leber war ja mittlerweile an Rückfälle gewöhnt. Wir saßen inmitten von Tschechen, die gleichmütig die beiden jungen Prätorianer Hitlers betrachteten. Das war anders als in Warschau. Dort schlug uns ein fast körperlich zu spürender Haß entgegen, hier war davon nichts zu verspüren.

Übrigens habe nicht nur ich diese Beobachtungen gemacht. Etwa zur gleichen Zeit war mein bereits erwähnter französischer Kamerad, Christian de la Mazière mit einem weiteren Angehörigen der Charlemagne ebenfalls in Prag, und zwar auf der Durchreise zu einem Führungslehrgang in Janowitz. Er schreibt in dem Buch »Ein Traum aus Blut und Dreck« über seine Ankunft in Prag: »Als ich ausstieg, war ich von der friedlichen Atmosphäre überrascht. Es war eine kalte Nacht. Hin und wieder fiel mir ein, daß ich zum ersten Mal ein regelrechter Besatzungssoldat war, also, bedenkt man alle Vergeltungsmaßnahmen, die dem Attentat auf Heydrich gefolgt waren, eine Erscheinung, vor der man sich fürchten mußte. Ich muß aber sagen, daß wir keinerlei Feindseligkeiten bemerkten. Hübsche Mädchen lächelten uns an. Vielleicht war das ihre Art des Widerstandes? Denn einen solchen muß es ja gegeben haben; später hieß es jedenfalls, die Tschechen hätten sich erhoben wie ein Mann.«

Ich darf ergänzen, auch ich spazierte oft durch das abendliche Prag, ohne jede Angst. Vielleicht ballten die Tschechen, die uns sahen, die Faust in der Tasche. Nach der Kapitulation zeigte sich jedenfalls, daß sie sehr wohl zuschlagen konnten, dabei aber vor allem Wehrlose trafen.

Als mein Vorgesetzter und ich nicht mehr nüchtern aus dem Beisel traten und uns etwas schwankend auf den Heimweg machten, dachten wir jedenfalls nicht angstvoll an eine Widerstandsbewegung. Unsere Angst galt der Feldgendarmerie, der wir in diesem Zustand als Angehörige der Junkerschule nicht in die Hand fallen wollten. Wir benutzten also Schleichwege und sicherten uns gegenseitig.

An einem der nächsten Tage beging ich eine unglaubliche Dummheit. Ich schrieb an meine Mutter einen Brief, in dem ich ihr mitteilte, daß es mir gut ginge, daß ich es aber nicht mit meinem Gewissen vereinbaren könne, SS-Offizier zu werden. Dieser Brief fiel der Zensur in die Hände. Ich weiß nicht, wieso. Es könnten meine losen Reden gewesen sein und mich einer verpfiffen haben. Die Wirklichkeit spricht aber eher dagegen, unter meinen Kameraden habe ich nie Spitzel erlebt. Wahrscheinlich habe ich den Absender vergessen, was die Zensurbehörden immer ein bißchen mißtrauisch machte. Es kann aber auch ein ganz dummer Zufall gewesen sein, der

mich in die geringe Zahl der sogenannten Stichproben einreihte.
Ich wurde zum Hauptsturmführer gerufen. Zackige Ehrenbezeichnung: Der Offizier übersieht sie, läßt mich weiter stramm stehen. Sein sonst freundliches Gesicht ist verschlossen. Die Augen blicken finster. Unheildrohend hält er ein Schreiben in der Hand. Ich erkenne es sofort ... und erstarre. Ich glaube, den Boden unter mir schwanken zu spüren, fühle den Schweiß auf der Stirn. Meine Knie zittern. Ich kannte die SS-Wirklichkeit gut genug, um zu wissen, was passieren konnte. Es war das Jahr 1945. Die Härte der SS-Gesetzgebung hatte sich noch verschärft.
»Haben Sie diesen Brief geschrieben? – »Jawohl, Hauptsturmführer.« – »Idiot, Sie können rühren!«
Ich klappte aus dem Strammstehen heraus, stellte den linken Fuß vor, nahm die Hände von der Hosennaht.
»Idiot«, wiederholte er.
In meinem Bauernhirn arbeitete es fieberhaft. Stand noch etwas Verfängliches drin? – Nein! Plötzlich durchzuckte mich ein Gedanke, ich sah eine vage Chance.
»Und«, sagte der Offizier nun schon dringlicher, »was heißt das, ich kann es mit meinem Gewissen nicht vereinbaren, SS-Offizier zu werden?«
»Hauptsturmführer – mit dem Gewissen, also mit dem Gewissen meinte ich, daß ich in vieler Beziehung mich nicht geeignet fühle, SS-Offizier zu werden. Ich schaff's einfach nicht. Das hat sich schon in Warschau gezeigt und auch hier, Sie wissen es, Hauptsturmführer, hat sich das wiederholt. Es wäre unanständig von mir, das zu verschweigen. Aber deswegen bin ich nicht gegen die SS, im Gegenteil. Sie wissen ja, daß ich mich wiederholt zur Front gemeldet hatte, und ... und ...« – »Hören Sie auf«, unterbrach mich der Hauptsturmführer scharf. »Sie glauben doch heute noch an den

ganzen religiösen Quatsch.« Ich wollte etwas entgegnen, aber er ließ mich nicht zu Wort kommen.
»Sie wissen doch, was passiert, wenn die Sache weitergeht?« Ich schwieg, sah ihn an, suchte nach der Erinnerung an unseren Abend im Beisel. Ich merkte, wie seine Wangenmuskeln spielten. Er schien mit sich zu kämpfen. Ich nahm unwillkürlich wieder Haltung an. Nach einer Weile sagte der Hauptsturmführer: »Ihren Gewissenswurm, den drehen Sie gefälligst Ihrer frommen Großmutter an, wenn Sie noch eine haben, nicht mir. Aber Ihnen ist wirklich nicht zu helfen. Ich halte Sie in der Tat für ungeeignet, SS-Offizier zu werden. Sie sind vor allem zu dämlich. Ich kann Ihnen nur einen Rat geben: Schreiben Sie keine Briefe mehr!« (Leider mußte ich über 50 Jahre alt werden, um zu merken, wie gut sein Rat war; vorher hatte ich schwere briefliche Rückfälle.) — »Und nun ein Befehl«, er machte eine Pause, sagte dann abrupt: »Sie reden in Zukunft mit Ihren Kameraden nur noch über Mädchen und den Endsieg — unseren natürlich«, und beziehungsreich fügte er hinzu, »das gilt auch für Ihre Gespräche mit Offizieren.«
Er zerriß den Brief. »Im übrigen befürworte ich Ihre Versetzung zur Front. Hoffentlich rettet Sie gegen den Iwan Ihr sogenanntes Gewissen. Abtreten, Unterscharführer Schönhuber!« Ich schlug die Hacken zusammen, grüßte, machte eine Kehrtwendung, wie sie mir militärisch selten so gut geglückt war und verschwand.
Zwei Tage später bekam ich den Marschbefehl. Es meldeten sich Zweifel. Hättest du hier nicht auf Tauchstation gehen können und warten, bis alles vorüber war? Der Krieg ist doch verloren.
Ich erschrak bei dem Gedanken, hielt ihn für eine Art innerer Fahnenflucht. Gleichzeitig aber mußte ich zugeben, daß ich die Niederlage im Unterbewußtsein direkt wünschte. Ich riß

mich zusammen. Ich bin doch Deutscher, liebe mein Vaterland, werde nie ein Verräter sein. Außerdem, wie sähe meine Zukunft aus, was wird aus meinen Eltern? Nein, wir dürfen nicht verlieren.
So war ich gedanklich hin- und hergerissen. Schon lange aber hatte ich genug. Genug von Schwierigkeiten beim Kirchgang, genug von Ahnenpässen und Rassennachweisen, von der ewigen Angst vor drakonischen Strafen. Ich konnte nicht mehr verstehen, warum wir besser sein sollten als die Franzosen, die Polen, die Tschechen. Der hingerichtete Sturmmann von Arys ging mir nicht aus dem Kopf, aber auch nicht der blutjunge Offizier, der an meiner Seite in Korsika tödlich getroffen wurde und noch röchelnd rief: »Es lebe der Führer.«
Holzkreuz mit Stahlhelm, das war meine Zukunftschance! 22 Jahre alt, was hatte ich vom Leben gehabt? »Deutschland soll leben – auch wenn wir sterben müssen!«
Nein, ich wollte überleben, auch wenn dieses Deutschland sterben sollte. Ich weiß, solche Sätze hören sich nicht sehr edel an, aber ich habe genug vom Schmus so vieler memoirenschreibender Generäle, deren ständiger Gedanke vom Aufstehen bis zum Schlafengehen nur Deutschland gewesen zu sein schien; erst das Deutschland mit Hitler, dann das Deutschland ohne Hitler. Aber sie starben ja auch nicht, sie ließen sterben, und diejenigen, die, wie man heute weiß, am tapfersten kämpften und starben, die Männer der Waffen-SS, ließen sie nach dem Krieg fallen wie heiße Kartoffeln. Dies soll auch bei meinen ehemaligen Kameraden unvergessen bleiben und sie wachsam gegen jede Verführung machen.

Die Episode Prag war zu Ende. Ich wünschte meinen Kameraden, den angehenden Offizieren, viel Glück. Sie scheinen es in der Mehrzahl gehabt zu haben. Ein Kollege hat mir kürz-

lich vom weiteren Schicksal der Deutschen, darunter auch der Junker, erzählt:
»Als der deutsche Stadtkommandant, General Toussaint, am 8. Mai den Waffenstillstand vereinbarte, sammelten sich die meisten Deutschen und die Junker im Westen von Prag. Nur einige SS-Einheiten blieben in der Stadt, kämpften weiter und kamen jämmerlich um. Der Mob tobte sich aus, hängte die SS-Leute auf, zündete sie an oder warf sie gefesselt in die Moldau. Ich gehörte zu denen, die glücklicherweise auf der Westseite waren. Ich war dabei, als ein tschechischer Offizier in unsere Stube kam und die Bedingungen des Waffenstillstandes aushandeln, das heißt diktieren wollte. Ein deutscher Etappenoffizier überbot sich an Beflissenheit. Der Tscheche behandelte ihn dementsprechend. Mit im Raum war auch ein baumlanger Hauptsturmführer als Vertreter der Junkerschule, die noch im vollen Besitz der Waffen war. In hartem Deutsch schnarrte ihn der Tscheche an: ›Also, Abzug Punkt 21 Uhr. Das gilt auch für Sie, sonst . . .‹
›Was, sonst?‹ Der SS-Offizier schaute durch ihn hindurch, trat ganz nahe an ihn heran und sagte mit beinahe geschäftsmäßiger Stimme: »Akzeptiert, 21 Uhr. Aber sagen Sie auch Ihren Leuten, wenn sie nur eine Minute früher kommen, dann haben sie noch eine Chance, für die jetzt so tapfere Tschechoslowakei den Heldentod zu sterben.«
Den letzten Satz brachte er mit kaum verhohlener Verachtung über die Lippen. Der Tscheche schwieg, salutierte, ging, ebenso der Offizier der Waffen-SS. Er übersah sowohl den tschechischen wie den deutschen Offizier. Der Etappenhengst blickte betreten zu Boden.
Die Junkerschule kam also heil aus Prag heraus. Wir zogen alle nach Pilsen, ergaben uns den Soldaten der Dritten Armee des berühmten Haudegen, General Patton. Im Lager wurden wir korrekt behandelt. Unter den Insassen war auch der stell-

vertretende Bürgermeister von Prag, der bekannte Historiker Professor Pfitzner. Die Tschechen wollten ihn herausholen. Ein junger amerikanischer Leutnant lehnte kategorisch ab. Da warteten die Tschechen den Augenblick ab, bis der Leutnant weggerufen wurde. Sie kidnappten den Professor. Vor einer unübersehbaren, johlenden Menschenmenge wurde er in der Prager Innenstadt gehängt. Als erster der deutschen Offiziellen. Der kleine, unscheinbare Mann starb wie ein Held. Das Bild der Hinrichtung ging um die ganze Welt. Es wurde nicht sehr freundlich aufgenommen. Die Tschechen stellten deshalb diese öffentlichen Hinrichtungen ein.«

Eine Nachbemerkung zu Prag aus heutiger Sicht. Ich war seither oft wieder in Prag, mag die Tschechen. Sie gleichen in vielem uns Bayern, nicht nur wegen der gemeinsamen Vorliebe zum Bier, zu schattigen Biergärten. Die Prager haben diese übrigens besser bewahrt als die Münchner, die sich nicht couragiert genug der herumschleichenden Baulöwen und Profitgeier zu erwehren wußten.

Ich finde auch wesensmäßige Ähnlichkeiten. Die Tschechen sind eher umgängliche, gesellige Leute. Sie sind nicht so exaltiert, wie Ungarn manchmal sein können und nicht so hochmütig, wie nicht wenige Polen, die der ganzen Welt die Stirn bieten möchten. In Prag fließt das Leben beschaulich, eher träge. In kaum einer anderen Stadt erhole ich mich so gut wie in der »Goldenen Stadt«.

Es ist auch kein Wunder, daß hier der Begriff des »Sozialismus mit menschlichem Antlitz« geprägt wurde. Vorhersehbar war aber auch, daß sich die Tschechen der sowjetischen Invasion »schwejkisch« erwehrten und kaum Verluste erlitten, im Gegensatz zu den tollkühn und verzweifelt kämpfenden Ungarn. Unsere beiden Völker sollten sich gegenseitig nichts mehr vormachen, nichts vertuschen, nichts verdrän-

gen, nichts verschweigen. »Die Vorstufe zur Versöhnung ist die Wahrheit«, sagt ein französisches Sprichwort.
Jene Deutschen, die die schrecklichen Mai-Tage in Prag vor Augen haben, sollten aber auch Lidice nicht vergessen. Der Prager Pöbel vom Mai 1945 glich in mancherlei Hinsicht den SA-Rabauken bei ihrem sinnlosen Tun während der sogenannten Reichskristall-Nacht. Umbruchzeiten sind Pöbelzeiten. Aber man darf es sich nicht so leicht machen, wie der tschechische Journalist Ivo Hais, der in der Prager Zeitung Obzory schrieb: »Daß wir am 9. Mai in den Prager Straßen einzelne Leute angebrannt haben, welche mit einem Bein an einem Kandelaber aufgehängt waren, daß wir Leute totgeschlagen haben, die zum Wegräumen von Barrikaden bestimmt waren, das läßt sich alles mit der revolutionären Empörung entschuldigen.«
Man ist doch sicher kein Revanchist, wenn man hinzufügt, das alles läßt sich vielleicht so erklären, aber nicht entschuldigen. Entschuldigt man die Pöbeltaten von Prag, muß man auch Entschuldigungen deutscherseits zumindest hören, wenn nicht annehmen. Dies ist keine Aufrechnung. Aber wir müssen es uns abgewöhnen, Geschichtsschreibung stets unter dem Gesichtswinkel der jeweiligen politischen Situation vorzunehmen. Geschichtsschreibung darf nicht nach Opportunität fragen, sondern nur nach der Wahrheit, selbst wenn dies schmerzt und zu politischen Belastungen führt.
Zunächst blieb ich in der näheren Umgebung von Prag, kam auf den Truppenübungsplatz Beneschau, wo die Division Nordland aufgefrischt wurde. Unsere Unterkünfte waren primitiv. Wir lagen zu sechst in einer Bude. Es war bitter kalt. Ein kleiner Kachelofen wärmte nur notdürftig. Auf dem benachbarten Strohsack lag ein junger Flame. Er hieß Willem. Er war bei den Kämpfen im Osten verwundet worden und das Schicksal hatte ihn hierher verschlagen. Er war knapp zwan-

zig Jahre alt, ein Bild von einem jungen Mann: groß, blond und blauäugig, so sahen die Angehörigen der Waffen-SS auf den Plakaten aus. Sein Vater hatte nach meiner Erinnerung ein Hotel in einer größeren flämischen Stadt, war stets für ein »großdietsches Land« gewesen, in dem Holländer, Flamen und Wallonen zusammenlebten. Letztere begann er erst durch die Taten von Degrelle zu achten. Kurz: Der Vater hatte dem Sohn das Denken an ein burgundisches Reich vermacht. Mein Nachbar sprach ausgezeichnet deutsch. Wir verstanden uns auf Anhieb. Auch er war Sportler. Für junge Menschen ist der Sport die Brücke, die am leichtesten zueinander führt. Er war der letzte wirkliche Freund, den ich im Kriege fand. Was wohl aus ihm geworden ist?
Da die Aufstellung des Regimentes nur schleppend vor sich ging, hatten wir viel Zeit, gingen spazieren, fuhren nach Prag, bandelten dort mit zwei adretten Blitzmädchen an und konnten sie überreden, uns in Beneschau zu besuchen. Es war das letzte Aufatmen vor dem Ende. Auch die Mädchen ahnten dies. Wir wollten den Krieg, die Todesangst vergessen. Es war so, als rückten junge Körper zusammen, um die Haut zu fühlen, sich Schutz zu geben, Trost zu finden. Wir schliefen mit den Mädchen in einer abgelegenen Hütte. Wir gingen behutsam, zärtlich miteinander um. Es war Erotik im Schatten des Unterganges. Es waren zwei Bürgertöchter, die wohl aus den gleichen Gründen aus dem sicheren Hort ausbrachen, wie meine Freunde und ich. Auf eine merkwürdige Weise fühlte ich mich in Beneschau frei. Ähnlich dachte Willem. Wir wußten, es gab kein Zurück mehr. Auch wenn wir überlebten.
Es wurde wärmer. Der Frühling kündigte sich an. Die Mädchen fuhren ab. Wir versprachen, uns zu schreiben, uns nach dem Krieg zu treffen, ahnten dabei die Unverbindlichkeit unseres Versprechens. Ich habe dem Mädchen weder geschrie-

ben, noch habe ich es getroffen, aber ich habe es auch nicht vergessen, so wenig wie meinen belgischen Freund. Vielleicht lebt Ursel in ihrer Heimatstadt Stuttgart, hat Kinder und erinnert sich vielleicht manchmal an das Aufbrechen des Frühlings auf dem tschechischen Truppenübungsplatz.

Meinem Freund und mir blieben noch ein paar Tage. Die Themen gingen nicht aus, meistens aber ging es um Sportler. Jeder wollte den anderen in der Aufzählung der Spieler in diversen Spitzenmannschaften übertreffen. Am meisten freuten wir uns, wenn wir auf SS-Kameraden als Spitzensportler stießen. Er erzählte mir voll Stolz, daß einer der besten europäischen Boxer, Karel Sys, bei der SS wäre. Karel Sys setzte sich nach dem Krieg nach Südamerika ab, entging so in Belgien einer schweren Strafe. In Südamerika boxte er gegen die besten Fighter der Welt, schaffte ein Unentschieden gegen den nachmaligen Halb- und Schwergewichtsweltmeister Archie Moore, kämpfte später gegen den Hein ten Hoff um die Europameisterschaft, wobei er verlor. Als Pferdesportanhänger fiel mir ein, daß der SS-Reiter Günther Temme mit einem erstmals fehlerlosen Ritt das 16. Deutsche Springderby in Hamburg gewonnen hat. Er bildete zusammen mit den Brüdern Hermann und Waldemar Fegelein eine Weltklasse-Équipe. Der Autorennfahrer Huschke von Hanstein kam mir in den Sinn, der mehrfache deutsche Eiskunstlaufmeister Horst Faber. Auch der schnellste Weiße bei den Olympischen Spielen von Berlin, der Holländer Osendarp, war von »uns«. Wir suchten weiter, wie zur Bestätigung unseres eigenen Handelns, nach Spitzensportlern, die zu uns gehörten. Ich steuerte die Box-Schwergewichtlicher Kleinholdermann und Kleinwächter bei und den gutaussehenden und schlagstarken Berliner Halbschwergewichtler Heinz Seidler. (Nach dem Kriege erzählten mir alte Sportreporter, Freunde von mir, wie ungern sie während des Dritten Reiches Kämpfe von SS-Boxern geschildert hätten. Es wurde mißtrauisch aufgenommen, wenn sie am Mikrofon sagten: »Der SS-Mann wackelt, fällt, ist am Boden – aus!«) Wir erwähnten die Ski-Kanonen Christl und Rudi Cranz, Heli Lantschner und »Engele« Haider. Sie galten als nationalbewußte Sportler.

Der Flame erinnerte an den »fliegenden Basken«, den Tennischampion Jean Borotra, der Pétain nahestand, an den norwegischen Eissprinter Fin Hodt. Schließlich einigten wir uns darauf, daß die Olympischen Spiele das Größte gewesen seien, was es bis dahin im Sport gegeben hatte. Es tut gut, wenn man andere an seiner Seite weiß, auch in seinem Irrtum. Waren wir denn anders als viele andere damals? Wir beide erinnerten uns an Wochenschauen, wo viele Olympia-Delegationen in Berlin mit dem Hitlergruß vorbeizogen, allen voran die Franzosen.

Mit einem Wort, wir flüchteten uns in die heile oder scheinbar heile Welt der Vorkriegszeit. Wir suchten für uns selbst nach einem Alibi. Im Grunde genommen waren wir beide mit dem Nationalsozialismus fertig, bauten aber bereits jetzt, vielleicht unbewußt, verbale Verteidigungslinien für später auf. Überläufer wollten wir jedoch nicht werden, auch nicht zu Kreuze kriechen. Unsere inneren Zweifel wollten wir anderen gegenüber nicht zeigen. Unser Irren gehörte uns allein, Anlaß zu Schadenfreude sollte es nicht geben. Eigentlich befanden wir uns in einer Art gedanklichem Niemandsland. Wahrscheinlich dachten viele so wie wir. Mit großem Interesse und wohl auch mit einem gewissen Stolz habe ich viele Jahre nach Kriegsende gelesen, was der deutsche Schriftsteller Ernst von Salomon, der zu den Rathenau-Mördern gehörte, sich vom Nationalsozialismus fernhielt, aber trotzdem mit Angehörigen der Waffen-SS interniert wurde, über diese Zeit in seinem Buch »Der Fragebogen« schrieb: »Sie waren zweifellos von allen Internierten am schlechtesten dran. Aber sie

waren das eigentliche Rückgrat des Lagers. An ihre Kameradschaftlichkeit zu appellieren, hatte immer Erfolg. Sie hielten sich ordentlich, behielten das Maß an guter Laune, das unter diesen Umständen überhaupt möglich war. Sie haßten die Amerikaner nicht, sie verachteten sie.«
Das Schicksal riß den Flamen und mich auseinander. An unserem letzten Abend unterhielten wir uns über die beiden großen Nordländer Sven Hedin und Knut Hamsun, die Deutschland nahestanden. Fast verzweifelt sagte Willem: »Da muß doch was dran sein. Ein Hamsun, er ist schon über 80, steht dem Nationalsozialismus nahe. Das ist doch ein Humanist. Der ist doch nicht dumm, ist doch ein human denkender Mensch. Ich versteh's nicht. Und überall hört man jetzt, was für böse Menschen wir wären.« Ich hatte nicht viel zu antworten, Hamsun kannte ich damals noch nicht gut genug.
Mit Willem endete mein letztes Zusammensein mit einem Angehörigen der Freiwilligen-Verbände im Krieg.
Als Fazit bleibt für mich die Überzeugung, daß die besten Elemente des Faschismus sich in diesen Divisionen schlugen, die mit ihren Kameraden aus Südosteuropa eine Stärke von einer halben Million erreichten. Sie waren in der Mehrzahl keine Nazis. Kadavergehorsam war ihnen fremd. Geprägt waren sie von demokratischen Traditionen ihrer Herkunftsländer. Sie waren auch keine blinden Anhänger Deutschlands. Von einigen Abenteurernaturen und ewigen Landsknechten abgesehen strömten sie zu den Einheiten, um ihren Vaterländern einen besseren Platz bei der Neuordnung Europas zu sichern. Sie kämpften fair und ritterlich. Es ist eine historische Tatsache, daß diese Freiwilligen bei keinen grausamen Handlungen beteiligt waren oder gegen das geltende Kriegsrecht verstießen. Sie schlugen sich so, wie es der Redakteur Charles Lesca, Mitarbeiter der französischen Kollabora-

tionszeitschrift »Je suis partout«, definierte: »Die Männer von Douaumont, die Männer des Alcazar von Toledo, die Männer von Stalingrad versuchten nicht herauszufinden, wer siegen und wer besiegt würde. Sie schlugen sich. Wenn sie gekniffen hätten, wären sie Deserteure gewesen.« Auf ihren Koppelschlössern stand auch: »Meine Ehre heißt Treue.« Nun, die Ehre bleibt, wenn auch die Treue den Falschen galt. Aber diese Ehre versuchte man ihnen immer wieder zu nehmen, manchmal auch das Leben. Die Welt ist jedoch immer noch blind auf einem Auge. Sie spricht häufig noch von faschistischen Banden und kommunistischen Gruppen, wenn auch die Taten oder Untaten die gleichen waren. Oder haben Sie, verehrter Leser, je gehört oder gelesen, die polnischen Offiziere von Katyn seien von »sowjetischen Banden« umgebracht worden?
Schließen möchte ich dieses Kapitel mit einem Satz von Saint Loup: »Wir, die Krieger, haben nichts zu beweinen, außer jener großen Hoffnung eines faschistischen Europas, die zum großen Teil von Hitler verraten wurde.« Ich für meinen Teil will kein faschistisches Europa. Die historische Schuld und die Belastungen lassen dieses wohl auch nicht mehr zu. Niemand aber kann sagen, was damals aus dem europäischen Faschismus geworden wäre, hätte es den Nationalsozialismus nicht gegeben. Faschisten und Nazis sind nicht das Gleiche.

15
Zum Endkampf an die Oder

Endlich war unser Transport zusammengestellt. Die Fahrt ging nach Nordwesten, vorbei an den schmucken Dörfern des Sudetenlandes. Wir passierten Aussig. Immer wieder beharkten uns Tiefflieger. Auch hier ging es nicht ohne Verluste ab. In Aussig-Schönprießen hatten wir einen längeren Halt. Am Bahnhof unterhielt ich mich mit zwei Damen, Mutter und Tochter. Sie waren verhärmt. Der Mann der Tochter war vor kurzem gefallen, vor etwas längerer Zeit schon der Vater. Ich fragte sie, ob sie sich nicht ins Reich absetzen wollten, erzählte von den Grausamkeiten, die sie bei einem russischen Einmarsch zu erwarten hätten. Die Jüngere meinte: »Wir bleiben hier. Wo sollen wir hin? Hier ist seit Generationen unsere Heimat. Hier wollen wir auch begraben werden.« Die Mutter nickte. Sie fügte hinzu: »Seien Sie unbesorgt wegen der Russen. Wir haben vorgesorgt.« Ich hoffe, sie haben es sich doch noch überlegt und sind rechtzeitig geflohen.
Bis kurz vor der Reichsgrenze hatten wir in Personenwagen gelebt. Bei einem Halt wurden sie zerbombt. Wir stiegen in Viehwagen um. Mein Nachbar auf dem Stroh war ebenfalls Bayer. Unterscharführer wie ich. Er war ein Genie im Auftreiben von Schnaps. Die Flasche kreiste unentwegt. Streit hatten wir eigentlich nur wegen der Decke, die mal der eine, dann der andere wegzog.
Ein paar Tage nach dem schändlichen Angriff auf Dresden, der das Elb-Florenz auslöschte und nach verschiedenen Schätzungen an die 200 000 bis 300 000 Tote forderte, passierten wir die Stadt. Es lag über ihr noch der Geruch des Todes. Wehmütig dachte ich an meine Schülerzeit, an den Sportverein »Allianz«, an das imposante Ostragehege, eines

der größten deutschen Fußballstadien, in dem ich einmal sogar ein Vorspiel bestreiten durfte, bevor die Großen, der Richard Hofmann, Helmut Schön, Willibald Kreß und andere einliefen.

Ich dachte an die feierlichen Gottesdienste in der Hofkirche, an den gütigen Religionslehrer, der sich sehr bemühte, uns katholische Schüler, die wir in der Diaspora lebten, beim rechten Glauben zu halten.

Hinter dem Weißen Hirsch, in der Dresdner Heide, hatten wir leidenschaftlich Kriegs- und Geländespiele getrieben. Aus dem Spiel war Ernst geworden, tödlicher Ernst und wohl nirgends war die Fratze des Krieges teuflischer als in Dresden, wo wehrlose Greise, Kinder und Frauen in einem Flammenmeer umkamen. Und wer dem Feuer entkam, der konnte zum Opfer von Tiefffliegern werden, die mit Entsetzen Scherz trieben und Menschen abknallten wie Hasen.

Überall konnte man es sehen: Das Reich lag in Agonie. Unsere manchmal unerträgliche Spannung machte sich bei steigendem Schnapskonsum durch makabre, beziehungsreiche Lieder Luft. Wir sangen angesichts des brennenden Deutschlands: »Wir marschieren für Hitler durch Nacht und durch Not, mit der Fahne der Jugend für Freiheit und Brot.« Oder: »Unsere Fahne flattert uns voran«, worauf einige gröhlten: »Jawohl, die Schnapsfahne.« Und dann mit fast lachender Verzweiflung: »Und über uns die Heldenahnen, Deutschland, Vaterland – wir kommen schon.«

Wir fuhren zum Endkampf in dem klein gewordenen Vaterland. Viele von uns waren bald bei den Ahnen – jung, blutjung. Sie hatten noch nicht richtig gelebt. Wir erreichten Berlin, wurden von einem Bahnhof zum anderen dirigiert, bekamen dabei einen Eindruck von den schweren Wunden, die der Reichshauptstadt geschlagen worden waren. Wir machten böse Witze über die riesigen Tarnnetze, die wir sahen. Da und

dort flackerte noch Feuerschein zum Himmel. Die Alliierten hatten am Vortag Berlin mit Bomben belegt. Jetzt kamen sie ja nicht mehr nur nachts, auch tagsüber waren die Berliner vor den Brand- und Phosphorbomben nicht mehr sicher.
Ich glaube, es war in Pankow, wo wir wieder einen längeren Aufenthalt hatten. Ich fragte den Transportleiter, wie lange es dauern könnte, ich möchte mir die Füße ein wenig vertreten. »Zirka zwei Stunden«, meinte er. »Aber bleiben Sie in Sicht- und Hörweite. Bei einem dreimaligen Pfiff muß alles wieder antanzen.«
Etwas verloren und unschlüssig stand ich auf dem Bahnhof herum. Mein Schädel brummte. In den letzten Tagen im Viehwaggon hatte die Schnapsflasche wieder öfter die Runde gemacht. Ich rauchte, hatte plötzlich das Gefühl, daß mich jemand beobachtete, drehte mich um. Ein paar Meter entfernt stand eine junge, etwas füllige Frau. Ein buntes Kopftuch bedeckte ein breites, sehr blasses Gesicht. In starkem Kontrast dazu volle, kirschrot geschminkte Lippen. Sie sah mich an, fragend, hungrig. Sekundenlang kreuzten sich unsere Blicke. Noch immer war ich in dieser Beziehung kein richtiger Landser geworden, hatte eine gewisse Scheu vor Mädchen nicht verloren, merkte aber doch, daß es hier vielleicht keiner großen Kunst des Anbandelns bedurfte: »Darf ich ihnen eine Zigarette anbieten?«
Sie nickte, ich gab ihr Feuer. Sie rauchte mit gierigen, tiefen Lungenzügen.
»Wohin fahrt ihr?« – »An die Front.« – »Da könnt ihr bald zu Fuß gehen, die Front ist schon hier, Bomben Tag für Tag, Nacht für Nacht. Na, wenigstens kriegt Ihr draußen mehr zu essen als wir hier.« Sie sagte das fast beiläufig, ohne Scheu.
»Wann fahrt ihr weiter?« – »Ich weiß nicht, vielleicht in ein paar Stunden.«

»Hast du was zu trinken?« Sie duzte mich übergangslos, ich merkte, daß sie ein paar Jahre älter war.
»Ja, ich hol' dir was in meiner Feldflasche.« Ich ging zu meinen »Schnapslieferanten«. Nach ein paar Minuten kam ich zurück. »Da, willst' einen Schluck?« Sie trank hastig. Sie schaute mich unschlüssig an: »Ich hab' zu Hause noch ein paar Brote. Schnaps soll man nicht zuviel auf nüchternen Magen trinken.«
Sie muß mein Zögern bemerkt haben. »Hast du Angst?« Ich gab mir einen Ruck: »Ich Angst? Wieso, vor was denn?« – »Na, dann komm!« Wir gingen. Ich trottete neben ihr her, ab und zu berührte mein Arm ihren Körper; ich spürte meine aufsteigende Erregung. Sie roch gut. Sie roch nach Kernseife. Wir sprachen kaum ein Wort.
Nach ein paar Minuten waren wir da, stiegen zwei Treppen hoch. Die Wohnung war sauber aufgeräumt, nur die Fenster waren gesprungen, Pappdeckel in die Rahmen geklemmt.
»Bomben?« – »Ja, Luftdruck.«
Wortlos gingen wir ins Schlafzimmer. Während des Ausziehens fiel mein Blick auf ein silbergerahmtes Bild. Es zeigte einen Offizier in der Uniform des Afrikacorps, Hauptmann. »Dein Mann?« – »Ja.« – »Wo ist er?« – »Gefallen.« Ich fragte nicht weiter, wollte es glauben. Wir fielen übereinander her. Wir waren ausgehungert. Ihre Zärtlichkeiten hatten fast etwas Brutales. Die Augen hatte sie geschlossen. Sie murmelte obszöne Worte, ich kannte so etwas nicht, geriet in Ekstase, vergaß Zeit und Ort. Plötzlich Fliegeralarm. »Bleib, bleib«, keuchte sie. In mir stritten erneutes Verlangen und Angst. Wir preßten uns aneinander, gierig, ängstlich. Bomben fielen. Die Luft war voll bösartigem Kreischen und Pfeifen. Man spürte die Einschläge in der Nähe. Die noch vorhandenen Fensterscheiben klirrten, die Wohnung schien zu beben.

Plötzlich war mir alles gleichgültig geworden; der Schnaps und physische Erschöpfung taten ihre Wirkung. Beide waren wir schweißnaß. Die Einschläge hörten auf. Siedend heiß fiel mir der Transport auf dem Bahnhof ein. War ich zu lange weggewesen? Wenn mich die Feldgendarmerie erwischte? Angst überfiel mich. Man war schnell gerichtet, damals im April 1945 in Berlin, 70 km von der HKL, der Hauptkampflinie, entfernt.
Noch ein hastiger Schluck aus der Flasche. Den Rest goß ich in ein Glas, das in der Nähe stand.
»Souvenir!« In fliegender Hast zog ich mich an, verabschiedete mich flüchtig, rannte zum Bahnhof. Da und dort brannte es, die Luft war schwefelig, zum Ersticken. Auch der Bahnhof war getroffen worden, mein Transportzug weg, wahrscheinlich beim Alarm aus dem Bahnhof herausgefahren. Ich rannte zur Kommandantur, meldete mich, gab an, vom Fliegeralarm überrascht worden zu sein, als ich mir gerade die Beine vertreten wollte. Der Feldwebel schien ein gutmütiger Mann zu sein. Außerdem war er todmüde, hatte rotumränderte Augen: »Sie haben Glück. Gleich geht ein Lastwagen nach Eberswalde, bringt Munition und Fressalien an die Front, ist noch Platz. Sie können mitfahren. Wahrscheinlich sind Sie früher dort, als Ihr Zug. Bescheinigung bekommen Sie auch!« Etwas zweideutig fügte er hinzu: »Viel Glück für den Endkampf und spielt mal wieder schön ›Feuerwehr‹.«
Nach etwa einer Stunde fuhren wir ab. Ich saß zwischen Benzinkanistern, Munitionskästen und Pappkartons mit Lebensmitteln. Die Straße war voller Löcher. Wir lagen wie auf einem Schüttelrost. Neben mir saß das »Rückgrat der Armee«, ein Gefreiter, ein Berliner mit Kodderschnauze. Am Uniformrock trug er den »Gefrierfleischorden«, die Ost-Medaille, das silberne Verwundetenabzeichen und das EK I. Immer wieder tauchten Tiefflieger auf, zwangen uns runter

vom Wagen, kopfüber in irgendeinen Straßengraben. Wie durch ein Wunder blieb unser Wagen unbeschädigt.
»Schade«, meinte völlig ungerührt der Gefreite. »Ein paar Stunden Rast könnte ich gut brauchen; mir pressiert's nicht zum Heldentod. Ein paar Mal hat er mich ja schon gestreift. Na ja, ist ja sowieso alles für die Katz'.« Er schaute mich herausfordernd an: »Diesmal gibt's selbst für die Waffen-SS nichts mehr zu löschen, das wird ein Dauerbrand. Verbrenn' Dich dabei nicht, Junge. Du kennst doch das Lied: ›Und Du und ich, wir spüren, daß niemals wir verlieren, der Sieg wird unser sein ...«
Wir fuhren durch ein Dorf. Plötzlich schrak ich zusammen. An einem Baum am Marktplatz hing ein Landser. Der Wind bewegte die Leiche. Es war ein blutjunger Bursche. Die Zunge hing heraus. An der Uniformjacke war ein Pappdeckel befestigt. Darauf stand: »Ich hänge hier, weil ich feige war.« Nicht weit weg vom Baum spielten Kinder. Frauen hasteten scheu mit Einkaufstaschen vorbei. Ich schaute den Gefreiten fragend an.
»Sie kennen doch den Armeebefehl: Wer 500 Meter ohne Erlaubnis hinter der HKL angetroffen wird, gilt als Feigling und Drückeberger. Er ist aufzuhängen.«
»Und wie lange hängen die?« – »Das ist unterschiedlich«, meinte ungerührt der Gefreite. »Übrigens sah ich gestern am Baum auch einen von Euch. Es scheint wohl auch nicht mehr alles so zu sein wie früher.«
Mir war flau im Magen. Beinahe hätte ich mich übergeben. »Kumpel, laß' doch das ›Sie‹, gib' mir eine Zigarette.« Er grinste: »Zu Befehl, Unterscharführer!« Er gab mir eine »Arbeiter-Attika«, wie wir die billige Zuban nannten. Wir rauchten, schwiegen eine Weile, hingen unseren Gedanken nach. In mir stieg wieder das Bild des erschossenen Kameraden von Arys auf. »Dieser Feldzug ist kein Schnellzug«, hatte in München

Der Autor (links) in Gefangenschaft. Er trägt die Uniform der englischen labour units, der sogenannten Arbeitseinheiten.

Gefangene Angehörige der Division Charlemagne werden in Reichenhall von dem französischen General Leclerc am Tage des Waffenstillstandes verhört und kurz vor Inkrafttreten völkerrechtswidrig erschossen. Der Jüngste der zwölf Gefangenen war 17 Jahre alt.

Die erschossenen französischen Waffen-SS Angehörigen liegen auf dem Friedhof in Bad Reichenhall. Rechts die Ehrentafel für die im ersten Weltkrieg gefallenen Reichenhaller.

Anhänger Léon Degrelle's werden in Belgien 1947 hingerichtet. Nicht immer geht es um Schuld und Sühne, sondern auch um Abrechnung und Rache.

mein Geschichtslehrer gesagt. Mittlerweile war er zu einer Fahrt zur Schlachtbank geworden.
Völlig unvermittelt überfiel mich überaus ein starkes sexuelles Verlangen. Die Begegnung am Bahnhof wurde wieder lebendig. Heute glaube ich auch zu wissen, warum. Nirgendwo ist wohl die sexuelle Begehrlichkeit größer als angesichts des Todes. Man braucht nur bei einem Begräbnis die Blicke der Männer zu beobachten, wenn eine knackige, blonde Witwe in einem engen »Schwarzen« zur Beerdigung des »Frühverblichenen« erscheint.
Der damals zeitbedingte Satz: »Genieße den Krieg, der Frieden wird schrecklich sein« ist nur eine Variante von »Genieße das Leben, der Tod dauert ewig« oder »Death is so permanent«. Darum wirkt der sogenannte Leichenschmaus auf dem Lande oft so pietätlos, so hemmungslos. Darum wird dort soviel gefressen, gesoffen, den Weiberleut' unter die Röcke gegriffen.
Endlich waren wir am Ziel. Mein Zug war noch nicht eingetroffen. Ich verabschiedete mich vom Gefreiten: »Mach's gut, Kumpel. Du brauchst kein weiteres Kreuz mehr, kein Ritterkreuz und schon gleich gar kein Holzkreuz.«
Nach ein paar Stunden fauchte und keuchte der Transportzug in den Bahnhof. Meine Kameraden stiegen müde von den Wagen. Der Zug sei mehrfach bombardiert worden, hörte ich, es habe Tote und Verwundete gegeben. Ich traf meinen Nachbarn wieder, den Unterscharführer, der von Prag bis Berlin neben mir auf dem Stroh gelegen und der mir dauernd die Decke weggezogen hatte. »Ja Mensch, Franz, da bist Du ja wieder. Ich dachte schon, Du seist desertiert!« – »Du bist vielleicht ein Gemütsmensch, ich bin doch kein Deserteur.« – »Schon gut, wenigstens hatte ich die ganze Zeit über die Decke für mich allein. Übrigens, das mit dem Abhauen war wirklich ein dummer Witz. Wo sollen denn ausgerechnet wir

schon hinlaufen? Zum Iwan? Der streift Dir den linken Ärmel hoch und wenn er unsere Blutgruppe entdeckt, dann kannst Du froh sein, wenn er dich gleich abmurkst und Dir einen Genickschuß verpaßt. Ich habe an der Ostfront Kollegen von unserer ›Feldpostnummer‹ gesehen, denen haben sie das Hakenkreuz in die Stirn geschnitten oder sie sonst kunstvoll auseinandergenommen. Da hast Du keine Chance mehr, Zuchthengst beim Lebensborn zu werden und dem Führer lauter kleine blonde Soldatenkinderchen zu schenken.« Er lachte. »Na, Du hast sowieso nicht den richtigen Pedigree. Du bist zu dunkel, bist ja auch kein Nordmensch, sondern ein Dinarier, wie ich.«
Ich blödelte zurück: »Unser ›Reichsheini‹ schaut ja nun auch nicht gerade wie ein Wikinger aus.«
Wir wurden wieder ernsthaft. »Franz, lebend fall' ich den Iwans nicht in die Hände. Die letzte Kugel behalt' ich für mich.« Ich beschloß innerlich, es genauso zu halten.
Nachdem Mensch und Material entladen waren, wurden wir auf verschiedene Pferdewagen verladen. Unserer war eine Art Heuwagen, von Panjepferden gezogen. Wir zuckelten durch Ortschaften, die deutlich die Spuren von Tieffliegerangriffen zeigten, manche Häuser brannten noch, beißender Rauch und Qualm lagen über den Straßen. Wir spürten den bittern Geschmack des Krieges auf unseren Lippen. Wir fühlten uns als das letzte Aufgebot. Ich dachte an Trostberg, an meine Eltern, war überzeugt, daß ich sie nie wiedersehen würde.
Unsere Fahrt war gemächlich. Die Sonne schien, der Frühling war ins Land gezogen. Nur in der Ferne schien sich ein Gewitter zusammenzubrauen. Wir rissen wieder Witze, das beste Mittel gegen den ständigen Begleiter, die Angst. Es waren vor allem politische. Hitler wurde ausgespart. Über Hitler wurde nie gelacht. Hitler war ein Mythos, anders als bei den Franzosen, die auch über »Grand Jules« spöttische, allerdings nie re-

spektlose Bemerkungen machten. Ab und zu blieben unsere Panjepferdchen stehen, schauten uns vorwurfsvoll an. Unsere Lieder schienen sie zu stören. Es waren zeitgemäß abgewandelte Texte: »Es zittern am Arsch die Knochen, der Welt vor dem großen Krieg.« Und immer wieder den damals populären Schlager: »Es geht alles vorüber, es geht alles vorbei.«
Allmählich begann sich der Himmel zu verdüstern. Ein wolkenbruchartiger Regen rauschte herab. Im Nu waren wir bis auf die Haut durchnäßt. »Scheiße«, fluchte mein Kamerad. »Als Kind war ich so anfällig, daß ich beim geringsten Luftzug einen Husten und wenn ich naß wurde, die Grippe bekam. Aber als Soldat lag ich wochenlang im Dreck, immer in der gleichen Unterhose, im gleichen Hemd, war naß, dreckig. Aber glaubst Du, ich hätte vielleicht einen Schnupfen bekommen? Nix, rein gar nix! Und wenn ich meinte, es wäre soweit, da käme ein lazarettverdächtiges Fieber, dann kam der Iwan, machte uns Beine, wir rannten, schwitzten und das Fieber war weg.«
Wir stiegen vom Wagen, stellten die Pferde unter, legten uns auf das Pflaster, den Kopf auf den Rand des Bürgersteigs.
»Na, vielleicht schaffe ich jetzt eine vernünftige Lungenentzündung«, meinte mein Kamerad und ich erwiderte, völlig übergangs- und beziehungslos: »Du, ich erinnere mich, daß unser Doktor daheim immer gesagt hat, man solle auf sehr harter Unterlage schlafen. Bitte, härter geht's wohl nicht.«
So plötzlich der Regen gekommen war, so schnell ging er auch vorüber. Am Himmel prangte ein prächtiger Regenbogen. Die Luft war frisch und würzig. Wir kletterten wieder auf unser Wägelchen. Der Fahrer sagte: »Los!« Die tropfnassen und noch dampfenden Panjes rührten sich nicht. Da schrie plötzlich wie verrückt mein Kamerad: »Dawai, dawai!«, und erschreckt zogen unsere Klepper an. »Siehste, das sind ehemalige Russkis und jetzige Kriegsgefangene. Die wis-

sen, was ›Dawai, dawai‹ bedeutet. Na, vielleicht werden wir's auch bald erfahren.« Er zog mich auf im Stil meines französischen Intimfreundes, Capitaine Roy: »Weißt Du, die Iwans, das sind keine Tangotänzer mit Schmachtlocken wie Deine italienischen Makaros mit ihrer Kampfart, einen Schritt vor – zwei zurück, oder die Neger von Deinem Korsika. Für die Iwans gibt's nur eines – ›Urrah und vorwärts‹. Und wenn sie nicht so recht wollen, dann macht ihnen dahinter ein Kommissar mit der Maschinenpistole Beine, dawai, dawai! Der Oberiwan zeigt ihnen, wo's lang geht. Na ja, jedem das Seine, die rennen für Stalin, wir für Hitler, die haben den Kommissar im Kreuz, wir den Strick um den Hals. Die sowjetische Methode ist unkomplizierter.« Plötzlich sangen wir: »Wir marschieren für Hitler durch Nacht und durch Not, mit der Fahne der Jugend für Freiheit und Brot.« »Übrigens Brot, hast Du noch einen Kanten?«

»Nein, aber ich hab' wie immer noch ein flüssiges. Da!« Er reichte mir die Feldflasche. Wir tranken. Allmählich rutschten wir wieder in den Zustand hinein, der uns seit Prag begleitete und uns die Wirklichkeit oft nur durch einen Schleier sehen ließ. Diesmal war es schlimmer Fusel. Er roch wie Sprit. Wir wurden immer aufgedrehter. »Franz«, sagte mein Kamerad im bewußten Komödiantenton. »Franz, Du willst doch Schauspieler werden. Jetzt kannst Du bald eine Hauptrolle spielen, den Heldentod fürs Vaterland.« – »Ja, Du hast recht. Das wird eine wirklich einmalige Vorstellung. Wenn der Vorhang fällt, dann für immer.«

Als wir in der Unterkunft ankamen, einer behelfsmäßigen Baracke, waren wir stockbesoffen. Der »Spieß«, der Hauptscharführer, brüllte wie am Spieß: »Ihr Schweine, Ihr Verbrecher! Benehmen sich so Angehörige der Waffen-SS?! Man sollte Euch Saufbrüder in eine Bewährungskompanie schikken. Habt Ihr schon mal was von Strafeinheiten gehört? Da wird Euch das Saufen vergehn, da könnt Ihr mit einem Stock Minensuchen.« Unter dem Donnerwetter wurden wir allmählich nüchtern, versuchten, mit der Hand die Hosennaht zu finden, Haltung anzunehmen. »Jawohl, Hauptscharführer, Entschuldigung.« Das Wort »Verzeihung« war in der Waffen-SS verpönt, es roch nach Christus. Wir stolperten in die Unterkunft, bekamen einen Platz auf dem Boden zugewiesen, fingen unseren altbewährten Streit um die Decken wieder an, schliefen aber bald ein. Der Spieß hatte ein Einsehen, ließ uns den Rausch ausschlafen.

Unsere Baracke lag knapp hinter der HKL. Am nächsten Tag rückten wir in die vorderen Linien ein. Ich war Infanterist geworden, übernahm wieder einen Zug. Die Verluste waren in den letzten Monaten schrecklich gewesen. Leutnants führten Kompanien, Hauptmänner Bataillone, manchmal sogar Regimenter, die es allerdings nur noch auf dem Papier waren.

Vor uns lag die Oder – Deutschlands letzte Barrikade vor Berlin. Eigentlich war es einer der Oderarme. Es war meiner Erinnerung nach in der Nähe von Oderberg. Alles war friedlich. Einer meiner Leute sagte: »Uscha, wir gehen jetzt fischen.«

»Seid Ihr wahnsinnig, die Iwans knallen Euch doch ab, wie die Hasen!«

»Nee, wissen Sie, Uscha«, berlinerte der Sturmmann, »wir haben mit den Iwans so eine Art Abkommen. Vor 12 Uhr fischen wir mit Handgranaten, nachher sind die Roten dran.«

»Und die machen so mir nichts, Dir nichts mit?«

»Ja, schon seit Tagen.« – »Und wie ist das passiert?«

»So janz jenau weeß ick det ooch nich, aber ick habe jehört, bei den Iwans sollen Deutsche sein und da hat man det irjendwie ausgehandelt.«

Ich dachte, eigentlich ist das direkt unerlaubte Zusammenarbeit mit dem Feind, aber die Welt hatte sich verändert. Es war die Ruhe vor dem Sturm, das letzte Atemholen, und beide Seiten schienen dies noch zu genießen.

Also gingen wir fischen. Nichts passierte. Mittags bruzzelten Oderfische in der Pfanne, eine willkommene Bereicherung unserer mageren Verpflegung. Man mußte nur vorsichtig sein, um nicht einen kleinen Granatsplitter mitzuverzehren. Nachmittags gingen auf der anderen Oderseite die Wasserfontänen hoch. So ging das ein paar Tage. Unser Kommandeur billigte das Fischen und beteiligte sich beim Essen. Und dann trat etwas ein, worüber ich nur mit Mühe sprechen kann, weil es mein Schamgefühl verletzt. Ich war auch im Kriege noch weitgehend der Dorfbub geblieben. Das sogenannte »Katholische« Milieu hatte mich mit geprägt. Bestimmte Krankheiten wurden Strafe Gottes genannt. Die Übergänge von Moral zur Heuchelei waren fließend. Schon im Dorf bekam ich mit, daß ehrenwerte Leute nach der Devise handeln: Man darf alles tun, außer sich erwischen zu lassen. – Nun, mich hatte es erwischt!

Nach ein paar Tagen in der HKL merkte ich, daß ich Schmerzen beim Wasserlassen bekam. Ich fragte einen Kameraden: »Ach was, Du hast einen Windtripper, hast irgendwo gegen den Wind gepinkelt, in ein paar Tagen ist alles vorbei.« Ein paar Tage vergingen, nichts war vorbei. Die Schmerzen wurden größer. Ich ging zum Spieß, einem erfahrenen alten Krieger. Der besah sich die fragliche Stelle. Seine lapidare Auskunft: »Sonnenklar, Kopfschuß, Tripper.« Ich war am Boden zerstört. Nie in meinem Leben hatte ich daran gedacht, daß mir so etwas passieren könnte. Ich hatte mich für meine Kameraden geschämt, wenn sie ebenso offenherzig wie sachlich über ihren Tripper sprachen, ihn als Bagatellsache, als »unteren Schnupfen« gegenüber der gefährlichen Syphilis abtaten, von einem harmlosen »Verkehrsunfall« sprachen.

Der Spieß bemerkte meine Verwirrung und Scham. Fast väterlich meinte er: »Mach' Dir nichts draus, Junge.Kommst in ein Lazarett, in ein paar Tagen bist Du wieder hier, oder«, fügte er nachdenklich hinzu, »wir sind nicht mehr hier und dann ist es besser für Dich, wenn Du schon einen Vorsprung hast. Weißt Du, wo es passiert ist?«
»In Berlin, Hauptscharführer.« — »Puff?« — »Nein, Hauptscharführer, es war ein nettes Mädchen, das heißt Frau, eigentlich, so genau weiß ich das auch nicht. Vielleicht hat sie es selbst nicht gewußt, Frauen tun sich da etwas schwerer, nicht?« Ich merkte, wie ich sie verteidigen wollte, vielleicht auch deshalb, um meine Enttäuschung, meine Scham erträglicher zu machen. Der Spieß winkte ab: »Na, ein besonderes Licht auf dem Gebiet scheinst Du ja nicht zu sein.« Ich schwieg. Der Spieß fuhr fort: »Gut, daß es so passiert ist. Du weißt ja, wenn jemand im Puff war und sich nachher nicht sanieren ließ, kann ihm das als Versuch der Selbstverstümmelung ausgelegt werden, und was darauf steht, brauch' ich Dir nicht zu sagen.«
Ich erschrak. Daran hatte ich noch gar nicht gedacht. Ich weiß nicht, warum, aber der Spieß hatte einen Narren an mir gefressen, der gleiche Spieß, der uns bei der Ankunft so zur Sau gemacht hatte. Irgendwie schien er Mitleid mit dem noch reichlich grünen Jungen zu haben. Er besprach sich mit dem Sanitäter und, mit einem sicheren Papier versehen, das mich vor den »Kettenhunden«, den Streifen, — schützen sollte, wurde ich in das Lazarett nach Eberswalde in Marsch gesetzt — diesmal wieder auf einem Panjewagen. Die Fahrt zum Lazarett dauerte Stunden. Immer wieder Tieffliegerangriffe, immer wieder Kontrollen durch Streifen der Feldpolizei. Jedesmal klopfte mein Herz, wenn ich meinen Passierschein vorzeigte. Die Formalitäten im Lazarett waren kurz. Mit der Behandlung wurde sofort begonnen, mit schwerstem Geschütz.

Man verpaßte mir in die Hüfte eine Olobinthin-Injektion, in der Landsersprache als »Zementspritze« bekannt und gefürchtet. Sie lähmt allmählich das Bein, ruft allgemeine Kopf- und Gliederschmerzen hervor, führt zu Fieber, das bis zu 40 Grad hochschnellt. Diese Spritze galt als Radikalkur, um den Landser möglichst in einer Woche wieder an die Front schikken zu können.

Am dritten Tag, Beinschmerzen und Fieber waren zurückgegangen, aber ich fühlte mich nach wie vor hundeelend und zerschlagen, hieß es, das Lazarett wird geräumt, nach hinten verlegt, die Russen kämen. Ich glaube, es war der 17. April. In meinem Fieberdelirium hatte ich nicht mitbekommen, daß am 16. April, morgens um vier Uhr, 22 000 sowjetische Geschütze Tod und Verderben auf die teilweise von 140 riesigen Flakscheinwerfern erleuchteten deutschen Stellungen spien. Die deutsche Front hatte dem nichts mehr entgegenzusetzen. Überall gelangen den Russen Einbrüche, die ganze Front geriet in Bewegung, von einem einheitlichen Frontverlauf war nicht mehr zu reden. Die Schlacht um Berlin, der Endkampf hatte begonnen. Er traf mich bei meinem körperlichen und vor allem seelischen Tiefpunkt. Mühselig stand ich auf, die Zähne klapperten, der Kopf dröhnte. Wir bekamen einen Beutel mit Medikamenten und Instrumenten zur Selbstbehandlung. Kameraden und Sanitäter halfen mir auf den Wagen. Eingehüllt in Decken lag ein schwitzendes, fieberndes und hilfloses Bündel Mensch. Eigentlich wollte ich sterben. Ich betete.

Hier erfuhr ich, wie recht mein Dorfpfarrer hatte, als er uns einmal sagte: »Das Gebet ist nichts anderes als eine Art Exerzierreglement. Es gibt Übungen, die muß man im Schlaf beherrschen, um sich in der Stunde der Gefahr auf sie verlassen zu können. Da kann man nicht mehr nachdenken, da kann man nur noch beten.«

Ich habe zur Religion ein fast kindliches Verhältnis, schlage das Kreuz, wie ich es gelernt habe, tauche den Finger vorher in Weihwasser und knie vor dem Altar nieder. Auch wenn ich heute da und dort, insbesondere bei jungen Menschen, mehr Unverständnis, ja sogar Spott ernte, als damals bei der Waffen-SS. Ich werde nie eine innere Beziehung zu Theoretikern wie Küng finden, deren Gottsuche von sehr irdischer Eitelkeit begleitet zu sein scheint. Nie war meine Beziehung zur katholischen Kirche enger als damals bei der Waffen-SS, nie habe ich mehr gebetet und bin öfter zur Kirche gegangen.

Unser Holzgaser ruckte an. Bald kam es zu der Szene, die ich zu Anfang des Buches beschrieben habe: Russische Panzer durchgebrochen ...

16
Die Tätowierung und ihre tragischen Folgen

Nach dem Panzerüberfall meldeten sich die Schmerzen, die während des Kampfes vergessen und durch die Angst betäubt waren, wieder. Wir erreichten nach längerem quälendem Fußmarsch unseren Wagen, der sich ein paar Kilometer nach hinten, aus dem Bereich der unmittelbaren Gefahr, abgesetzt hatte. Er war unbeschädigt geblieben. Einige Kameraden fehlten. Wir nahmen frisch Verwundete auf, setzten den Weg fort. Begleitet vom Stöhnen der Verletzten, rumpelten wir über die Landstraßen. Kein Wort war zu hören. Alle starrten angstvoll zum Himmel. Die Angst vor Tiefffliegern saß uns im Genick. Die Sonne schien warm. Ich hatte meinen Uniformrock und das Hemd ausgezogen. Kurz vor Neuruppin war es wieder soweit. Schlachtflieger donnerten heran. Mit nacktem Oberkörper sprang ich vom Wagen, keine Sekunde zu früh, warf mich in den Straßengraben. Der Wagen wurde von einer Geschoßgarbe erfaßt, brannte lichterloh, die nicht gehfähigen Verwundeten kamen in dem Flammenmeer um. Ich überlebte wieder einmal. Was machte es mir aus, daß mein Tornister, mein Brotbeutel, meine Decke, das Soldbuch, meine sorgsam gehüteten Fotografien ebenfalls ein Raub der Flammen wurden. Was mir blieb war meine Erkennungsmarke: 6.E.L.SS AH 307
Schlimm war, daß die Medikamente weg waren. Weiter ging es, teils zu Fuß, teils nahm uns Übriggebliebene ein Lastwagen ein paar Kilometer mit. Wir erreichten ein Dorf. Da gab's eine Apotheke. Oh Wunder. Sie war sogar offen und funktionierte noch. Eine junge höfliche Apothekerin fragte, was ich brauche. Ich wurde rot bis zu den Haarwurzeln, sagte stotternd, ich brauchte dies für einen Kameraden. Sie schien völ-

lig unbeeindruckt zu sein, wirkte geschäftsmäßig kühl, meinte dieses und jenes habe sie zwar nicht, aber das würde zur Not auch gehen. Im übrigen solle der Kamerad so schnell wie möglich ein Lazarett aufsuchen. Das Wort Kamerad begleitete sie mit einem Augenzwinkern. Sie wußte Bescheid. Sie gab mir zum Abschied die Hand, fast demonstrativ, und meinte tröstlich: »Es gibt Schlimmeres.« Ich bedankte mich mit einem Päckchen Zigaretten.
Wir wollten nach Lübeck. Auf Güterzügen und Lastwagen, unterbrochen von Fußmärschen, ging die Reise weiter. Den Verlust meines Soldbuches hatte ich gemeldet, ich bekam eine Bestätigung, auch einen neuen Transportausweis. Unserem Transportführer, einem Leutnant der Wehrmacht, wurde eingeschärft, unseren Haufen zusammenzuhalten, damit es bei den vielen Kontrollen nicht zu gefährlichen Komplikationen käme. Mir ging es allmählich besser, das Fieber verschwand.
An der Genesung half auch die Natur mit. Überall brach sie auf. Es war, als wolle sie das Grauen mildern, das Menschenhand bewirkt hatte. Die Sonne lachte vom Himmel. Es begann zu grünen. Die Luft war mild. Nie in meinem Leben habe ich so bewußt den Frühling erlebt, wie damals. Der seidige Frühlingshimmel erinnerte mich manchmal an den Föhnhimmel meiner Heimat. Plötzlich fielen mir die prächtigen Fronleichnamszüge ein. Von einem Tuchhimmel beschirmt, die Monstranz, das Allerheiligste! Über den Köpfen der Gläubigen flatterte ein weiß-blaues Banner, in das oft das zarte Antlitz der Mutter Gottes hineingestickt war. In der Luft waren Gesang und Gebet. Da blieb selbst mein Vater nicht unbeeindruckt.
Aus diesem vorweg genommenen Frühlings- und aufkeimenden Friedensträumen wurde ich plötzlich brutal gerissen. Es dürfte nicht mehr allzu weit von Lübeck gewesen sein, als wir

Rast machten. Wir blieben wieder auf einem Lastwagen sitzen, dösten vor uns hin, genossen die Sonne. Auf einmal war in der Ferne Geschrei zu hören. Der Wind trieb Staubwolken zu uns her. Aus einer Kurve kam ein Gespensterzug, eine weiß-grau gestreifte Flut. Die Flut kam langsam. Unendlich müde schleiften Füße über die Straße. Teils steckten sie in Holzpantinen, in abgewetzten Schuhen. Manche hatten nur Socken an. Einige gingen barfuß. Ausgemergelte Körper, in den Gesichtern keine wahrnehmbare Regung. Dazwischen brüllende Wachen, hechelnde Hunde. Da und dort fielen Schüsse. Es war ein Trupp von KZ-Angehörigen, der aus einem von dem russischen Vormarsch bedrohten KZ in das noch unbesetzte Gebiet getrieben wurde. Vielleicht kamen sie aus Oranienburg. Wir haben es nicht erfahren. Meine Waffen-SS-Kameraden und ich waren wie erstarrt. Wahrscheinlich ist uns erst da aufgegangen, was uns bei Kriegsende erwartete. Die Bewacher trugen dieselben SS-Runen am Spiegel, den gleichen Totenkopf an der Mütze. Ein Kamerad sagte: »Und die Blutgruppe, haben die wie wir eingebrannt? Wie könnten wir hier, wenn wir gefangengenommen würden, erklären, daß wir von der kämpfenden Truppe sind, von der Waffen-SS und nicht von der Wächtertruppe?«
Wir sagten dem Fahrer, er solle sofort abfahren. Wir wollten weg aus der Zone des Grauens und des Todes. Erstmals spürten wir teils spöttische, teils feindselige Blicke von Kameraden der Wehrmacht, die uns bis dorthin mit größtem Respekt behandelt und die Tapferkeit der Waffen-SS gerühmt hatten. Damals kam mir der Gedanke, meine Blutgruppe entfernen zu lassen. Ich hatte von Kameraden gehört, daß es diese Möglichkeit gäbe, aber kaum Ärzte, die den Eingriff machen wollten. Ich hatte auch von Selbstverstümmelungen gehört. Kameraden hatten sich mit der Pistole in den linken Oberarm geschossen, aber durch die Schmauchspuren wurden sie über-

führt. Sie endeten wegen Selbstverstümmelung an einem Baum, den Strick um den Hals. Aber auch in der Gefangenschaft konnten die alliierten Ärzte leicht herausbringen, ob es sich um eine wirkliche Verwundung oder um eine Selbstverstümmelung handelte. Wunden am linken Oberarm waren jedenfalls suspekt. Einen besonders tragischen Fall bekam ich selbst mit. Wir hatten einen Angehörigen der Division Handschar, der bosniakisch-kroatischen Freiwilligen-Einheit, bei uns. Wie es ihn an die Ostfront verschlagen hatte, weiß ich nicht mehr. Ein Granatsplitter hatte ihn am linken Arm bis über den Ellenbogen schwer verletzt. Er wurde amputiert. Die Amputation endete ein paar Zentimeter vor der verräterischen Tätowierung. Vergebens hatte er nach der Operation gebeten, auch noch die paar Zentimeter weg zu operieren; der Arm wäre so und so nicht mehr brauchbar. Die korrekten deutschen Militär-Ärzte, denen offensichtlich die Tragik nicht bewußt war, die keine Ahnung hatten oder nicht haben wollten, was einem Träger der Blutgruppe passieren konnte, weigerten sich. Der Bosniake klagte mir sein Schicksal.

»Wenn wir den Krieg verlieren, werde ich ausgeliefert. Ich weiß, was die Tito-Leute mit uns machen. Sie quälen uns langsam zu Tode. Sieht denn das kein Deutscher ein? Ich hab' für die Deutschen, glaube ich, tapfer gekämpft, das Eiserne Kreuz bekommen und einen Arm verloren. Und die paar Zentimeter könnten mich retten. Gibt es denn keine Dankbarkeit?«

Ich versprach, ihm zu helfen. Im nächsten Lazarett, in dem wir versorgt wurden, sprach ich einen Oberstabsarzt an, erzählte ihm vom tragischen Schicksal meines Kameraden und bat um Hilfe. Ich kam an den Verkehrten, an einen arroganten, ahnungslosen Spezialisten, dessen Horizont über das Heimatlazarett nicht hinausreichte. Er brüllte mich an: »Wissen Sie, was Sie da verlangen, ausgerechnet Sie, von der Waf-

fen-SS? Beihilfe zur Selbstverstümmelung. Mann, haben Sie ein Glück, daß ich Sie nicht melde, sonst könnten Sie sich gleich einen Baum aussuchen.«
Ich wurde blaß, jetzt wurde mir erst die Gefahr bewußt, in der ich schwebte. Und bösartig setzte dieser »Menschenfreund«, auf meine Krankheit hinweisend, hinzu: »Lieber schneide ich Ihnen den Pimmel ab, als diesem Balkanesen den Arm kürzer. Hauen Sie ab!«
Ich berichtete meinem Freund schonend, daß mein Versuch, ihm zu helfen, vergebens gewesen war. Er schaute mich nur traurig an, sagte: »Danke, Kamerad«, drehte sich um und ging ein paar Schritte weiter hinter ein Gebüsch. Ich dachte, er wolle austreten gehen. Ein paar Sekunden später fiel ein Schuß. Ich rannte zum Gebüsch. Mit dem Gesicht zur Erde lag der Bosniake. Die Pistole lag neben seinem gesunden Arm. Aus dem offenen Mund tropfte Blut. Er war ein Opfer deutscher Paragraphenhengste. Wir begruben ihn hastig, zogen weiter.

Es kam der 20. April. Hitlers Geburtstag. In irgendeinem Keller hörte ich die Geburtstagsrede von Dr. Goebbels. Sie machte auf mich keinen sonderlichen Eindruck mehr. Wir waren der großen Worte leid geworden. Wir hatten den berühmten Tagesbefehl gelesen und im Radio oft gehört: »Berlin bleibt deutsch, Wien wird wieder deutsch und Europa wird niemals russisch.« Unsere Realität war die Flucht. Wir hatten kaum Zeit, an das Schicksal des Reiches zu denken, wir waren mit dem Überleben vollauf beschäftigt. Jetzt, da es mir wieder etwas besser ging, wollte ich nicht mit 22 Jahren sterben, auch nicht für Führer, Volk und Vaterland. Es gab für mich kein Feld der Ehre mehr, sondern nur noch die Schlachtbank, auf die wir noch geführt werden sollten. Das Einzige, was mich an diesem Aufruf beeindruckte, waren

diese Sätze: »Zum letzten Mal ist der jüdisch-bolschewistische Todfeind mit seinen Massen zum Angriff angetreten. Er versucht, Deutschland zu zertrümmern und unser Volk auszurotten. Ihr Soldaten aus dem Osten wißt zu einem hohen Teil heute bereits selbst, welches Schicksal vor allem den deutschen Frauen und Mädchen und Kindern droht. Während die alten Männer und die Kinder ermordet werden, werden Frauen und Mädchen zu Kasernenhuren erniedrigt. Der Rest marschiert nach Sibirien.«
Ich dachte: Der Umweg über Sibirien zum Himmel bleibt Dir wenigstens erspart, bei Dir geht die Reise direkt vom Lauf eines Russenrevolvers über's Genick. Wir hatten auch bereits vom unmenschlichen Gekreische eines Ilja Ehrenburg gehört, der zum Erschlagen der deutschen Soldaten und zur Vergewaltigung deutscher Frauen aufgefordert hatte.
In Lübeck hörten wir, daß Göring aus »Gesundheitsrücksichten« zurückgetreten sei. Auch das berührte uns nicht mehr, obwohl ich mir aus meiner Kindheit eine gewisse Schwäche für den letzten Kommandeur des Jagdgeschwaders Richthofen bis zum Schluß bewahrt hatte.
Aber unsere Sorgen waren das nun auch nicht mehr. Wir Waffen-SS-Leute besprachen uns, schmiedeten Komplotte, sonderten uns immer mehr von den anderen ab. »Wie kommen wir raus aus Deutschland? Schaffen wir's bis Dänemark, vielleicht findet sich ein U-Boot, das uns mitnimmt? Nach Spanien oder gar nach Südamerika!« Ein »Lord«, ein ebenfalls »liebeskranker« Marineangehöriger, den wir ins Vertrauen gezogen hatten, zerstörte brutal unsere Hoffnungen: »Quatsch mit Soße, meint Ihr vielleicht, die Jungens warten nur auf Euch? Die wollen doch selber weg, und ein paar Bonzen haben sicher schon einen ›Logenplatz‹ bestellt.« – »Er hat recht«, meinte ein Kamerad. »Außerdem müssen wir ja erst gesund werden.« So richteten sich unsere

Hoffnungen auf die Engländer. Auf keinen Fall wollten wir den Russen in die Hände fallen.

Aber zunächst gab es andere Schwierigkeiten. Unser Transportführer verhandelte in der Nähe des Kaiser-Wilhelm-Kanales wegen unserer Aufnahme mit Lazaretten. Sie waren alle überfüllt. Nur Schwerverwundete wurden aufgenommen. Wir galten, verständlicherweise, als keine »dringenden Fälle«. Aus einer gewissen Scham bestanden wir auch nicht auf einer Aufnahme und zogen weiter. Durch saubere, schmucke Dörfer, die unzerstört waren und das Bild tiefsten Friedens boten. Die Dorfbewohner betrachteten uns mißtrauisch; wenn wir um die Erlaubnis von Übernachtungen baten, sagten sie, im nächsten Dorf gäbe es ein Lazarett, das habe noch Platz. Die Lügen gingen ihnen leicht über die Lippen, St. Florian war allgegenwärtig.

So kamen wir an die äußerste Ecke des Reiches, nach Flensburg. Nach zwei Tagen Lazarettaufenthaltes schickte man uns wieder etwas südlicher, nach Schleswig. Hier war die Endstation meiner langen Reise. Wir wurden in einer Turnhalle einquartiert, lagen auf Strohsäcken, jede Ecke war besetzt. Es herrschten Mief und Gestank. Von Pflegepersonal und Ärzten wurden wir jedoch immer anständig behandelt. Gott sei Dank war ich gesundheitlich schon fast über den Berg, hatte nur noch die Kontrollen abzuwarten. Ich konnte schon wieder auf dem Turnplatz Fußball spielen.

17
Die Nachricht von Hitlers Tod und Gefangenschaft

Es kam der 1. Mai. Es war warm. Wir saßen draußen, rauchten, sangen. Plötzlich schreit einer: »Sofort in den Turnsaal kommen. Sondermeldung!«
Wir stürzten in den Krankensaal, drängten uns um den Lautsprecher. Die Musik brach ab. Es war 21 Uhr 25. Der Sprecher des Senders Hamburg sagte: »Aus dem Führerhauptquartier wird gemeldet, daß unser Führer, Adolf Hitler, heute nachmittag in seinem Befehlsstand in der Reichskanzlei, bis zum letzten Atemzug gegen den Bolschewismus kämpfend, für Deutschland gefallen ist. Am 30. April hat der Führer Großadmiral Dönitz zu seinem Nachfolger ernannt.«
Nach meiner Erinnerung ertönten dann das Deutschland- und Horst Wessel-Lied. Dieses wohl zum letzten Mal. Ich schaute mich um, hatte eine trockene Kehle. Mein Herz gehörte schon lange nicht mehr der Waffen-SS, aber in diesem Augenblick war ich wieder ein Gardist, dessen Führer kämpfend gefallen war. Von Selbstmord war ja nicht die Rede gewesen. Viele unter uns hatten Tränen in den Augen. Ich auch. Mag es der Führermythos gewesen sein, die permanente nervliche Erschöpfung, die Ängste, wer weiß! Aber es ist die Wahrheit. In diesem Augenblick waren wir auch wieder ein Haufen, die Männer der Waffen-SS, des Heeres, der Luftwaffe und der Marine. Wir waren deutsche Soldaten, die sich der Niederlage bewußt wurden. Wir waren geschlagen, auf Gnade und Ungnade den Siegern ausgeliefert. Einer, ein »Lord«, trat in die Mitte des Saales und rief: »Unserem Führer, Adolf Hitler, ein dreifaches Sieg-Heil, Sieg-Heil, Sieg-Heil!«

Das Echo war vielleicht dünner als sonst, aber es war da. Dann befahl ein Hauptsturmführer alle Angehörigen der Waffen-SS nach draußen. Er hielt eine militärisch kurze und unpathetische Ansprache. Zum Schluß sagte er: »Und nun singen wir unser Lied, vielleicht zum letzten Mal.« Er stimmte an: »Wenn alle untreu werden, so bleiben wir doch treu, daß immer noch auf Erden für Euch ein Fähnlein sei. Gefährten unserer Jugend, Ihr Künder bess'rer Zeit, die uns zu Männertugend und Liebestod geweiht.« Ich wollte erst gar nicht mitsingen. Dann sang ich doch mit. Ich konnte mich der Faszination des Augenblicks nicht entziehen. Nur die Sache mit dem Liebestod störte mich – verständlich!

Nun warteten wir auf die Tommies. Wir waren geschlagen und gezeichnet, der Gnade und Ungnade der Sieger ausgeliefert. Es kam der Waffenstillstand. Wir hörten im Radio den Satz: »Die deutsche Bestie liegt am Boden.«
Daß wir Gefangene waren, ging uns erst auf, als eines Morgens englische Offiziere mit zur Visite kamen. Sie betrachteten uns mit indifferentem Gesichtsausdruck. Sie behandelten uns äußerst korrekt, wenn auch von oben herab. Die Soldaten, die uns bewachten, sahen auf uns Waffen-SS-Männer mit besonderer Neugier, manchmal – so schien es mir – lag darin sogar ein gewisser Respekt. Schikanen gab es nicht. Ich möchte dies besonders hervorheben, denn unsere Bewacher gehörten zu den Truppenteilen, die das KZ Bergen-Belsen befreit hatten. Sie aber wußten den Unterschied zwischen Waffen-SS und der KZ-SS. Nicht wenige unter den Tommies waren in der Normandie gewesen und hatten der heldenmütig kämpfenden SS-Division Hitlerjugend gegenüber gelegen. Sie schüttelten den Kopf, wenn sie von der Tapferkeit der 18- und 19-jährigen Panzergrenadiere sprachen: »They have been real fanatics. They never surrendered.« (Das waren

wahre Fanatiker. Die haben sich nie ergeben.) Sie ließen sich lieber erschlagen, fügten sie bedauernd hinzu.

Nach ein paar Tagen wurden wir aus dem Turnsaal ausquartiert. Wir zogen in die Domschule, einen geräumigen und mächtigen Backsteinbau, um und wurden 6 bis 8 Mann hoch in ehemaligen Klassenzimmern untergebracht. Ich war ein sogenannter Genesender und mußte noch ein paar Proben abwarten, um als endgültig geheilt zu gelten. Aufgrund meiner Sprachkenntnisse avancierte ich zum Lagerdolmetscher. Früher, als Schüler, hatte ich mich stets geärgert, daß mir die Fügung große Begabung für Fremdsprachen in die Wiege gelegt hatte, mir andererseits den Weg einer Null in Mathematik vorzeichnete. Jetzt war ich dankbar. Sprachkenntnisse waren das Wichtigste für einen Gefangenen. Infolge meiner Dolmetschertätigkeit mußte ich öfter zur Wachstube kommen, kam dadurch mit den Wachmannschaften ins Gespräch. Mir imponierte der »zivile« Umgangston, am meisten aber, daß die Offiziere jedem Befehl an einen Soldaten ein »Will You« hinzufügten. Nicht, daß deshalb der Befehl in Frage gestellt wurde; der Soldat hatte zu Wollen. Aber diese bloße Höflichkeit mußte auf einen deutschen Landser Eindruck machen, der bei Befehlen das Wort »bitte« kaum je hörte.

Schnell bekam ich heraus, daß bei der Einheit vor allem Arbeiter aus London dienten, deren Cockney-Dialekt mir am Anfang nur schwer verständlich war. Die meisten waren Anhänger der Labour-Party, sprachen höchst respektlos über Churchill, so daß es mir manchmal gleichsam die Sprache verschlug. Undenkbar, daß wir je so über Hitler gesprochen hätten, nicht einmal jetzt in der Gefangenschaft. Die zwölf nationalsozialistischen Jahre hatten tiefe Spuren hinterlassen. Für uns überraschend fanden auch nicht wenige Engländer am Dritten Reich nicht alles schlecht. Sie wußten beispielsweise von KDF-Fahrten, sogenannten »Kraft durch Freude-Fahrten« durch die deutsche Arbeitsfront. Nicht selten meinte einer der Bewacher, er könne schon verstehen, daß die deutschen Arbeiter Nazis geworden seien, es sei ihnen doch gut gegangen, meistens viel besser als ihren englischen und französischen Arbeitskollegen. Natürlich waren nicht wenige anderer Meinung. Es gab oft stundenlange Redeschlachten, bei denen sich besonders ein junger Professor hervortat, der im spanischen Bürgerkrieg in der Internationalen Brigade mitgekämpft hatte und den Labourführer Attlee, ebenfalls ein alter Brigadier, persönlich kannte. »He is a damned Red«, sagten über ihn andere, die Anhänger der Konservativen waren. Mir gingen Augen und Ohren über. Ja, wie sprachen denn die über und mit ihren Vorgesetzten?

Obwohl ich mich in keiner Weise anbiederte, sogar bewußt Distanz hielt und Deutschland oft gegen besseres Wissen verteidigte, brachte mir mein Umgang mit den Wachsoldaten auch persönliche Vorteile. Ich bekam belegte Brote, Zigaretten und manchmal auch Schokolade. Aber, obwohl ich mit meinen Kameraden redlich teilte, spürte ich das Mißtrauen, das gerade von politischen Leitern ausging, die von ihren Pfründen abgeschnitten waren. Einer ging sogar so weit, daß er sich bei der Wachmannschaft beschwerte, daß ausgerechnet ein so junger Spund, noch dazu von der Waffen-SS, Lagerdolmetscher geworden wäre. Da gäbe es doch ältere Gefangene, die auch englisch könnten, sogar Professoren und Lehrer wären darunter. Aber, da kam er an die Falschen. »Fuck off, you bloody bastard. You all have been Nazis, not only this young Guy here.« (»Hauen Sie ab, ihr seid doch alle Nazis gewesen, nicht nur dieser junge Bursche«). Der Mann trollte sich. Wenn er mich sah, blitzte Haß in seinen Augen auf. Er gehörte aber zu denen, die sich nichts daraus machten, sich nach den weggeworfenen Zigarettenkippen zu bücken.

Jetzt, wo die Rangunterschiede fielen, zeigte es sich, was für ein Mensch in der Uniform steckte. Mancher kramte seine Sprachbrocken zusammen, um einem Tommy zu sagen: »England good, Russki nix good, Englishman und German good friends.« Meistens drehten sich die Londoner Arbeiter angewidert ab. Rückblickend möchte ich in diesem Zusammenhang auf Churchill verweisen, der einmal sagte, daß »die Deutschen entweder alles mit ihren Soldatenstiefeln niedertrampeln oder den anderen die Schuhe lecken«.

Mein größtes Plus war übrigens, daß ich ein guter Kenner des europäischen Fußballs war und leidenschaftlich mit den Engländern darüber diskutieren konnte, wie der Abwehrblock Hibbs – Male, Hapgood funktionierte und ob Matthews ein besserer Außenstürmer als Bastin gewesen sei. Neben Fußball war Boxen unser Hauptthema. Lebhaften Widerspruch erntete ich hier durch meine Behauptung, der englische Boxchampion Tommy Farr hätte keine Chance gegen unseren Schmeling gehabt.

Eines Tages wollten ein paar sportliche Bewacher wissen, ob meine praktischen Kenntnisse im Fußball ebenso gut wie meine theoretischen wären. Einer holte den Ball, ab gings in den Schulhof und in Kürze war das schönste Gekicke im Gange, dabei unter lauter braunen Tommies ein Feldgrauer. Trotz meiner gerade überwundenen Krankheit absolvierte ich den Test zur Zufriedenheit. Dies vor den Augen meiner Mitgefangenen, die sich die Nasen an den Fenstern plattdrückten. Als mir die Tommies vorschlugen, öfter mitzuspielen, lehnte ich jedoch ab, um nicht den Neid einiger Mitgefangener herauszufordern. Mein Gegenvorschlag, ein Spiel Bewacher gegen Bewachte zu machen, mußten sie abschlagen. Das Non-Fraternisations-Gebot sah solche sportlichen Treffen, wo es sogar zu körperlichen Berührungen kommen konnte, nicht vor. Daß aber die Engländer zumindest im

Sport etwas von Fair Play halten, geht daraus hervor, daß ein ehemaliger Kriegsgefangener später zu einem der beliebtesten und berühmtesten englischen Fußballer werden konnte, der Torwart Bert Trautmann von Manchester City.

Zu schweren seelischen Belastungen von uns kam es, wenn uns die Engländer ihre erschütternden Fotos zeigten, die sie nach der Einnahme des KZ von Bergen-Belsen gemacht hatten. Nur ein Zipfel bitterer Wahrheit hatte sich gezeigt, als wir auf der Fahrt nach Lübeck auf den Elendszug von KZ-Insassen gestoßen waren. Aber nun erfuhren wir durch Presse und Rundfunk immer mehr von den begangenen Greueltaten. Wir Angehörigen der Waffen-SS wußten, wie alle übrigen Deutschen, daß es Konzentrationslager gab, aber ich kann sozusagen unter Eid behaupten, daß ich während meiner Zeit in der Waffen-SS nie etwas von Greueln in KZ's gehört hatte, geschweige denn von Vergasungen. Den Namen Auschwitz hörte ich erstmals in der Gefangenschaft. Der historischen Gerechtigkeit wegen muß allerdings hinzugefügt werden, daß es in der Waffen-SS eine verschwindende Zahl von Mitgliedern gab, die früher Wachmannschaften angehört hatten. Es darf aber ebenfalls nicht verschwiegen werden, daß auch die Wehrmacht mit Flecken auf ihrem Ehrenschild leben muß, weil auch sie sich nicht immer aus den tragischen Verstrickungen zu lösen wußte. Mancher Marschall, mancher General, mancher hohe Beamte, der sich nach dem Kriege als Hitler-Gegner auswies, hätte besser geschwiegen. Mittlerweile sind Dokumente aufgetaucht, die zeigen, daß sie nicht nur keinen Widerstand gegen völkerrechtswidrige Maßnahmen geleistet, sondern sich da und dort sogar zu Erfüllungsgehilfen gemacht hatten oder machen ließen. Die Weltgeschichte ist das Weltgericht und die Mühlen der Gerechtigkeit mahlen manchmal langsam.

1945/46 wurde jedoch das Problem Schuld und Sühne meist

ganz rasch angegangen und schnell gesühnt. Manche der Verurteilten hätten später vielleicht mildere Richter gefunden. Ich kann mich noch gut an Fotos und Wochenschau-Ausschnitte z.B. von dem Prozeß gegen die weiblichen Wachmannschaften von Bergen-Belsen erinnern. Hauptangeklagte war die noch junge Irma Greese, ein sauberes, fast schön zu nennendes, blondes Mädchen, dem niemand ein so grausames Verhalten zugetraut hätte. Sie wurde mit anderen Aufseherinnen zum Tode verurteilt und aufgehängt. Ohne Nationalsozialismus hätte sie vielleicht ein normales Leben geführt. Man sagt nicht umsonst, der Mensch denkt, Gott lenkt. Ich will damit nicht sagen, daß Gott die Schritte dieses Mädchens in ein KZ und damit ins Verderben lenkte, aber die Vorsehung läßt manchen sogar aus todbringenden Kurven relativ unbeschädigt herauskommen, während andere sich auf dem gleichen Kurs das Genick brechen. So saßen nach dem Krieg wieder einige an den Schaltstellen der Politik und der Wirtschaft, die die Verhältnisse entweder mitschufen oder sie zumindest tolerierten, an denen eine Irma Greese zerbrach. Natürlich ist es bequem, mit Fingern auf ein Mädchen wie Irma Greese zu zeigen, auf die KZ-Wachmannschaften überhaupt.
Die Schuldfrage kann jedoch nicht nach dem Delegationsprinzip gelöst werden. So wurde dies jahrzehntelang gemacht. Die heutigen Politiker waschen ihre Hände in Unschuld und verweisen auf die Nazis. Diese wiederum machten das korrupte Weimar für alles Böse verantwortlich. Damals war die Wurzel allen Übels der Versailler Vertrag. Und so weiter und so fort. So wird Vergangenheitsbewältigung zu einem Stafettenlauf. Da wird der Stab, genannt Alibi, immer weiter gereicht bis zu den zuletzt alleinschuldigen Schlußläufern, den KZ-Wachmannschaften. Auch unter den KZ-Wachmannschaften gab es Menschen, wie man heute weiß

und es auch in Eugen Kogon's Buch »Der SS-Staat« nachlesen kann, die unter schwersten Bedingungen und sogar unter Einsatz ihres Lebens anständig geblieben sind.

Im übrigen konnte das Schicksal Soldaten aller Wehrmachtsgattungen in die teuflische Situation eines KZ-Wärters bringen. Gerade zu Ende des Krieges hat man nicht selten Verwundete und Kranke, die nicht mehr fronttauglich waren, zur KZ-Bewachung herangezogen. In jenen turbulenten Tagen hat man allerdings nicht viel Federlesens gemacht, kaum zwischen Gerechten und Ungerechten unterschieden. Waren unter den 300 deutschen SS-Leuten der Wachmannschaft von Dachau, die sich am 28. April den Amerikanern ergeben hatten und völkerrechtswidrig erschossen wurden, nicht vielleicht auch solche, die das Los gegen ihren Willen dorthin verschlagen hatte? In der Verlautbarung des US-Oberkommandos vom 30. April las sich das so:

»Unsere Streitkräfte haben das KZ Dachau eingenommen und gesäubert. Etwa 300 SS-Männer der Bewachung wurden außer Gefecht gesetzt.«

Bei einem Besuch des National Archives in Washington konnte der bekannte Historiker Dr. Schickel in Augenschein nehmen, wie dies geschehen war. Ihm wurde ohne Zögern ein Foto gezeigt, auf dem drei vor einer Mauer stehende deutsche Soldaten mit erhobenen Armen zu sehen sind, inmitten einer Menge lebloser Körper. Davor standen zwei amerikanische Soldaten beim Durchladen ihrer Gewehre, offenbar gerade dabei, die noch stehenden deutschen »außer Gefecht« zu setzen.

Eugen Kogon schreibt im Vorwort seines Buches »Der SS-Staat«: »Seit der Befreiung habe ich ›Christian Soldiers‹ – glücklicherweise noch als Ausnahmen – erlebt, die es mit der SS nicht nur militärisch, sondern auch in manch anderer Hinsicht aufnehmen konnten. Ein Zeitungsbild: Verbeultes Ge-

stänge eines vom Druck der Atombombe ausgeblasenen japanischen Autobusses, mit der Unterschrift: ›Sie fanden rasch den Weg zu ihren Vorfahren‹, erscheint mir nicht geeignet, eine siegreiche, bessere Welt zu repräsentieren.«
Daß die anderen aber auch, und zwar reichlich, Dreck am Stecken haben, muß der historischen Wahrheit und Gerechtigkeit halber gesagt werden dürfen, kann und darf jedoch unsere eigenen Verbrechen in keiner Weise entschuldigen. Aber wir sollten ehrlich zu uns sein und einräumen, daß die Justiz auch heute noch nicht immer nur der Gerechtigkeit dient, sondern auch dem »schlechten Gewissen« ein großes Mitspracherecht einräumt. Alttestamentarischer Haß flackert immer wieder auf: Aug' um Auge, Zahn um Zahn.
Gnadenlos geraten heute auch Greise noch in die Mühlen der Justiz und bekommen als 80-jährige ihr »lebenslänglich«. Der Grundsatz: »Im Zweifel für den Angeklagten«, gilt für SS-Leute nur selten. Bedenken gegen die Glaubwürdigkeit von Zeugen zu erheben, die sich 40 Jahre zurückerinnern sollen, gilt schon fast als faschistisch. Aber mich packt manchmal blanke Wut über junge Richter, die zu der fragwürdigen Zeit noch in den Windeln lagen oder noch nicht geboren waren, wenn sie mit zynischer Arroganz menschliche Wracks in den Orkus werfen. Ich habe sowieso eine nicht übermäßig gute Meinung von deutschen Richtern, weil ich sie während des Nationalsozialismus beobachten konnte. Wer sagt denn, daß die jetzt richtenden Söhne besser und standhafter als ihre Väter sein sollen? Ich habe Zweifel. Es ist Schicksal, in jene Zeit hineingeboren worden zu sein. Nicht wenige unbarmherzige Vergangenheitsbewältiger, seien sie Richter oder Journalisten, die ihren da und dort zu findenden Vaterhaß sozusagen politisch kompensieren, könnte ich mir durchaus als stramme NS-Funktionäre vorstellen.
Damit wir uns nicht mißverstehen: Wer schuld war, soll süh-

nen. Auch für mich gilt, was der jüngste General des deutschen Heeres, der SS-Generalmajor Meyer, genannt »Panzermeyer«, einmal so formuliert hat: »Wo das Verbrechen beginnt, hört die Kameradschaft auf.«
An dieser Stelle möchte ich bemerken, daß ich mit den meisten Engländern über unsere Vergangenheit ehrlicher reden konnte als heute mit meinen Landsleuten.

18
Die Engländer

Allmählich wurde die Bewachung nachlässiger. Im Innern des Hauses konnten wir eigentlich machen, was wir wollten. Heute würde man von einer Selbstverwaltung sprechen. Wir versuchten eine Art Volkshochschule aufzuziehen. Ich wurde von meinen Mitgefangenen beauftragt, Französisch und Englisch-Unterricht zu geben. Gerade für das Englische entwickelte ich eine relativ einfache Lehrmethode. Ich fing mit jenen englischen Wörtern an, die eine große Ähnlichkeit mit den das gleiche bedeutenden deutschen hatten, zum Beispiel bei den Namen der Farben brown, white, green, etc. Dann kamen wir zu Wohnungen und Einrichtungen, zu house, garden, door, bed, usw. Der Unterricht fand regen Zuspruch. Auch unsere Krankenschwestern nahmen teil. Sie brachten darüber hinaus ihre Freundinnen von draußen mit. Die Besuchserlaubnis wurde von den Engländern großzügig gehandhabt. Erst durften wir zweimal in der Woche für zwei Stunden Besuche empfangen, daraus wurden dann tägliche Besuche und zu guter Letzt wußte man gar nicht mehr, wer Gefangener und wer Besucher war.
Ich weiß, daß nicht alle Kriegsgefangenen ähnlich gute Erfahrungen mit den Engländern gemacht haben. Das darf mich aber nicht daran hindern, meine Gefangenschaft so zu schildern, wie sie war.
In dieser Zeit kam ich zu einer einträglichen Nebenbeschäftigung. Ich wurde der Übersetzer eines Wahrsagers. Es handelte sich um einen Belgier, genauer gesagt einen Wallonen, einen ehemaligen Angehörigen der Division Wallonie. Dort brachte er es zum Sergeant, zum Unterscharführer, wie ich. In seinem Äußeren entsprach er keinesfalls den Vorstellungen

eines Angehörigen der Waffen-SS, er sah eher aus wie ein indischer Guru. Sein Gesicht war hohlwangig, bleich und beherrscht von flackernden, brennenden Augen. Er trug einen Vollbart, den er sich in der Gefangenschaft hatte wachsen lassen. In den letzten Wochen des Krieges war er schwer verwundet worden. Er hatte ein Bein verloren. Deshalb war er nicht transportfähig, was er sicher nicht bedauerte. Es war eine Art Galgenfrist. Er wußte, was ihn in der Heimat erwartete. Er sprach gleichmütig von zwanzig Jahren Bagno: »On verra!« (»Man wird sehen!«) Er konnte Kartenkunststücke, auch sonst zaubern und war das Renommierstück unseres Lagers. Besonders bei den Frauen machte er Eindruck, er war von attraktiver Häßlichkeit. Er las aus der Hand, sagte voraus. Sein Ruf sprach sich bald herum. Nicht nur im Lager. Auch Engländer kamen und vor allem die Besucherinnen meiner Kameraden.

Ich selbst traute ihm nicht recht, merkte aber, daß er über eine enorme Einfühlungskraft verfügte. Da er nicht deutsch sprach, bat er mich, als sein Dolmetscher mitzumachen und ihn etwas vorzuinformieren. »On va partager, ce qu'on recoit« – auf deutsch, wir machten halbe, halbe.

Ich entwickelte ein gutes Kundschaftersystem. Beiläufig erkundigte ich mich bei den potentiellen Klienten nach ihrem Leben, Geburtstag, Geburtsort, verheiratet oder nicht, Kinder usw. Ich fragte sie nach ihren Hobbies aus. All dies erzählte ich René, so hieß mein wahrsagender Wallone. Der verarbeitete dies geschickt, zögerte da und dort kunstvoll und rekonstruierte mit glänzendem Minenspiel und ausdrucksvollen Gebärden das Leben des, meistens hingerissen und gläubig lauschenden, Klienten. Raffiniert ließ er auch kleine Fehler und Unrichtigkeiten einfließen, damit er unsere Methode nicht desavouierte. Leichter tat er sich dann bei den Zukunftsprognosen. Da hielt er sich sehr allgemein, gab aber seinen Deutungen einen optimistischen Unterton, besonders bei jungen Mädchen, denen er samt und sonders bald das Auftauchen der großen und einzigen Liebe prophezeite. Ich mußte innerlich lachen, Skrupel kamen mir keine. Wir machten nichts kaputt und wenn wir größere Freßpakete erhielten, bekamen alle Zimmergenossen ihren Teil.

Es war damals die große Zeit von Wahrsagern und Geisterbeschwörern, von Rutengängern und Hellsehern. Ältere Leser werden sich noch an das Auftreten des Wunderheilers Gröning in den fünfziger Jahren in Bayern erinnern.

Leider ging unsere Lageridylle eines Tages rapide zu Ende. Eine belgische Repatriierungskommission tauchte auf, erklärte René kurzerhand für transportfähig, was er mittlerweile ja auch war. René tat mir leid. Wir waren mehr als Partner, waren Kumpel geworden. Er fehlte mir, nicht nur wegen unserer gemeinsamen »Arbeit«. Er war welterfahren, kannte die Menschen, machte sich nichts vor. Ihn hatte das Abenteuer gelockt, das er vor seinem Eintritt in die Waffen-SS im Kongo gefunden hatte. Degrelle hatte ihn angezogen. Er war ein Landsknecht.

Ein paar Tage vor seiner Abfahrt aber war noch eine junge, aparte Frau zur »Sprechstunde« gekommen. Da ich vorher mit ihr keinen Kontakt gehabt hatte, tat sich René in diesem Fall besonders schwer, kam aber ganz gut über die Runden. Die junge Dame wollte wieder kommen. Um René besseres Material liefern zu können, unterhielt ich mich mit ihr. Sie gefiel mir. Sie kam aus Ostpreußen, war mit einem Offizier der Luftwaffe verheiratet gewesen, der während der Invasion abgeschossen worden war. Mit einem Flüchtlingstreck kam sie von Königsberg nach Schleswig. Mehrfach war der Treck von den Sowjets überrollt worden. Über ihre Erlebnisse sprach sie dabei nicht. Wollte ich die Rede darauf bringen, wurde ihr Gesicht kalt und abweisend. »Ich will das vergessen.« In

Schleswig arbeitete sie in einem Cafe als Serviererin. Man sagte mir, daß der Besuch seit Antritt ihrer Arbeit sprunghaft angestiegen war. Sie war dabei nicht eigentlich schön im landläufigen Sinne, aber von einer starken erotischen Ausstrahlung. In ihren Mundwinkeln saß oft ein spöttisches und wissendes Lächeln. Sie hatte eine besondere Vorliebe für knapp sitzende Kostüme, die ihre fraulichen Formen gut zur Geltung brachten.
28 Jahre war sie alt und Melitta hieß sie. Bald besuchte sie mich täglich, brachte immer Kuchen mit sich. Ich spürte, daß sie mich mochte, häufig fanden wir auch irgendeine Ecke zum Knutschen. Unser gegenseitiges Begehren wurde immer stärker. Eines Tages erzählte ich einem Tommy von der Wachmannschaft, zu dem ich über unsere gemeinsame Fußball-Leidenschaft ein fast kameradschaftliches Verhältnis entwickelt hatte, von meinen Nöten. Er hatte Verständnis. Nach ein paar Tagen meinte er in seinem breiten »Cockney«: »Also Jerry, ich hab' eine Idee. Dein ›sweety‹ soll hier nach der Sperrstunde auf der Straße sein und ich werde sie »verhaften«.
»Und was passiert dann? – Meine Güte – Du haust mit ihr ab und verbringst eine wunderbare Nacht.«
Ich war glücklich und verunsichert zugleich. Würde Melitta mitmachen, nach der Sperrstunde auf der Straße bleiben wollen und sich von dem Tommy festnehmen lassen? Würde sie dann auch hierbleiben und wenn ja, wohin könnten wir gehen? Ich sprach mit ein paar Kameraden, die Melitta und mich längst für eine Art Lager-Ehepaar hielten. Wir durchdachten alle Möglichkeiten, durchforschten den Lagerkomplex. Endlich fanden wir eine Abstellkammer, die leer war. Nun verwandelten wir uns in Heinzelmänner. Der eine schleppte einen Strohsack, der andere einen Stuhl, Handtücher wurden »requiriert«, Decken transportiert, der Boden

sauber gemacht, die Fenster geputzt und in zwei Tagen sah das ganze durchaus erträglich aus. – Ich zeigte mich spendabel. Seit meiner Arbeit mit René hatte ich Vorräte angelegt.
Nun kam der schwerste Teil der »Arbeit«. Ich mußte Melitta in den Plan einweihen. Ich tat's mit Herzklopfen. Wie erwartet, zögerte sie, aber ich spürte sofort, daß dieses Zögern dem Gesichtwahren galt.
»Sag' mal, bist Du bei Trost? Was ist, wenn mich der Tommy wirklich verhaftet oder ein anderer das Spiel durchschaut?«
Ich beruhigte sie: »Du, die Tommies sind all right, das sind Sportsleute, Landser wie ich, die haben dafür Verständnis.« Ich spürte ihren Widerstand schwinden. Wir waren jung, mochten uns wirklich, waren »scharf«. Sie sagte – Ja!
Eine ganze Nacht vorher konnte ich nicht schlafen, war aufgeregt wie ein Primaner vor seiner ersten Liebesnacht. Endlich kam der Abend. Es regnete und wurde früh dunkel, gut für unser Vorhaben. Von meiner Kammer aus beobachtete ich die Wachstube. Ich schwitzte vor Nervosität. Endlich sah ich Jack mit Melitta kommen, aber wohin ging er? In die Wachstube! Sollte er mich hereingelegt haben und sich selbst einen Spaß machen?
Aber nach ein paar Minuten kamen Jack und Melitta wieder heraus, er hatte einen englischen Militärmantel über sie gelegt und ihr Haar unter einem Käppi versteckt. Vorsichtig um sich schauend führte er sie vor die Kammer. Ich machte auf und wir waren allein. Ich hatte seit Monaten keine Frau mehr gehabt, sie keinen Mann. Wir vergaßen Zeit und Raum. Geschlafen haben wir kaum, nur gegen Morgen nickten wir etwas ein. – Plötzlich bumperte es an die Tür: »Hey, Francis, get up, time to leave.«
Hastig kleideten wir uns an. Scheu drückte sich Melitta an Jack vorbei. »Bye, bye – thanks.«

Mich sah Jack wohlwollend, aber etwas spöttisch an. »You are looking pale, Francis!« Ich war zu müde und verwirrt, um zu antworten. Ich gab ihm die Hand – dies war eigentlich verboten – Non-Fraternisation!
Man darf nicht vergessen, noch galt das am 25. März von Feldmarschall Montgomery erlassene Fraternisierungsverbot. Da hieß es: »Die Offiziere und Mannschaften der 21. Armeegruppe haben auf den Straßen, in Häusern, Cafés, Filmtheatern, usw. sich den deutschen Männern, Frauen und Kindern fernzuhalten. Ein Kontakt mit der Bevölkerung ist nur im dienstlichen Verkehr gestattet. Jede Art des persönlichen Umgangs hat zu unterbleiben. Ich wünsche keine gegenseitigen Besuche, keine Teilnahme an sozialen Veranstaltungen, kein Händeschütteln ...« Später, am 10. Juni, begründete er den Befehl, der uns auf den Status brachte, den wir vorher den Polen gegeben hatten: »Ihr habt Euch oft gewundert, warum unsere Soldaten Euch gar nicht beachten, wenn Ihr ihnen zuwinkt oder auf der Straße ›Guten Morgen‹ wünscht. Unsere Soldaten handeln gemäß ihren Befehlen. Ihr habt dieses Verhalten nicht gerne. Auch unsere Soldaten nicht, da wir von Natur aus ein freundliches und entgegenkommendes Volk sind. Aber, der Befehl war notwendig, und ich will Euch erklären, warum ...«
Ich will Ihnen, lieber Leser, dieses »Warum« ersparen. Ich dachte damals an meinen Vater und seine Meinung über die Engländer. Ich war verwirrt. Da hatte ich prächtige Soldaten kennengelernt und nun diese Pamphlete in der Sprache des Siegers, dabei ebenso heuchlerisch wie dumm. Montgomery war, glaub' ich, der Sohn eines Pastors.
Ich sprach über den Tagesbefehl mit Jack. Wie fast alle Bewacher war er ein Anhänger der Labour Party. »This fucking old bastard«, schimpfte er. »Wieso sollen wir den deutschen Arbeitern nicht die Hand geben. Wir haben doch nichts gegen-

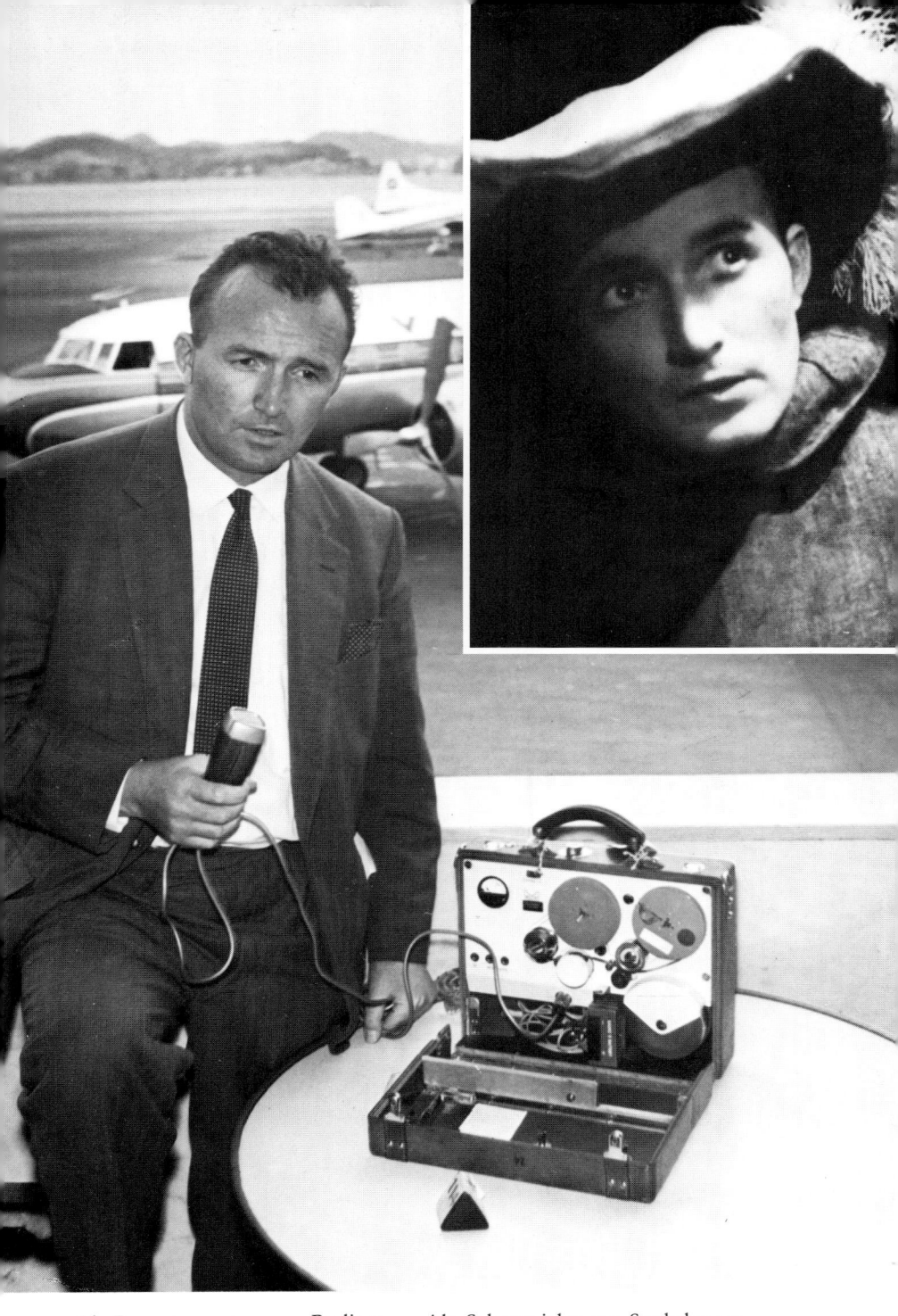

Als Reporter unterwegs. Radioreportage in Rio de Janeiro. Fast eine Reise ohne Rückkehr.

Als Schauspieler am Stadttheater Passau. Hier als Valentin in »Faust«.

Als Leiter eines Fernsehteams bei einem Interview mit dem jordanischen König Hussein in Aman.

Dem Sport beruflich und privat verbunden. Links Fernsehinterview mit Toni Sailer, rechts Rast auf dem Gipfel.

einander. Das sind doch bloß die Pfeffersäcke, die uns aufeinander hetzen. Und dieser alte drunkard, dieser Trunkenbold Churchill hat doch auch einmal den Hitler gelobt. Ich halte Hitler für einen Verbrecher, aber für die Arbeiter hat er etwas getan, soviel, daß unsere Bosse eifersüchtig geworden sind und eine Ansteckung gefürchtet haben. Nein, nein – diese Herren Generale und anderes Gesindel, die sollen sich die Köpfe einschlagen und uns in Ruhe lassen. – Have a cigarette – Francis!« Jack war ein Freund. Übrigens vergaß ich zu sagen, daß er hohe Kriegsauszeichnungen trug. Es gibt eine Solidarität der Kämpfer.
Eine Wiederholungszene in der Abstellkammer gab es nicht, war auch nicht nötig. Mittlerweile konnten wir, begleitet von einem Posten, auch in die Stadt, zum Doktor, zum Zahnarzt, zum Orthopäden und weiß Gott, wohin gehen. Ich wurde jetzt laufend »krank«. Einmal hatte ich Zahnweh, dann Ohrenschmerzen, dann Schwierigkeiten mit dem Senkfuß. Jack gab mir immer einen verläßlichen, sportlichen Bewacher mit. Da wir keine schriftliche Bestätigung von dem Arzt brauchten und der Bewacher als Zeuge für unseren Besuch galt, entwickelten wir die sogenannte Kaffeehaus-Methode. Zuerst gingen wir in das Kaffee, wo Melitta arbeitete, wurden königlich bewirtet. Dann blieb der Tommy allein sitzen und Melitta und ich konnten mit Genehmigung des Chefs, der eingeweiht war und für die Zeit selbst bediente, eine Weile in ihre Wohnung verschwinden, die nicht weit vom Café lag. Ich hatte vergessen, daß ich Gefangener war und mich mit meinem Schicksal ausgesöhnt. Heut' ist heut, was kümmert mich das Morgen.
Außerdem spielten die Tommies und ich manchen Bauern einen Streich und gaben ihnen für ihren Geiz einen Denkzettel. Es war die Zeit der Obsternte. Wir suchten die Apfelbäume heim. Ich stieg hinauf, schüttelte und die Tommies sammelten

ein. Die Beute teilten wir uns. Auch meine Kameraden bekamen ihren Teil. Kam lamentierend ein Bauer daher, so riefen die Tommies drohend »stop«.

Aber eines Tages wurden wir verpfiffen. Von einem Parteibonzen, der nie einen Schuß gehört hatte. Amtswalter war er, der feine Herr. Eine hochnotpeinliche Untersuchung wurde eingeleitet, heraus kam dabei nicht viel. Die Posten bekamen einen Anpfiff, ich wurde als Lagerdolmetscher abgesetzt, die Besuchszeiten mußten strenger eingehalten werden, die Ausgänge wurden genau kontrolliert.

Die Liebe zu Melitta kühlte ab. Sie hatte draußen einen vielversprechenden jungen Mann kennengelernt, einen Angestellten. Er versprach, sie zu heiraten, bot eine sichere Zukunft. Unter Tränen bat sie mich, das zu verstehen: »Schau, Du bist bei der Waffen-SS gewesen, hast nichts gelernt, wie lange Deine Gefangenschaft noch dauern wird, weiß niemand.« Und das gleichsam beste Argument sparte sie sich für den Schluß auf. »Außerdem bist Du 6 Jahre jünger und das geht auf die Dauer nicht gut.«

Ich war zwar ein bissl traurig, verstand sie aber. In der Tat sah meine Zukunft düster aus. Immer wieder geisterten bei uns Gerüchte herum, wonach die Angehörigen der Waffen-SS 20 Jahre in Gefangenschaft bleiben und in französischen und belgischen Kohlengruben ihre »Schuld« abarbeiten sollten. Heute weiß man übrigens, daß es auf der Siegerseite in der Tat solche und ähnliche Überlegungen gab. Den »Startschuß« hatte ja diesbezüglich bereits Stalin in Jalta gegeben, als er vorschlug, nach dem Kriege 50 000 deutsche Offiziere zu erschießen. Churchill hat zwar dagegen heftig protestiert, was ihn aber nicht hinderte, später unzählige Toasts auf das Wohl Stalins und der Roten Armee auszubringen. Roosevelt hat später seiner Hoffnung Ausdruck verliehen, daß »Marschall Stalin wieder einen Trinkspruch auf die Hinrichtung von

50 000 Offizieren der deutschen Armee ausbringen werde« (Bericht Bohlens in Jaltaer Dokumenten).
Wie sich zu jener Zeit die Amerikaner unsere Zukunft vorstellten, das ließ der neue Oberbefehlshaber der amerikanischen Besatzungszone in Deutschland, General Joseph McNarney, verlauten. Da meine Eltern dort lebten, fuhr mir damals ein gewaltiger Schreck in die Beine. Vor kurzem fand ich wieder den Text, abgedruckt. Unter anderem hieß es: »Mir tun auch jene Nationalsozialisten nicht leid, die nur Mitläufer waren. Ich möchte jeden ehemaligen Nationalsozialisten soweit wie möglich von jeder verantwortlichen Stelle entfernt als gewöhnlichen Tagelöhner sehen. Wenn jemand behauptet, daß die Leistungsfähigkeit mancher Industrien und Ämter durch die Entfernung der Nazis und Nazimitläufer leiden würde, dann erkläre ich: Kein Mensch ist unentbehrlich.«
Damals dachte ich, schöne Aussichten – mein Vater Tagelöhner, ich 20 Jahre in den Kohlegruben. Heute denke ich, wäre der Befehl befolgt worden, hätten es viele der späteren Minister der Bundesrepublik nur zu Tagelöhnern gebracht. Das gilt auch für Präsidenten.
Die Russen waren da schlauer; für sie blieb nur der ein Nazi, der sich ihnen – den Sowjets – nicht anschloß.
Aber immer wieder erlebten wir Überraschungen. Eines Tages kamen die Bewacher zu mir und sagten: »Today a committee is coming, looking for criminal faces«.
Es handelte sich um Psychologen, die Kriegsverbrecher aufspüren wollten. Ein Bewacher sah mein Erstaunen: »Don't be afraid Francis, you still have an innocent baby-face.« Den Hinweis auf mein damals tatsächlich noch etwas milchiges Gesicht fand ich auch nicht gerade erheiternd. Dann kamen die Herren, blickten uns ernst und mit bohrenden Blicken in die Augen, musterten unsere Figur, wie das mein Vater beim

Viehschätzen tat. Ich glaube, wir wurden alle rot und verlegen, sahen vielleicht sogar schuldbewußt aus. Aber diese Erkennungsmethode war uns allen neu. Einer fiel durch den Rost. Er mußte mit. Er sah in der Tat furchterregend aus mit seiner vierschrötigen Figur und einem groben Gesicht mit buschigen Augenbrauen und wulstigen Lippen. Dabei war er die Gutmütigkeit in Person. Nach ein paar Tagen kam er wieder. Beim »Screening«, beim Durchleuchten, war er als »all right« befunden worden. Wir haben von einer solchen Kommission nichts mehr gehört.

Allmählich erwachte unser Interesse am politischen Leben. Die Kommunisten hatten keine Chance, zwischen Adenauer und dem sozialdemokratischen Vorsitzenden Dr. Schumacher schwankte das Meinungspendel hin und her.

Wegen der besonderen Lage von Schleswig bekamen wir auch die deutsch-dänischen Auseinandersetzungen mit. Aber sie interessierten uns nur am Rande und da die meisten von uns Süddeutsche oder Angehörige der deutschen Minderheiten aus Ungarn und Rumänien waren, hatten wir kaum Zugang zu der schleswig-holsteinischen Mentalität und den Grenzproblemen. Die nördlichen Nachbarn nannten wir neidisch und verächtlich »Speck-Dänen«. Die ehemaligen Angehörigen der SS-Division Prinz Eugen, größtenteils Freiwillige aus der Batschka oder dem Banat, kapselten sich ab, beklagten den Verlust ihrer Heimat und ihres Besitzes. Leichte Ressentiments bei uns »Reichsdeutschen« kamen auf: »Von Euch ist wohl jeder ein Rittergutsbesitzer gewesen!« Sie revanchierten sich, indem sie uns Überheblichkeit vorwarfen. Ein Vorwurf, der schon während des Krieges zu hören und sicher nicht unberechtigt war. In der Tat beschimpfte man die ›Batschkaner‹ und Banater häufig als »Beutegermanen«, denen man erst mal die richtige Gangart beibringen müsse. Man belachte ihren Dialekt, ihr bäuerlich-unmilitärisches Wesen,

übersah aber, daß sie sich auf dem Balkan mit großer Tapferkeit geschlagen hatten und in den serbischen und slowenischen Bergen ihren reichsdeutschen Kameraden in der Kampfesweise überlegen waren. Die mit uns internierten Parteifunktionäre blieben isoliert, und unser Verhältnis zu den gefangenen Offizieren war nicht ganz spannungsfrei.
Mich interessierte natürlich ganz besonders die Situation in Bayern, aber nur spärliche Nachrichten erreichten uns. Der einzige Name, der sich mir einprägte, war der des späteren bayerischen Ministerpräsidenten Dr. Wilhelm Hoegner. Meine Eltern schrieben resignierte, aber auch beruhigende Briefe. Ich erfuhr, daß mein Bruder noch in den letzten Monaten des Krieges Flakhelfer geworden war. Man machte sich Sorgen wegen der Entnazifizierung. Meine Mutter ließ durchblicken, daß es auf einmal auch in Trostberg anscheinend nur Antinazis gegeben habe und es für Vater sehr schwer sei, Menschen zu finden, die ihn entlasteten. Auch Freunde, denen er geholfen habe, würden sich nicht gerne exponieren. Rette sich, wer kann, schien die Parole zu sein; man mied den Nachbarn, mit dem man zwar jahrelang gut zusammengelebt hatte, der aber das Pech hatte, in der Partei gewesen zu sein. Heute würde man sagen, die »Berührungsangst« ging um.
Der große französische Politiker und einer der »Väter« des Sieges der Alliierten von 1914, Clemenceau, hatte recht, als er schrieb: »Die Deutschen kennen keine Mittellinie. In guten Zeiten verherrlichen sie ihre Ideale bis zur Selbstaufopferung, nach der Niederlage beschmutzen sie ihr eigenes Nest, nur um uns zu gefallen.«
Eine ehrliche Auseinandersetzung mit der Vergangenheit fand in der Tat nicht statt. Sie wurde lediglich verdrängt. Auch heute noch leidet die Bundesrepublik darunter. Vielleicht sind wir Deutschen zu tüchtig, zu tatkräftig, zu wenig

von des Gedankens Blässe angekränkelt, um uns bei der Gewissenserforschung allzu lange aufzuhalten. Entschuldigend muß auch hinzugefügt werden, daß der harte Lebenskampf alle Kräfte in Anspruch nahm. Schnell Tritt zu fassen, darum ging's.
Wie sehr auch ehemalige SS-Offiziere von diesem Bestreben beseelt waren, erfuhr ich in der Stadt, in der ich als Gefangener saß – also in Schleswig – ein paar Jahre später. Ich greife dem Ablauf der Ereignisse vor: Nachdem ich Ende 1946 entlassen worden war, kehrte ich zurück nach Bayern. Studieren konnte ich nicht, Geld war keines vorhanden. Ich vertraute auf meine künstlerische Ader, versuchte mich als Schauspieler, war zuerst bei einer in Traunstein stationierten Wanderbühne, die meinen Ehrgeiz nicht befriedigte. Ich komme darauf zurück. Mit einem Kollegen, er hieß Lenkeit, einem spaßigen, kameradschaftlichen und unternehmungslustigen Mann, beschloß ich, versehen mit der Empfehlung eines bekannten Mimen, mein Glück wieder im hohen Norden zu versuchen. In Lübeck und Hamburg durften wir zwar Statisterie machen, hatten aber sonst keinen Erfolg. Mich zog es wieder nach Schleswig, wo sich inzwischen in dem hübschen, ehemaligen Hoftheater das Renaissance-Theater etabliert hatte. Der Intendant hieß Kay Nikolai. Er empfing mich, ich durfte ihm vorsprechen, wählte den Melchthal aus »Wilhelm Tell«. Er schien von meinem Talent nicht unbedingt überzeugt zu sein, mich aber ganz sympathisch zu finden. Ich spürte, wie er nach einer Beschäftigungsmöglichkeit suchte.
»Sprechen Sie französisch?« Freudig sagte ich ja. Er gab mir ein Textbuch, »Des Teufels General« von Zuckmayer. Darin ist die hübsche Rolle eines spionierenden französischen Kellners, der mit seinem geflüsterten »Merde« – Scheiße, sogar einen Aktschluß hat. Die Rolle enthält ziemlich lange Passa-

gen in französisch. Das war nun für mich, dem ehemaligen Ausbilder in der Division Charlemagne, kein Problem. Ich ratterte den Text nur so herunter. Der Intendant war begeistert: »Sie kriegen die Rolle. Und darüber hinaus können Sie sich in der Dramaturgie nützlich machen. Gehalt 150 Reichsmark. Einverstanden?« » Einverstanden.« Ich hätte auch für Brot und Pellkartoffeln gespielt.
Die Sprache war kein Problem, dafür aber das Tragen eines Smokings. Ich hatte nie einen gehabt und vom Servieren in einem Hotel hatte ich auch keine Ahnung. Trotzdem bekam ich Applaus. Er galt wahrscheinlich weniger meinen mimischen Darbietungen, sondern eher der Sprache.
Natürlich streifte ich auf den Spuren meiner Vergangenheit durch die Stadt. Erstaunlich wie sich in kürzester Zeit das Leben normalisiert hatte. Das Gefangenen- und Internierungslager war aufgelöst, meine ehemalige Freundin eine wohlbestallte, seriöse Angestelltenfrau geworden. Sie sah mich kurz, winkte verschämt und ging weiter.
Nun hatten wir im Gefangenenlager einen Obersturmführer, dessen Frau eine große Bäckerei hatte. Ich erinnerte mich gut an sie. Wir nannten sie die Pelzmanteldame, weil sie bei ihren nahezu täglichen Besuchen immer in einem schicken Pelzmantel kam. Sie schien gut »eingesäumt« zu sein. Bei all ihrer kühlen Zurückhaltung und irgendwie spröden Art spürten wir doch, wie sehr sie ihren Mann liebte und zu ihm hielt. Mit uns, seinen Kameraden, wollte sie weniger zu tun haben. Sie hielt sich fern. Wir waren alle etwas neidisch auf den feschen Obersturmführer, der nicht nur eine sehr schicke, wohlhabende Frau hatte, sondern darüber hinaus immer frische Wäsche trug und mit Leckereien aller Art wohlversorgt war. Überdies hatte er künstlerische Ambitionen. Er gab ab und zu Klavierabende. Ich durfte dabei Gedichte vortragen. Die Kunst war auch unser einziger Berührungspunkt, über Politik

wollte er nicht sprechen. Unmittelbar nach Antritt meines Engagements in Schleswig machte ich in der großen Konditorei meine Aufwartung. Selbstverständlich wollte ich nicht nur meinen Waffen-SS-Kameraden wiedersehen, allzu eng waren ja unsere Beziehungen nicht, sondern ich erhoffte mir eine gewisse Orientierungshilfe. Ich brauchte ein Zimmer. Vielleicht konnte er mir Tips geben.
Leicht erregt erschien ich im Laden, fragte nach der Dame des Hauses. Die Verkäuferin musterte mich kühl. Woher ich komme, wer ich sei und was ich wolle. Merkwürdig, plötzlich brachte ich nicht über die Lippen, daß ich mit dem Herrn des Hauses zusammen hier in Gefangenschaft war. Das Wort Waffen-SS blieb mir im Hals stecken. Es paßte nicht in die schmucke Konditorei. Ich murmelte etwas von Kriegskameraden, von Schleswig und so und fügte hinzu, ich sei Schauspieler am Theater. Letzteres gab den Ausschlag: »Warten Sie.«
Ich wartete. Nach ein paar Minuten kam die Dame des Hauses, schön und kühl wie eh und je und von einer geradezu bedrückenden Selbstsicherheit. Sie schaute mich fragend an, schien mich nicht mehr zu kennen. Ihre Stimme klang kühl und geschäftsmäßig: »Was wünschen Sie?«
»Gnädige Frau, Sie werden sich vielleicht erinnern – hm, tja, ich war mit Ihrem Mann im – na ja, dort unten in der Internierung, in der Domschule, in der Gefangenschaft, habe Gedichte vorgelesen und er spielte Klavier, und Sie saßen immer in der ersten Reihe.« Sie schien sich zu erinnern: »Ach ja, richtig unser Bayer, der Dolmetscher.«
Das »unser Bayer« klang leicht überheblich. »Saupreißin« dachte ich innerlich.
»Sie sind jetzt am Theater?« fragte sie und musterte mich dabei von oben bis unten. Ich fühlte, wie ich rot wurde. Wie ein Staatsschauspieler sah ich nun nicht gerade aus. Der Hemd-

kragen war nicht mehr der frischeste, die Joppe schon etwas ausgebleicht, die Hose verbeult und die Schuhe ausgetreten. Meinen »guten Anzug«, den einzigen, den ich hatte, mußte ich für meine Bühnenauftritte schonen. Sie fuhr fort: »Tja ... ich würd' Sie ja gern herein bitten, aber mein Mann schläft gerade. Er hat ja viel mitgemacht, wie Sie wissen. Aber vielleicht kommen Sie in ein paar Tagen wieder, zum Tee, ja. Es wäre gut, wenn Sie aber vorher anrufen würden.« In die letzten Worte bemühte sie sich ein bißchen Wärme zu legen. Ich sagte einen weiteren Besuch zu, verabschiedete mich rasch.
Ich kam nie wieder. In den paar Monaten, die ich in Schleswig war, habe ich den Obersturmführer nur noch ein paar Mal von ferne in einem Café gesehen. Er sah besser aus denn je, schien eine Respektperson zu sein. Er wurde bevorzugt bedient, schäkerte lässig mit den Kellnerinnen. Einmal sah er zu meinem Tisch herüber. Unsere Blicke kreuzten sich. Er schaute weg. Er schien seinen Frieden gemacht, seine Vergangenheit bewältigt zu haben. »Lackaffe«, dachte ich und schrieb ihn ab. Ich weiß nicht, was aus ihm geworden ist. Es interessiert mich auch nicht. Er scheint mir nur typisch zu sein für jene Menschen, denen auch der Zusammenbruch des Reiches, ihrer Ideale, wenn sie welche gehabt haben, nicht unter die Haut ging, und die sich ungeheuer rasch um- und einstellten. Dies soll kein Vorwurf, nur eine Feststellung sein. Vielleicht verdanken wir den Wiederaufbau, das Wirtschaftswunder gerade solchen Menschen, deren seelische Korsettstangen alle Gemütsregungen in Grenzen halten.
Und weil ich nun einmal den Ereignissen vorausgeeilt bin, darf ich nachtragen, daß ich in dem Erfolgsstück »Des Teufels General« alternierend auch einen Luftwaffen-Offizier spielte, den Hauptmann Pfundl, einen Bayern; kurioserweise später, am Theater in Passau, auch den Oberst Eilers, den Zuckmayer Oberst Mölders nachgezeichnet hatte. Als

Hauptmann Pfundl mußte ich wieder stramm, mit ausgestreckter Hand grüßen, die Hacken zusammenknallen und laut und vernehmlich »Heil Hitler« brüllen. Das Leben – ein Witz!
Dies alles geschah an einem Ort, an dem ich vor kaum drei Jahren, ebenfalls in Uniform, herumlief und ein »Heil Hitler« – selbst als Witz – mir schwerste Strafen eingebracht hätte. Anmerken darf ich auch zu meinem Schleswiger Bühnenabenteuer, daß gleichzeitig mit mir auch der heute berühmte Wiener Burgschauspieler Heinz Reincke engagiert war. Er spielte in »Des Teufels General« den berlinernden Putzer Korrianke.
Aber lassen Sie mich wieder heruntersteigen von den Brettern, die angeblich die Welt bedeuten, und den Film wieder ein paar Jahre zurückdrehen, zum Schleswig nicht des Scheins, sondern des Seins. Konkret zu meiner Gefangenschaft. Schleswig war die vorletzte Station. Ich nahm mit zwiespältigen Gefühlen Abschied von der schönen, nordisch-kühlen Stadt an der Schlei. Irgendwie waren mir die roten Backsteinbauten vertraut geworden. Melitta hatte Wärme in mein tristes Gefangenendasein gebracht. Dankbar aber war und bleibe ich den Tommies, den Arbeitern aus London. Sie waren fair und anständig gewesen. Aber in Schleswig hatte ich nur eine Seite des englischen Wesens kennengelernt, die andere Seite stand mir erst bevor. Ich lernte sie in Kiel kennen. Die Hafenstadt an der Ostsee wurde zur zweiten Station meiner Gefangenschaft, das heißt Gefangenschaft konnte man sie kaum mehr nennen. Aus uns PWs, »Prisoners of war«, wurden Angehörige von labour units, von Arbeitseinheiten der englischen Armee. Wir bekamen braune Uniformen, die im Schnitt den englischen ähnlich waren. Aus dem Unterscharführer Schönhuber wurde der »foreman« Schönhuber.

Kiel bot einen schrecklichen Anblick. 81 Prozent der Stadt war zerstört. In der Innenstadt stand kaum ein unbeschädigtes Haus. Nur wenige Städte Deutschlands hatten so schwer gelitten. Es ging bei uns das Gerücht um, es habe hier Fälle von Kannibalismus gegeben, es wäre Menschenfleisch verkauft worden.

Wir schoben »Kohldampf«. Man hatte Anspruch auf 1380 Kalorien. Die Älteren wissen, was das bedeutet, ein paar Stück Brot und die unvermeidliche Kohlsuppe, oder den grauen Heinrich, eine Graupelsuppe. Übrigens waren wir besser dran als die Menschen im Rheinland. Da gab es nur 1150 Kalorien.

Unser Standort war das Gelände des ehemaligen Marine-Fliegerhorstes Kiel-Holtenau, unmittelbar am Hafen. Unterkunft fanden wir in Holzbaracken. Wir waren kunterbunt gemischt, ehemalige Angehörige der Luftwaffe, der Marine, des Heeres, der Waffen-SS. Im allgemeinen vertrugen wir uns. Am wohlsten fühlte ich mich unter den »Lords«, den Matrosen. Nur ein paar feine Pinkel der Luftwaffe störten uns. Sie prahlten unentwegt mit ihren diversen Erfolgen und beanspruchten im Lager die Führungsrolle. Dies führte zu Spannungen, einmal sogar zur Schlägerei, über die sich die Engländer königlich amüsierten. Am nächsten Tag nannten wir ostentativ alle Luftwaffenleute Meier. Dies in Anlehnung an das berühmte Göring-Zitat, wonach er Hermann Meier heißen möchte, wenn es den feindlichen Flugzeugen gelänge, das Reichsgebiet zu erreichen.

Im Grunde genommen kam an diesen Tagen die ganze Aversion der »Stoppelhopser«, also von uns Infanteristen, gegen die »Schlipssoldaten«, die Flieger, zum Ausdruck. Wir Angehörigen der Waffen-SS standen irgendwie zwischen den Fronten. Der Gerechtigkeit halber muß aber auch angeführt werden, daß der größte Teil der Luftwaffenleute, besonders jene, die wirkliche Erfolge aufwiesen, zu uns gute Kameradschaft hielten. Das trifft besonders für die Angehörigen des berühmten Geschwaders Mölders zu, die unter uns waren. Leidenschaftlich verfolgten einige von uns über Zeitungen und Rundfunk das politische Geschehen. Die Kritik an der nationalsozialistischen Führung wurde härter, besonders an den Gauleitern, Kreisleitern, Ortsgruppenleitern. Ansätze zur Alibisierung des eigenen Einsatzes wurden da und dort spürbar. Hitler selbst wurde in dieser Kritik immer noch mehr oder minder ausgespart. Uns Waffen-SS-Leute betrachtete man in zunehmendem Maße als Kriegsverlängerer, weil wir auch dort noch gekämpft hätten, wo uns die Vernunft hätte sagen müssen, daß es aussichtslos sei. Objektiv hatten meine Mitgefangenen sogar recht. Auch ich bin heute wie mein französischer Kriegskamerad De la Mazière der Meinung, ohne den Durchhaltewillen der Waffen-SS wäre der Krieg früher zu Ende gegangen. Ich lag in der Baracke neben einem U-Boot-Fahrer. Er war ein strohblonder, etwas eckiger, wortkarger Friese. »Les extrêmes se touchent« – (Gegensätze ziehen sich an.) Wir mochten uns.

Eines Tages sagte er während einer längeren und hitzigen Diskussion in seiner trägen, schleppenden Sprechweise: »Also, jetzt sind sie scheinbar alle dagegen gewesen. Offensichtlich waren der Hitler und ein paar seiner Leute die einzigen Nazis. Mich wundert dann nur, daß man so lange gekämpft hat. Buchstäblich bis zur letzten Stadt, bis die Roten ihre Fahne mit Hammer und Sichel auf dem Brandenburger Tor gehißt hatten.«

Darauf ein Gefreiter, ein älterer Mann aus dem Salzburgischen, der nach seinen Bekundungen schon immer dagegen gewesen war: »Was hätten wir denn machen sollen! Da gab's doch welche mit einer besonderen Ehre, nämlich so lange zu kämpfen, bis alles in Scherben fällt.« Er warf einen Seiten-

blick auf mich. »Es stand doch auf Eurem Koppelschloß »Meine Ehre heißt Treue.«
Er reizte mich, zwang mich in eine Solidarität, die nicht meine wirkliche war. »Na und, Du kommst doch aus der Nähe von Salzburg, war denn nicht das ganze Volk besoffen, besonders ihr Österreicher. Ich hab' den Einmarsch gesehen. Überall Blumen; und hast Du die Wochenschauen nicht gesehen? Hitler in Wien. Die Stadt im Delirium. Die Glocken haben vom Stephans-Dom geläutet. Der Kardinal Innitzer hat mit ›Heil Hitler‹ gegrüßt. Waren das lauter verkappte Widerstandskämpfer? Nur wir die echten Nazis? – Leck mich doch am Arsch.« Mitgegangen – mitgefangen! Unser Streit wurde hitziger. Andere mischten sich ein.
»Willst Du vielleicht leugnen, daß es im Heer Widerstandskämpfer gab? Was sagst Du zum 20. Juli?« Ich wurde bitter, ungerecht. »Nicht einmal schießen konnten's, die Herren Generäle. Nicht einmal eine Bombe berechnen.« Und mein friesischer Nachbar warf ein: »Kein Wunder, daß wir den Krieg verloren haben.«
Wir waren wieder einmal auf dem besten Wege, uns zu prügeln, schrien durcheinander. Ein besonnen wirkender, nicht mehr ganz junger Hauptmann mischte sich ein. Er genoß bei uns eine gewisse Autorität. Er war Studienrat und von gleichbleibend freundlichem Wesen: »Also, ich kann den Schönhuber verstehen. So groß ist mein Respekt vor den Herren Generälen des 20. Juli auch nicht. Zuerst machten sie eine Riesenkarriere. Hitler verdankten sie es, daß sie aus unbekannten Provinzmajoren Generäle geworden sind. Sie ließen sich Rittergüter schenken und zum Dank verheizten sie dafür uns Soldaten. Erst als ihr militärischer Sachverstand ihnen sagte, daß die Geschichte in den Graben ginge, entdeckten einige ihr Gewissen und wollten den Hitler loswerden, und ...«, sein Blick streifte mich, »es waren ja auch SS und SA- unter den

205

Widerstandskämpfern, der Berliner Polizeipräsident Helldorf, zum Beispiel!«
Durch das Auftreten des Hauptmanns geriet unser Gespräch wieder in ruhigere Bahnen. Er erzählte mir, daß er Dr. Schumacher verehre und sozialdemokratisch wählen würde, wenn er wieder draußen sei. »Sicher gab es unter den Männern des 20. Juli Helden und Idealisten, die Sozialdemokraten Leuschner, Mierendorf und Leber, zum Beispiel. Aber die hätten sich bei einem Gelingen nicht durchsetzen können. Es wären halt dann diese Krautjunker wieder zum Zuge gekommen und das sogenannte kaiserliche Deutschland – nein danke!«
Ich habe seine Worte nie vergessen und mich seit damals intensiv mit dem 20. Juli und den Problemen des Hoch- und Landesverrates beschäftigt. Ich muß gestehen, daß bis heute meine Haltung zum Putsch eine zwiespältige ist. Ich glaube, es waren in erster Linie die Leute von gestern, die putschten. Das Denken vieler hoher Militärs, die sich 1944 gegen Hitler wendeten, war voll von Vorstellungen des Kaiserreiches oder war geprägt von den Ideen eines Ständestaates. Zu den Arbeitern hatten sie keine Beziehung. Sie verstanden auch die Aufbruchstimmung nicht richtig einzuschätzen, die tatsächlich durch den Nationalsozialismus entstanden war. Der Begriff der Volksgemeinschaft war und blieb ihnen fremd. Im übrigen ist die Weltgeschichte auch hier das Weltgericht. Der Satz gilt besonders für einige Teilnehmer am Putsch des 20. Juli. Hatten nicht einige unter ihnen mit nicht verhohlener Schadenfreude und Genugtuung die »Nacht der langen Messer«, die Ermordung von Röhm und einiger seiner SA-Freunde verfolgt. Ihr moralisches Gewissen schlug nicht bei diesem Mord. Ihre Ethik machte Urlaub. Ihr Hirn begrüßte die Ausschaltung der Konkurrenten. Das Volksheer, die Miliz, verlor gegen die traditionelle Wehrmacht. Darum ging es, das war

ihnen wichtig. Allmählich setzt sich ja auch bei den Geschichtsschreibern ein differenzierteres Bild des 20. Juli durch. Und das ist gut so. Es muß Schluß gemacht werden mit der Methode, das Leben der am Putsch beteiligten Offiziere in brauchbare und unbrauchbare Kapitel einzuteilen. Es hätte aber ihre Tat nicht verdunkelt, ganz im Gegenteil, wenn man offen zugäbe, daß viele in ihrer Jugend begeisterte Nationalsozialisten waren, beispielsweise Oberst von Stauffenberg. Stauffenberg sprach im Zusammenhang mit der Liquidation von Röhm-Männern von »einer Eiterbeule, die aufgestochen werden mußte«. »In vielen Offizierskasinos der Wehrmacht knallten die Sektpfropfen, feierte man die Ausschaltung der braunen Konkurrenz.« Dies schreibt Heinz Höhne in seinem fairen und kenntnisreichen Buch »Der Orden unter dem Totenkopf«. Darin ist auch nachzulesen, wie sich einige spätere Teilnehmer des 20. Juli 1944, fast genau auf den Tag 10 Jahre vorher, bei den Exekutionen verhalten haben: »Schade, da müßte ich dabei sein«, frohlockte der damalige Generalmajor von Witzleben, und Wehrminister von Blomberg feierte die »soldatische Entschlossenheit« und den »vorbildlichen Mut«, mit denen »der Führer die Verräter und Meuterer selbst angegriffen und niedergeschmettert« habe... Selbst Blomberg begann bald der Jubel seiner Truppe über den 30. Juni 1934 unheimlich zu werden. Oberst Heinrici notierte Stichworte einer Blomberg-Rede vor den Abteilungsleitern des Reichswehrministeriums: »Truppe hat nicht die Haltung gehabt, die man erwarten mußte. Ungehörig, sich über die Gefallenen zu freuen und im Kasino zu reden.«
Im übrigen glaubte Generaloberst Beck noch 1938 an eine Zusammenarbeit mit dem »sauberen Nationalsozialismus«, den sich viele Nationalsozialisten als einen Sozialismus minus Rassismus vorstellten. Beck war später die treibende Kraft

der Verschwörung gegen Hitler. Aber man darf an seinem Realitätssinn zweifeln, wenn man den Text des vorbereiteten Aufrufes nachliest, der nach dem Putsch die Nation aufklären sollte. Es klingt naiv und unglaublich, wenn Beck darin von einem Deutschland spricht, das bis zu Hitler ein reines Volk war. Ja, wo hat er denn während der Weimarer Republik seine Augen gehabt, als Skandale und Großbetrügereien an der Tagesordnung waren und diese neben der Massenarbeitslosigkeit die Menschen in die Arme Hitlers trieben?
Ich meine heute, das Gewissen hat es den damaligen Majoren, Obersten und Generalmajoren nicht verboten, auf der Karriereleiter Schritt für Schritt nach oben zu klettern. Es entschuldigt sie auch nicht, daß sie bei diesen Steigübungen Verwünschungen gegen den »Anstreicher und böhmischen Gefreiten« untereinander ausstießen. Daß sie selber zum Schluß die Angestrichenen waren, daß sie grausamer exekutiert wurden als ihre Konkurrenten 10 Jahre vorher, könnte auch als ein Akt der rächenden Nemesis gedeutet werden. Der 20. Juli 1944 und der 30. Juni 1934 stehen zueinander in einer tragischen Beziehung und Verflechtung. Viele Wehrmachtsoffiziere »zielten« auf Röhm, ein SS-Offizier schoß. Dabei war der spätere Führer der 3. SS-Panzerdivision »Totenkopf«, General Eike, der Röhm eine Pistole als Aufforderung zum Selbstmord auf den Tisch der Zelle gelegt hatte. Er war der einzige namhafte Führer der Waffen-SS, der über eine führende Bewachertätigkeit in einem KZ, in Dachau, zur Waffen-SS kam. Er wurde mit Mißtrauen aufgenommen, hat sich aber bei seinen Fronteinsätzen sogar die Achtung der Wehrmachtsoffiziere erworben. »Papa« Eike, wie ihn seine Untergebenen nannten, bezahlte für seine Vergehen mit dem Tod in der vordersten Linie. Er fiel, tapfer an der Spitze seiner Truppe kämpfend, bei Orelka in der Sowjetunion. General von Witzleben, der bei den Röhm-Exekutio-

nen so gerne dabei gewesen wäre, trat unerschrocken unter den Galgen und wurde gehängt. Dies nach einer barbarisch geführten Verhandlung unter dem Blutrichter Freisler.

Aber für beide, für Eike wie für Witzleben gilt, was ich schon vorher geschrieben habe: Man sollte ihr Leben nicht in brauchbare und unbrauchbare Kapitel einteilen, weder von der einen, noch von der anderen politischen Seite. Wenn man heute häufig das tapfere Ende von Witzleben rühmt und seine Haltung zu Weimar und zum Anfang des Dritten Reiches nicht näher analysiert, so darf man andererseits nicht nur die Untaten von Eike zu Beginn seiner Karriere schmähen und seine militärische Tapferkeit und seinen Tod vor dem Feind übersehen.

Hoffentlich verzeiht mir der verehrte Leser diese Einschübe, den Wechsel von Ort und Zeit, aber die Gedanken von heute stehen in einem ursächlichen Zusammenhang mit meinen Erlebnissen von gestern, meinen Gesprächen und Diskussionen in der Gefangenschaft.

Die Arbeit in Holtenau war für mich leicht. Wieder wurde ich Dolmetscher. Ich bezog in der Nähe des allgewaltigen Kommandeurs, Squadronleader L., ein Zimmerchen, genau gesagt lag es neben dem Vorzimmer, das von einer unendlich langweiligen, grell geschminkten und stets mit der Politur ihrer Fingernägel beschäftigten, etwa 30jährigen Sekretärin beherrscht wurde. In dem Zimmer sah es aus, wie man sich eine Waschküche in London vorstellt. Es lag in einer dicken Nebelwolke. Die Sekretärin war Kettenraucherin, haßte aber jeden frischen Luftzug und fühlte sich in diesem blauen Dunst besonders wohl. Ihr Zimmer war verbunden mit dem Allerheiligsten. Hier wohnte oder besser gesagt, thronte der Squadronleader. Ich habe nie vor und nie nachher einen arroganteren und blasierteren Menschen kennengelernt als diesen

hochgewachsenen, breitschultrigen Mann, mit einem gut geschnittenen, aber leicht verlebt wirkenden Gesicht. Sein dunkles Haar war leicht gekräuselt. Er roch undefinierbar nach einem Parfum, oder was er dafür hielt.
Wenn ich in sein Zimmer gerufen wurde, mußte ich Haltung annehmen. Für gewöhnlich ließ er mich so ein paar Minuten stehen und nahm keine Notiz von mir. Auch hielt er es für unter seiner Würde, mich direkt anzusprechen. Er hatte eine nasale Stimme und sprach fast nur flüsternd. Er richtete seine für mich bestimmten Befehle an die Sekretärin und begann stets mit der an sie gerichteten Ausführung: »Tell him« (»Sag' ihm!«) Während dieser Zeit mußte ich unbeweglich an der Tür stehen bleiben. Nach dieser lächerlichen Prozedur gingen wir in das Sekretärinnenzimmer und das »Schätzchen« – nach meinen Beobachtungen waren sie und ihr Herr privat mehr als vertraut miteinander – erzählte mir das gleiche noch einmal. »You got it?« – »Yes, Madam.« (»Verstanden – jawohl, Madam!«) Das nahm so lächerliche Formen an, daß der Squadronleader die Tür aufriß und brüllte: »Some tea!« – und sie, obwohl ich es ebenfalls hörte, weiter rief: »Some tea, Jerry!« So nannte der Chef uns Deutsche. Sie machte es ihm selbstverständlich nach. Übrigens, bei dem Verlangen nach Tee vergaß er sein Flüstern und wurde durchaus laut. Eine blöde Komödie. Das Betragen des Squadronleaders wirkte auf mich, als glaubte er fest daran, daß England immer noch ein Weltreich sei und wir eine Art Inder. Sein Benehmen wirkte durchaus stilprägend. Die verschiedenen Captains und Lieutenants waren lauter kleine Squadronleaders uns gegenüber. Untereinander war ihre Beziehung von lässiger, zu den rangmäßig Niedrigeren von etwas herablassender Freundlichkeit.
Kraß war dagegen der betonte Unterschied zu ihren Soldaten und Unteroffizieren. Nicht wenige dieser Typen hatten Elite-

schulen besucht. Sie kamen unter anderm aus Eton und ließen es auch durchblicken. Untereinander witzelten wir über sie und nannten sie die englischen »Napola-Boys« (Napola: Nationalpolitische Erziehungsanstalt). Im übrigen wußten die englischen Offiziere auch unter uns »Indern« zu differenzieren. Unsere Offiziere behandelten sie so, als hätten sie eine hellere Hautfarbe als wir, die Mannschafts- und Unteroffiziersgrade.

Uns Angehörige der Waffen-SS empörte diese unterschiedliche Behandlung mehr als die Kameraden der Wehrmacht. In der Waffen-SS war der Umgang zwischen Offizieren und Mannschaften kameradschaftlich und bei aller Strenge eher leger. Offiziere und Mannschaften bekamen das gleiche Essen, bei Notlage die Offiziere sogar weniger. Beim Sport gab es keinen Unterschied. Der Bessere wurde neidlos anerkannt, auch von dem rangmäßig Höherstehenden. Darüber diskutierten wir auch mit unseren Kameraden der Wehrmacht. Erstaunlicherweise fanden einige unter ihnen diese SS-Wirklichkeit gar nicht so sonderlich gut oder gar nachahmenswert; sie hielten die britische Methode für besser, ob aus Opportunismus oder Überzeugung, ich weiß es nicht zu sagen.

Die einzige Ausnahme unter diesen blasierten Etonboys war ein Captain M. Ihm wurde ich häufig als Fahrer zugeteilt. Er war der einzige, der mir eine Zigarette, wie meine ehemaligen Bewacher in Schleswig, anbot. Die anderen Offiziere schnippten die Kippen vor uns auf den Boden und weideten sich daran, wenn einige unter uns sich gleichzeitig danach bückten. Das erste, was mir Captain M. – er dürfte ein Anfangsvierziger gewesen sein – zeigte, war ein Familienbild. Eine typisch britische Lady mit einem braven, etwas einfältigen Gesicht war da zu sehen, das Haar zu einem Knoten nach hinten gebunden, und drei kleine, etwas altklug dreinschauende Kinder, zwei Mädchen und ein Bub. Sie waren zwischen

8 und 14 Jahren alt. Captain M. war mittelgroß, hatte ein etwas fahles Gesicht und schütteres blondes Haar. Er sah immer etwas übernächtigt aus, und um seinen Mund war stets ein »Hauch von Whisky«. Unter seinen geschniegelten und gebügelten Offizierskameraden wirkte er wie ein Fremdkörper. Auch seine Uniform saß wie ein Fremdkörper. Die Krawatte hatte er meistens schlecht gebunden oder sie war verrutscht. Ab und zu fehlte auch ein Knopf. Bemerkte er es, bat er mich, ihn anzunähen. Reichte ich ihm die Uniformjacke zurück, sagte er stets den gleichen Satz: »Sie sollten Schneider werden – Foreman.« »Jawohl, Sir – ich will's versuchen.« Ausgerechnet Schneider, dachte ich dabei.
Er schien immer erkältet zu sein, schnüffelte vor sich hin und stotterte leicht. Sagte er vor Antritt einer Ausfahrt »Francis« zu mir, wußte ich, worum es ging. Dieser unscheinbare, wie ein Buchhalter wirkende Mann, der stets sein Familienbild herumschleppte, war – wie wir Landser sagten – schlicht weibergeil! Er war dabei nicht wählerisch. Ob Nutte oder ein schokoladen-hungriges Bürgermädchen, er nahm alles. Sie mußten nur jung sein. Gleichzeitig hatte er eine geradezu panische Angst vor Geschlechtskrankheiten, was ich ihm nachfühlen konnte. Bei jeder Bekanntschaft, die er machte, fragte er mich wie einen Arzt: »You think, that she is allright?« Nickte ich, war die Sache gelaufen. In der Regel mußte ich die Damen ansprechen und sie zur Mitfahrt auffordern. Wollte er mit einem, wie es mir schien, anständigen Mädchen anbandeln, wußte ich dies stets zu verhindern, indem ich sie meinem Chef in sehr dunklen Farben malte. Gar nicht zog, wenn ich sagte – um ihr zu helfen – sie sei eine »Nazi«. Das war ihm schlicht wurscht, ja schien ihn sogar zu reizen. So machte ich nur ein bedenkliches Gesicht, wenn er wieder fragte: »She is allright?« Gott sei Dank verstand er so gut wie kein Deutsch und hielt es wohl auch, wie viele seiner Lands-

leute, für unter seiner Würde, sich außer der englischen Sprache einer anderen zu bedienen oder sie gar zu lernen.
Nach meiner Erinnerung kutschierten wir in einem alten, geräumigen Chevrolet durch die fast total zerstörte Stadt. In manchen Gegenden wurden wir zu bekannten Erscheinungen. Für mich waren die »Damen« keine Anfechtung! Ich war in dieser Beziehung mehr als ängstlich geworden und teilte hier die Furcht meines Chefs.
Als wir eines Tages wieder so am Hafen herumkurvten, deutete mein Captain auf zwei herumstehende Mädchen. Ich sah sofort, das waren »Reinrassige«, da galt es nur die Preise festzusetzen. Ich fuhr näher heran. Die beiden »Damen« – blutjung, aber mit einem vom Laster gezeichneten Gesicht, gewandet in einen gewerblichen »Battle dress«, der eindeutig vom Schal bis zu den Schuhen seine britische Herkunft bewies, sprangen sofort an. »Wir gehen nur beide mit. Was zahlt der alte Knacker?«
»Für jede sechs Schachteln ›Lucky-Strike‹«. – »Sieben!« Ich übersetzte. »All right.« Sie stiegen ein. Der Captain rutschte nach hinten, an seine Seite setzte sich die offensichtlich Jüngere, die andere nahm neben mir Platz. Der Captain war erwartungsfroh. Seine Nachbarin machte sich unbekümmert an seiner Hose zu schaffen. Meine Nachbarin dirigierte uns irgendwo hin. Sie tat es in einem derartig überheblichen Ton, daß mir die Galle hochkam. Kaum beherrscht stieß ich hervor: »Hör mal, ich bin nicht Dein Zuhälter. Ich will mit Nutten nichts zu tun haben. Ich bin nur Fahrer. Schlimm genug, daß sich deutsche Weiber mit den Engländern abgeben, leider nicht nur Nutten.« Der Satz störte sie nicht sonderlich: »C'est la vie – Kleiner.« – »Ich bin nicht Dein Kleiner.« – »Ok, Ok.« Plötzlich sagte sie englisch: »Give me fire!« – »Blöde Ziege. Das heißt nicht fire, sondern light, wenn Du schon englisch mit mir quatschen willst.« Jetzt war sie gekränkt; der Hin-

213

weis auf die Nutte störte sie nicht, aber daß ich gewagt hatte, sie in Gegenwart ihrer Freundin sprachlich zu korrigieren, das wurmte sie: »Wer bist Du denn schon? Fahrer – Putzer, spielst den Helden. Die Zeit ist vorbei. Das blöde deutsche Getue kannst Du sein lassen.« Ein Wort gab das andere.
Plötzlich hielt ich ruckartig an. Meine Nachbarin knallte mit einem Schrei an die Scheibe, der Captain segelte nach vorne, seine neben ihm sitzende Dame, die die Hand in seinem Hosenschlitz hatte, einträchtig mit ihm. »Raus«, brüllte ich, »raus und wird's bald!« Ich muß einen furchterregenden Eindruck gemacht haben, denn erschrocken sprangen beide aus dem Wagen und kreischten ein paar Meter weiter: »Du Scheißkerl, Du Nazi, Du Drecksau!«
Der Captain brauchte einige Sekunden, um sich seiner neuen Lage bewußt zu werden. Ich suchte fieberhaft nach einer Erklärung. Mehr verwundert als böse sagte er dann: »In Teufelsnamen, was war los?« Ich hatte die Lösung gefunden: »Sir«, so begann ich in militärischem Ton, »sie sagte, daß sie geschlechtskrank sei und es ihr nichts ausmache, die Krankheit einem englischen Soldaten zu verpassen«. »Was sagte sie, Soldat?« Daß sie ihn, den Captain, degradiert hatte, schien ihn sehr zu stören, aber auch die Erleichterung war ihm anzumerken, daß er offensichtlich um Haaresbreite an dem so gefürchteten Malheur vorbeigekommen war. »You are a good boy, Francis. Thanks, take a cigarette.« – »Thank you, Sir.« Er gab mir, dem »guten Jungen« eine Zigarette. Wir rauchten, ich fuhr langsam wieder an. Nach einiger Zeit des Schweigens war der Captain wieder zu vernehmen. Er meinte, »very british«: »I am no flying dutchman! Das nächste Mal stoppen Sie ein bißchen sanfter.« »Yes, Sir.«
So sehr mir die Fahrertätigkeit bei Captain M. Spaß machte, wenn es nicht gerade die Mädchen-Tour war, um so mehr sträubte sich in mir etwas gegen meine Tätigkeit beim Squa-

dronleader. Ich bekam schwitzige Hände, wenn ich ihn nur sah, und seiner Vorzimmerdame wünschte ich innerlich alles mögliche, bloß nichts Gutes. Jeden Tag trottete ich viermal in die Officers Mess, um Tee zu holen. Ich verlangte immer eine Portion für zwei Personen. Die eine Portion trank ich unterwegs immer selbst, wußte ich doch, daß meine Bewacher hier nicht nachprüften. Im übrigen stahlen wir von den Briten, was nicht niet- und nagelfest war und hielten das für eine patriotische Handlung. Skrupel kannten wir keine. Wir nannten unser Vorgehen »Heimholen«, eine Art Revanche für die beginnenden Reparationen.
Meine Beute teilte ich brüderlich mit meinen vier Zimmergenossen, die ebenfalls englische Waren als Feindvermögen betrachteten. So lebten wir recht gut. Zu unseren mageren Rationen besorgten wir uns Sandwiches, Schokolade, Zigaretten, an die wir leicht herankamen, denn die Engländer gingen mit ihren Lebensmitteln sehr sorglos um. Sie hatten ja auch genügend. Allmählich kam ich auf den Geschmack und stieg immer stärker in den Schwarzmarkthandel ein. Ich stellte fest, daß sich der ganze Schwarze Markt an einer Art Benzin-Währung orientierte: Ein Kanister Benzin, viereinhalb Gallons, also 20 Liter, waren soundsoviel Zigaretten, Brot oder Schokolade. Also war mein Ziel, in das Benzin-Depot zu kommen, möglichst als Wärter. Ich wußte, daß ich dieses Ziel nur über meinen Captain erreichen konnte. Aber zuerst mußte ich von meinem Dolmetscher-Job weg. Ich fand auch einen Weg. In Gesprächen hatte ich herausgefunden: Die Vorzimmerdame hatte eine geradezu krankhafte Furcht vor Ansteckungen. Am liebsten wäre sie, wie ein Chinese, mit einem Tuch vor dem Mund herumgelaufen. Während einer der wenigen Unterhaltungen, die wir pflogen, ließ ich nebenbei einfließen, daß ich in meiner Jugend Tbc gehabt habe, und immer mit einem neuen Ausbruch rechnen müsse, besonders

in Mangelzeiten. Sie rückte unwillkürlich ein paar Schritte von mir weg, wendete den Kopf ab, wenn ich mit ihr sprach. Sie sah sich wohl schon im Lungensanatorium, weit weg von ihrem geliebten Chef. Es kam, wie ich es mir erhofft hatte. Zwei Tage nach dieser Unterredung ließ mich der Squadronleader kommen. Zum ersten Mal sprach er dabei direkt mit mir, also ohne den Umweg über seine Vorzimmerdame zu nehmen, die wie eine Verschwörerin dabeisaß:
»Sie sehen nicht gut aus, fühlen Sie sich krank?« »Nein Sir, aber manchmal habe ich Kopfweh. Ich bin die sitzende Arbeit nicht gewöhnt. Ich brauch' mehr körperliche Arbeit.« »Gut, ich denke, Sie sollten ihren Job wechseln.«
Ich wollte mir mein Glück nicht anmerken lassen und antwortete ebenso verlegen wie verlogen: »Wahrscheinlich haben Sie recht, Sir. Aber ich habe den Job in Ihrem Büro gern gehabt. Aber – wie auch immer – können Sie mir einen Gefallen tun, Sir? Ich würde gerne meine Arbeit als Fahrer bei Captain M. weiter tun. Vielleicht kann er mir eine nützliche Zusatzarbeit geben?« »Okay, I will see, what I can do for you.« Ich war verabschiedet, baute mein Männchen, salutierte und ging zur Tür.
In ihrem Vorzimmer war inzwischen wieder mein britischer »Farbkasten« gelandet, und jetzt ritt mich der Teufel: »Madam, may I thank you and say good bye to you.« Und ich streckte ihr dankend meine Hände entgegen. Sie wich zurück, als hätte sie einen Pestkranken vor sich, und murmelte nur: »It's allright, it's allright, bye bye.«
Ich ging, ich sah sie Gott sei dank nicht wieder, hatte auch kein Begehren danach, hoffte, daß sie von Ansteckungen verschont blieb. Immerhin war ich ihr und ihrer Marotte zu Dank verpflichtet. Am Abend erzählte ich Captain M. von der freundlich-wohlwollenden Unterredung, sprach mit Respekt und Dankbarkeit vom Squadronleader, und ließ ein-

fließen, daß ich ihn gebeten hätte, über ihn – also Captain M. – einen neuen Job zu finden, der sich mit meiner gelegentlichen Fahrertätigkeit verbinden ließe. Vorsichtig deutete ich an, daß ich gerne im Benzindepot arbeiten würde. Da hätte ich körperliche Bewegung und wäre leicht für ihn im Bedarfsfalle abkömmlich. Dies schien ihm zu schmeicheln, und er versprach mir, mir bei der Erfüllung meines Wunsches behilflich zu sein.

Am nächsten Tag lungerte ich in der Baracke herum, tätigte einige kleinere Geschäfte. Am zweiten Tag wurde ich zu Captain M. gerufen. Er teilte mir mit, daß ich als Gehilfe von Sergeant M. ins Benzindepot versetzt sei. Ich bedankte mich. Diesmal aufrichtig.

Ich meldete mich bei Sergeant H. Das Depot lag auf einem kleinen Hügel. Na, das war ein merkwürdiger Typ: ein Schotte! Und manchmal bestätigt das Leben selbst die billigsten Klischees. Er war in der Tat sparsam, wie man sich Schotten vorstellt. Nie bekam ich von ihm eine Zigarette. Nie ein Sandwich. Dies ärgerte mich, umso mehr, da er die Manie hatte, nicht allein essen zu wollen. Da wollte er unterhalten sein. Er hörte mir schmatzend zu. Am liebsten hörte er Erzählungen aus dem Alltag des Dritten Reiches. Um ihn zu ärgern, zeichnete ich ein durchaus positives Bild. Aber das störte ihn nicht, im Gegenteil. Sein Appetit schien dadurch nur noch größer zu werden. Das einzige, was ich am Tisch von ihm abbekam, waren kleinere Speisereste, die sich in mein Gesicht verirrten, denn der Schotte hatte eine feuchte Aussprache und liebte es, mit vollem Mund zu sprechen. Ich dachte auf Bayerisch: »Hund, verreckter!«. Aber ansonsten hatte ich nicht nur die ideale Stelle, ich hatte auch den idealen Chef. Er kümmerte sich um nichts. Er war geradezu göttlich faul. Am liebsten lümmelte er seine lange hagere Gestalt in einen offensichtlich erbeuteten Lehnsessel und legte die Füße auf den

Stuhl. Die Brille saß ihm auf der Nase. Er las und las und las. Es waren Sportzeitungen. Ich hatte viel Zeit. Allmählich begann ich mit meinen Kameraden auch wieder mit dem Fußballtraining. In dieser Zeit erfuhr ich, daß einer der größten Fußballspieler nach dem Ersten Weltkrieg, der Hamburger Mittelstürmer »Tull« Harder, bei den SS-Wachmannschaften gewesen sei und nun einer Aburteilung entgegen sähe. In Gesprächen mit meinem Sergeanten bekam ich heraus, daß er in einer schottischen Stadt ein Wettannahmebüro hatte. Bei der bekannt großen Wettleidenschaft der Söhne Albions schien das ein gutes Geschäft zu sein, denn es warf immerhin ein komfortables Haus ab, das er mir voll Stolz zeigte. Er kannte sämtliche Resultate von Pferderennen und Windhundrennen. In seiner Achtung stieg ich, als er von mir erfuhr, daß ich aus einer Handwerker- und Händler-Familie komme, die Traberpferde hatte. Jetzt fanden wir Möglichkeiten zum Fachsimpeln. Meistens aber stritten wir freundschaftlich, weil er Traber für mindere Pferde hielt, und den Begriff ›Rennpferde‹ nur für Galopper gelten lassen wollte. In der Tat sind Trabrennen in England kaum bekannt.

Im Depot gab er mir völlig freie Hand. Ich durfte sogar blanko die Lieferscheine unterschreiben. Ich nützte dieses Vertrauen aus. Meine Aversion gegen die Holtenauer Engländer diente mir als Alibi, und mein Gewissen blieb ruhig. Mein Herz schlug sozusagen dabei patriotisch.

Allmählich avancierte ich in der Hierarchie der Schwarzhändler. Bald wurde ich eine Art Boß. Meine Arbeitsmethode war einfach. Beim Verladen verzählte ich mich regelmäßig. Die Engländer kontrollierten kaum. Die übrig gebliebenen Kanister behielten wir für uns und schafften sie bei geeigneter Gelegenheit aus dem Lager heraus. Dann entnahmen wir den vollen Kanistern einige Liter, und füllten sie in »eigene« um. Außerdem organisierte ich Relais-Stationen in Schleswig-

Holstein. Wurde Benzin von Holtenau zu einer anderen Truppeneinheit transportiert, stieß einer meiner Mitarbeiter an einer bestimmten Stelle ein paar Kanister herunter, und unter Beteiligung des Mittelsmannes wurde das Benzin dann auf dem Kieler Schwarzmarkt abgesetzt. An manchen Tagen setzten wir 80 bis 100 Liter Benzin um, tauschten dagegen große Mengen von Zigaretten und Brot ein, die weit über den Eigenbedarf hinausgingen und ebenfalls wieder vertauscht wurden.

Das Geschäft florierte. Dies zeigte sich auch in meinem Äußeren. Ich hatte stets frische Hemden, sauberes Schuhwerk, modische Schals, sogar Handschuhe. All das trug ich natürlich nicht bei meiner Arbeit; es hätte Verdacht erwecken können. Aber beim Ausgang kam ich immer daher wie Lord Semmelbrösel, wie man in Bayern sagt.

Natürlich waren meine Aktionen nicht gefahrlos. Als ich einmal bei einer Dame, auf die ich noch zurückkommen werde, einen vollen Papiersack von einem englischen Lastwagen abladen und in das Haus transportieren sollte, platzte er, und auf die Straße kullerten die begehrten Kaffeebohnen zuhauf. Ich konnte den Volkszorn, der sich auflaufmäßig bildete, nur besänftigen, indem ich »Anteile« an die schimpfenden Bewohner weitergab. Mehr als einmal konnte ich nicht einschlafen. Meine Organisation war groß geworden. Ich hatte viele Mitwisser und war auf ihre Verschwiegenheit angewiesen.

Von diesem aufregenden Dasein entspannte ich mich bei der Lektüre der englischen Sportzeitungen, die mir mein schottischer Vorgesetzter großzügig und unschottisch überließ. Das war die Welt, die ich liebte. Mit Herzklopfen verfolgte ich das erste Wimbledon-Turnier und den Überraschungssieg des Franzosen Petra. Ich drückte den Daumen für den englischen Halbschwergewichtsmeister der Profis Freddy Mills, weil ich erfahren hatte, daß er aus der von mir inzwischen hochgeschätzten Arbeiterklasse kam. Zu meiner Freude wurde er dann auch Weltmeister. Ich erfuhr, daß der Straßburger Fußballer Heißerer, der auch in deutschen Mannschaften gespielt hatte, wieder auf dem Wege in die französische Nationalmannschaft war. Ich verfolgte aufmerksam die Tabelle der ersten englischen Divisionen im Fußball. Konnte im Schlaf die Namen der besten Spieler hersagen: Bastin, Broome, Drake und andere. Der Name meines Idols, des norwegischen Skispringers Birger Ruud, tauchte in Fußnoten des Sportteiles auf. Nur die Greyhound Races, die Windhundrennen, interessierten mich nicht – was mir mein Boß übel nahm. »You have no idea about real sport.« (»Sie haben keine Ahnung vom wirklichen Sport.«) »Allright, boss!«

Da wir eigentlich in keiner richtigen Gefangenschaft mehr waren, sondern in einer Art Arbeitsdienst – wenn auch keinem freiwilligen –, konnten wir abends tun und lassen was wir wollten. Wir mußten lediglich den curfew, die Sperrstunde, einhalten, die auf 21 Uhr festgesetzt war. So marschierten wir los zum Schwoofen, machten die Hafenkneipen unsicher. Bei rotem schummrigen Licht löffelten wir unsere Kohlsuppen, tranken billigen, teilweise selbst mitgebrachten Fusel, tanzten Fox, den neu aufgekommenen Boogie, der große Schlager war der »Tiger Rag«. Auch der lange verpönt gewesene Charleston wurde wieder entdeckt. Da und dort versuchten wir anzubandeln. Der Erfolg war nicht überwältigend. Unsere Herren Besatzer standen eindeutig höher im Kurs.

Der große Augenblick kam für mich nicht in einer Hafenkneipe, sondern bei einem sogenannten Bildungsabend, der da und dort stattfand. Einen solchen gab's in Friedrichsort, nicht weit weg von Holtenau. An meinem Tisch saßen zwei junge Damen und eine ältere – dies aus der Sicht meiner

22 Jahre. In Wirklichkeit war die ältere Tischnachbarin 27 Jahre alt. Sie hieß Nora. Sie war eine sogenannte Evakuierte und lebte mit ihrem etwa 7jährigen Mädchen bei den Verwandten. Ihr Mann war in Berlin zurückgeblieben.
Auf die beiden jungen Mädchen wollte ich, wie man so sagt, losgehen, bei der älteren blieb ich hängen. Sie faszinierte mich. Sie wirkte auf mich erotisch und mütterlich zugleich. Sie hatte eine ebenmäßige, wenn auch etwas füllige Figur, einen schönen prallen Busen, der sich deutlich unter dem knappen Pullover abzeichnete. Die Hände waren lang und ausdrucksvoll. Das einzige Schmuckstück war der schmale Ehering. Am Hals trug sie eine Elfenbeinkette. Ihr interessantes Gesicht war das einer Slawin. Sie hatte breite Backenknochen, einen üppigen Mund. Das schwere, tiefschwarze Haar fiel lang auf die Schultern herab. Ihre Stimme war rauh. Sie rauchte viel. Geschminkt war sie kaum, die Haut ziemlich blaß. Sie roch gut. Ein Hauch von »Femme fatale« war um sie. Sie wußte, daß ihr Männer nachschauten. Am meisten faszinierten mich die grauen Augen. Sie schienen alles zu beobachten, und wenn sie angestrengt wohin sah, bekam Nora einen leichten Silberblick. Ihr Gang war träge. Für mich war sie etwas ganz Neues. Ich glaubte, das wäre jetzt die große Welt. Sie hatte ja sogar einen Pelz. All das machte mich zunächst unsicher, linkisch, aufschneiderisch.
Sie schien sich über mich zu amüsieren. Ich kam ihr wohl noch ein bißchen grün vor. Einen Funken von Interesse glaubte ich in ihrem Aufleuchten zu sehen, als sie merkte, daß ich an künstlerischen Problemen interessiert war und durchaus mitreden konnte. Wir unterhielten uns entspannt. Nichts weiter passierte. Wir trafen uns wieder. Eines Tages lud sie mich zu sich ein. Es gab Kaffee, den ich mitgebracht hatte, und auch sonst einige Raritäten. Allmählich entwickelte sich eine gewisse Vertrautheit, dann Zuneigung. Sie erzählte mir

aus ihrem Leben: Handwerkertochter, Tochter sollte es besser haben, Abitur! Sie lernt blutjung einen netten, vielversprechenden Angestellten kennen, die Eltern drängen zur Heirat, gute Partie. Bald kommt das Kind. Es kommen die ersten Enttäuschungen. Der Mann ist anständig aber bieder, kann seiner ehrgeizigen, lebenslustigen Frau nicht folgen. Der Krieg bricht aus. Der Mann ist UK gestellt – unabkömmlich –, kriegswirtschaftlich wichtiger Betrieb. Sie wird im Jahre 1943 evakuiert.

Wir spürten immer mehr Gemeinsamkeiten: Probleme des Milieuwechsels, zweite Generation, Ehrgeiz, ein gewisses Geltungsbedürfnis, Verachtung vor Konventionen. Es kam wie es kommen mußte.

Nora wurde für mich Mutter und Geliebte zugleich. Abend für Abend marschierte ich nach Friedrichsort, raste atemlos zurück, und kam meistens kurz vor Torschluß an. Endlich »organisierte« ich ein Fahrrad, dadurch wurde Zeit gewonnen. Häufig blieb ich auch ganz weg, und schlich mich erst im Morgengrauen wieder ins Lager. Ich magerte trotz genügender Verpflegung ab. Meine Kameraden betrachteten mich spöttisch oder mitleidig. Aber nicht nur im Bett war Nora meine Lehrmeisterin. Sie steuerte mich unmerklich und mit großem Taktgefühl auch sonst. Ich hatte zuhause so gut wie keine Erziehung genossen. Meine Tischsitten waren mäßig entwickelt. Was ich wußte, kam aus der Zeit, wo ich in der Leibstandarte kurze Zeit Putzer eines Oberscharführers war. Woher sollte ich Geschmack bei Kleiderfragen haben? Wissen, welche Farbe zu welcher paßt? Der Kommunionanzug meiner Kindheit war blau, der gute Anzug meiner Schülerzeit war ebenfalls blau, und dann gab's nur noch eine Farbe: feldgrau. Galanterien, besondere Aufmerksamkeiten Frauen gegenüber, lernt man kaum in der bäuerlich geprägten oberbayerischen Kleinstadt und dem Dorf, aus dem ich kam. Sie wurden als »spinnert« oder städtisch abgetan. Liebesspiele, die über die »Norm« hinausgingen, wurden als Sauereien bezeichnet, als abartig. Nur die Mutter hatte man stets zu achten. Die Achtung vor der Mutter wurde besonders auch in der Waffen-SS gefordert, auch vor der Familie; sie galt ja als die Keimzelle der Nation. In der Waffen-SS hatte man höflich gegenüber Damen zu sein. Offiziersanwärter mußten sich in der Kunst des Handkusses üben. Ansonsten war man in der Waffen-SS nicht prüde.

Nora kochte auch sehr gut, konnte vor allem »zaubern«, das heißt improvisieren. Sie war für mich die Idealfrau, wie wir, die Freunde von der »Katholischen Liga« einst bei der Leibstandarte sie für uns vorgestellt hatten. Wir nannten unseren Typ damals die H.B.K.-Frau: Das Hausmütterchen zu hause, die Dame im Ballsaal, die Kurtisane im Bett. Die Mehrzahl der übrigen machte allerdings aus dem K ein H wie Hure. Das war uns zu billig. Kurtisane klang geheimnisvoller, exotischer, aber auch erotischer. Aber jeder Truppenteil hatte hier wohl seine eigenen Versionen. Nora hatte nur einen »Makel«. Sie war evangelisch, allerdings nur dem Taufschein nach, dem Wesen nach war sie katholisch. Wir sprachen oft über die katholische Sinnesfreude. Sie teilte meine Auffassung, daß man auf gut katholisch besser und vor allem genußreicher »sündigen« könne, wobei selbst die Reue in den Genuß mit einbezogen werden kann und wie eine abrundende Nachspeise wirkt. Das gilt allerdings nur für den, der die Religion nicht buchstabengetreu nimmt. Wir malten uns oft die Seelen- und anderen Qualen aus, die bei der Beichte einen Pater befallen könnten, wenn ein junges knackiges Beichtkind um das 6. Gebot herumdruckst (»Du sollst nicht Unkeuschheit treiben.«) Wir forschten in der Geschichte nach großen Sünderinnen. Sie waren katholisch. Schöne, faszinierende Frauen wurden immer mit katholischen Würdenträgern in

Verbindung gebracht, wohl kaum mit protestantischen. Die Pastorenfrau vertrat für uns den Typ einer rechtschaffenen, biederen, frommen und gebärfreudigen Hausmutter. (Das mag sich inzwischen geändert haben.) Wir sündigten also katholisch. Zur Reue, zur Beichte kam es allerdings nicht mehr. Zur Kirche ging ich kaum. Jetzt, wo die Waffen-SS hinter mir lag, wurde ich diesbezüglich lasch.
Nora half mir auch, mich weiterzubilden. Wir gingen in Konzerte, und ich erinnere mich besonders an sogenannte Kulturabende, die von einem Marineoffizier veranstaltet wurden. Es störte mich lediglich eine gewisse Vertrautheit, die ich zwischen dem Offizier und meiner Freundin zu bemerken glaubte, und die das stets glimmende Feuer meiner Eifersucht schnell in Brand zu setzen vermochte. Nora genoß dies. Sie machte auch keinen Hehl daraus, daß ich nicht der zweite Mann in ihrem Leben war. Außerdem ärgerte es mich, daß sie im Beisein des Offiziers mir gegenüber immer die mütterliche Freundin herauskehrte. Der Offizier schien im Zivilleben irgendein sogenannter »Kulturfritze«, wie wir sagten, gewesen zu sein: Intendant oder so etwas ähnliches.
Nora kannte meinen Wunsch, Schauspieler zu werden. Um mein Talent zu testen, arrangierte sie ein Vorsprechen bei dem »Ober-Lord«, wie ich ihn unter uns nannte. Es gehörte schon ein besonders taktisches »Gespür« dazu, ausgerechnet Detlev von Liliencrons plattdeutsches Gedicht ›Pidder Lüeng‹: »Lewwer duad ües Slaav« herauszusuchen, wenn man aus den bayerischen Bergen kommt. Auch Nora warnte: »Ob das das Richtige ist? Das muß doch ein niederdeutscher Bauer sein. Weißt Du, den Melchthal, den könnte ich mir vorstellen, den aus Wilhelm Tell.« Sie hatte Gespür! Ich war bockig. Den niederdeutschen Bauern justament hatte ich mir eingebildet, das Sklavengefühl glaubte ich vermitteln zu können, und bei den unterdrückenden Herren dachte ich an mei-

Ein Gespräch unter Freunden. Der ungarische Schriftsteller Julius Hay gehörte zu den geistigen Wegbereitern der ungarischen Revolution. Nach seiner Entlassung aus einem ungarischen Gefängnis lebte er in Ascona.

Sowjetische Panzer zerstörten die Hoffnung auf einen »Sozialismus mit menschlichem Antlitz«. Wie reagierten die tschechischen Intellektuellen? Der Autor in einem Fernsehgespräch mit dem Schriftsteller Pavel Kohout.

Die ungarische Familie. Der Autor mit seiner ersten Frau, einer angehenden Dramaturgin aus Budapest und der Tochter Suzanne.

Die Münchner Familie: Schönhuber mit seiner zweiten Frau, einer Anwältin.

nen Squadronleader. Selbstverständlich war das Vorsprechen eine Pleite. Der Marineoffizier war jedoch taktvoll und murmelte etwas von einem Roh-Diamanten, den man zuschleifen könne, ich müsse mir jedoch ein anderes Rollen-Verständnis zurechtlegen. Übrigens wurde später der Melchthal meine Parade-Vorsprechrolle.
Über Nora und den Marine-Offizier bekam ich auch Zugang zu den sogenannten bürgerlich-konservativen Kreisen, und wir verbrachten Stunden damit, über Deutschland und die Niederlage zu diskutieren. Es waren lauter ehrenwerte Leute. Sie waren durchwegs sehr norddeutsch geprägt. Als Bayer wurde ich fast wie ein Exote angesehen und herumgereicht. Allerdings machte es sich die Gesellschaft zu leicht, als sie Hitler und seine Partei als typisch süddeutsch abtat. Das reizte mich stets zum Widerspruch: »Erstens war der Hitler kein Bayer, sondern Österreicher. Und wenn auch die Partei im Süden entstanden ist, groß und hoffähig ist sie jedoch erst jenseits der Mainlinie geworden. Und ohne Goebbels hätte es nie eine Machtübernahme gegeben, der war nun bestimmt kein Bayer. Und der Steigbügelhalter Hugenberg? Und der Steigbügelhalter von Papen? Und bei uns hat man selten Heil Hitler, sondern meistens noch Grüß Gott gesagt, als man in Berlin schon längst die Hacken zusammenknallte und Heil Hitler brüllte.«
Man hörte sich das alles sehr ruhig an. Es ging gesittet und wohltemperiert zu. Temperamentsbolzen waren selten in der Runde, deren Idol übrigens Dönitz war. Peinliche Fragen nach unserer Vergangenheit wurden ausgespart, nur ein einziges Mal kam man – nach meiner Erinnerung – auf die Judenfrage zu sprechen. Dabei war zu spüren, daß man die Juden schon als Fremdrassige, als nichtzugehörig ansah; andererseits sagte einmal die Dame des Hauses: »Deshalb darf man sie doch nicht gleich umbringen, es sind doch auch Men-

schen.« Das hatte ich schon von meiner Mutter gehört. Damit schien bei diesem Gespräch zunächst der Ordnung und der Humanität Genüge getan gewesen zu sein. Plötzlich aber mischte sich der hagere Marine-Offizier ein, der die kurze Debatte mit steigender Erregung verfolgt hatte: »Also keine Wirkung ohne Ursache. Auch ich bin gegen die Judenverfolgung. Aber wenn Sie erlebt hätten, wie sich zum Beispiel die Juden beim Theater und beim Film breit gemacht haben, dann könnten Sie verstehen, daß man sie öfter lieber von hinten als von vorn, lieber gehen als kommen sah. Wollte man beim Theater etwas werden, mußte man entweder Jude oder Österreicher sein, am besten beides, und die Spitze war ein schwuler österreichischer Jude.«
Die anwesenden Damen schwiegen betreten, die Herren kauten an ihren Zigarren, nur Nora stimmte zu, wies auf die Berliner Theaterkritiker vor der Machtübernahme hin, und das alles gab meinem eifersüchtigen Herzen wiederum einen Stich. Noras Meinung bewog mich auch, auf meinen Beitrag zu verzichten, wonach ich auch von meinem Vater, der an und für sich sehr judenfreundlich gewesen war, gehört hätte, daß bei den Bauern die Juden sehr unbeliebt gewesen wären, weil sie als Zinswucherer galten, die, wenn die Bauern ihre Schulden nicht mehr zahlen konnten, ihnen die Höfe wegnahmen. Nicht einmal andeutungsweise wollte ich in die Nähe des Marine-Offiziers rücken, nicht einmal auf dem Umweg über meinen Vater. Immerhin hörte ich in diesem Kreise Dinge, die ich noch vor wenigen Monaten für undenkbar gehalten hätte, zum Beispiel, daß Generalfeldmarschall Milch Halbjude gewesen sei.
»Ja, wie kann denn das möglich sein?« fragte ich perplex.
»Haben Sie denn noch nicht von dem Satz von Hermann Göring gehört: ›Wer Jude ist, bestimme ich!‹?«
»Nein!«

Ein anderer Gesprächsteilnehmer mischte sich ein. »Also, ich kann mir das auch nicht vorstellen, der Milch war ja immerhin ein Marschall.«
Der Marine-Offizier schien sich gut auszukennen: »Der hat seine mit einem Juden verheiratete Mutter angeblich mit einer Pistole gezwungen zu gestehen, daß er, der Erich Milch, das Resultat eines ›Fehltrittes‹ von ihr sei!«
»Pfui, wie häßlich. Unmöglich!« ließ sich die Stimme einer anwesenden Kapitänswitwe vernehmen.
Und dann wandte sich der Marine-Offizier, der meine Aversion ihm gegenüber durchaus spürte, an mich: »Und Ihr großer Heydrich, dieser nordische Kriegsgott, soll ja auch nicht ganz arisch gewesen sein?«
Ich schwieg. Da konnte ich nicht mitreden. Im übrigen glaubte ich das Ganze nicht. Vielleicht wollte ich es auch gar nicht glauben.
Nora war keine Antifaschistin. Sie sah zwar durchaus die Verbrechen des Dritten Reiches ein, verurteilte sie auch aufrichtig, mochte aber auch die nach ihrer Meinung guten Seiten nicht vergessen: »Schau mal uns beide an. Was hätten wir denn in der Weimarer Republik für eine Chance gehabt? Dein Vater und mein Vater hätten uns nicht auf eine höhere Schule schicken können. Weißt Du, ich habe die Arbeitslosigkeit in Berlin erlebt. Das ist etwas anderes, als arbeitslos in einem bayerischen Dorf zu sein, wo Bauern in der Nähe sind. Aber dort in Berlin hieß es wirklich: Zum Leben zu wenig, zum Sterben zu viel. Außer Sprüchen aber haben die Herren Politiker damals nichts geboten, und die täglichen Straßenschlachten – ich habe sie gesehen – waren auch nicht von Pappe. Gelogen wird aber heute, daß sich die Balken biegen. Besonders auch von den Kommunisten. Warum verschweigen sie denn, daß sie damals, beim Straßenbahnerstreik in der Weimarer Republik, gemeinsame Sache mit den Nazis ge-

macht haben? Und dann, während das Volk hungerte, lebten einige wenige Großverdiener und Schieber in Saus und Braus und zeigten dazu auch noch ihren Reichtum. Und was wäre gewesen, wenn diese feinen Pinkel, die Gutsbesitzertypen und Kaisertreuen an die Macht gekommen wären? Dein Vater und mein Vater hätten dann mit dem Ofenrohr ins Gebirge geschaut, wie Du immer sagst. Das laß ich mir nicht nehmen, die Nazis bauten die Klassenschranken ab und brachten es zum ersten Mal zu einer Volksgemeinschaft. Das war wichtiger als der Bau von Autobahnen, worauf ja die sogenannten Nazigegner immer spöttelnd hingewiesen haben, als wäre das das einzige gewesen, was die Nazis gemacht hätten. Außerdem, Franz, gib's doch zu: hatten wir nicht eine schöne und unbeschwerte Jugend?« Immer wenn sie in Erregung geriet, berlinerte sie leicht: »Du kannst Dir vorstellen, ick war keene Gretchentype, keene Glaube- und Schönheitsgöre, aber mir haben die Fahrten, die Tanzabende, die Sportveranstaltungen gefallen. Und weil ich eine gute Schülerin war, bekam ich als Auszeichnung eine Eintrittskarte zu den Olympischen Spielen. Ick war bei der Eröffnung dabei. Uff'm Bauch sind se doch alle jelegen vor dem Führer, die Franzosen mit dem Hitlergruß, und andere dazu.«
Wir sprachen oft über die Olympischen Spiele. Auch ich hatte eine Karte in Dresden bekommen, weil ich bei den Schülerskimeisterschaften meines Jahrgangs im Erzgebirge, wie bereits beschrieben, den sogenannten Gauleiter-Mutschmann-Pokal bekommen hatte. Nora und ich schwärmten von Jesse Owens. Über ihn kamen wir regelmäßig zur Rassenfrage. Ich sagte: »Weißt Du, was mich bei den Nazis am meisten störte, das war dieser blöde Rassenfimmel. Du kennst doch diese Schädelmessungen von Professor Günther. Du kennst doch diese Verehrung von blond und blauäugig. Schau uns an. Wir beide sehen dagegen ja schon fast wie Untermenschen aus.

Und aus diesem Schwachsinn, das ist leider klar, ist später der Wahnsinn in den KZ's entstanden.«

Da gab sie mir recht. Aber alles in allem konnte ich feststellen, daß meine Ablehnung des Nationalsozialismus größer als die ihre war. Als Begründung führte ich an, daß ich ihn besser kennengelernt hätte.

Langsam fing ich an, mich zu zivilisieren. Seltener wurden meine Besuche in den Hafenkneipen, ich ging adrett angezogen mit Nora zu den Tanztees. Auch da gab es den Tiger Rag und den Chattanooga-Choo-choo. Daneben aber auch Foxtrott und gefühlvolle Tangos. Ich ging in diesen Vergnügen auf, stand nicht mehr neben mir, wie das vor meiner Bekanntschaft mit Nora der Fall war. Die Geschäfte vernachlässigte ich etwas, meine Kumpel nahmen das übel; ein bayerischer Landsmann nannte mich »weiberdamisch«, die bayerische Version des französischen »cherchez la femme«! Nora wußte zwar, daß ich nicht ganz legalen Geschäften nachging, sie empfand aber auch keine moralischen Skrupel. Ich hütete mich auch, sie in die Gefahren einzuweihen. Es hätte sie beunruhigt, und sie hätte mir trotz Verlustes einiger Annehmlichkeiten von den Geschäften abgeraten. Außerdem wollte ich sie nicht hineinziehen. Ich wollte es bei dem guten »Ehemann« und Ernährer für sie und dem guten Onkel für ihre Tochter bewenden lassen. Es hat mir in meinem Leben, auch später, immer Spaß gemacht, etwas für andere zu tun, besonders für die, die ich mochte.

Im Laufe der Zeit bekam ich auch Gewissensbisse Captain M. gegenüber. Er war gleichbleibend freundlich zu mir, und je länger ich von Squadronleader L und seiner Vorzimmerzicke weg war, um so mehr »normalisierte« sich mein Verhältnis zu den Holtenauer Engländern. Es fiel mir immer schwerer, Squadronleader L sozusagen als Alibi für meine dunklen Geschäfte anzusehen. Außerdem wurde von Tag zu Tag mein

Heimweh größer. Ich hatte genug von »Schleswig-Holstein, meerumschlungen«, der steifen Lebensart der Bewohner, der Hektik der Hafenstadt, sehnte mich nach den Bergen, nach bayerischen Lauten. Ich hatte genug vom Nebel, wollte wieder einen richtigen Winter erleben. Und ein Wunder geschah: Die Engländer genehmigten einen Urlaub für die Angehörigen der Labour Units. Wieder war es Captain M., der mir, als einem der ersten, zum Genuß eines Heimaturlaubs verhalf. Dies war für mich der letzte Anstoß, meine Geschäfte zu »liquidieren«, um nach der Rückkehr sauber und problemlos auf meine Entlassung zu warten.

19
Heimaturlaub und politisches Klima

Ich bekam 2 Wochen Heimaturlaub. In überfüllten Zügen, manchmal auf dem Trittbrett stehend, dann wieder im Gepäcknetz schlafend, dampfte ich gegen Süden. In München stieg ich um in den Schnellzug nach Salzburg, genoß die Bergketten, die Spitzen waren noch vom Schnee gezuckert. Still hörte ich den bayerischen Gesprächen zu, es gab und gibt keine schönere Mundart für mich. In Traunstein stieg ich aus, nahm den »Bockerlzug«, wie wir ihn als Schüler wegen seines oftmaligen Haltens und Anrückens nannten, nach Trostberg. Hier war ich Fahrschüler gewesen, hatte große Pläne gewälzt. Jetzt kam ich auf Raten heim, als Geschlagener, mit so gut wie keinen Zukunftsaussichten.

Die Fahrgäste, die mich erkannten, staunten Bauklötze, als ich, der ehemalige Angehörige der Waffen-SS, in einer Uniform auftauchte, die sie zunächst für eine englische hielten. Ein Bäuerlein fragte leise und ganz aufgeregt, ob es denn stimme, daß die Engländer die besten Panzergrenadierdivisionen, vor allem die Waffen-SS-Divisionen, übernommen hätten, weil es doch jetzt bald gegen die Russen ginge. Er war ganz enttäuscht, als er erfuhr, daß ich lediglich einer Arbeitseinheit angehörte, und dies keine englische Kriegsuniform sei. Ich spürte, wie ich in seinem Ansehen sank. Ich blieb für ihn auch in dieser Uniform ein gewöhlicher Kriegsgefangener, einer von der SS noch dazu. Im übrigen war die Frage des Bauern nicht so ganz unbegründet. Heute weiß man, daß sich tatsächlich amerikanische Militärs mit dem Gedanken trugen, die SS-Divisionen als Speerspitze bei einem drohenden Krieg gegen die Sowjetunion zu benützen.

Nach dreiviertel Stunden keuchte die Dampflokomotive

in den Trostberger Bahnhof ein. Ich nahm meinen Rucksack, ging zur Sperre, zeigte meinen Schein vor. Auch der Beamte schien höchst erstaunt zu sein, mich in dieser Gewandung zu sehen. Wie ich nachträglich erfuhr, war ich tatsächlich der erste dieser Spezies – und blieb wohl auch der einzige. Dieser Aufzug machte die Haltung einiger Trostberger Bürger mir gegenüber zwiespältig. Sie wußten nicht, wie sie sich eigentlich verhalten sollten. Einerseits war ich der ihnen bekannte Angehörige der Waffen-SS, andererseits trug ich eine Uniform wie die Engländer, außerdem war ich sogar auf Urlaub. Manche hielten mich für eine Art Überläufer. Die halbe Stunde des Weges nach Hause marschierte ich zu Fuß.

Mein Vater war gerade im Garten, den er zu einer Tabakplantage zweckentfremdet hatte, als ich die kleine Anhöhe hinaufkam, die zu unserem Haus führte. Als er mich entdeckte, huschte ein freudiger Schimmer über sein deutlich alt gewordenes Gesicht. Seine Haare waren silberweiß. Aber immer noch hielt er sich kerzengerade und zeigte sich mir gegenüber gefühlskarg wie eh und je: »Schön, daß 'd da bist.« – »Aber leider nur kurz, woaßt, i muaß nach zwei Woch'n wieder zruck!« Ich genoß mein Bayrisch. Meinem Vater blieb vor Staunen der Mund offen: »Was sagst, Urlaub? Aus der Gefangenschaft? Ja, wo gibt's denn sowas? Weißt Du, da sind die Amerikaner bei uns net so großzügig.«

Eigentlich wollte ich ihn ja ganz gern umarmen. Aber ich traute mich nicht. Tief in mir saßen noch die Erinnerungen an seine Erziehungsmethoden. – Bruder Adolf kam. Er war groß geworden, sah gut aus. Warum haben sie ihm auch bloß diesen Vornamen geben müssen, dachte ich. Da wird er in Zukunft schön damit belastet sein. Dann kam meine Mutter. Gott verzeih' mir, aber ich hatte Mühe, meinen Widerwillen zu überwinden, als ich sie, wie immer schlampig gekleidet, vor mir sah. Sie, die man einst als eine gutaussehende Frau ansprechen konnte, war alt geworden. Mit ihrem Kopftuch sah sie wie ein Bauernweiberl aus. Es störte mich auch, daß sie sofort in Tränen ausbrach, als sie mich umarmte. Mir stieg der mufflige Geruch des Kleides in die Nase. Jetzt war ich ihr so stockig gegenüber, wie mein Vater zu mir. Eigentlich fühlte ich mich nicht zuhause. Schon dachte ich mit leisem Bedauern an Nora. Dieses Gefühl verstärkte sich, als wir in das Innere des Hauses traten. Alles wirkte abgewohnt. Spuren von Verfall waren sichtbar. Kleidungsstücke lagen herum, Speisereste; in der ganzen Wohnung roch es säuerlich, die Fenster schienen lange nicht mehr geöffnet worden zu sein. Ich verglich dies alles mit dem hübschen, stets gut aufgeräumten Wohnzimmer von Nora. Ich fühlte mich dabei wie ein Verräter an meinen Eltern, die ich eigentlich sehr gern hatte, und die auch für mich einiges getan hatten.

Am Abend saßen wir dann lange beieinander. Meine Mutter erzählte mir, daß sie das Eiserne Kreuz und mein Bild hinter der Holztäfelung versteckt hatte, als die Amerikaner kamen. Da lägen sie noch immer. Sie erzählte Belangloses. Nur eine lustige Geschichte war dabei: Eines Tages kamen Kriegsgefangene an unserem Haus vorbei und fragten meine Mutter, ob sie etwas zu essen hätte. Darauf meine Mutter: »Überall könnt's fechten, nur net bei mir. I hab nämlich nix.« – »Aber gute Frau, gefochten haben wir genug. Der Krieg ist übrigens aus.« Wie sollte der Offizier von jenseits des Weißwurst-Äquators wissen, daß Fechten im Altbayerischen betteln heißt, ein Bettler demzufolge ein »Fechtbruder« ist.

Ansonsten wurde die Unterhaltung wie gewöhnlich von meinem Vater bestritten. Er war verbittert. Mit Schrecken stellte ich fest, daß diese Verbitterung ihn, der sich schon vor geraumer Zeit von den Nazis abgewandt und aus seiner Distance keinen Hehl mehr gemacht hatte, wieder zurückgeworfen hatte. Jetzt verteidigte er das, was er während der Na-

zizeit mir gegenüber dauernd verdammte. Er verzweifelte an der Gerechtigkeit, schämte sich für das Verhalten vieler Mitbürger, die nach seiner Meinung kein Rückgrat gezeigt hätten und den Amis »in den Arsch reinkröchen«. Diese Kollaboration empörte ihn mehr als die Untaten einiger Amerikaner, von denen er mir gleichwohl ausführlich berichtete. Er schimpfte vor allem wieder auf die »Märzenveilchen«: »Weißt Du, die Amerikaner machen einen großen Fehler bei der Entnazifizierung. Sie müßten eigentlich die besonders bestrafen, die nach der Machtübernahme, oder gar erst kurz vor oder während des Krieges in die Partei eingetreten sind. Die sahen doch, wohin die Reise geht. Die mußten sehen, was aus den Versprechungen der Nazis geworden war. In der Kampfzeit, in der ich mir meine Nase blutig schlagen ließ für Hitler, waren die Herren Bürger unter dem Tisch, warteten ab, krochen erst wieder hervor, als sie sahen, wer Sieger war. Dann leckten sie ihnen die Stiefel und bettelten um Aufnahme. Wir alten Nazis waren Idealisten, die anderen Opportunisten.«
Ich mußte meinem Vater recht geben – gebe ihm auch heute noch recht. Er steigerte sich richtig in Erregung: »Da ging ich vor kurzem zu dem Herrn E. Er hat unter den Nazis die besten Geschäfte gemacht, war mit der ganzen Rasselbande befreundet. Ich habe ihn gebeten, zu bezeugen, daß ich mich während des ganzen Dritten Reiches von den Nazis ferngehalten habe, und daß ich deswegen zuletzt als 55-jähriger, als Gefreiter, noch eingezogen wurde. Und was meinst Du, Franz, was der Hammel mir geantwortet hat? – ›Ich kann Dir leider nicht helfen, Xaver. Ich weiß, daß Du ein anständiger Mensch warst. Aber das würde mich kompromittieren. Bei mir waren unlängst ein paar Vertreter der Bayerischen Volkspartei. Sie wollen mich zur CSU bringen. Und da paßt mir Deine Sache nicht.‹«
Er schilderte die Szene weiter, und ich bemerkte, wie ihm dies

innerlich Erleichterung, ja geradezu Genuß bereitete: »›Ja, Du bist doch der größte Bazi, den es je gegeben hat. Hast denn vergessen, wie Du zu mir gekommen bist und gewinselt hast, ich soll Dir helfen, in die Partei zu kommen? Hast vergessen Du Hund, daß ich es war, der Dir abgeraten und Dich dabei sogar überzeugt hab'? Das alles hast Du vergessen? Da steck Dir doch das Brieferl in den Arsch rein.‹ Und dann hab ich ihm ins Gesicht gespuckt. Du weißt ja, von der Bayerischen Volkspartei, von den Schwarzen hab i nie was g'haltn. Erst ham's vorm Hitler g'kuscht, jetzt kusch'ns vor de Amerikaner. Und anfangen tun's dort wieder, wo's aufg'hört haben: Beim Streiten. Brauchst nur die Zeitungen lesen. Da der Müller, dort der Hundhammer. Am liebsten ist mir noch der Baumgartner, der versteht sei' Sach'.«
Meine Mutter mischte sich ein: »Aber reg Dich doch nicht auf, Xaver. Denk doch an Dein Herz. Das hält das nicht aus.« Darauf mein Vater: »Ist mir wurscht. Mein Herz hält das schon aus. Aber das alles muß amal g'sagt werd'n.« Meine Mutter ließ nicht locker: »Aber Xaver, der Pfarrer war doch nett zu Dir. Der will Dir helfen. Und Dir auch«, wandte sie sich an mich. Mein Vater blieb uneinsichtig: »Da is oaner wie der andere.« Meine Mutter heulte: »Versündige Dich doch nicht.« Sie bekam den theatralischen Bibberer, der bei Anzengruber-Filmen vorkam, und den mein Vater und ich immer so glossiert hatten: »Bitt' Di gar schön, liaber Himmivater, mit aufg'hobner Hand und auf de Knia!« – »Na ja, Du weißt ja eh' wia's ist«, beendete mein Vater achselzuckend die Diskussion über die kirchliche Hilfe. Der Wahrheit halber möchte ich jedoch hier einflechten, daß sich der Pfarrer sowohl meinem Vater wie mir gegenüber mehr als anständig verhalten hat. Sein Christentum war kein Lippenbekenntnis und kein Pharisäertum. Es war echt und von tiefer Menschlichkeit, dank'schön Herr Pfarrer!

Mein Vater fragte mich eines Tages ausführlich nach meinen Erfahrungen mit den Engländern. Die Tatsache, daß ich in Schleswig von den Arbeitern in Uniform gut behandelt wurde, nahm er kommentarlos und, wie es schien, selbstverständlich, ja wohlwollend hin. Meine Erzählungen über die »Napola-Boys« von Kiel aber waren Wasser auf seine antibritische Mühle: »Ich sag's ja, a degeneriert's Volk, arrogant, die richtigen Lord Semmelbrösels. Die glauben immer noch, sie wären die Herren der Welt, aber die Russen werden ihnen schon noch den Marsch blasen.« Daß die Söhne der diversen »Semmelbrösels« sich als RAF-Piloten bei der »Battle of Britain«, der Schlacht um England, großartig schlugen, fast möchte man sagen mit Klasse und Rasse, wußten wir nicht, wollten es wohl auch nicht wissen. Nichts pflegt bekanntlich der Mensch lieber als seine Vorurteile. Aber Verallgemeinerungen sind nicht das Vorrecht eines oberbayerischen Handwerkermeisters. Da stehen ihm hochgerühmte Intellektuelle und Historiker nicht nach. So macht es sich der englische Historiker Trevor-Roper zu leicht und zu einfach, wenn er die nationalsozialistischen Führer pauschal »aufgeblasene Hanswurste« nennt. Vielleicht stellt er sich gelegentlich auch mal die Frage nach der Qualität ihrer Gegner, also seiner Landsleute. Die Welt brauchte 5 Jahre, um diese »aufgeblasenen Hanswurste« von der Bühne zu verbannen.

In diesen zwei Wochen machte ich interessante Erfahrungen. Die sogenannte gute Schicht, die Bürgerkreise, mieden Gespräche, schauten sich ängstlich um, wenn man mit ihnen zusammenkam. Keiner mochte ein Nazi gewesen sein. Der eine trat lediglich ein, um sein Geschäft zu retten, der andere um seinem Sohn beim Vorwärtskommen behilflich zu sein, und so weiter und so fort. Ja, wenn ich diese Typen nicht bei den braunen Veranstaltungen erlebt hätte: »Unserem Führer Adolf Hitler ein dreifaches Sieg Heil! Sieg Heil! Sieg Heil!«

Und wie rühmten sie die neue Ordnung, wie gut doch die Geschäfte gingen! Zum Kotzen! Anders die Arbeiter, die in den nahegelegenen Stickstoffwerken arbeiteten, und von denen nicht wenige überzeugte Sozialdemokraten, ja sogar Kommunisten gewesen waren. Sie waren mir gegenüber unbefangen, ja fast freundlich: »Bist a wieder da, Franz?« – »Nein, auf Urlaub!« – »Schick Dich Franz, daß'd bald wieder ganz kommst, wir brauchen beim FC wieder jemand, der uns die Tore schießt.« Der eine oder andere konnte sich verständlicherweise nicht verkneifen, mir zu sagen: »Des hat ma davon, wenn ma immer was b'sonders sein möcht'! Hätt' Dir die Wehrmacht net g'langt?« Ich verstand sie. Wir gingen abends öfter ein Bier trinken. Ich war glücklich, wenn ich der häuslichen Enge entfliehen konnte, und auch der ständigen Verbitterung meines Vaters. Wir kamen bei unseren Gesprächen auf keinen gemeinsamen Nenner: »Bist wohl auch ein bisserl verdorben worden von den Preußen da droben!« – »Nein, aber ich red halt gern mit mehreren Leuten, möcht' mir meine eigene Meinung bilden.« Meinem Vater war nicht zu helfen: »Meinung, Meinung! Ich möcht nicht wissen, was die unter Hitler für eine Meinung gehabt haben!« Ich gab's auf.

Meinen Bruder interessierte mehr die Hafenstadt, wollte wissen, was es da für Schiffe gäbe, und meine Mutter war natürlich neugierig auf Nora. Ich hatte wohlweislich nichts von ihr erzählt, mußte aber dann doch wenigstens andeutungsweise mit der Wahrheit herausrücken, als mich meine Mutter eifrig einen Brief schreiben sah: »Sag mal, wie ist sie denn? Katholisch?« – »Nein, evangelisch!« – »Ja, wie geht denn das?« – »Wie soll's denn geh'n!«, fragte ich und unterdrückte den Satz: »Im Bett spielt das keine Rolle, ob jemand katholisch oder protestantisch ist.« – Meine Mutter gab nicht nach: »Was hat sie denn für einen Beruf?« – »Keinen!« – »Aber sie

muß doch von was leben!« – Jetzt wurde ich allmählich grantig. Die Fragerei ging mir auf die Nerven. Kurz und trocken sagte ich: »Sie ist verheiratet, hat ein Kind.« – »Ja sowas! Protestantisch! Ein Kind! Und verheiratet!!« – Das war zuviel. Sie war eine herzensgute Frau, hätte ihr letztes Hemd für jemand gegeben, der in Not war. In Not. Aber wenn jemand ohne Not sich eine protestantische Ehefrau mit Kind zur Freundin nimmt, das war zuviel: »Ja, will sie sich denn scheiden lassen?« – »Weiß nicht!« – Jetzt mischte sich mein Vater ein, den meine Bekenntnisse ziemlich gleichgültig gelassen hatten. In der Beziehung war er großzügig, alles andere als ein Spießer, ich glaube, er war hier auch kein Kostverächter gewesen. Sein Bauerninstinkt kam durch: »Ist sie wenigstens gut ›eing'säumt‹, bringt's was mit?« – »Ich weiß nicht!« – Mein Vater gab sich zufrieden: »S' ist Dei Sach'.« Ja, er konnte sich für meine Freundin sogar ein bißchen erwärmen, als ich ihm von meinen politischen Gesprächen mit ihr erzählte: »Na, die scheint wenigstens einen Charakter zu haben. Wenn ich mir hier unsere ›Damen‹ ansehe«, er betonte das Wort unmißverständlich, »dann graust's mir. Sogar vor de Neger schrecken's nicht zurück. Und das alles für ein paar Tafeln Schokolade. Sogar BDM-Mädchen sollen drunter sein.« Plötzlich lachte er: »Weißt Du übrigens, wie man in der Nazi-Zeit über den BDM gewitzelt hat?« – »Nein!« – »Bund Deutscher Matratzen.« – Ich grinste. Meine Mutter war wieder mal sauer: »So spricht man nicht von Mädchen – Xaver, noch dazu vor dem Adolf!« (Sie meinte meinen Bruder). Sie fügte hinzu: »Schwarze, Xaver, sind auch Menschen; denk an die Heiligen Drei Könige.«
Ich versuchte meine Schulfreunde zu treffen. Da hatte ich wenig Glück. Viele unter ihnen waren gefallen, mein Jahrgang 1923 ist ja besonders betroffen, andere waren noch in der Gefangenschaft. Die wenigen, die schon zu Hause waren und die

ich traf, mußten erst ihre eigenen Erlebnisse verarbeiten, waren schweigsam, zeigten manchmal auch eine gewisse Rivalität gegenüber der Waffen-SS, die ihrer Meinung nach gegenüber dem Heer bevorzugt gewesen wäre: bessere Ausbildung, besseres Material, undsoweiter. Wenn ich sagte, dafür hätten wir durch unsere Feuerwehreinsätze auch weitaus höhere Verluste gehabt, so hörte ich da und dort die Antwort: »Es hat Dich ja niemand gezwungen, zu den Feuerlöschern, zu der Waffen-SS zu gehen.« Dagegen ließ sich in der Tat nichts sagen. Ich war nun einmal Kriegsfreiwilliger gewesen.
Eine einzige Bürgersfamilie in Trostberg nahm mich gut auf. Ich nenne aus Dankbarkeit den vollen Namen: Es war die Familie Haslem. Frau Haslem war die Inhaberin eines gutgehenden Konfektionsgeschäftes. Die feine, nicht mehr ganz junge Dame hatte ein schweres Schicksal hinter sich. Sie war nicht rein arisch, und verdankte es lediglich der Menschlichkeit einiger brauner Kreisgewaltiger, daß sie unbehelligt blieb. Sie hatte einen Sohn, der etwa 5 Jahre jünger war als ich. Er heißt Klaus Wagner und ist heute ein bekannter und ausgezeichneter Regisseur. Von seinem Vater wußten wir nichts. Er tauchte erst nach dem Kriege auf. Er war in einem KZ, weil er Mitglied der Kommunistischen Partei war. Ich lernte ihn während meines Urlaubs kennen. Von ihm wird noch die Rede sein.
Jetzt, wo ich in der Heimat war, bekam ich eines Tages wieder Sehnsucht nach Kiel. Nicht nur nach Nora, sondern auch nach meinen Kumpeln. Die Heimat war mir fremd geworden. Außerdem schien hier die Zeit stillgestanden zu sein. Von den großen Veränderungen, von geistigen Auseinandersetzungen war nichts zu spüren. Ich schwor mir, nach meiner Entlassung alles zu tun, um hier nicht hängen zu bleiben.
Die Zeit war um. Ich reiste ab. Mein Vater gab mir noch einen Beutel seines selbstgezogenen Tabaks, meine Mutter ein

»G'selchtes«, das sie aufgetrieben hatte. Mein Bruder brachte mit einem Fahrrad mein Gepäck zum Bahnhof. Von ihm fiel mir der Abschied eigentlich am schwersten. Ich mochte ihn. Ich spürte, daß er kein Talent zum Glücklichsein hatte. In seinen Augen saß eine unbestimmte Traurigkeit. In seinem ganzen Wesen lag ein Zug von Verlorenheit, der feinfühligen Menschen auffiel. Vielleicht mochten ihn die Mädchen gerade deshalb besonders gerne. Er hat dann später ein blutjunges, bildhübsches Mädchen geheiratet – sie sah der jungen Grace Kelly zum Verwechseln ähnlich. Er wurde Viehhändler, war geschäftlich durchaus tüchtig, verwechselte nur später öfter Umsatz mit Gewinn. Mein Vater liebte ihn über alles. Brachte ihm die Zärtlichkeit entgegen, die ich so sehr vermißt hatte. Der Hang meines Bruders zu modernen Autos stürzte ihn jedoch in Schulden. Er fing zu trinken an. Mit 30 Jahren bekam er ein schweres Leberleiden, und mit 40 Jahren starb er qualvoll an einer Zirrhose. Er hinterließ 5 Kinder. Ich sehe ihn manchmal noch am Bahnhof stehen, auf sein Fahrrad gestützt, und mich mit seinen großen dunklen Augen ansehen. Ich sagte zum Abschied: »Mach's gut Adi. Paß auf die Eltern auf, besonders auf den Vater. Er soll nicht soviel reden.«
Ich stieg ein. Der Zug ruckte an. Ich kehrte zurück zu der Labour Unit, zu der modifizierten und humanen Form von Gefangenschaft. Auf der langen, beschwerlichen Rückfahrt im überfüllten Zug versuchte ich, eine kleine Bilanz meiner Reise zu ziehen. Selbstverständlich hatte ich Zeitungen gelesen, Radio gehört, politische Gespräche geführt, vor allem aber zugehört. Der Kontrast zu dem hungernden, hektischen Kiel war augenscheinlich. Das Leben in Bayern kam mir wie eine Idylle vor. Die Menschen wirkten gut genährt. Ländliche Produkte gab es genügend. Die Bauern machten gute Geschäfte, manche sogenannte gute Stube auf einem Bauernhof begann sich merkwürdig zu verändern. Neben dem Herr-

gottswinkel, der selbstverständlich nicht angetastet wurde, sah man plötzlich städtisches Mobiliar. Auch wenn sie es heute nicht mehr gerne hören: Manche Bauern nützten die Notlage der Städter schamlos aus. Das hatte ich auch in Schleswig-Holstein bemerkt. Die Begriffe »Volksgemeinschaft« und der Blut-und-Boden-Mythos liefen auseinander. Die Gemeinschaft zerbrach. An ihre Stelle trat oft schierer Egoismus, einzelner und von Gruppen. Gerade, weil ich aus einer bäuerlichen Gegend komme, stand ich schon als Jugendlicher der Verherrlichung des Bauernstandes skeptisch gegenüber. Ich habe oft erlebt, daß manche Bauern überheblich, ja grausam sein können, wenn sie es mit Schwachen zu tun haben. Die »Dorfdeppen« hatten's da nicht leicht. Die gleichen stolzen Bauern aber traten nicht nur linkisch, ja sogar unterwürfig auf, wenn sie es mit einer städtischen Autorität zu tun hatten. Außerdem ist gerade bei der Bauernschaft ein merkwürdiges und gespaltenes Verhältnis zur Moral und zu den Frauen zu beobachten. Manche sprechen verächtlich über städtische Sitten, treiben's aber mit den Weiberleit', insbesondere mit den fremden, aber auch ganz wild, in der Regel nur weniger kunstvoll und weit egoistischer. Das alles kann nicht verallgemeinert werden, und es bedeutet keinen Widerspruch, wenn ich sage, daß ich mich zu den Bauern trotz oder gerade wegen ihrer Fehler hingezogen fühle, und ein starkes bäuerliches Erbe verspüre. Außerdem brauchen Bauern keinen Psychiater. Sie haben ja den Beichtstuhl. Dieser Beichtstuhl begann auch bei der damaligen politischen Weichenstellung eine nicht geringe Rolle zu spielen. Zusammen mit den Amerikanern, die sich in Bayern offensichtlich wohl, und die Texaner unter ihnen gar wie zu Hause fühlten, wurde von nicht leicht zu durchschauenden »Schwarzen« der Grundstein zu einer spezifisch bayerischen Politik gelegt: Mit Dr. Josef Müller, genannt der Ochsensepp, der als Abwehr-Offi-

zier dem Widerstand angehört und zum Vatikan Beziehungen angeknüpft hatte, dem bigotten, aber ehrenwerten Moralapostel Hundhammer, und der Riege der königlich-bayerischen Sozialdemokraten mit Dr. Hoegner an der Spitze und dem ›roten Baron‹ von Knoeringen an der Seite, einer Mischung aus Burleske, einem Schuß Hinterfotzigkeit, Spezlnwirtschaft und echtem demokratischen Denken, teils konservativer, teils progressiver Provenienz.
Intrigiert wurde damals schon von Anfang an auf Teufel komm raus. Einer der besten Kenner der bayerischen Szene, der Ex-Senator und Journalist Dr. Müller-Meiningen (er sollte seine Memoiren schreiben!) erzählte mir oft, wie einer den anderen schlecht gemacht hat. So sagte ihm einmal der damalige Landwirtschaftsminister Dr. Baumgartner, der später zur Bayernpartei übertrat, über seinen Rivalen Dr. Josef Müller, genannt der Ochsensepp: »Woaßt, wenn mir den ›Ochsensepp‹ im Parlament beim Lügen derwischt haben, wia er dann seine Verteidigungsrede jedesmal ang'fangt hat: ›Als ich damals in Flossenbürg unterm Galgen stand ...‹ Dabei imitierte er geschickt das leichte Anstoßen mit der Zunge, das Dr. Müller eigen war.« Es menschelte halt sehr und menschelt noch immer in der bayerischen Politik. Man soll sie darob nicht schelten. Vielleicht geht's deshalb hierzulande lustiger und vielleicht auch humaner zu als anderswo. Allerdings sind für Nichtbayern die dauernden Wechselduschen zwischen ›Di mag i und Di mag i nimmer‹, nur schwer zu begreifen. Aber wird man heute in den Orkus geworfen, dann kann es passieren, daß man morgen schon wieder herausgeholt und umarmt wird: ›Jetz mag i Di wieder!‹ Außerdem machte und macht man hierzulande Politik nicht selten augenzwinkernd und freundschaftlich.« So erzählte mir Dr. Müller-Meiningen auch, was der damalige Abwehroffizier Dr. Josef Müller bei einem päpstlichen Sonderempfang zu

Pius' XII., der als Kardinal Eugen Pacelli auch Nuntius in München war, und den er aus dieser Zeit kannte, nach seinen eigenen Worten etwa 1943 gesagt haben soll: »Eugen, sag' i, a Invasion muaß her!« Und diesmal lispelte Müller-Meiningen gekonnt. Ich will mit diesen Zitaten die großen Leute nicht von ihren Piedestalen herunterholen. Sie haben sich, wenn man den Grabreden glauben darf, um das Vaterland hoch verdient gemacht. Das wird wohl stimmen. Aber abgesehen von diesen angeführten Fällen darf man wohl verallgemeinernd sagen, daß nirgendwo so viel gelogen wird, wie an den Gräbern berühmter Leute. Würde man da einen Lügendetektor einschalten, er könnte wegen der heftigen Ausschläge funktionsuntüchtig werden.
Übrigens favorisierten die Amerikaner am Anfang die, wie sie es selbst nannten, mild left, die gemäßigte Linke. Das galt vor allem für die Beamten der Militärregierung. Militärs, wie der legendäre General George Patton, zogen gestandene Konservative wie Dr. Schäffer, den späteren Bundes-Finanzminister, vor. Sie übersahen dabei durchaus auch leichte braune Farbtupfer an der politischen Weste. Als ehemaliger Angehöriger der Waffen-SS, wo Kompromisse als unsoldatisch galten, der Begriff des »Kungelns« unbekannt war, »Spezi« ein Schimpfwort, und durch meinen Umgang mit Engländern und Schleswig-Holsteinern, denen eine gewisse Distanz zum Mitmenschen selbstverständlich ist, stand ich dieser neuen, sich etablierenden Art von Politikmachen ziemlich fremd gegenüber.
Obwohl während des Krieges meine Abneigung gegenüber den Idealen des Nationalsozialismus und über manche Vorstellungen der Waffen-SS immer stärker wurde, empörte mich jetzt, wie deutsche Politiker einige unserer besten Offiziere beschimpften, und wie die Amerikaner sie behandelten. Prozesse, wie die gegen den Mussolini-Befreier Otto Skorze-

ny, oder den hochdekorierten Oberst der Waffen-SS, Jochen Peiper, schienen mir damals schon fragwürdig zu sein, und sich nur aus dem Recht des Siegers abzuleiten. Zur Ehre der Amerikaner sei gesagt, daß sie die Fragwürdigkeit dieser Prozesse selbst einsahen und zugaben, daß Geständnisse, gerade im sogenannten Malmedy-Prozeß, bei Peiper und anderen Angehörigen der angeklagten Leibstandarte teilweise durch Folterungen erzwungen wurden.

Fast mit innerer Belustigung bemerkte ich auch bereits damals, wie sowohl die katholische als auch die evangelische Kirche ihr Verhältnis zum Nationalsozialismus zu »schönen« begannen. Immer mehr sprach man von den Märtyrern, um vergessen zu machen, daß die Zahl der Kollaborateure weitaus größer war. Na ja, dachte ich, Pfarrer sind halt auch nur Menschen, nicht nur in punkto Köchinnen. Ich entdeckte, daß mir die spezifisch bayerisch-politisch-klerikale Art des Umgangs fremd geworden war: Diese rotbäckig-schwitzige, trinkfrohe Kumpanei, das was man gemeinhin barocke Lebensart nennt, dieses leutselige Auf-die-Schulter-Klopfen, wobei man ganz genau weiß, welche Schulter wichtiger ist. Mir schien, politisch gesehen, hier alles eine Nummer kleiner zu sein. Wenn man Dr. Schumacher hatte reden hören, dann kam einem Dr. Hoegner provinziell vor. Interessant in diesem Zusammenhang, daß sich beide ja auch nicht mochten. Für Hoegner war der ehemalige Offizier Schumacher immer ein Zentralist, während Schumacher, der die Nazi-Zeit im KZ verbrachte, in dem ehemaligen bayerischen Beamten Dr. Hoegner, der während des Krieges in der Schweiz das Brot des Emigranten aß, einen engen bayerischen Föderalisten sah. Ein norddeutscher Sozialdemokrat hat mir später übrigens einmal gesagt: »Meine bayerischen Genossen hätten ihre Parteitage am liebsten auf Schloß Neuschwanstein unter dem Bild von König Ludwig II. abgehalten, und gleichzeitig ›Brü-

der, zur Freiheit zur Sonne‹ gesungen, um sich ein Alibi für die Wahl des Versammlungsortes zu schaffen.«
Politisch farbig ging's damals in Bayern wirklich zu: Ein Dr. Loritz saß als Chef der WAV, der Wirtschaftlichen Aufbauvereinigung, im Parlament und war für die Entnazifizierung zuständig. In dieser Rolle hatte er den ersten Entnazifizirungsminister Schmidt abgelöst. Mein Vater bemerkte zu Minister Schmidt sarkastisch: »Da hat man den Bock zum Gärtner gemacht.« Er spielte darauf an, daß Schmidt der Kommunistischen Partei angehörte. Loritz wurde bekanntlich später für verrückt erklärt und wegen falscher Angaben ins Gefängnis gesteckt. Er floh aus Deutschland und starb als Emigrant in Österreich. Man hatte ihn nicht übermäßig freundlich und kollegial behandelt. Die Streitereien, die sich bald zwischen Baumgartner, der später zur Bayern-Partei übertrat, Hundhammer und anderen Protagonisten anbahnten, waren bester politischer Komödienstadl. Die verbalen Kraftsprüche führender Leute hörte ich mir kopfschüttelnd, ja sogar ein bißchen beschämt an. Ein Teil dieser »Überbayern« wollte sogar den »Kini« wiederhaben.
Der Versuch, Bayern aus der deutschen Schicksalsgemeinschaft gerade jetzt herauslösen zu wollen, kam mir wie ein Verrat vor. Ich hörte, wie der bayerische Ministerpräsident Dr. Schäffer in einer großen Rede den Nationalsozialismus sozusagen dem preußischen Wesen zuschrieb. Einfach! Allzu einfach, und wenig christlich. Hatten wir nicht im Kriege zusammen gekämpft: Bayern, Sachsen, Rheinländer, Hannoveraner? Und jetzt wollten wir aussteigen? Hatte ich in der Waffen-SS nicht die europäische Schicksalsgemeinschaft erlebt? Hatten sich da die Franzosen nicht nur als Franzosen, die Holländer nicht nur als Holländer, die Belgier nicht nur als Belgier, sondern vor allem als Europäer gefühlt? Für diese Idee hatten sie nicht nur gekämpft, dafür waren sie gestorben.

Dafür büßten die Überlebenden in diversen Gefängnissen und Internierungslagern, unter teilweise barbarischen Verhältnissen. Dafür wurden sie auch erschossen. Hatten sie sich aber nicht auch der sowjetischen Flut entgegengeworfen? Verdankten nicht tausende Deutscher diesen europäischen Freiwilligen ihr Leben, weil sie durch ihren hinhaltenden, todesmutigen Widerstand die Flucht aus Ost- und Westpreußen ermöglichten? Verdankte nicht auch Bayern diesen Männern, daß Bayern bayerisch blieb und nicht kommunistisch wurde? Und da kamen nun einige »bayerische Patrioten« daher und ersetzten eine Idee durch eine Lederhose, sprachen von Saupreußen, von der »Bluatschand«, wollten das Rad der Geschichte zurückdrehen.

Nein, mit diesen Leuten verband mich nichts. Noch heute habe ich etwas gegen diese Bayerntümelei, die man nicht selten mit Traditionspflege umschreibt, was aber in der Wirklichkeit nichts anderes ist als Beutelschneiderei unter dem sich permanent drehenden Fähnchen des Fremdenverkehrs. Mir war und ist diese bayerische Art der Selbstdarstellung zuwider, wo man sich bewußt dumm gibt, aber nicht selten böse ist, wenn man darüber lacht. Meines Erachtens versteckt sich darunter nicht selten ein tiefsitzender Minderwertigkeitskomplex. Ich habe ihn oft in mir selbst in der Waffen-SS gespürt. Ihn zu überwinden half mir meine Tätigkeit innerhalb eines Verbandes der europäischen Freiwilligen. Hier entwickelte ich mich zum Europäer. Über diesen Umweg fand ich vielleicht wieder ein richtiges Verhältnis zu Bayern. Ich liebe dieses Land, weil es in der Mitte Europas liegt. Nicht umsonst ließ Napoleon in der Nähe von Waldsassen einen Stein errichten, der genau die geographische Mitte Europas bezeichnet. Bayern hat Europa viel gegeben. Bayern verdankt Europa viel, den Franzosen und den Italienern zuerst.

Ein bewußter Bayer ist kein sich geschäftsträchtig-separatistisch gebärdender Kasperl, wie er in den Massenmedien so gerne gezeigt wird, sondern ein Mensch, der Ja sagt zu seiner engeren Heimat Bayern und zu seiner größeren, Europa.

Denk ich heute an die Jahre 1946, 1947 zurück, so scheint mir, daß es für eine spätere Geschichtsschreibung nicht mehr so wichtig ist, zu berichten, was wir Kriegsgefangene und Internierte gemacht haben, sondern so manche auch heute noch tätigen Politiker. Diente ihre Zusammenarbeit mit den Besatzungsmächten dem Wohl des Volkes, oder mehr dem eigenen? Haben sie sich durch eine bestimmte Art der Zusammenarbeit mehr oder minder abhängig gemacht? Ist der eine oder der andere dabei erpreßbar geworden? Ich bin überzeugt, daß in den amerikanischen, englischen und französischen Archiven noch manche Überraschungen liegen, nicht nur zur Freude des einen oder anderen noch tätigen bundesrepublikanischen Politikers. Manchen der damals agierenden und bekannten Zeitgenossen hat inzwischen schon das Schicksal ereilt!

Während meines Urlaubs, aber auch schon vorher als Angehöriger der Labour Units, hörte ich mit großem Interesse die Berichte vom Nürnberger Prozeß. Nahezu alle, ob Freund oder Feind des Nationalsozialismus, hofften, daß die Angeklagten in Nürnberg diese ihre letzte Chance ergreifen würden, nach all den bekannt gewordenen Verbrechen mit Würde und ehrlichem Bekennermut von der Bühne abträten. Wir hofften, daß sie ihrem Vaterland einen letzten Dienst erweisen würden. Wir hörten mit Abscheu, wie der eine oder andere die Verantwortung von sich weg und anderen zuschob, und wenn es gar nicht mehr ging, dann gab es ja immer noch den Führer, auf den man sich berufen konnte. Den besten Eindruck machten auf mich Jodl, auch Keitel und Dönitz. Ich würde aber lügen, wenn ich nicht hinzufügte, daß den Vogel Göring abschoß. Wir waren junge Burschen, poli-

tisch nicht sehr erfahren, psychologisch nicht gebildet, uns imponierte ganz einfach, daß sich Göring, wie wir sagten, den Schneid nicht abkaufen ließ. Im übrigen waren wir alle empört, daß auch die Russen über unsere ehemaligen Führer zu Gericht saßen. Viele unter uns kannten aus eigener Anschauung die Verbrechen, die die Sowjets begangen hatten. Tenor unserer Unterhaltung war: Die Russen sind ja auch nicht besser als wir gewesen, und auch die anderen Siegermächte hatten »Dreck am Stecken«. Fast jeder meiner Kameraden konnte zu dieser Auffassung etwas beitragen. Matrosen erzählten, daß Engländer schiffbrüchige deutsche Matrosen beschossen hatten, unsere Batschkaner und Banater wußten, daß die Tito-Partisanen alles andere als engagierte Anhänger der Genfer Konvention waren. Wir meinten, wer dafür die Verantwortung trägt, daß wenige Monate vor Ende des Krieges das von Flüchtlingen überfüllte Dresden in einem Bombenhagel und Feuersturm unterging, müßte als Kriegsverbrecher angeklagt werden. Wir wußten von Katyn. Wir wußten, daß man an allen Fronten auch sich ergebende deutsche Soldaten erschossen hatte. Mit einem Wort: Nürnberg war vor allem für uns der Prozeß durch die Sieger. Dies unter dem Motto: vae victis – Wehe den Besiegten. Wir hielten den Prozeß für notwendig, aber seine Durchführung für nicht gerecht. Im übrigen waren wir noch zu nahe an den Ereignissen, um sie gedanklich verarbeiten zu können.
Außerdem störte mich der haßerfüllte, hämische Ton des deutschen Prozeßkommentators. Er hieß Gaston Oulman, arbeitete für Radio München, dem Vorläufer des Bayerischen Rundfunks. Dieser Oulman war eine höchst zwielichtige Erscheinung. Er hatte die paraguayische, manchmal auch die mexikanische Staatsbürgerschaft. Niemand wußte genau, woher er kam. Später wurde von einigen Deutschen, die ebenfalls in Nürnberg waren, seine wahre Identität erkannt. Sie

zeigten Oulman – oder wie er wirklich hieß: Ullmann – bei den Amerikanern wegen Urkundenfälschung an. Die Amerikaner prüften den Fall und mußten zu ihrem Entsetzen feststellen, daß es sich tatsächlich um einen bekannten Hochstapler handelte, der bereits mehrere Zuchthausjahre hinter sich hatte, in der Weimarer Republik und bei den Nazis. Sie warteten mit den Enthüllungen aber bis zum Ende des Prozesses. Es ist nicht ohne tragische Ironie des Schicksals, daß das Tun und Lassen von Kriegsverbrechern von einem Zuchthäusler kommentiert wurde. Ullmann aber schlug den Amerikanern ein Schnippchen. Er ging ihnen durch die Lappen. Zunächst tauchte er in Saarbrücken und dann in Paris auf. Wie er endete, weiß man nicht genau. Eine Version besagt, daß er in Algier erstochen aufgefunden worden wäre. Als ich später, Anfangs der 50er Jahre, Mitarbeiter des BR wurde und nach Ullmann fragte, konnte sich merkwürdigerweise niemand an den berüchtigt-berühmten Kommentator erinnern. Unter der Hand aber erfuhr ich, wer mit ihm Orgien gefeiert, auf seine Kosten gepraßt und gebechert hatte. In seiner von ihm requirierten Villa in Solln gingen nicht nur die Amerikaner ein und aus, sondern auch namhafte bayerische Politiker, Publizisten, Schauspieler, vor allem aber berühmte Schauspielerinnen, denen es wieder nach einer Rolle gelüstete. Der Mann war nicht nur ein Hochstapler, sondern auch ein sehr begabter Journalist, wobei sich übrigens wieder einmal die These zu bewahrheiten scheint, daß der Übergang vom Journalismus zur Hochstapelei ein fließender sein kann. Übrigens ist mir auch heute noch ein Ullmann lieber als jene, die ihn später verleugneten.
Der politische Spitzenkommentator von Radio München von damals war der blutjunge Herbert Gessner. Er stand den Kommunisten nahe. Später zeigte er Flagge und ging in die »Zone«, wie wir damals für die heutige DDR sagten. Dort

wurde er wieder Kommentator, verschwand aber allmählich in der Versenkung und starb früh.

Verhehlen möchte ich nicht, daß es uns eigentlich alle freute, als wir erfuhren, daß in Nürnberg Hermann Göring seinen Bewachern ein Schnippchen geschlagen und sich kurz vor der Hinrichtung vergiftet hatte. Unvergeßlich wird mir bleiben, was ein baltischer Kamerad dazu sagte: »Am meisten freut mich, daß dies ein schwerer Schlag für den Kommandanten Andrews sein wird. Der ist Lette, weißt Du. Ich mag die Letten, vor allem die Lettinnen. Aber ein ganz kleiner Teil der Letten besteht aus geborenen Aufsehern und Gefängniswärtern. Die Kerntruppe der sowjetischen GPU bestand aus Letten. Einer der berüchtigsten sowjetischen Geheimdienstführer hieß Bersin. Er war ein Lette, und jetzt, da schau her, da haben wir den Andrews. Die Letten selbst hassen ihre Gendarmen-Typen und wollen mit ihnen nichts zu tun haben.«

Bleibt nachzutragen, daß der berüchtigte Henker von Nürnberg, der amerikanische Sergeant Woods, der durch bösartige Interviews sich einen Namen machte und in Nürnberg seine Delinquenten entweder bewußt oder fahrlässig grausam zu Tode kommen ließ, ein für ihn passendes Ende fand. Er kam bei Experimenten mit elektrischem Strom ums Leben!

20
Im Kieler Stadtgefängnis

Zurück zur Gefangenschaft. Mit einem Tag Verspätung war ich wieder in Kiel. Da und dort hatten wir längeren Aufenthalt gehabt, meine Verspätung war also »entschuldigt«. Meine Kumpel begrüßten mich mit Hallo. Einige wunderten sich, sie meinten, ich wäre verduftet. Natürlich hatte ich in Trostberg manchmal mit dem Gedanken gespielt, gleich anderen Waffen-SS-Kameraden, vor allem französischen, in die Fremdenlegion zu gehen, weil ich keine Chance zum Aufbau einer bürgerlichen Existenz sah. Aber den Gedanken verwarf ich sehr schnell. Vom Kriegspielen hatte ich endgültig die Schnauze voll.
Am Abend führte mich mein erster Weg zu Nora, die bereits telefonisch von meinem Kommen informiert war. Vorsichtig deutete Nora an, daß sie einen Brief aus Berlin bekommen habe. Ihr Mann sei wieder aufgetaucht und erwarte, daß sie bald zurückkäme: »Und was tust Du?« – Sie schwieg! Auch ich wollte die Stimmung nicht zerstören, zumal die 14 Tage meiner Abwesenheit die Liebe zu ihr zwar nicht geschwächt hatten, aber die Möglichkeit einer situationsbedingten Trennung durchaus realistisch erscheinen ließen. Als wir uns verabschiedeten, meinte sie nur: »Du weißt, ich hab ein Kind. Das Kind braucht einen Vater!«
Es gab mir einen schmerzlichen Stich. Ich ahnte, das war der Anfang vom Ende. Theoretisch war ich, wie gesagt, darauf vorbereitet, aber jetzt, da die Situation sich abzuzeichnen begann, stimmte sie mich traurig. Nora schien das bemerkt zu haben: »Wir haben noch viel Zeit, darüber zu reden. Ich kann ja auch nicht so schnell weg. Ich weiß nicht, ob wir in Berlin eine Wohnung finden werden, wie es mit dem Beruf meines

Mannes«, sie verbesserte sich, »›von Peter‹ ist. Denken wir nicht mehr daran.« Wir küßten uns. Ich ging nach Hause, hing meinen Gedanken nach. Da ist einer 22 Jahre alt, hat Mutter und Geliebte zugleich, sonst nichts, außer einer ungewissen Zukunft. Ich brauchte lange, um einzuschlafen.
Zwei Tage später. Nach dem Essen kommt einer meiner besten Freunde zu mir, ein etwas linkischer Westfale, Gefreiter vom Typ »Rückgrat der Armee«, kameradschaftlich, zuverlässig. Er war einer meiner verläßlichsten »Mitarbeiter« bei unseren alliierten »Schädigungsaktionen« gewesen, wie wir gerne unsere Schwarzhandelsgeschäfte umschrieben. Er sprach mich an: »Franz, kannst Du mir einen Gefallen tun?« – »Na klar, was denn?« – Er druckste herum: »Also, weißt Du, also, naja, ich hab eine Puppe aufgerissen. Heute wollen wir ein bißchen Budenzauber machen, und, und...« – »Also, dann sag schon, was soll ich machen?« – »Mir ist der Bohnenkaffee ausgegangen, Zigaretten, Schnaps.« – »Also, was ich noch hab, das kannst Du haben.« – »Nein, erstens will ich das nicht, zweitens reicht das nicht. Freundinnen und andere Kumpel kommen auch. Soll eine größere Fête werden. Ja, aber weißt Du, ich hab eine Idee. Ich hab noch 3 Feldstecher.« – Ich unterbrach ihn: »Du weißt ja, ich bin aus dem Geschäft ausgestiegen, will nichts mehr damit zu tun haben.« – Er wurde dringender: »Es geht doch nur um eine Kleinigkeit. Unten im Hafen ist ein holländisches Schiff. Ich habe gehört, daß diese Kacksacker ganz wild auf unsere Geräte sind. Du weißt, ich kann nur nicht so reden wie Du, sonst würde ich's ja selber tun. Also, bitte, verscheure mir die Dinger. Wir machen wie üblich kippe. Ich hab Dir doch früher auch manchmal aus der Scheiße geholfen.« – Ich wehrte mich, ich wollte nicht mehr: »Das ist doch nicht so einfach, schau, im Hafen laufen genug so Polizisten-Heinis herum, die nur auf uns warten.« – Mein Freund schien beleidigt zu sein: »Also, dann

eben nicht. Ich möcht' Dich beim Ehrlichwerden nicht stören.« – Ich kämpfte mit mir. Er tat mir leid. Man konnte spüren, wie er sich auf diesen Abend freute, und außerdem hatte er sich so an mich angeschlossen, daß er niemand hatte, den er ins Vertrauen ziehen konnte. Ich gab mir einen Ruck: »Also, gib Deine Ferngucker schon her. Wo hast sie denn übrigens geklaut?« – »Was heißt geklaut, die Engländer haben sie beim Beuteeinsammeln liegen lassen, und da störten sie halt meinen Ordnungssinn.« Er lachte.
Ich weiß noch genau, wie spät es war, als ich meine Feldstecher in die Manteltaschen steckte, um mit einer Tasche nicht aufzufallen. Es war vier Uhr. Im Magen hatte ich ein flaues Gefühl. Ich machte mich auf den Weg. Der Gefreite begleitete mich, zeigte mir den Schoner, ging zurück: »Mach's gut, Franz!« Ich sondierte die Lage. Niemand schien in der Nähe zu sein. Ich trat näher, holte vorsichtig ein Glas heraus, winkte einem am Deck stehenden Holländer, machte das international übliche Tauschzeichen, zeigte die Ware, und rieb mit der anderen Hand Daumen und Zeigefinger aneinander. Der Holländer nickte, machte ein Zeichen, daß ich warten solle, und verschwand unter Deck. Nach kurzer Zeit tauchte er wieder auf, winkte mich an Bord. Vorsichtig schaute ich mich noch einmal um. Die Luft schien rein zu sein. Entschlossen sprang ich an Bord. Die holländischen Lords waren patente Burschen. Wir handelten nicht lange. Ich verstaute drei Päckchen Bohnenkaffee und eine Stange Zigaretten. Das Geschäft war nicht übermäßig günstig. Aber ich wollte es so schnell wie möglich hinter mich bringen. Wir rauchten noch eine Zigarette, verabschiedeten uns freundlich.
Erleichtert betrat ich wieder »deutschen« Boden, ging ein paar schnelle Schritte, auf einmal standen wie aus dem Boden gewachsen zwei fremde Herren vor mir, vertraten den Weg: »Zeigen Sie doch mal Ihre Taschen.« – Ich protestierte

schwach, glaubte den Boden unter mir zu verlieren. – Sie griffen in die Mantel- und in die Rocktaschen: »Aha, der Herr haben geschmuggelt. Was haben Sie denn dafür den Holländern gegeben?« Ich versuchte mich herauszureden: »Ich hab mich mit denen unterhalten, da haben die mir was geschenkt.« – Der Ton der beiden Herren wurde schärfer: »Das erzählen Sie mal Ihrer Großmutter. Wir erfahren es sowieso von den Holländern. Ist außerdem nicht so wichtig. Erstens haben Sie geschmuggelt. Zweitens haben Sie deutsches Hoheitsgebiet verlassen. Das genügt. Sie sind verhaftet. Kommen Sie mit!« – »Scheiße, scheiße, scheiße«, dachte ich. Aber dann überfiel mich das Dümmste in meiner Lage, mich überfiel Wut:
»Schöne Deutsche seid Ihr. Habt nichts besseres zu tun als einem Landser den Weg abzupassen und den Engländern auszuliefern. Vor einem Jahr waren wir ja noch auf der gleichen Seite.«
Die beiden Beamten, Zöllner, waren nicht sonderlich beeindruckt. Vielleicht waren sie auch solche Ausbrüche gewohnt: »Wir müssen unseren Dienst tun, und wenn jeder schmuggeln würde, wo kämen wir denn dann hin. Nehmen Sie sich einen guten Verteidiger. Die Engländer lassen da nicht mit sich spaßen. Das kann Ihnen Monate, wenn nicht Jahre, kosten.« –
Wir gingen zum Personenwagen, fuhren los. Schweigen. Ich merkte, es hat keinen Zweck etwas zu sagen. Ich hätte vor Wut heulen können. Da hatte ich monatelang ganze Lastwagenfuhren mit verbotenen Waren verschoben, und immer war es gut gegangen. Und wegen eines Pappenstiels, einer Lappalie, mußte ich dran glauben. Wut gegen meinen Freund stieg in mir hoch, daß er mich in die Situation gebracht hatte. Ich dachte betrübt an Nora. Ich würd' sie ja wohl nicht so schnell wiedersehen. Und dann: Was werden meine Eltern sagen? Der Sohn im Gefängnis! Ich beschloß, es vor ihnen,

koste es was es wolle, geheimzuhalten. Ich konnte ja nicht verlangen, daß sie recht und unrecht, mein und dein unter ähnlich »weltanschaulichen« Vorzeichen sehen könnten wie ich.
Endlich waren wir da. Dunkel und drohend vor uns das Kieler Stadtgefängnis. Die üblichen Formalitäten: »Wer soll benachrichtigt werden?« – Ich gab die Adresse meiner Einheit an, meines Freundes, und von Captain M.; Nora wollte ich nicht hineinziehen. Verzweifelt dachte ich daran: Da haben die Angloamerikaner fast ganz Kiel zerdeppert, aber ausgerechnet Gefängnisse ließen sie stehen. Man führte mich in die Zelle. Zwei Mann waren schon drin. Sie nahmen von mir kaum Notiz. Der Wärter sagte nur kurz, was ich zu tun, vor allem aber, was ich zu lassen hatte: »Hinlegen untertags verboten. Laute Unterhaltung verboten. Beschmieren von Wänden verboten. Rauchen verboten. Verboten. Verboten. Verboten! Im übrigen werden Ihnen die beiden Herren da schon Einzelheiten berichten. Sie sind lange genug hier!«
Ich beäugte meine Umgebung. Zwei Pritschen und auf dem Boden ein Strohsack. Der war für mich. Das Gefängnis schien gut gefüllt zu sein und Platzmangel zu herrschen. In der Ecke stand ein Eimer für die menschlichen Bedürfnisse. In der Zelle stank es. Mir war elend zumute. Die Nervenanspannung löste sich. Also auch das noch! Wieder war ich auf dem Tiefpunkt. Diesmal allerdings nicht schuldlos, während ich bei dem ersten Tiefpunkt, meiner Krankheit, immerhin in Anspruch nehmen konnte, schuldlos hineingetappt zu sein. Besonders einer meiner beiden Zellengenossen schien kein angenehmer oder gar besonders vertrauenerweckender Typ zu sein. Dies erleichterte mir nicht gerade mein Los, hob nicht meine Stimmung.
Bald wußte ich, wer sie waren und warum sie hier saßen. Der eine war Norddeutscher, groß und vierschrötig, mit einer

langen Narbe quer über die Stirne. Er hatte kleine, unstete Augen, eine fliehende Stirne und sprach gepflegtes Ganovendeutsch. Er saß offensichtlich schon zum wiederholten Male, diesmal wegen Einbruchs. Der andere, klein und schmächtig, war einer von den DPs von den »displaced persons«, also von den Verschleppten. Ihn hatten sie wegen illegalen Waffenbesitzes eingesperrt, ein Vergehen, das sehr hart geahndet werden konnte, in Ausnahmefällen sogar mit der Todesstrafe. Er hustete ständig. Man konnte kaum schlafen. Er schien es auf der Lunge zu haben. Manchmal spuckte er auch Blut. Er haßte uns Deutsche, besonders die SS. Ihm den Unterschied zwischen jener SS zu erklären, die er kennengelernt hatte, und der kämpfenden Truppe, der Waffen-SS, war aussichtslos. SS war für ihn SS. Aus seiner Sicht verständlich. Mit ihm konnte ich ansatzweise politische Gespräche führen, die aber in sehr bösartiger und hämischer Form von meinem Landsmann unterbunden wurden. Er fühlte sich als Alleinunterhalter und erzählte unentwegt Zoten. Die Wärter schienen ihn schon länger zu kennen. Er kam mit ihnen gut aus und wurde ab und zu zu bevorzugten Diensten herangezogen, wie Essenholen und dergleichen. Er begegnete ihnen mit einer Mischung aus Unterwürfigkeit und augenzwinkerndem Einverständnis. Mich dagegen haßte er. Er war bei den Nazis öfter eingesperrt gewesen, zu Recht wohl, und machte mich jetzt stellvertretend für das Dritte Reich verantwortlich. Es bereitete ihm größtes Vergnügen, die Zukunft der Waffen-SS-Leute in schwärzesten Farben zu malen, meinen Fall als schwerwiegend zu bezeichnen, wo schon einige Jährchen »drin« wären. Er merkte sehr schnell, daß ich mich schämte, den Abortkübel vor seinen Augen zu benutzen, und begleitete meine »Verrichtungen« mit den hämischsten Kommentaren: »Na, wie fühlt sich ein Herrenmensch, wenn er vor Untermenschen und Polacken scheißen muß?«

Ingrid Schönhuber war SPD-Stadträtin in München (hier mit Amtskette). Nach einem Jahr legte sie ihr Mandat nieder und trat aus der Partei aus.

SPD-Oberbürgermeister Kronawitter verabschiedet im Münchner Rathaus die scheidende Kollegin.

Franz Schönhuber nach einer Reportage über das sowjetische Kulturleben. Bummel über den Roten Platz in Moskau.

Einer der sympathischsten Sportler des Ostblocks ist Laszlo Papp, der erfolgreichste Amateurboxer aller Zeiten.

Obwohl ich mich um Zurückhaltung bemühte, er provozierte mich immer und ständig, und wir bekamen jeden Tag Streit. Eines Tages, nach etwa einer Woche Knast, kam es zur Explosion. Ich weiß nicht, wie es anfing, erinnere mich lediglich, daß wir wieder vom Krieg sprachen. Ich erinnere mich ferner, daß er sagte: »Schade, daß nicht mehr von Deinen Banditen, von Deinen ›Kameraden‹ verreckt sind.« Da sah ich rot, ging mir der Gaul durch. Ich sprang ihn an, griff ihm an die Gurgel. Die Wucht meines Angriffes riß ihn zu Boden, ich schlug wie besessen auf ihn ein, meine ganze aufgestaute Wut entlud sich. Ich merkte, wie ihm das Blut aus dem Mund lief, seine Augen waren starr vor Entsetzen, und der Riesenkerl rief jämmerlich um Hilfe. Nicht um ihm zu helfen, sondern mich buchstäblich vor einem Totschlag zu retten, riß mich der Pole weg. Aber ich war wie ein Hund, der sich in seinen Gegner verbissen hat; ich schrie den Polen an: »Laß mich!«, und rammte ihm in einer Reflexbewegung meine Faust an die Nase. Nun geriet auch er in Wut, schlug auf mich ein, und wie ein Knäuel wälzten wir drei uns am Boden. Nun hatten über den Gucker auch die Wärter bemerkt, was los war. Sie warfen sich dazwischen. Sie droschen wahllos auf uns alle ein. Ich wurde aus der Zelle herausgenommen, kam in eine Einzelzelle und saß 3 Tage bei Wasser und Brot. Wie ich später erfahren hatte, glaubten die Wärter dem Kriminellen, daß ich den Anfang gemacht hatte, was objektiv auch stimmte. Er verschwieg allerdings die Vorgeschichte, wobei ich nicht einmal sicher bin, ob sie die Wärter beeindruckt hätte. Auch sie ließen gerne Bemerkungen einfließen über die »Herren der Welt«, über »Kriegsverlängerer«, »nordischen Zuchtstiere« und dergleichen. Fair hatte sich nur der Pole benommen. Er sagte, wie es wirklich war. Aber auch displaced persons im allgemeinen, und Polen im besonderen, standen nicht gerade in der Gunst deutscher Gefängnisaufseher.

Nach drei Tagen kam ich wieder. Jetzt hatte ich Ruhe. Dem Kriminellen saß noch der Schrecken in den Gliedern. Diesen Angriff hatte er mir nicht zugetraut. Seine Lippen waren noch geschwollen, und die Augenpartien schimmerten in allen Farben. Sein Anblick bereitete mir Genugtuung. Ich fühlte mich als Retter der Ehre meiner Kameraden.

Inzwischen hatte ich auf Betreiben Noras, die von meinem Pech erfahren hatte, einen Rechtsanwalt bekommen. Sie hatte ihm einen guten Vorschuß gegeben. Sein Besuch war für mich jedoch eine einzige Enttäuschung. Er war Hannoveraner, sprach mit spitzem Stein, hatte eine unangenehme Fistelstimme und einen belehrenden Tonfall. Schon seine Frage: »Also, Sie waren bei der Waffen-SS?« klang nach Distanzierung und brachte mich in Abwehrstellung. Und dann ging's weiter: »Wie kann man bloß« und »Ich hätte Sie für intelligenter gehalten.« – Mir platzte der Kragen. Schließlich waren meine Nerven nicht mehr die besten. In einem Kieler Gefängnis bekam man damals nur Hungerrationen. Dies spürte man nicht nur physisch, sondern auch psychisch. Ich fuhr ihn an: »Sparen Sie sich gefälligst Ihre Belehrungen. Mich interessieren sie nicht. Was war, war. Sie sollen nichts anderes tun, als versuchen, mir zu helfen und mich hier herauszubringen.«

Der Anwalt merkte, daß er es mit einem nicht ganz einfachen Klienten zu tun hatte und wechselte die Tonart. Wie mir Nora nachher sagte, hatte sie ihn über die Vermittlung des Marine-Offiziers bekommen (wieder gab's mir einen Stich) und ihm eine schöne Erfolgsprämie versprochen, wenn er mir ein mildes Urteil verschaffen würde, das heißt, mich vor einer Gefängnisstrafe bewahren konnte.

Wir sprachen nun sachlich. Ich gab die notwendigen Antworten, bat den Anwalt nur, meinen Freund, den Gefreiten, nicht hineinzuziehen und zu sagen, daß die Geräte mir allein gehör-

ten. Mein Anwalt meinte, das würde zwar die Verteidigung erschweren, aber des Menschen Wille sei eben sein Himmelreich. Sarkastisch fügte er noch hinzu: »Auf Ihrem Koppelschloß steht nun einmal ›Meine Ehre heißt Treue‹ – das gilt also auch für Freunde aus der Wehrmacht.«
»So ist es«, meinte ich knapp.
Die Zeit verging quälend langsam: Essenfassen, Kübelentleeren, ein paar Schritte vor, ein paar zurück, nach dem Essen kurzer Ausgang auf dem Gang. Unsere Gespräche drehten sich um unsere Delikte. Wir stellten Vermutungen über unser Strafmaß an. Jeden Tag sah ich meinen Fall anders. Das hing davon ab, was ich auf dem Gang wieder neues erfahren hatte in, wie ich meinte, vergleichbaren Fällen. Nachts konnte ich kaum schlafen. Einerseits wegen des immer stärker werdenden Hustens meines polnischen Zellengenossen, und andererseits wegen meiner tiefen Trauer über mein, wie mir schien, nun endgültig verpatztes Leben. Ich nahm mir vor, mich selbst zu verteidigen und nicht auf den Anwalt zu bauen. Ich klopfte die Sätze, die ich sagen wollte, nach ihrer Wirksamkeit ab und verwarf diese oder jene Formulierung, nahm dafür eine neue auf. Meine theatralische Art meldete sich: »Sollte ich den Helden spielen? Hier stehe ich und kann nicht anders?« – »Quatsch«, sagte ich dann wieder zu mir selbst, »sei doch kein Narr und Schmierenkomödiant.« Ich dachte sehr oft an meine Eltern, besonders an meinen so rechtschaffenen Vater. Und obwohl ich dem Anwalt gesagt hatte, er möge Nora ausrichten, sie solle mich um keinen Preis hier besuchen, war ich jetzt traurig und mißtrauisch zugleich, daß sie nicht kam. Ich stellte mir vor, wie sie mit dem Marine-Offizier ausging. Ich stellte sie mir nachts in Situationen vor, die mich empörten und zugleich erregten.
Endlich kam der Tag, auf den ich so lange gewartet hatte. Ein Wärter rief: »Untersuchungshäftling Schönhuber fertigma-

chen. In einer Stunde geht der Wagen zur Verhandlung.« Mir zitterten die Knie. Ich hatte kalten Schweiß auf der Stirne. »Viel Glück«, wünschte mir noch der Pole, der andere Zellengenosse sagte kein Wort. Unten wartete der Gefängniswagen, die Grüne Minna. Im Wagen saßen bereits Untersuchungshäftlinge, zwei von ihnen waren mit Handschellen an Polizeibeamte gekettet. Der Wagen rumpelte durch das zerstörte Kiel.

Meine lebhafte – und durch die Haft etwas überdrehte – Einbildungskraft meldete sich. Ich sah mich auf einem Karren zusammen mit anderen Aristokraten sitzen. Wir wurden zur Guillotine gekarrt. Pöbelhafte Wächter begleiteten uns. Unwillkürlich nahm ich Haltung an und bemühte mich um einen verächtlichen Blick gegenüber den Polizisten. Da fiel mir ein, daß ich doch seit meiner Jugend ein überzeugter Republikaner und Antiroyalist war, und gab meine Aristokratenrolle schlagartig auf. Nein, dann schon lieber Camille Desmoulin, oder noch besser Danton auf dem Wege zur Hinrichtung, sprich Verhandlung in Sachen Schönhuber.

In Umkehrung des bekannten Spruches wurde bei mir das Tribunal zur Szene. Eigentlich war das Leben für mich, wie bereits beschrieben, immer eine Bühne, und ich spielte wechselnde Rollen. Das hat mir manchmal geholfen. Es schuf Distanz zu mir selbst. Ich konnte mich neben mich stellen und beobachten, und dabei meine Handlungen kühl beurteilen. Es gab sicher Zeiten, wo diese Art Schizophrenie krankhafte Züge annahm, ein Erbe meiner Mutter. Ich mußte gut 50 Jahre alt werden, um endlich zu meiner richtigen Rolle zu finden, in der ich mich wohl fühle: nämlich zu mir selber, mir nichts mehr vorzumachen. Vielleicht wird man dadurch schwieriger, mit Sicherheit jedoch ehrlicher.

Wir stiegen aus, wurden von ein paar Passanten neugierig bestaunt, gingen in das Gebäude. Dort mußten wir in einem

kleinen Vorraum Platz nehmen und wurden dann einzeln in den Gerichtssaal geführt. Ich kam als Zweiter dran. Als der Erste zurückkam, machte er nur eine hoffnungslose Geste. Er hatte mehrere Jahre bekommen. Es traf mich wie ein Schock, war wie eine schlechte Vorahnung. Dann wurde ich aufgerufen. Mit fast mechanischen Schritten erreichte ich den Gerichtssaal. Er war groß, die Zuschauerbänke fast leer. Über ein großes Fenster flutete helles Licht herein. Es war beängstigend still. Nur der Verteidiger flüsterte etwas, ich nahm es nicht wahr. An der Stirnseite saß, an einem langen Tisch, das Gericht. In der Mitte der Vorsitzende. Er war ein martialisch aussehender britischer Offizier, wie man ihn aus Filmen über die englische Kolonialzeit kennt. Er trug einen breit auslaufenden weißen Schnurrbart und hatte buschige Augenbrauen. Sein Gesicht zeigte eine gesunde Röte. Er dürfte ein Mittfünfziger gewesen sein. Er hielt sich kerzengerade, aber bei aller Strenge, die er in Blick und Tonfall legte, war eine gewisse, fast väterliche Güte unüberhörbar. Neben ihm saß eine »mittelalterliche« Protokollführerin in englischer Uniform. Auf der anderen Seite war ein Dolmetscher.
An den genauen Verlauf der Verhandlung kann ich mich nicht mehr so recht erinnern. Ich war zu aufgeregt. Folgendes jedoch weiß ich noch: Nachdem der Dolmetscher die Anklage verlesen hatte, wurde ich zur Stellungnahme aufgefordert. Zuerst bat ich den Vorsitzenden höflich, auf den Dolmetscher verzichten zu dürfen. Ich sei selbst in dieser Eigenschaft tätig. Er nickte mit dem Kopf, »all right – go on!«
Meine einzige Chance sah ich darin, den unwissenden Gebirgsbewohner zu spielen, der mit den Gewohnheiten eines Hafenbetriebes nicht vertraut ist und deshalb nicht wissen konnte, daß schon das Betreten eines fremden Schiffes eine verbotene Handlung war: »You know Sir, I'm a Bavarian, coming from the Alps, from a village deep in the mountains,

from Trostberg...« (»Sie wissen, Sir, ich bin ein Bayer, komme von den Alpen, von einem Dorf, tief in den Bergen, aus Trostberg.«) Ich schickte einen Stoßseufzer zum Himmel: ›Laß bitte den Offizier nicht wissen, wo dieses Trostberg liegt, nämlich nicht tief in den Bergen, sondern gute 50 Kilometer davor in der Hochebene.‹
Heute schäme ich mich fast, es zu sagen, aber ich spielte den schlichten Gebirgsmenschen offensichtlich sogar sehr überzeugend. Der Vorsitzende unterbrach mich kaum, in den Augen der Protokollführerin kam mütterliches Wohlwollen auf. Sie nickte mir aufmunternd zu. Weiter führte ich dann aus, daß die optischen Geräte aus den Beständen der deutschen Wehrmacht stammten, überall herumgelegen wären, und ich der Meinung sein konnte, sie wären für die englische Armee unbrauchbar gewesen. Ich gab jedoch zu, daß ich hier unkorrekt gehandelt hatte, aber bewußt niemanden schädigen und lediglich zu meinem Eigenbedarf meine Rationen aufbessern wollte. Ich hätte nicht vorgehabt, darüber hinausgehende Schwarzhandelsgeschäfte zu tätigen. Ein zweiter Stoßseufzer zum Himmel: ›Hoffentlich weiß er nichts von meinen Benzingeschäften.‹ Er wußte nichts. Dafür wurde zu meiner Entlastung eine günstige Aussage von Captain M. verlesen.
Mein Auftritt war kurz, der Verteidiger kam kaum zu Wort. Das Gericht zog sich zur Beratung zurück. Schon nach ein paar Minuten kam es wieder. Die Protokollführerin sah mich aufmunternd freundlich an. Ich bekam 900 RM Geldstrafe, zuzüglich Gerichtskosten. Das war alles. Ich hätte am liebsten vor Freude aufgeschrieen und das ganze Gericht umarmt. Es war einer der glücklichsten Augenblicke meines Lebens. Der Verteidiger gratulierte mir mit einem etwas schiefen Mund. Für ihn war es sicher eine Schmierenkomödie gewesen. Er hatte dabei sogar recht. Aber der Zweck heiligte hier die Mittel, und er tat sich leicht, überheblich zu sein. Er saß nicht im

Gefängnis und trug nicht die Last, bei der Waffen-SS gewesen zu sein. Ich durfte gehen, hörte noch, wie der Vorsitzende sagte: »The next one!« Ludwig Thoma hätte wahrscheinlich seine Freude an dieser kurzen Verhandlung gehabt und angesichts meines Verteidigers seinen berühmten Satz zitiert: »Er war ein Jurist und auch sonst von mäßigem Verstand.«
Die Rückkehr zum Gefängnis betrachtete ich als einen persönlichen Triumphzug. Am liebsten hätte ich aus der Aida gepfiffen: »Als Sieger kehr' ich heim . . .« Jedoch zweifelte ich zu Recht daran, daß meine Wärter solchen Kunstgenüssen gegenüber besonders aufgeschlossen gewesen wären. Die Entlassungsformalitäten waren bald abgewickelt. Ich verabschiedete mich von meinem polnischen Zellengenossen und meinem narbigen Exgegner mit den Worten, er möge sich gelegentlich den Hals brechen.

Es waren rauhe Zeiten. Wer sensibel war, tat sich besonders schwer. Da half nur tägliche innere Abhärtung. Ich habe sie praktiziert. Mit Zynismus tat ich mich anfangs noch schwer. Später lernte ich, daß er die sicherste Waffe zum Selbstschutz, zum Überleben ist.
Wenn ich heute aufgrund meiner beruflichen Stellung bei besonders feierlichen Anlässen den Smoking anziehen und höflich Konversation mit Herrn und Frau Kommerzienrat und Frau und Herrn Direktor machen muß, dann kann es vorkommen, daß mich schlagartig und fast zwangshaft meine Erinnerungen an Kiel überfallen; meine Prügeleien im Gefängnis, meine Schwarzhandelsgeschäfte, meine Ausfahrten mit Captain M. Dann frage ich mich: Was habe ich mit dieser scheinbar heilen Welt gemein? Was gibt mir diese Gesellschaft, die den Erfolgreichen hofiert, Mißerfolg aber für ansteckend hält. Da beklagen sich diese würdigen Damen über ihre aufmüpfigen Söhne und Töchter, »wo wir doch schließ-

lich alles für sie tun, nicht, Vati?« Was meine Person betrifft, so muß ich sagen, daß ich mich über diese ausbrechenden Wohlstandskinder nicht nur nicht wundern, sondern sie größtenteils auch verstehen kann. Wenn ich mir vorstelle, was sie alles an so manchen bundesdeutschen Kaminen mitanhören müssen, diese verbalen Orgien der Belanglosigkeiten und Nebensächlichkeiten. Der Mensch lebt nun einmal nicht vom Brot allein. Er braucht Wärme, Verständnis, Eingehen auf seine Probleme. Und sie sehen dann ihre Väter nicht nur im Smoking, sondern auch in langen Unterhosen, und wie Mutti die herausquellenden Fettpolster zu bändigen versucht, sehen sie auch. Ich glaube, der Beweggrund vieler junger Menschen in den 30er Jahren und später, zur Waffen-SS zu gehen, war ebenfalls Überdruß und Ekel am Kleinbürgertum. Sie suchten das, wie man heute sagen würde, alternative Leben. Sie suchten die Herausforderung, das Abenteuer. Die Weltanschauung spielte hier nur eine Nebenrolle. Auch für viele junge Deutsche gilt, was ein junger Franzose in dem Geschichtsmagazin »Les premiers Francais dans la Waffen-SS« über seinen Eintritt in die französische Waffen-SS sagte: »Keine französische Partei kann mehr ein derartig gigantisches Abenteuer bieten. Also beschließe ich mich zu engagieren ... Ich bin gegen die bürgerliche Ordnung, gegen die meiner Eltern und Lehrer. Ich glaube an alle Mythen der Revolution und der Jugend. Mich der Waffen-SS anzuschließen, das bedeutete besonders den Bruch mit der herkömmlichen Welt. Ich wollte einen Skandal erregen. Warum es ableugnen. Man muß zugeben, daß mir dies vollkommen gelungen ist.«
Dachte ich nicht ähnlich?
Ebenfalls mit einem ähnlichen Motiv, ja sogar mit nahezu gleichen Worten könnte heute so manches junge Mädchen, so mancher junge Mann Abschied von zu Hause genommen haben, um eine revolutionäre Szene zu betreten, was immer sie

darunter verstehen. Und je satter die Zeit, um so größer der Drang nach dem Außergewöhnlichen. Man mache sich keine Illusionen: Junge Menschen sehen genau hin, sie bemerken bei manchen Eltern, wie der Verdrängungsmechanismus arbeitet. Je höher die Position, um so geölter, um so wirkungsvoller arbeitet dieser Mechanismus. Wenn ich dies bemerke, dann muß ich ein Gefühl aufkeimender Arroganz unterdrükken, muß mir fast auf die Lippen beißen um nicht herauszuschreien: »Leckt's mich doch alle am Arsch mit Eurem falschen Getue, Eurem verlogenen Umgang.«

Nie ist mir dieses falsche Getue beispielsweise deutlicher geworden, als nach meiner Entlassung als Chefredakteur der Münchner Zeitung tz. Es war an einem Freitag. Am nächsten oder übernächsten Tag war eine Opernaufführung, für die ich noch aus meiner Chefredakteurszeit zwei Karten hatte. Mit meiner Frau ging ich in der großen Pause in den Gängen auf und ab. Wir gingen wie durch eine hohle Gasse. Kein freundliches Winken wie sonst. Keine liebenswürdigen, unverbindlichen Gespräche, kein »das ist aber nett, Sie zu sehen«. Nur ein paar murmelten, daß sie leider die Verabredung, die wir vor kurzem getroffen hätten, nicht einhalten könnten, die Geschäfte!, »Sie wissen wie das ist, wir werden uns bald wieder melden. Tschüs! ...« und so weiter und so weiter. Ein paar Tage später war ich Kolummnist der Abendzeitung, des Konkurrenzblattes also, und alle, alle kamen wieder. Plötzlich hatten sie wieder Zeit. Alles war wieder wie früher. Freundliches Nicken, liebenswürdige Gespräche, ein »wir müssen uns bald wieder sehen«, »interessant, Ihre Kolumne«, »schade, daß Sie nicht mehr Chefredakteur sind, aber als Kolumnist haben Sie ja noch mehr Einfluß. Naja, und Ihr Ex-Verleger, wir wissen Bescheid, machen Sie sich nichts draus«.

So ist das also. So schnell geht das: Heute rot, morgen tot! Ich habe meine Lehren daraus gezogen und halte mich immer, wie ich bereits am Anfang sagte, an den großen Wiener Arzt und Dramatiker Schnitzler: »Wir spielen alle. Wer es weiß ist klug.« Hängen wir also alles ein bißchen niedriger. Wir sind alle Menschen. Wir wollen überleben.

Nur mit Mühe aber kann ich meine Verbitterung unterdrükken, wenn unsere heutige politische Führungsspitze, zum größten Teil eine HJ-Generation, vergißt, daß wir alle gemeinsam gehungert und gefroren haben, daß der Wehrmachtsangehörige X dankbar war, wenn ihm der Waffen-SS-Angehörige Y zu Hilfe kam, und umgekehrt. Ich stelle mir manchmal die Frage, was aus manchem ehemaligen Leutnant, der heute Gewerkschaftsfunktionär, Minister oder sonst was ist, geworden wäre, wenn Hitler gesiegt hätte: ein General? Ein Arbeitsfrontführer? Ein Wirtschaftsboß? Das Schicksal läßt sich bei seinem Spiel nicht in die Karten schauen.

Warum vergessen so viele der heute an herausragender Stelle stehenden Politiker, bei aller berechtigten und notwendigen Verurteilung des Nationalsozialismus zu differenzieren, das ehrlich zu sagen, was sie selbst gesehen haben? Ich habe dieses Buch nicht zuletzt deshalb geschrieben, weil ich daran erinnern möchte, daß die europäische Erde von Moskau bis Südfrankreich die sterblichen Überreste von Legionen von Waffen-SS-Männern deckt, die ihr Leben gegeben haben; auch für die nicht wenigen, die sich aus Opportunismus und Feigheit an die Tapferkeit der Prätorianer nicht mehr erinnern.

21
Entlassung aus der Kriegsgefangenschaft

Ich kehrte zurück ins Lager. Mein Freund, der Gefreite, gab ein großes Fest. Es war nach Landserart ein großes Besäufnis. Mein Verhältnis mit Nora ging weiter wie bisher, oder doch nicht mehr so ganz. In der Luft lag der Abschied. Der Briefverkehr mit ihrem Mann wurde reger. Die Tochter sprach in zunehmendem Maße von Papi. Die Rückkehr nahm konkrete Formen an. Von einer Scheidung war nicht mehr die Rede. Mehr und mehr verwandelte sie sich in die mütterliche Freundin, die mir gute Ratschläge gab. Wir wollten uns gegenseitig helfen. Die große Liebe wurde zu einer guten Kameradschaft. Es dauerte nicht lange, da wurde aus dem Gemunkel über eine bevorstehende Entlassung ernst. Wir wurden zur Kommandantur gerufen, es hieß, für den nächsten Tag abmarschbereit zu sein, wir kämen in ein Entlassungslager bei Oldenburg. Ich nahm Abschied von Nora und ihrem Kind. Wir versprachen, uns zu schreiben. Wir haben dies ein paarmal getan. Dann versickerte der Briefverkehr. Bleiben wird eine große Dankbarkeit für all das, was Nora für mich getan hat.

Es darf hier nicht unerwähnt bleiben, daß ich überhaupt in meinem Leben sehr viel den Frauen verdanke. Eigentlich allen. Dies gilt auch für jene flüchtige Bekanntschaft auf einem Berliner Bahnhof, die mich zwar in seelische Konflikte gestürzt hatte, mir aber wohl unbewußt und ungewollt das Leben gerettet hat. Wäre ich nicht damals in ein Lazarett gekommen, die Chance zu überleben hätte 10:90 gestanden. So blieben mir der Tod auf dem Schlachtfeld, ein Genickschuß, eine schwere Verwundung, oder jahrelange qualvolle Gefangenschaft erspart.

Eines Tages hatte ich meine Entlassungspapiere. Ein schönes Abschiedsgeschenk hatte mir noch Captain M. gemacht. Er gab mir ein Papier mit auf den Weg, worin er mir gute Arbeit in der labour unit bescheinigte und »to whom it may concern« die Bitte aussprach, mir bei meiner Wiedereingliederung ins Zivilleben behilflich zu sein. Wie wohltuend stach diese Haltung eines einstigen Feind-Offiziers von der nicht gerade wenigen meiner Landsleute ab, die, um das Gestern zu verdrängen, ihr Mütchen an denen kühlten, die sich nicht wehren konnten und zu den im doppelten Sinne des Wortes Geschlagenen zählten.
Bevor ich meine Heimkehr schildere, ein Resumée aus heutiger Sicht über das Thema Waffen-SS und Gefangenschaft.
Zweifellos hatte ich Glück, daß ich den Engländern in die Hände gefallen war. Nach all dem, was ich auch nach dem Kriege hörte und las, haben sich die Engländer, von Ausnahmen abgesehen, am korrektesten uns gegenüber benommen. Die Amerikaner benahmen sich unterschiedlich. Die Front-Offiziere in der Regel fair, manchmal mit einem Schuß Bewunderung für die Tapferkeit ihrer ehemaligen Gegner. Ich darf in diesem Zusammenhang aus dem Buch von Karl Albrecht zitieren, wobei manches für heutige Ohren pathetisch klingen mag, aber die Wahrheit hat bis jetzt noch niemand bestritten. Karl Albrecht schreibt unter anderem über die Gefangennahme von SS-Leuten durch die Amerikaner:
»Wir hatten erfahren, daß in der Nähe dieser Ortschaft schwerste Kämpfe zwischen Amerikanern und einer SS-Einheit stattgefunden hatten, die sich aus dem Raume Heilbronn über die Donau nach Bayern durchschlug. Zahlreiche Jugendliche, knapp 16, 17 Jahre alt, die im Wehrertüchtigungslager in Heilbronn von den Amerikanern überrascht worden waren, hatten sich der vorbeiziehenden Waffen-SS angeschlossen. Sie waren im Geländekampf völlig unbewandert

und erlitten gegen die kampfgewohnte amerikanische 44. Division schwerste Verluste. Es gab hier auch unter der deutschen einheimischen Bevölkerung Elendskreaturen, die den Tod vieler dieser armen Jungen auf dem Gewissen haben. Sie verscharrten dann, wie schon berichtet, die Gefallenen in einer wüsten Sandgrube in der Nähe des Gemeindefriedhofes von Offingen.
Der größte Teil der Bevölkerung und des Gemeinderates war mit dieser Totenschändung nicht einverstanden. Wir wurden benachrichtigt. Sofort sammelten wir in unserem Lager fast 3000 Mark, um damit eine würdige Grabstätte zu schaffen. Ein Deutscher aus Offingen machte Schwierigkeiten. Er galt als großer Feind der NSDAP. Nun ließ er die schuldlosen toten Kinder das entgelten, was er selbst vielleicht einmal erduldet haben mochte. »Diese Toten werden nicht umgebettet und nicht in geweihter Erde beerdigt«, dekretierte er. Ich wandte mich als Lagerkommandant beim nächsten Besuch an den Oberst des in Augsburg in Garnison liegenden US-Infanterieregiments. Dieser Offizier war zugleich der Befehlshaber für die in seinem Bereich liegenden 5 SS-Kriegsgefangenenlager. Ich schilderte ihm den Vorfall: Die Schuldlosigkeit dieser armen Jungen, die hier für ihre Heimat ihr junges Leben ließen, und die in einer Sandkuhle verscharrt wurden. Ob er uns erlaube, diese gefallenen Kameraden in geweihte Erde umzubetten, und ihnen eine würdige Grabstätte zu bereiten.
»Gibt es solche Schurken bei Euch Deutschen?« rief der amerikanische Frontoffizier aus. »Selbstverständlich werden Sie das Recht bekommen, Ihre gefallenen Kameraden würdig zu begraben und, Herr Major, meine Unteroffiziere werden dabei Salut schießen. Und Sie werden die deutschen Kommandos geben, und Ihr ganzes Bataillon wird dabei still stehen und den Toten die letzte Ehre erweisen.«

... Totenehrung – die letzten Grüße der Heimat, ich sprach sie aus tiefstem Herzen. Es waren 23 Gefallene, davon 19 noch nicht 20 Jahre alt! Und einige waren Kinder unter 16 Jahren, als sie sterben mußten. Ich will verschweigen, was wir wissen, was an Grauenhaftem in dieser Gegend durch entmenschte Deutsche geschehen ist, um nicht auf's neue Haß zu säen, um der Toten willen. Dann erscholl das Kommando: »Legt an – Feuer!« Drei Salven – ich hatte einen Kameraden ... Die Männer standen wie einstens an der Front, die Offiziere standen vor der Front – die Hände an den Mützen, die amerikanischen Offiziere hinter ihnen, ebenfalls Hand am Stahlhelm.
Dann trat der Fremde vor, der »Feind«. Regimentskommandeur Oberst Wooten legte einen Strauß roter Rosen am Grab der toten Jungen nieder.«
Weiter schreibt Karl Albrecht über diesen amerikanischen Oberst:
»Im übrigen hat Oberst Wooten oft genug vor seinen Offizieren in meinem Kommandoraum öffentlich erklärt, daß er die Waffen-SS als einen fairen und tapferen Gegner im Verlauf des Krieges kennengelernt habe. Zu mir sagte er einmal: ›Wäre ich Deutscher, sicherlich wäre auch ich ein SS-Offizier geworden.‹ So groß war die Hochachtung dieses, mit vielen Orden und Ehrenzeichen geschmückten amerikanischen Front-Offiziers.«
Man muß bei diesen leidenschaftlichen Sätzen verstehen, daß Albrecht noch unter den frischen Erinnerungen an die Greuel stand, die er gesehen hatte, und die ihn trieben, dieses Plädoyer zu halten. Außerdem war er durchdrungen von dieser Frontkameradschaft.
Denen, die ironisch und überheblich diese Zeilen belächeln, erlaube ich mir, ›biblisch‹ zu antworten: »Sei heiß oder kalt, aber niemals lau!«. Aber es sind weitgehend die Lauen, die an

manchen Stellen der deutschen Publizistik den Ton angeben. Sie haben in der Regel keine Vorstellung von der Turbulenz jener Tage und sind geprägt und geformt von der amerikanischen Re-education, die nicht viel hielt von selbstkritischen Anmerkungen, was das Verhalten der Sieger anging. Das Gewissen vieler dieser Umerzogenen schlug in erster Linie dann, wenn es um Verbrechen auf deutscher Seite ging. Manchmal wundere ich mich, in welcher Welt wir eigentlich leben. Werden heute 20-jährige verhaftet, weil sie an einer Demonstration mit strafrechtlich zu würdigenden Folgen teilgenommen haben, und ein paar Tage in Untersuchunshaft gehalten, so ist überall die Sorge zu hören, ob sie dadurch nicht für's Leben bleibende Schäden davongetragen hätten. Pfarrer spenden Trost, Lehrer geben Ratschläge, Medien-Päpste wackeln besorgt mit dem Kopf. Ja, hat man denn vergessen, daß Tausende von 17-, 18- und 19-jährigen nach dem Kriege jahrelang saßen, teilweise unschuldig saßen? Hat man sie nach den seelischen Folgen gefragt? Hat man ihnen geholfen, sie zu überwinden? Sagen nicht die Jungsozialisten, meines Erachtens zu Recht, daß eine Haft, die über 15 Jahre hinausgeht, die Persönlichkeit jedes Menschen zerstört? Sitzt aber in unserem Lande nicht ein schon 88-jähriger Mann, der weit weniger Schuld auf sich geladen hat als mancher, der jetzt ein ehrsames Leben in Freiheit führt, weit mehr als 40 Jahre in einem Gefängnis? Warum protestiert man dagegen nicht unentwegt? Warum protestieren nicht unentwegt evangelische und katholische Kirchenleute? Stört es sie, daß es sich um den einstigen Stellvertreter des Führers, Rudolf Heß handelt? Ist Heß nicht auch ein Mensch, ein Christenmensch? Erlauben Sie mir, lieber Leser, doch noch ein paar Worte zur Kriegsgefangenschaft. Waffen-SS-Männer fielen ja nicht nur in britische oder amerikanische Hände. Viel härter war ihr Schicksal, wenn sie von den Sowjets oder den Jugoslawen gefangengenommen wurden. Es gibt genug Bekundungen darüber, daß gerade in den letzten Wochen und Monaten des Krieges viele Angehörige der Waffen-SS von den Sowjets durch Genick-Schüsse liquidiert wurden. Andere saßen jahrelang in Gefangenschaft unter oft schrecklichen Bedingungen. In Jugoslawien kam zum Haß gegen die SS-Runen noch der Völkerhaß hinzu. Leute aus dem Banat beispielsweise wurden als Verräter angesehen und genauso grausam wie die gefangenen Ustaschas, die kroatischen Faschisten, behandelt.

Es mag für meine ehemaligen Kameraden empörend klingen, wenn ich heute um Verständnis für manche Revanche-Aktionen, der Jugoslawen beispielsweise, bitte. Sie hatten einen verständlichen Haß auf alles, was mit der SS zu tun hatte. Man konnte nicht verlangen, daß in den Turbulenzen der großen Abrechnung auch die Gutwilligen und Korrekten in der Lage gewesen wären, zu differenzieren. Der Haß war wie ein reißender Strom; wer sich ihm entgegenwarf war verloren. Anders war es bei den Tschechen und auch bei manchen französischen »Abrechnern«.

Von der Tschechei war schon die Rede. Aber auch Frankreich hat diesbezüglich mit seiner Vergangenheit zu kämpfen. Mancher Franzose mag im letzten Moment seinen Absprung von Pétain und Vichy durch eine besonders rüde Behandlung eines gefangenen SS-Mannes zu verdeutlichen versucht haben. Auch in Frankreich scheint jedoch die Vergangenheitsbewältigung erst jetzt zu beginnen.

22
Das Spruchkammerverfahren

Ich war wieder zu Hause in Trostberg bei meinen Eltern. Mein Vater war erbitterter, meine Mutter wehleidiger denn je. Mein Vater praktizierte in bescheidenem Umfang seinen Viehhandel. Mein Bruder half ihm. Ich durfte mich als »Kaibitreiber« betätigen, das heißt als Kälber- und Viehtreiber. So zog also der Ex-Herrenmensch, wie früher durch Europa, jetzt kreuz und quer durch den Rupertigau, schlug sich mit Bullen, Ochsen, Kühen, Kälbern, Schafen herum, und wenn es einen geschäftlichen Stillstand gab, dann setzte ich mich auf das »Gäuwagerl«, ein kleines Pferdegespann, und unser Brauner, ein ausgedienter Kriegsveteran, zog an, und gemächlich ging es ab, zu Hamsterfahrten. Das Rennen hatten wir beiden Kriegsteilnehmer uns abgewöhnt.
Galt früher in Kiel die Benzinwährung, so mußte ich mich jetzt in Trostberg auf die Eierwährung umstellen. 10 gehamsterte Eier am Tag galten bei meinem Vater als »Normerfüllung«. Manchmal aber, wenn mein Vater selbst einspannte, hamsterte ich zu Fuß und brachte es dabei gut und gerne auf 15 bis 20 Kilometer. Essen war kein Problem. Meistens lud ich mich bei den Bauern selbst ein. Bei manchen Bauern brachte mir die Zugehörigkeit zur Waffen-SS ein paar Eier mehr, bei anderen weniger, bei anderen gar nichts ein. Im allgemeinen war die Stimmung der Bauern positiv, hatten doch selbst viele ihre Söhne bei der Waffen-SS gehabt und fühlten so eine gewisse Solidarität mir gegenüber.
Allmählich versuchte ich, auch sportlich wieder Fuß zu fassen. Ich wurde in die erste Mannschaft aufgenommen, man war fair und kameradschaftlich zu mir, jedoch erkannte ich sehr bald, daß mein Traum, ein ganz Großer im Fußball zu

werden, sich wohl nicht mehr erfüllen ließ. Krieg und Gefangenschaft brachten doch einen größeren Substanzverlust, als ich ursprünglich angenommen hatte. Skispringen fing ich erst gar nicht wieder an.
Jetzt, wo ich allmählich zur Ruhe zu kommen schien, begann mich eine schreckliche Schlaflosigkeit zu quälen. Fiel ich ein paar Minuten in Schlaf, hörte ich das Mahlen von Panzerketten, das Bellen der Bordkanonen der Tiefflieger. Schweißgebadet wachte ich wieder auf. Meine häusliche Umgebung beengte mich, ich wollte so schnell wie möglich weg. Wie ein Huhn, das auf der anderen Seite des Zaunes das Futter sieht, aber nicht den richtigen Durchschlupf finden kann, sann ich auf Mittel und Wege, Trostberg zu verlassen. Mich widerte das ganze Getue um die Entnazifizierung, die Jagd nach Alibis und sogenannten »Persilscheinen« an; von Würde war keine Rede mehr. Die Ex-Nazi-Größen, soweit sie nicht im Lager waren, mußten, wie es hieß, körperliche Arbeit leisten. Jetzt, wo sie die Autorität des Amtes, des Stuhles verloren hatten, zeigte es sich, aus welchem Holz sie wirklich geschnitzt waren. Die einen blieben Herren, auch beim Straßenkehren, die anderen wurden Knechte. Apropos Herren: Die wirklichen Herren, die ich in der Gefangenschaft erlebt hatte, waren Waffen-SS-Offiziere gewesen, obwohl im Gegensatz zur Wehrmacht das Wort »Herr« bei uns nicht vorkam, ein Herr Leutnant war bei uns Untersturmführer, und so weiter. Aber ich habe nie einen Offizier der Waffen-SS gesehen, der sich in der Gefangenschaft nach Zigarettenkippen bückte. Das Bewußtsein, einer Elite anzugehören, hat die SS-Offiziere auch in der Gefangenschaft nicht verlassen.
Meine größte Leidenschaft war Zeitunglesen. Mein Vater hatte mir beispielsweise die Nummer 1 der Süddeutschen Zeitung aufgehoben. Da las ich das Programm von Dr. Hoegner, der gerade mit Hilfe der zuständigen Amerikaner

die »Macht« von Dr. Schäffer übernommen hatte. Da sagte der Sozialdemokrat Dr. Hoegner unter anderem: An einflußreichen Stellen dürften nur Leute sitzen, die niemals Nazis waren, auch nicht 1937. Und weiter erklärte Hoegner im Hinblick auf die im Frühjahr 1946 stattfindenden Gemeindewahlen in Bayern, daß alle früheren Mitglieder der Nazipartei nicht wählen dürften. Sie hätten eine mehrjährige Bewährung abzulegen, bis sie demokratisch denken gelernt hätten.

Plötzlich gab es in Bayern auch viele Widerstandskämpfer. Es hatte sich damals bereits eingebürgert, das »Grüß-Gott«-Sagen als eine Art Widerstandshandlung zu interpretieren. Über Nazi-Größen las ich die abenteuerlichsten Versionen, zum Beispiel, daß Hitler ein Teppichbeißer gewesen sei, bei Mißerfolgen das Geschirr kurz und klein geschlagen habe. Im nachhinein wundert mich nur, daß kein Journalist auf die Idee kam, zu schreiben, daß Hitler seine Schäferhündin Blondie gebissen hätte. Vielleicht eine Schlagzeile »Mann beißt Hund«? Die Anbiederung an die Amerikaner geriet da und dort wirklich zum hündischen Kotau.

Am würdigsten – gegenüber den Amerikanern – und anständigsten uns gegenüber hielten sich meist jene Politiker, die im KZ waren und aus der Arbeiterklasse kamen. Mit Dankbarkeit erinnere ich mich an den späteren SPD-Landtagsabgeordneten und Landrat des Kreises Traunstein, Kiene, der mich einmal zu sich zitierte und stundenlang mit mir über die Waffen-SS sprach. Da war weder Haß noch Verachtung im Spiel. Er erkannte die großen soldatischen Leistungen an, hielt uns aber für teils mißbrauchte, teils fanatisierte Prätorianer. Er bot mir Hilfe an und versprach, die Entnazifizierung beschleunigt herbeizuführen, damit ich bald arbeiten könne.

Es war klar, daß sich auch die Parteien allmählich mit der

Waffen-SS beschäftigten. Nicht nur wegen der anstehenden Wahlen. Erstaunlicherweise war es vor allem die SPD, die hier eine bemerkenswerte Haltung einnahm. Dr. Kurt Schumacher schrieb beispielsweise am 30. Oktober 1951 an Herrn Professor Herrschel unter anderem: »Aus dem Zweiten Weltkrieg sind mehr als 900 000 Angehörige der früheren Waffen-SS zurückgekehrt. Diese Waffen-SS ist weder mit der Allgemeinen SS, noch mit den speziellen Organisationen der Menschenvernichtung und -verfolgung gleichzusetzen, sondern hat sich selbst als eine Art vierter Wehrmachtsteil gefühlt und ist damals auch so gewertet worden ... Die Mehrzahl dieser 900 000 Menschen ist in eine ausgesprochene Pariarolle geraten. Sie sind kollektiv haftbar für die Verbrechen des SD und der Menschenvernichtungsaktionen gemacht worden, trotzdem sie als Waffen-SS kaum nähere Berührung damit hatten als mancher andere Wehrmachtsteil.« Und Schumacher schreibt an anderer Stelle: »Ihnen hilft nicht, wenn die Nutznießer und Mitschuldigen der Hitlerdiktatur ihnen großmütig Pardon anbieten. Es müssen Verfolgte der 12 Jahre sein, die der moralischen und politischen Seite dieser Angelegenheit allein gerecht werden.«
(Anmerkung des Autors: die Zahl 900 000 ist mit Sicherheit zu hoch gegriffen.)
Die SPD-Zeitung »Die Freiheit« schrieb 1959: »Was hat die Waffen-SS mit KZ's zu tun gehabt? Nämlich nicht mehr als alle anderen Soldaten: Nichts! Die Waffen-SS war auch rechtlich ein regulärer, vierter Wehrmachtsteil ... Sie war ... im Krieg als Elite unter Heereskommando eingesetzt ...« (zitiert aus dem Sonderheft des Bundesverbandes der Soldaten der ehemaligen Waffen-SS e. V. im Verband deutscher Soldaten »Die Waffen-SS als Teil der deutschen Streitkräfte«. Das Verhältnis der SPD zur Waffen-SS wurde allerdings in dem Maße schlechter als Leute in Führungspositionen kamen, die

weder im Krieg noch Verfolgte des Dritten Reiches wie Dr. Schumacher waren.
CDU-Bundeskanzler Dr. Konrad Adenauer sagte in seiner Rede vom 30. August 1953 in Hannover kurz und bündig: »Die Männer der Waffen-SS waren Soldaten wie alle anderen auch.« Und von der CSU erklärte der damalige Verteidigungsminister Franz Josef Strauß: »... Wie ich persönlich über die Leistungen der in der Front eingesetzten Verbände der Waffen-SS denke, wird Ihnen bekannt sein. Sie sind selbstverständlich in meine Hochachtung vor dem deutschen Soldaten des letzten Weltkrieges einbezogen ...«
Nun, die Zeiten sind andere geworden. Inzwischen ist eine andere Politikergeneration herangewachsen. Ihre Berührungsängste sind größer geworden.

Was sollte ich tun? Studieren kam nicht in Frage, ich hatte kein Geld. Außerdem sprachen die Zulassungsverordnungen gegen mich. Seit meiner Soldatenzeit spukte auch der Gedanke, Schauspieler zu werden, in meinem Kopf herum. In normalen Zeiten hätte ich diesen Beruf wohl kaum angestrebt, fühlte ich doch, wenn auch eher unbewußt, daß meine Begabung mich wohl nicht bis zum Staatsschauspieler tragen würde. So aber schien es ein Ausweg zu sein. Kam hinzu, daß ich im Hause der bereits erwähnten Frau Haslem auch nach meiner Entlassung sehr herzlich aufgenommen wurde. Sie und ihr Mann, der ehemals kommunistische Funktionär, sammelten einen Kreis kunstbeflissener junger Menschen um sich. Dazu gehörten ihr Sohn, ein Freund von ihm, der ihn rückhaltlos bewunderte, und ich, der eigentlich schon einer anderen Generation, der Kriegsgeneration, angehörte und gut 6 Jahre älter war.
Es wäre unehrlich, wenn ich verschwiege, daß mir diese Stunden, nicht nur wegen der teils leidenschaftlich geführten Ge-

spräche über mir bis dahin fremde Autoren, wie Brecht, Zuckmayer, Feuchtwanger, Borchert, Wolf, Molnar, Becher, lieb und teuer waren, sondern auch wegen des köstlichen Bohnenkaffees, den es da gab, und der schweren amerikanischen Zigaretten, an die ich mich so sehr gewöhnt hatte.
Eines Tages lernte ich ein leibhaftiges Schloßfräulein aus der Umgebung kennen, sie sah auch wie eine verwunschene Prinzessin aus, hatte langes, schwarzes Haar, große, strahlend blaue Augen, eine Mordsfigur, wie wir damals sagten. Ich führte sie in diesen Kreis mit ein. Sie sagte nur wenig. Meines Erachtens hat sie das meiste auch nicht sonderlich interessiert, wir aber schlugen wie die Pfaue verbale Räder, warfen uns in die Brust, und wenn sie jemandem lächelnd zunickte, so fühlte sich der bei dem geistigen Schlagabtausch zumindest als Punktsieger.
Mein Vater beobachtete wohlwollend meine Liaison, förderte sie, wo er nur konnte, hatte sich inzwischen auch den Viehbestand des Schlosses angesehen. Es standen gut 60 prachtvolle Milchkühe in den Ställen. Er sah sich bereits als eine Art Gutsverwalter, hielt jedenfalls die Rolle eines echten Schloßbesitzers für mich als geeigneter, als wenn ich Schloßherren auf der Bühne darstellte. Die Liaison ging später auseinander. Es war meine Schuld. Dem Mädchen blieb dadurch einiges erspart.
Meine künstlerischen Pläne nahmen allmählich Gestalt an. Ich wurde Schüler des damals in Bayern weit berühmten Staatsschauspielers Friedrich Ulmer. Er war ein erklärter Gegner der Nazis gewesen, man nannte ihn während der Weimarer Republik den »Roten Ulmer«. Er hatte als Rechtsanwalt angefangen, wurde erst mit 30 Jahren Schauspieler, spielte dann aber am Münchner Residenztheater alles, was gut und teuer war. In den Jahren nach dem Ersten Weltkrieg vertrat er sozialistisches Gedankengut, lebte aber selbst wie

ein wahrer Renaissance-Fürst. In seiner Erscheinung war er ein schwerer Held wie er im Buche steht. Auch als altem Mann liefen ihm die Frauen noch nach. Er schrieb auch ein sehr interessantes, heute noch lesenswertes Buch über das Theater »Perliko – Perlako«. Als Schauspieler war er der Tradition verhaftet, manche Rollen »sang« er förmlich. Aber das Pathos klang nicht hohl. Er war von ihm durchdrungen, und es wirkte echt. Mein Pech war nur, daß er aus mir einen zweiten Ulmer machen wollte, und was bei ihm gekonnt und beherrscht klang, war bei mir aufgesetzt, nachgemacht, mit einem Wort, es streifte nicht nur, sondern überschritt manchmal die Grenze zum Lächerlichen. Der Mund, der gelernt hatte, Befehle zu schnarren, bemühte sich nun um Wohlklang. Ich übte jetzt nicht mehr die Nummer 136 in der Heeresdienstverordnung, Hdv 30/4a: »Schwere Infanteriegeschütze sind gegen besonders wichtige oder widerstandsfähige Ziele im feindlichen Infanteriebereich zu verwenden. Sie sind die stärkste Angriffswaffe der Infanterie. Ihre seelische und tatsächliche Wirkung auf den Feind ist groß«; jetzt hatte ich mich mit den Ausbildungsübungen für Schauspieler zu befassen und deklamierte unentwegt: »Abraham a sankta Klara; schneebedeckte feste Erde; Winterstürme wichen dem Wonnemond«, und so weiter. Ich übte das Zeigen von Gefühlen, unterstrichen durch ein lebhaftes Minenspiel und ausdrucksvolle Gestik. Schwer für einen ehemaligen Angehörigen einer Prätorianergarde, in der man förmlich gedrillt wurde, Gefühle nicht zu zeigen, und die Hände fest an die Hosennaht pressen mußte, sprach man mit einem Vorgesetzten.
Wie oft hatte ich mir als Rekrut anhören müssen: »Reden Sie nicht mit den Händen, Sie sind doch kein Jud'!« Die Beschreibung eines Helden in der Waffen-SS begann häufig so: »Kein Muskel bewegte sich in seinem Gesicht. Sein Blick war stählern...«

Weil meine SS-Vergangenheit sich nicht so schnell überwinden ließ, wollte Ulmer mit mir zum Vorsprechen den bösen Landvogt Geßler in Wilhelm Tell einüben, der nach den damaligen Interpretationen vom Typ her ein SS-Offizier gewesen sein könnte. Das war mir dann doch zuviel. Ich sagte, die Offiziere der Waffen-SS hätten eher wie der Melchthal in Wilhelm Tell ausgesehen, oder wie der Marquis Posa in Don Carlos. Das wiederum war Ulmer zuviel. Er sagte: »Ja, da hätten wir also den Bock zum Gärtner gemacht – habt Ihr vielleicht geschrien: ›Hitler, geben Sie Gedankenfreiheit?‹«, und bayerisch fuhr er fort: »Na na, dös mach ma net, aber den Melchthal, den muß man als Naturbursche spielen, und da brauchen Sie sich nur selber darstellen.« Also studierte ich: »Durch der Surennen eiskalt Gebirg ...«, und: »Blinder, alter Vater, du kannst den Tag der Freiheit nicht mehr schauen, du sollst ihn hören!«

Aber bevor ich bei Intendanten vorsprechen konnte, mußte ich woanders vorsprechen, und da hatte ich keine leichte Rolle zu übernehmen: Ich mußte vor die Spruchkammer. Nach meinen Kieler Erfahrungen verzichtete ich auf einen Verteidiger. Mit meinem Vater fuhr ich nach Traunstein zur öffentlichen Verhandlung. Über die formalen Belastungen, wie Hitlerjugend, Waffen-SS, hinausgehende Anklagen gab es nicht. Ich schilderte offen meinen Werdegang und die Motive meines Eintrittes in die Waffen-SS. Sie wurden stenografisch festgehalten, und ich darf sie aus dem Spruchkammerurteil zitieren: »Ich bin der damaligen Propaganda erlegen, die überall öffentlich für den Eintritt in die Waffen-SS warb. Teils mag es Abenteuerlust, teils mag es Idealismus gewesen sein, die mich einbilden ließ, daß ich in der SS meinem Vaterland am besten würde dienen können. Sehr bald bemerkte ich jedoch, daß ich auf das falsche Pferd gesetzt hatte; da ich aber nicht mehr zurückkonnte, wollte ich wenigstens vermeiden,

Offizier der Waffen-SS zu werden. Da ich Abiturient war, war das gar nicht einfach für mich.«
Dann wurden die Zeugen vernommen. Die Aussagen des Herrn Wagner lesen sich so: »Dies (gemeint ist meine Abkehr von der Ideologie der Waffen-SS) bestätigt der Zeuge Wagner, der durch seine langjährige Inhaftierung im KZ Dachau von 1939 bis 1945 gegen jeden SS-Mann kritisch eingestellt ist, wie er bemerkt, in vielen Diskussionen mit dem Betroffenen jedoch feststellte, daß dieser nichts mit dem Nazismus und der Naziideologie gemein hatte.« Nun wurde die Aussage meines Pfarrers verlesen, der wegen Krankheit nicht kommen konnte. Dazu heißt es in der Urteilsbegründung: »Der katholische Geistliche Felsner aus Trostberg erklärt, daß ihm der Betroffene von dessen Jugend auf sehr bekannt ist und hebt hervor, daß er auch in religiöser Beziehung unbeirrt von der oft verlockendsten Beeinflussung nazistischer Kreise, sein Glaubensideal standhaft bewahrt hat.« Die Verhandlung dauerte etwa 2 Stunden. Die Jugendamnestie konnte nicht in Anwendung kommen, weil durch einen Erlaß der Militärregierung Angehörige der Waffen-SS von dieser Amnestie ausgenommen werden mußten. So wurde ich als Mitläufer eingestuft. Als Sühnebetrag mußte ich 500 RM bezahlen. Dieses Urteil kam einem moralischen Freispruch gleich, wie aus der Begründung zu entnehmen ist. Ich zitiere sie auch deshalb, weil sie meines Erachtens genau festhält, welchen Verführungen wir junge Menschen damals ausgesetzt waren. Vielleicht könnte sie gerade auch heute manchen jungen Menschen nachdenklich stimmen:
»Der Betroffene machte in der Hauptverhandlung einen ehrlichen und glaubwürdigen Eindruck. Als er freiwillig in die Waffen-SS eintrat, war er $19^1/_2$ Jahre alt, also im Alter der Ideale, ohne Erfahrung. Erinnert man sich, daß damals im Sommer 1942 die deutschen militärischen Unternehmungen,

insbesondere in Rußland und auf der Krim, noch von Erfolg zu Erfolg führten; berücksichtigt man die Propaganda der SS, die sich mit allem Glanz umgab und die Jugend mit Luftschlössern umgaukelte; hält man sich vor Augen, wie gerade viele Lehrer im Unterricht das jugendliche Feuer der Begeisterung noch anbliesen und es nicht verstanden, die Jugend zur Besinnung zu bringen; weiß man, wie selbst viele Eltern in der Erziehung und Ermahnung ihrer Kinder versagten, so wird man diesen Schritt des Betroffenen zur Waffen-SS nicht als Ausdruck einer Neigung zum Verbrechen deuten müssen, und dem Betroffenen recht geben können, daß er aus Abenteuerlust und Idealismus zur SS ging. Die Kammer kommt auf Grund des Eindruckes, den der Betroffene macht, zu der Überzeugung, daß er nicht aus verbrecherischen Beweggründen und nicht zu verbrecherischen Absichten und auch nicht aus politischen Überlegungen in die Waffen-SS eintrat, sondern aus jener militärischen und vaterländischen Begeisterung, die bei der Jugend so häufig ist.«

Ich war sehr glücklich. Auch diese Etappe lag hinter mir. Erst jetzt fühlte ich mich als Zivilist und frei für einen neuen Anfang. Selbstverständlich hatte ich während der Verhandlung in keiner Weise meinen Vater belastet, ja ich hatte sogar auf seine seit 1934 immer deutlicher werdende Gegnerschaft zu den Nazis hingewiesen. Da das Spruchkammerverfahren gegen meinen Vater noch ausstand, war es wichtig, daß er bei meinem Verfahren gut aussah. Ich glaube, der Vorsitzende hat meine Absicht bemerkt und innerlich gutgeheißen. Die erwiesene Gegnerschaft zum Nationalsozialismus hat den Richter nicht, wie es häufig geschehen war, zu einer Art Rachejustiz verführt.

Dankbar bleibe ich auch meinem Schulfreund Willi Wimmer aus Altenmarkt, der tapfer zu mir hielt, obwohl dies manche aus seiner Umgebung nicht gern sahen. Auch einen Freund

aus der Breslauer und Warschauer Zeit traf ich in Traunstein wieder, Unterscharführer Hase. Er ließ es sich nicht nehmen, für mich auszusagen. Er blieb der anständige Mensch, der er immer war.
Dieses Spruchkammerurteil liegt mittlerweile 35 Jahre zurück. Auch damals meinte es das Schicksal gut mit mir. Es schickte mir keine milden, sondern mehr, nämlich menschlich denkende und korrekt urteilende Richter. Ich darf, wenn auch sehr verspätet, meinen Dank abstatten an den Vorsitzenden Schleifer, an die Beisitzer Schaffner, Wiedl, Walter und Staudinger.
Auch äußerlich machte ich einen Schnitt mit der Vergangenheit. Ich ließ mir, mit Genehmigung der Militärrregierung, im Trostberger Krankenhaus meine Tätowierung entfernen. Meine Argumente, ich könne keine ärmellosen Klassiker spielen mit dieser Tätowierung, überzeugte auch die Amerikaner. Ich wäre wohl auch der erste Orest oder Pylades gewesen, an dessen hochgerecktem Arm deutlich ein »AB« zu lesen gewesen wäre.
Nun, die Operation hinterließ trotzdem eine auch heute noch deutlich zu sehende Narbe. Sie hat mir im Bett mit einer Frau nicht selten Kopfzerbrechen gemacht. Nicht immer hatte ich Lust und Laune, die Schäferstündchen mit weltanschaulichem Unterricht zu belasten. So war's halt, von Ausnahmen abgesehen, immer ein »operierter Abszeß«. Mit dieser Erklärung gaben sich sogar Ärztinnen zufrieden, nur eine meinte: »Das hätte man auch besser machen können«, womit sie recht hat.

23
Bretter, die die Welt bedeuten

Nachdem das Spruchkammerverfahren abgeschlossen war, und meine Tätowierung entfernt, konnte ich, keine 10 Minuten vom Schauplatz der Nazitribunale entfernt, endlich die Bretter betreten, die angeblich die Welt bedeuten. Ich wurde bei der »Neuen Bühne« für knapp 100 Reichsmark im Monat engagiert. Es war ein ambitioniertes Gastspielunternehmen mit Sitz Traunstein. Auf dem Repertoire standen nicht nur Tragödien und Komödien, sondern auch Operettenstücke. Eröffnet wurde die »Neue Bühne« mit einer Verbeugung vor dem Zeitgeist, mit Lessings »Nathan der Weise«. Ulmer spielte die Titelrolle: altmodisch, aber beeindruckend. Und was spielte ich? Sie werden es nicht glauben, lieber Leser: nicht den Tempelherren, oder wenigstens den Araberfürsten Saladin, nein, mir gab man die mieseste Rolle im Stück, die des uralten Patriarchen, eines Rassefanatikers, der mehrmals, ceterum censeo, den Satz hervorstößt: »Der Jude wird verbrannt!« Ich kann nicht behaupten, daß ich mich in dieser Rolle wohlfühlte, mit einem Kissen auf dem Bauch, damit ich eine gewisse Leibesfülle auf die Bühne brachte. Mit einer hageren und damals leicht verhungert wirkenden Figur konnte sich der Regisseur den Patriarchen nicht vorstellen. Das Gesicht des 24jährigen glich einem Farbkübel. Ein grauer Grundton mit unendlich vielen Strichen sollte aus mir einen 90jährigen machen. Eine Perücke vollendete das maskenbildnerische Kunstwerk. Ich muß in dieser Rolle schauerlich gewesen sein. Aber, so makaber es klingt: Eine theaterbegeisterte Familie war von dieser Darstellung so beeindruckt, daß sie mich spontan nach einer Vorstellung zum Essen einlud. Es handelte sich um eine jüdische Bäckerfamilie aus Polen, die

der Hölle entkommen war. Es war eine mehrköpfige, streng orthodoxe Familie, die peinlich genau alle Glaubensgebote einhielt. So gab es Ostern das ungesäuerte Brot, die Mazzen.
Im Laufe der Zeit verbrachte ich fast jeden spielfreien Abend bei der Bäckerfamilie. Mich umgab Nestwärme. Die Mutter war die Verkörperung der jüdischen Momme. Man war tolerant auf eine unintellektuelle Art und Weise, und herzlich im Umgang. Noch heute, so muß ich gestehen, fühle ich mich im Kreise von Juden – bäuerlicher oder handwerkschaftlicher Herkunft – weit wohler als beispielsweise bei Angehörigen der sogenannten Intelligenzschicht, die manchmal einem freudlosen und aggressiven Zynismus anhängt, was zwar verständlich ist, aber die gegenseitige Verständigung und den notwendigen Ausgleich nicht unbedingt erleichtert.
Ich wurde auf dem Theater allmählich das, was man eine grande utilité nennt, ein Allesspieler im mittleren und unteren Rollenbereich. Dies ging vom Polen-Fürsten Koszinsky in Schillers »Räuber« bis zum Überbringer eines Briefes an die Diva in der Operette »Czardas-Fürstin«.
Bald merkte ich, daß Wissen und Intelligenz nicht unbedingt zur Grundausstattung eines erfolgreichen Schauspielers gehören. Ich wußte zwar weit mehr über die Rollen, besonders die historischen, als meine Kollegen, nur spielen konnte ich sie halt nicht. Diese Erkenntnis hatte ich mir damals aber noch nicht ganz zu eigen gemacht, wenn sie auch in meinem Unterbewußtsein durchaus vorhanden war.
So wollte ich mit einem jungen Kollegen mein Glück im Norden versuchen. Ausgerüstet mit einem Bahnbillett nach Lübeck, wo mein Kollege Verwandte hatte, und mit Proviant für ein paar Tage versehen, fuhren wir einfach ins Ungewisse. Es bleibt mir heute noch unerfindlich, warum ein Mensch mit einem, wie man sagt, typisch bayerischen Aussehen und We-

sen, glaubte, ausgerechnet im hohen Norden eine Erfolgsnummer zu werden. In der Regel geht's ja nur umgekehrt, für Norddeutsche war und ist Bayern ein Dorado des Karrieremachens. So marschierte ich auch an der Ostsee wieder einmal als Melchthal »durch der Surennen eiskalt Gebirg...«. Den hanseatischen Spielleiter schienen sowohl das Gebirge wie auch mein Vortrag kalt zu lassen. Er meinte nur lakonisch: »Hören Sie, Sie haben doch einen so schönen bayerischen Namen, Schönhuber, und so einen herzigen Dialektanklang; schaun'S doch, daß Sie bei Trenker-Filmen ankommen, sie sehen sowieso aus wie ein Bergführer.«
Ich war enttäuscht. Er schien aus meiner deklamatorischen Beschreibung der Schweizer Berge eine Neigung für Bergfilme abgeleitet zu haben: »Auch nicht der Klügste«, dachte ich und gab nicht auf.
Per Anhalter gelangte ich nach Schleswig. Über meine dortigen Erlebnisse habe ich in einem anderen Zusammenhang bereits berichtet.
Nach Schleswig kam der absolute Tiefpunkt meiner »Karriere«. Verführt von einer Schauspielerin, mit der ich ein flüchtiges Verhältnis gehabt hatte, schloß ich mich einer Wanderbühne an, die bei Karlshafen an der Weser stationiert war, das heißt im Klartext: Unser Ensemble, bestehend aus 6 Personen, wohnte in einer Jugendherberge. Von dort aus bespielten wir die Dörfer der Umgebung. Manchmal zogen wir dabei, 2 Damen und 4 Herren, den Thespiskarren mit unseren Kulissen selber, dann nämlich, wenn wir wieder einmal kein Geld für die Miete eines Lastwagens hatten. Ich mußte an die Zeiten denken, in denen es hieß: »Die Wäsche weg, die Komödianten kommen.«
Manchmal glaubte ich mich auch nach Wildflecken zurückversetzt, wo meine französischen Kameraden wegen der Schwäche ihrer Pferde und infolge Benzinmangels sich selbst

ins Geschirr legen mußten. Nur zogen wir Schauspieler jetzt keine Kanonen mehr, sondern – von uns selbst gemalte – Kulissen.
Unser Chef war ein Genie. Es gelang ihm, auch Stücke, die an sich ein großes Ensemble mit 10 und 15 Personen verlangten, auf uns 6 zurechtzuschneidern. Nach und nach wurden wir dabei zu Spezialisten für Doppelrollen. Es waren schauerliche Rührstücke und billige Klamotten. Zwischendurch griffen wir auch nach dem Theaterhimmel und spielten Max Halbes »Strom«, Sudermanns »Johannesfeuer« und auch einen Gerhart Hauptmann; welchen, weiß ich nicht mehr so genau. Daß ich unter diesen Umständen an die ganz großen Rollen herankam, versteht sich von selbst; nur war es nicht der Rahmen, den ich mir erträumt hatte. In meinen Briefen an meine Eltern ließ ich den Rahmen verschämt weg, die Rollen stolz stehen. Meine Mutter muß geglaubt haben, ich stünde unmittelbar vor dem Erwerb eines Rolls Royce. Gestört hat sie nur, wie sie mir später erzählte, daß sie Schwierigkeiten hatte, ein Bad Karlshafen auf der Karte zu finden. Ich habe nämlich die Wünsche der Bewohner vorweggenommen und hatte dem Karlshafen ein »Bad« vorangesetzt. Meine Mutter tröstete sich also damit, daß es ein feiner Ort sein müsse. Für nicht wenige Menschen ist ja die Bezeichnung »Bad« vor einem Ortsnamen das gleiche wie ein »von« vor einem Familiennamen. Ein Ort wird dadurch sozusagen geadelt. Warum, ist da wie dort nicht immer wichtig.
Der Adel kam häufig auch in unseren Stücken vor. Allerdings in den billigsten Schwänken, wo der Herr zum Happy-End das Dienstmädchen freite. Dabei mußte ich, der erklärte Republikaner, immer den Schloßherrn spielen; das lag daran, daß zwei meiner Mitspieler einen Kopf kleiner waren und wirklich wie Schrumpfgermanen aussahen. Über all unserem Tun lag ein Hauch von Courths-Mahler. Aber den Ortsbe-

wohnern, den Handwerkern und Bauern, gefielen unsere Stücke recht gut. Wir spielten oft in den kleinsten Wirtshäusern. Die Besitzer der vordersten Plätze konnten manchmal die Arme direkt auf die Bühnenbretter legen. Sie nahmen die Stücke sehr realistisch, spielten sozusagen mit, und es kam häufig vor, daß auf eine Frage nicht wie vorgesehen der Partner, sondern ein Besucher antwortete. Am Anfang hat uns dies gestört, besonders die Damen. Später fanden wir Gefallen an solchen Improvisationen. Zeitweilig war unser Stück nicht mehr wiederzuerkennen. Der Handlungsfaden lief in ganz andere Richtungen, und nur durch abrupte Wendungen konnten wir uns wieder den gewohnten Bahnen des Stückes nähern und es wie vorgesehen zu Ende bringen. Manchmal aber hatten wir Schwierigkeiten, das Ende überhaupt zu schaffen; freundliche Bauern hatten es sich nämlich angewöhnt, ihren Respekt und ihre Zuneigung zu uns durch das Anbieten von Schnaps deutlich zu machen. Kamen wir ziemlich früh vor der Vorstellung an, konnte dies gefährlich werden. Dann schwankte beim Auftritt vor uns der Bühnenboden, und das Aussprechen bestimmter Konsonanten gelang erst nach mehrmaligem Anlauf. Die Zuschauer genossen es, und sagten uns manchmal sogar die Wörter vor.

So war ich auf dem nicht unbedingt besten Wege, ein Dorfkasperl zu werden. Im übrigen betranken wir uns nicht nur, wenn wir eingeladen wurden, sondern, weil wir alle schlecht die Realitäten vertrugen und uns gerne in den Rausch der Illusionen flüchteten. Mit Ausnahme unseres Prinzipals, der offensichtlich seinen ganzen Ehrgeiz daran setzte, der letzte Striese (der berühmte Schmierendirektor aus dem Erfolgsstück und Lustspiel »Raub der Sabinerinnen) dieses Landes auch im Leben zu sein, waren wir ja alle durchaus moderne, aufgeschlossene Menschen mit guter Schulbildung. Gerade an den paar spielfreien Tagen überfiel uns dann das ganze

Der Erzbischof von München und Freising, Joseph Kardinal Ratzinger, stammt wie der Autor aus dem Chiemgau. Beide waren Fahrschüler auf der gleichen Bahnstrecke.

Leben und leben lassen. Entspannung nach einer Live-Sendung. In der Mitte Carolin Reiber.

»Jétzt red I«. Dies ist der Titel der populärsten bayerischen Fernsehsendung. Hier, in einem Wirtshaus, nimmt niemand ein Blatt vor den Mund, weder der Gastgeber, noch die Gäste. Heiß geht's her und's Bier kühlt.

Als Bürgeranwalt vertritt Schönhuber die Interessen der kleinen Leute gegenüber »denen, da droben«.

heulende Elend. Wir soffen buchstäblich bis zum Umfallen. Am nächsten Tage schämten wir uns pflichtschuldig. Es war für uns ein Glück, daß der Hausherr, ein beinamputierter ehemaliger Kriegsteilnehmer, für unsere Sauftouren Verständnis hatte. Er nahm selber meistens daran teil, hatte aber eine bessere Legitimation als wir: an manchen Tagen hatte er fürchterliche Phantomschmerzen; außerdem war er noch von dem Gedanken der Frontkameradschaft durchdrungen. Da er wußte, daß wir oft tagelang kein Geld bekamen – wir spielten auf Teilung, und das reichte häufig nur für Kost und Logis – steckte er auf seine Rechnung uns immer etwas zu. Meistens war es westfälischer Schinken, der ja auch zum Schnaps gehört. Seit dieser Zeit kann ich westfälischen Schinken nicht mehr sehen. Für seine Güte revanchierten wir uns dadurch, daß wir für seine und die Nachbarskinder kostenlose Märchendarstellungen arrangierten. Wären nicht meine schlaflosen Nächte gewesen, die mich immer wieder zurückwarfen auf das Grauen des Krieges, meine Waffen-SS-Zeit wäre mir bald selbst wie ein Märchen vorgekommen, wenn auch kein schönes.
Aber auch dieses Märchen ging eines Tages zu Ende. Unser Prinzipal war verschwunden, unter Mitnahme der Kasse. Dies machte uns zwar nichts aus, denn es war ja sowieso kein Geld drin, und sie hatte somit für uns nur symbolischen Wert. Schlimmer war, daß wir jetzt »kopflos« waren. So dumm, im geistigen Sinne, auch unser Prinzipal war, so kannte keiner von uns seine durch jahrzehntelanges Herumwandern erworbenen Verhandlungspraktiken und Techniken. Wir gingen also schweren Herzens auseinander. Lediglich ich blieb zurück, denn ich hatte eine kulturbeflissene, wenn auch nicht mehr ganz junge Gönnerin gefunden. Sie sagte: »Ich habe mit der Volkshochschule gesprochen, die Leute sind interessiert an Dichterlesungen. Das wär' doch was für dich. Da könntest

du zeigen, was du kannst, und mußt dann nicht mehr in so läppischen Schmierenstücken mitspielen.« Ich war Feuer und Flamme. Aber erst ließ sie mich noch ausstaffieren; denn mit meiner abgetragenen Gewandung entsprach ich äußerlich nicht den Vorstellungen, die man mit einem »Kulturträger« verbindet. Meine Einwendungen, ich könne das doch nicht annehmen, wischte sie vom Tisch: »Betrachte es erstens als Vorschuß, und das Geschäft meines Mannes, wie du weißt, geht ja gut. Ich steck' mein Geld in dieses Unternehmen, er verkegelt es oder versäuft's.« Diese Einstellung beruhigte mein Gewissen. Seit meiner Jugend und noch heute habe ich etwas gegen Männerabende, mit und ohne Kegeln, gegen Stammtischgespräche mit ihren »weißt du noch!«. Also trug ich in einem neuen Zweireiher mit Fischgrätenmuster Kultur aufs Land. Ich las Bürger, Schiller, Liliencron, Goethe, Heine, Dehmel, und so weiter. Bei dem Dorfpublikum hatte ich besonderen Erfolg mit einem Gedicht aus den Bauernkriegen: »Dem Ritter fuhr ein Schlag ins Gesicht und der Spaten zwischen die Rippen. Er brachte das Schwert aus der Scheide nicht und nicht den Fluch von den Lippen ... Ja, Gnade Dir Gott du Ritterschaft, der Bauer steht auf im Lande, und tausendjährige Bauernkraft macht Schild und Schärpe zuschande.«
Damit wusch ich die Schmach meiner Adelsrollen wieder ab, außerdem fühlte ich mich selbst als ein Teil jener Bauernschaft. Nie war mein Kontakt größer mit dem Publikum als bei den Auftritten auf dem Lande. Die Erinnerung an jene Tage überfiel mich viele, viele Jahre später in New York. Ich hatte den von mir hochverehrten bayerischen Landsmann – und den nach meiner Meinung nach Thoma besten bayerischen Dichter und Schriftsteller, Oskar Maria Graf, besucht, der seit dem Zweiten Weltkrieg in New York als Emigrant lebte. Er nahm mich zu einer Dichterlesung mit, die er im Hinterzimmer eines Lokals im deutschen Viertel, das in New

York zwischen der 84. und 86. Straße liegt, wöchentlich einmal abhielt. Bei seinen Zuhörern, ergraute, meist jüdische Emigranten, spürte man eine beinahe kindliche Hingabe an das deutsche Wort. Hier schämte man sich nicht seine Erschütterung zu zeigen, die auch der verlorenen Heimat galt. Selbstverständlich war das intellektuelle Niveau der Zuschauer in New York weit höher als das in den Dörfern meiner Auftritte. Aber Aufnahmefähigkeit und Mitgehen hängen nicht nur vom Intellekt ab.
Zurück zum deutschen Dreiländereck an der Weser. Kulturbeflissen durcheilte ich, fast missionarisch gestimmt, die Dörfer. Da schlug das Schicksal zu. In ein paar Dörfern, die ich besuchen, man kann auch sagen: heimsuchen wollte, brach die Maul- und Klauenseuche aus. So sagte man mir wenigstens. Aus einem Kulturträger wurde ein potentieller Bazillenträger. Daran hatte man selbstverständlich keinen Bedarf. So endete meine Vorlesertätigkeit. Ich verließ das Land, ein Opfer der Maul- und Klauenseuche. Bleibende Schäden hatte ich wohl nicht angerichtet.
Mein Geld reichte gerade noch, um nach Hause zu kommen. Dem scharfen Blick meines Vaters entging nicht, daß ein Geschlagener, ein Gescheiterter gekommen war. Gerade meinem Vater und einigen Trostberger Bürgern, die – wie es mir schien – mich mit spöttischen Blicken bedachten, wollte ich es nun erst recht zeigen. So versuchte ich alles, wieder ein Engagement zu finden, weg aus der heimatlichen Enge zu kommen.
Ich schaffte es auch wieder. Es gelang mir sogar, die »Schmierenbretter« mit quasi anständigen zu vertauschen: ich fand ein Engagement am Stadttheater Passau. Ab hier schminkte ich mir den Traum, ein großer Schauspieler zu werden, endgültig ab. Für das Theater war mein Abgang sicher kein Verlust.

24
Erste Versuche beim Bayerischen Rundfunk

Nach München wollte ich jetzt, dem Mekka des Karrieremachens. Aber wie?
Da hatte ich einen rettenden Einfall. Ich war doch ein durchschnittlicher Fußballer, Leichtathlet und Skifahrer gewesen, hatte an vielen Wettkämpfen teilgenommen. Nach wie vor las ich den Sportteil als erstes, kannte alle Namen und Ereignisse. Probieren geht über Studieren! sagte ich mir. Machte mich, versehen mit Speckpaketen, auf nach München, übernachtete ein paar Wochen, bis ich ein winziges Zimmerchen fand, in einer Garage, und setzte zum Sturm auf das Funkhaus an. Ich kann nicht sagen, daß man mich sozusagen erwartet, oder gar mit offenen Armen aufgenommen hätte. Meistens scheiterte ich schon an den Portiers, die die Aufgabe hatten, lästige Stellungssucher und andere Elemente von den Funkgöttern fern zu halten.
Endlich schaffte ich es und stand vor einem der populärsten damaligen Journalisten, dem Leiter des Sportfunkes, Josef Kirmaier. Ich bat ihn, es mit mir zu probieren, und ließ während des Gespräches beiläufig einfließen, daß meine Verwandten früher Rennpferde gehabt hätten, Traber, wie es bei Metzgern üblich war. Das schien den Ausschlag zu geben. War er doch der größte Traber-Fan, und sein Ruhm als Original bestand nicht zuletzt auch darin, daß er die Namen der Pferde, die ihre bildungsbeflissenen Metzger- und Viehändlerbesitzer häufig der griechischen Mythologie oder der französischen oder englischen Geschichte entnahmen, so aussprach wie sie geschrieben waren. Das freute die nicht unbedingt Gebildeten, wußten sie doch bei einem Vergleich mit dem Programmheft, um welches Pferd es sich handelte, und

gleichzeitig amüsierte diese Art gerade die Intellektuellen. So fuhr er sozusagen zweispännig auf der Karrierebahn. Er war, wie ich, ein Sozialaufsteiger, und wie die meisten derjenigen, die den Milieusprung geschafft hatten, war er empfänglich für Schmeicheleien und Einflüsterungen, eine Eigenschaft, die auch mir stets zu schaffen machte und die ich nur allmählich niederkämpfen konnte, wobei es immer wieder zu kurzfristigen Rückschlägen kam. So gern ich jedoch selbst Schmeicheleien hörte, anderen zu schmeicheln lag mir nicht. Ich sagte fast immer, was ich dachte. Das führte zu Krächen. Aber Josef Kirmaier war ein wirklich anständiger und hilfsbereiter Mann. Er gab mir Aufträge. In der Woche in der Regel einen. Das Honorar lag zwischen 10 und 15 Mark. Da dies nicht langte, versuchte ich, ab und zu in der Komparserie mitzumachen, oder Statistenrollen zu ergattern.

Um mein kärgliches Einkommen aufzubessern, versuchte ich mich, allerdings erfolglos, als Anzeigenvertreter. Auch gab es dann und wann »theatralische« Rückfälle. Einmal zog ich mit dem Thespiskarren über's bayerische Oberland und spielte, sozusagen an den Originalschauplätzen im »Jäger von Fall« mit. Aber wirklich interessiert war ich nur am Funk.

Sicher ging ich damals Chefs wie Kollegen auf die Nerven. Da ich keine Fürsprecher hatte, mußte ich selbst auf meine, wie ich dachte, vorhandenen Fähigkeiten aufmerksam machen. Was ich sagte, beispielsweise über meine Sprachkenntnisse, Englisch, Französisch, Russisch – das stimmte. Aber ich sagte es halt zu oft. Andererseits kann sich einer, der unten ist, und nach oben will, ein vornehmes Understatement kaum leisten. Das geht erst, wenn man es geschafft hat. Zu diesem Thema sagte mir einmal eine kluge Schauspielerin: »Irgendwann und irgendwie haben wir alle auf einem Sofa angefangen. Hat man es geschafft, ist das Sofa vergessen. Man ist eine Dame, ein Star. Schafft man es nicht, hängt einem das Sofa einen Leben lang nach.«

Eine zeitlang arbeitete ich auch zusätzlich als Volontär bei einem Münchner Fachverlag in der Setzerei, wobei ich die Erfahrung machen konnte, daß es nicht nur Arbeiter gibt, wie sie in sozialistischen Büchern beschrieben und idealisiert werden. Wie oft mußte ich hören, wenn mir ein Fehler unterlief: »Der Herr Abiturient und Funkmitarbeiter hat die Gedanken wohl ganz woanders. Hätten Sie sich vernünftiger verhalten, oder was Gscheites g'lernt, dann bräuchten'S heute nicht die Worte von anderen in Blei setzen, sondern wir müßten uns mit den Ihren befassen und sie setzen.« Mittlerweile müssen dies einige tun, und dies nicht selten.

Gab es damals in meiner Auftragslage Einbrüche, so ging ich stempeln. In diesem Zusammenhang möchte ich ein Erlebnis erzählen: Allmählich wollte ich über den Sport hinaus bei allgemeinen Reportagen mit politischem Hintergrund, also im Zeitfunk Fuß fassen. Der damalige Leiter hieß Raimund Schnabel. Er ging später unter dubiosen Umständen in die Ostzone. Er war mit Sicherheit Neurotiker und konnte mit einigermaßen normalen Zeitgenossen wenig anfangen. Ich bat ihn, zu einer der immer wieder stattfindenden Prüfungen zugelassen zu werden. Er musterte mich von oben bis unten und sagte: »Sie passen nicht zu uns. Ihre Vergangenheit behagt mir nicht. Chancen haben Sie so gut wie keine. Aber probieren können Sie's, wenn's sein muß!« Der Tag der Prüfung kam. In der Prüfungskommission saßen einige Kollegen, die noch heute tätig sind. Wie es mir schien, hatte ich bei der Themenvergabe Glück. Ich sollte aus dem Stegreif eine Reportage über ein Arbeitsamt machen. Na, auf einem war ich ja Stammgast, in dem großen grauen Gebäude vis-à-vis vom Südfriedhof. Auf diesem Gebiet wußte ich mehr als meine Herren Prüfer. Ich glaube noch heute, daß es eine gute Repor-

tage war, ausgehend von dem durch die Nachbarschaft bedingten Gedanken: »Zum Sterben zuviel, zum Leben zu wenig.« Trotzdem, die Herren wußten es besser, Schnabel setzte sich durch. Man bedeutete mir von oben herab, ich könnt's ja gelegentlich wieder versuchen. Ich dachte mir: »Rutscht's mir doch alle den Buckel runter. Ich überhole Euch noch alle.« Geblieben aber ist mir, das muß ich wohl sagen, lebenslang ein tiefes Verständnis für Prüflinge, so daß ich später jedem mehrfach eine Chance gegeben habe, und nicht leichtfertig Existenzen gefährdete, sondern immer half, wo ich nur konnte. Geprägt hat mich aber auch der durch die Umstände bedingte »amerikanische« Karriereweg. Seit meinen Anfängen schätze ich Journalisten, die ihr Handwerk von der Pike auf gelernt haben, mag Praktiker, und habe eine tiefsitzende, nicht immer gerechte Aversion gegen Theoretiker, gegen Leute, die in Studiengängen sich dem Journalismus nähern und dabei meistens von Leuten ausgebildet werden, die auf dem freien Markt verhungern würden, weil ihnen die kreative Kraft und der Biß fehlen. So, wie mancher Kritiker ein verhinderter Schauspieler oder Schriftsteller ist und deshalb an den Erfolgreicheren in seinem Traumberuf sein Mütchen kühlt, so pflanzen manche frustrierten Journalisten als Pädagogen und Professoren ihren Schülern Verhaltensweisen ein, die dazu führen, daß viele junge Journalisten heute zum Lachen in den Keller gehen.
Geblieben ist mir auch aus meinen Anfangsjahren ein starker Leistungswille und die Forderung nach Leistungsbewußtsein. Meine manchmal nur schwer zu verbergende Arroganz gegenüber Funk- und Fernsehbeamten, die ihre Karrieren den Parteien, der Kirche und anderen, wie es heißt, relevanten gesellschaftlichen Gruppierungen verdanken, hat mir manchmal den Weg verbaut, und diese und jene Chance vermasselt. Sei's drum.

Viele können sich heute kaum mehr vorstellen, was für eine Atmosphäre in einem Funkhaus Anfang der 50er Jahre herrschte. Es war ein Dorado der Linken, die höchst schizophren zwischen ideologischem und persönlichem Anspruch unterschieden. Sie handelten getreu der französischen Version von Intellektuellen: »Sie tragen das Herz links, den Geldbeutel rechts.« Die Amerikaner hatten bevorzugt Kommunisten oder Kommunistenfreunde eingestellt. Sie gingen davon aus, daß der sicherste Beweis der Gegnerschaft zum Nationalsozialismus eben der kommunistische Parteiausweis war. Die amerikanischen Herren selbst standen, zumindest in den Anfangsjahren, weit links. Der amerikanische Senator McCarthy hat diesen Spuk verscheucht und sich dafür den lebenslangen Haß der deutschen und amerikanischen Intellektuellen eingehandelt. Sicher war McCarthy, der Kommunistenjäger, ein Fanatiker und wenig differenzierender Politiker. Aber, wie die Berliner sagen: »Von nüscht kommt nüscht.« Das heißt, die Anbiederei an die Kommunisten, die Illusionen, die sich amerikanische Geistesträger von der kommunistischen Heilsidee machten, gingen drüben der Öffentlichkeit eben auf die Nerven.
Natürlich waren viele der deutschen Angestellten noch amerikanischer als die Amerikaner. Ich entsinne mich noch mancher Gespräche, die in der Kantine stattfanden. Spätestens zum Nachtisch wurde jedesmal verbal mindestens ein Nazi verspeist. Viele der damaligen Mitarbeiter schienen irgendeiner Widerstandsbewegung angehört zu haben, wobei der Widerstand vom Kirchgang bis zu der wahrhaft heldischen Tat ging, ein Neugeborenes Maria oder Magdalena, Paulus oder Markus getauft zu haben. In meinen Ohren habe ich noch, wie sie mit verzücktem Augenaufschlag Stücke von Brecht, Feuchtwanger, Becher, und so weiter, besprachen: »Ist das schön! Ist das schön!«, wobei der Leser sich hier das

»das« großgeschrieben vorstellen muß. Das Wort »Jude« wurde mit einem feierlichen Bibber ausgesprochen. Die Kunst des Erzählens jüdischer Witze bekam einen hohen Karrierestellenwert. Ich hörte zu und schwieg. Machte zwar die allgemeine Anbiederung nicht mit, sprach aber auch nicht dagegen, schließlich wollte ich kein Selbstmörder sein. Ich paßte schon rein äußerlich nicht in diesen Kreis. Da ich Samstags und Sonntags gern in die Berge fuhr, hatte ich meistens ein gebräuntes Gesicht, war also nicht von des Gedankens Blässe angekränkelt, konnte beim Aufzählen der diversen Neurosen nicht sachkundig mitreden, wollte auch nicht. Es war eine Zeit der Extreme. Verherrlichten die Nazis Blut und Boden, so hielten es die neuen Herren mit dem Asphalt. Das Naturverständnis vieler der neuen Geistesschaffenden brachte ein übrigens sehr sympathischer Intellektueller auf die Kurzformel: »Berge – nein, das sind die Geschwüre der Landschaft.«
Manchmal griff ich aus Verzweiflung und Selbstüberschätzung sogar nach dem Lorbeer des Dichters. Ich schickte Gedichte ein. Antwort bekam ich selbstverständlich nie. Wahrscheinlich haben sich die Sekretärinnen königlich über den »Verrückten« amüsiert. Ein Gedicht weiß ich noch heute. Ich hab's zum Los der Freien Mitarbeiter geschrieben:

    Da hilft kein Drängen und kein Klagen
    Die Futterkrippe ist zu klein
    Und die, die dran sind
    um nur ja den Platz zu halten
    die legen sich der Läng' nach rein.

Das Bild ist auch heute noch, oder besser, schon wieder nicht ganz falsch.
Nachgerade wundert es mich, daß ich die Anfangsjahre überstand, in dieser Atmosphäre nicht unterging. Trotzdem, die Last meiner Zugehörigkeit zur Waffen-SS drückte mich im-

mer weniger. Meine Distanz wurde größer. Nur manchmal wurde mir mein Handicap bewußt, beispielsweise als ich erfuhr, daß ein Mann wie ich auf keinen Fall als Reporter zu den Winterspielen nach Oslo fahren könnte; die Behörden würden ehemaligen Mitgliedern nationalsozialistischer Organisationen, also auch der Waffen-SS, keine Akkreditierung geben.

Die Norweger gaben sich damals nicht nur gegen Deutsche, die sie zurecht oder zu unrecht als Nationalsozialisten einstuften, besonders unbarmherzig, sondern auch gegen ihre Landsleute, die dem nationalsozialistischen Deutschland gegenüber eine positive Haltung eingenommen hatten. Bei dem Prozeß gegen den über 80 Jahre alten Knut Hamsun, einem der größten Schriftsteller des Jahrhunderts, hat sich die norwegische Justiz nicht mit Ruhm ausgezeichnet, sondern als ausgesprochene Rachejustiz erwiesen. Wie sollte es da den norwegischen Sportlern besser gehen. Ihren großen Eissprinter Fin Hodt ließen sie bei den Olympischen Spielen nicht starten, außerdem auch nicht außer Landes gehen. Auch der österreichische Skispringer »Bubi« Bradl, der erste Mensch, der über 100 Meter weit flog, geriet in die Fallstricke der Politik. Er durfte 1948 bei den Olympischen Winterspielen in St. Moritz nicht dabei sein. Er konnte somit den dreifachen norwegischen Triumph nicht gefährden. An seinem Startverbot waren sicher auch die Norweger mitbeteiligt. Das gleiche galt für den hervorragenden alpinen Spitzenläufer »Engele« Heider.

25
Begegnung mit SS-General Steiner

Eines Tages wurde ich wieder sehr deutlich an die Waffen-SS erinnert: Ich hatte einen guten Bekannten, einen ungarischen Juden namens Steiner, der bei »The Voice of America« als Sprecher angestellt war. Steiner liebte, trotz allem, Deutschland, war ein sehr geschichtsbewußter und politisch interessierter Mann. Wir waren vor allem über unsere gemeinsame Begeisterung für den Fußball miteinander verbunden. Dieser Kollege Steiner saß eines Tages in München in einem Café bei seinem geliebten »fekete«, einem schwarzen Espresso. Plötzlich rief die Buffetdame: »Ein Herr Steiner bitte ans Telefon.« Mein Steiner spurtete los, mußte aber erstaunt registrieren, daß ein näher am Buffet sitzender, älterer weißhaariger Herr bereits am Telefon war. Vorstellung: »Steiner« – »Steiner«.
Bei dem älteren Herrn handelte es sich um den SS-General Steiner, der bekanntlich für Hitler um Berlin das letzte Gefecht schlagen sollte, aus richtiger Erkenntnis der Lage und aus menschlicher Verantwortung seinen Soldaten gegenüber dem Führerbefehl aber nicht nachkam. Das Telefongespräch war übrigens für den ungarischen Steiner. Die beiden auf so merkwürdige Art zusammengetroffenen Herren setzten nachher ihre Bekanntschaft bei ein paar Cognacs fort. Jeder erzählte dem anderen von seinem so unterschiedlich verlaufenen, aber doch miteinander irgendwie schicksalhaft verbundenen Lebensweg. Steiner war einer der berühmtesten Generäle der Waffen-SS. Er war der erste Kommandeur der Wiking, aus der die einzelnen nordischen Freiwilligen-Verbände hervorgingen. Er galt als der eigentliche Schöpfer eines neuen Soldatentyps. Er schuf nämlich den sportlich trainier-

ten Einzelkämpfer, den mit seinen Vorgesetzten ein zwar diszipliniertes, aber durchaus kameradschaftliches Verhältnis verband. In der Division Wiking und bei den europäischen Freiwilligen nahm das Verhältnis Offiziere und Mannschaften sogar in der Waffen-SS eine Sonderstellung ein, obwohl die Waffen-SS längst mit der Heerestradition und den darin verankerten starken Unterschieden zwischen Offizieren und Untergebenen gebrochen hatte. Lediglich die Gebirgsjäger waren hierin der Waffen-SS ähnlich.

General Steiner erzählte dem ungarischen Namensvetter, daß er ein Buch über die Freiwilligen der Waffen-SS zu schreiben gedenke und gerne einen Gedankenaustausch darüber mit ihm pflegen würde. Mein Freund Steiner sagte wiederum dem General, daß er einen deutschen Kollegen habe, der auch in der Waffen-SS gewesen sei, und der vielleicht an der Bekanntschaft mit einem seiner damaligen Vorgesetzten interessiert wäre. Der General war interessiert. Ich war es auch. Schon als Journalist reizte es mich, einen der legendären und hochdekorierten Truppenführer kennenzulernen. Steiner war einer. Er hatte obendrein mehrfach mit Hitler gesprochen und ihm, was höchst selten vorkam, sogar widersprochen. Steiner hatte eine höchst interessante militärische Karriere hinter sich. Sie führte den aus einem Salzburger Emigrantengeschlecht stammenden Mann über Kämpfe bei Tannenberg, an denen er als Fähnrich teilgenommen hatte und schwer verwundet wurde, bis zu den großen Abwehrschlachten an der Westfront bei Arras. Am Ende des Ersten Weltkrieges war er Kompanieführer, trug das Eiserne Kreuz Erster Klasse. Er ging dann zur Reichswehr. Hier nahm er im Dezember 1933 seinen Abschied als Major. Seine Karriere setzte er in der Waffen-SS als Bataillons-Kommandeur fort, war bereits 1940 Generalmajor und Divisions-Kommandeur der 5. SS-Panzergrenadier-Division Wiking. 1945 war er Kommandierender General des III. SS-Panzercorps, und zuletzt, beim bitteren Ende an der Oder, Oberbefehlshaber der sogenannten Armeegruppe Steiner. Er trug die ›Schwerter zum Ritterkreuz‹. In der Typologie der Waffen-SS-Generäle lag er ungefähr zwischen dem Haudegen Sepp Dietrich oder dem Panzer-Meyer, und den eher intellektuellen Chefs wie Hausser und Gille.

Der ungarische Steiner und ich gingen zu dem bescheiden möbliert wohnenden älteren Herrn. Er wohnte damals dort, wo ich kurioserweise heute wohne, in der Hildegardstraße, deren einer Teil mittlerweile Knöbelstraße heißt. Der bewegliche Herr imponierte mir. Er sah aus wie sein ostpreußischer Landsmann Paul Wegener, wirkte ebenso knorrig und aufrichtig. Er entschuldigte sich zunächst für das karge Mobiliar und die vielen, unordentlich herumliegenden Bücher. Er hielt sich trotz der Teilnahme an zwei Weltkriegen, einer 3jährigen Gefangenschaft und Internierung beinahe jugendlich straff. Er freute sich zu hören, daß ich über die Division Nordland ebenfalls bei seinem »verlorenen Haufen«, wie er ihn nannte, an der Ostfront gewesen war. Er wirkte natürlich und herzlich, weder anbiedernd noch arrogant. Allerdings merkte man der Stimme an, daß sie das Befehlen gewohnt war. Die Beantwortung seiner Frage, wie ich den Schlamassel überstanden hätte, brachte mich in einige Verlegenheit. Ich genierte mich, dem alten Soldaten die Wahrheit zu sagen, und so machte ich aus einer amoureusen Panne eine ehrenwerte Gelbsucht. Der General fragte mich, ob ich sie gut überwunden hätte, gab mir medizinische Ratschläge und meinte diesbezüglich: »Notzeiten, lieber Schönhuber, sind gut für die Leber. Nur mit dem Trinken müssen'S vorsichtig sein, aber ein Gläschen kann nicht schaden. Trinken wir auf unsere Bekanntschaft!« Er erkundigte sich nach der Möglichkeit, wo er sein Buch verlegen, und wo er bei Illustrierten und Zeitungen

etwas für seine Wikinger tun könne. Der ungarische Steiner war – zurecht – skeptisch: »Herr Steiner, SS-Generäle sind keine besonders gefragten Autoren!«
Wir unterhielten uns dann noch über einige aktuelle politische Fragen und gingen wieder. Ein paar Tage später bat mich der General wieder zu sich. Diesmal war ich mit ihm allein.
Wir unterhielten uns lange und eindringlich über Sinn und Idee der Waffen-SS, ihr Schicksal, ihre Tragik. Ich hatte das Gefühl, daß Steiner mich ganz gut leiden konnte. Aus seiner Aversion, ja nahezu Haß Himmler gegenüber machte er keinen Hehl. Gerade ihn hielt er für verantwortlich, daß es zu keiner klar ersichtlichen Abgrenzung zwischen der Waffen-SS und anderen SS-Einheiten kam, obwohl diese in der Tat längst existierte. Er beklagte den Verrat an den Freiwilligen, deren Mut und Opferbereitschaft alle mißbraucht hätten; zuerst die Regierungen der besetzten Länder, die sie zum Eintritt nahezu drängten, und dann die deutschen Stellen. Er fühlte hier eine gewisse Mitschuld, weil er die Himmler und Konsorten, wie er sie nannte, nicht früher durchschaut hätte. Es trieb ihm buchstäblich die Tränen in die Augen, als er von den Härten und Drangsalierungen berichtete, denen die Freiwilligen in ihrer Heimat unterworfen würden: »Schauen'S sich mal Holland an. Da sitzt so ein Schwein wie Prinz Bernhard unter den Siegern, tut so, als hätte er die Schlachten mitentschieden, überbietet andere an bösartigen Äußerungen, er, das ehemalige Ehrenmitglied der Reiter-SS. Der Hitler hätte den Tropf nicht gehen lassen sollen. Er hätte an das Schicksal Napoleons denken müssen: des Kaisers einstiger Marschall Bernadotte hat ihm die Gnade, nach Schweden ziehen zu dürfen und dort König zu werden, mit Verrat an ihm und Frankreich vergolten. Aber immerhin war Bernadotte ein großer und tapferer Soldat, während dieser Biester-

feld vielleicht ein ganz guter Deckhengst ist, sonst aber nichts.«
Ihn haßte er. Er hielt ihn für einen Renegaten. An General Steiner mußte ich übrigens kürzlich denken als ich las, daß sich während des Krieges der in London sitzende Prinz Bernhard dafür ausgesprochen haben soll, die Amerikaner sollten doch zur Abschreckung einige hundert gefangene holländische SS-Freiwillige erschießen. Selbstverständlich lehnten die amerikanischen Militärs die Forderungen des später in die Lockheed-Affaire verwickelten Mannes ab, der sich auch den Vorwurf der Waffenschieberei gefallen lassen mußte. Nicht vergessen werden darf in diesem Zusammenhang auch, daß Holland, das die meisten Freiwilligen für die germanische Waffen-SS stellte, sowie ausgerechnet Italien, unser ehemaliger Verbündeter, noch heute deutsche Soldaten in Gewahrsam halten.
Erstaunlicherweise hielt Steiner den amerikanischen Panzergeneral George Patton für den bedeutendsten Heerführer auf der Seite der Alliierten. Er stellte ihn über Eisenhower, Bradley, auch über Montgomery: »Wissen Sie, dieser Patton war in seiner Jugend ein großer Sportsmann. Er hatte ein Gespür für die körperliche Leistungsfähigkeit seiner Soldaten und vor allem wußte er, wie schlachtenentscheidend das persönliche Beispiel eines Heerführers sein kann. Er war immer vorne. Für mich war er ein noch größerer Meister des Bewegungskrieges als Rommel. Er hatte das bessere Nervenkorsett als der gesundheitlich etwas anfälligere Rommel.« Ich fragte Steiner, wie er zu seinen berühmten Ausbildungsmethoden und zum neuen Verhältnis Offiziere-Mannschaften kam: »Für mich begann die neuere Kriegsgeschichte bei der Belagerung von Valmy durch die französischen Revolutionsheere, die vorwiegend aus Freiwilligen bestanden. Ihrem Elan, ihrer Gelenkigkeit, wenn Sie so wollen, hatten die verzopften Heer-

führer der Verbündeten nichts entgegenzusetzen. Eine revolutionäre Idee, die Offiziere und Soldaten gleichermaßen beherrschte, kämpfte gegen Söldner, denen man Patriotismus häufig noch mit dem Stock einbläute. Ich bedaure, daß es in der Wehrmacht, gelegentlich sogar bei uns in der Waffen-SS, Offiziere gab, die immer noch geistige Perückenträger waren.«

Übrigens, während unseres Gespräches wechselte ich dauernd die Anrede. Manchmal sagte ich Herr Steiner, dann General, selbstverständlich nicht Herr General, aber nie Obergruppenführer. Wir fühlten uns als Soldaten. Gerade jetzt legten wir demonstrativ Wert darauf, einen Dienstgrad zu vermeiden, der mit Trägern anderer NS-Organisationen hätte verwechselt werden können, von denen uns Welten trennten. Ich schnitt ein anderes Thema an:

»General, was halten Sie vom 20. Juli?« Wir haben uns lange darüber unterhalten. Vielleicht gelingt es mir, das Wichtigste in ein paar Sätzen zusammenzufassen. Steiner erzählte mir, daß er einige Männer des Widerstandes gekannt, sie geschätzt und sogar nach Mißlingen des Putsches gedeckt hatte. Auch er sann, wie viele andere Waffen-SS-Offiziere, darunter Sepp Dietrich, darüber nach, wie man nach der geglückten Invasion der Alliierten in der Normandie den als verloren geltenden Krieg abkürzen, und weiteres sinnloses Morden vermeiden könne. Aber die alliierte Forderung nach einer bedingungslosen Kapitulation schien allen SS-Offizieren unannehmbar zu sein. Außerdem wollten sie bis zur letzten Stunde alles tun, um ein weiteres Vordringen der Sowjets nach dem Westen zu verhindern. Und dann kam ein Satz, an den ich mich wörtlich erinnere: »Im übrigen steckte hinter dem 20. Juli kein revolutionärer Schwung, keine richtungweisende Idee. Es wären halt dann die Anciens, die ehemaligen, drangekommen, die das Rad der Geschichte zurückge-

schraubt hätten. Ein Deutschland mit den alten Klassen-Vorurteilen wollte ich nicht. Das hätte auch gegen den Einsatz meiner Freiwilligen verstoßen. Sie waren nicht nur national gesonnene Leute. Sie waren auch Sozialisten, und zwar europäische Sozialisten.«
In General Steiner habe ich einen der bemerkenswertesten Menschen meines Lebens getroffen. Es tat mir damals leid, und in einem gewissen Sinne noch heute, daß ich ihm eine Absage zu einer journalistischen Zusammenarbeit erteilt habe, und wie ich meine, erteilen mußte. Ich begründete dies dem General gegenüber so: »Herr Steiner, ich weiß, was Sie wollen. Sie möchten die ehemaligen Waffen-SS-Leute aus dem Ghetto herausholen, in das sie eine teils durch Opportunismus, teils durch Anbiederei an die Sieger geformte öffentliche Meinung gestellt hat. Ich weiß, daß dies notwendig ist. Es muß gesagt werden, daß in der Waffen-SS der Arbeiter- und Bauernsohn die Chance hatte, Offizier zu werden, ohne Abiturzeugnisse und Universitätsabschlüsse, allein durch Tapferkeit und natürliche Klugheit. Es ist auch richtig, daß eine kommende Armee gerade auf solche Menschen zurückgreifen müßte. Aber, Herr Steiner, man will uns nicht. Höchstens als Kanonenfutter für die Amerikaner bei einem Krieg gegen die Sowjets. Ich aber habe die Schnauze voll. Ich muß Ihnen wahrheitsgemäß sagen, daß ich der Organisation der Waffen-SS schon ein paar Monate nach meinem Eintritt mit Vorbehalten, ja später mit Widerwillen begegnet bin, obgleich ich nie mehr in meinem Leben so tapfere und hervorragende Menschen kennengelernt habe wie damals. Schreibe ich also für diese Menschen, nütze ich auch der Organisation. Und das will ich nicht.« Steiner hat mich nicht unterbrochen. Am Ende sagte er leicht resignierend: »Schade, Sie würden über die Waffen-SS auch als Organisation anders denken, wären Sie gleich zur Wiking gekommen. Ich behaupte, daß wir mehr

Anti-Nazis in unseren Reihen hatten, als in vielen Divisionen des Heeres. Und seien Sie überzeugt, die Zweite Revolution wäre nach einem Sieg gekommen, und hätte das ganze braune Bonzen-Geschmeiß hinweggefegt.«

Ich glaube bei dieser Aussage war Wunschdenken im Spiel. Steiner hatte hier zwar in vielem recht, wenngleich man hinzufügen muß, daß er die Situation zu optimistisch sah.

Bei der Verabschiedung nahm ich unwillkürlich Haltung an: »Ich bedanke mich für diese Unterhaltung. Ich wäre glücklich, wenn Sie die Gründe meines Verhaltens verstehen und billigen würden.« – Steiner sah mich lange an: »Also, dann machen'S halt Ihren Weg in der Bundesrepublik. Es wird für Sie nicht leicht sein. Aber werfen'S nie mit Dreck nach Ihren ehemaligen Kameraden. Vergessen Sie auch nie, daß Sie einmal ein Mann einer Elite-Einheit waren!«

Seit ich mich damals verabschiedet hatte, habe ich SS-General Steiner nie wieder gesehen. Es war mein letzter Kontakt mit der Waffen-SS, von gelegentlichen Gesprächen mit Menschen abgesehen, die sich als Angehörige dieser Truppe zu erkennen gaben. Ich habe nie der »Hiag«, der »Hilfsgemeinschaft auf Gegenseitigkeit der Soldaten der ehemaligen Waffen-SS« angehört, habe aber Verständnis für ihre Existenz und will ihr mit meiner persönlichen Einstellung keineswegs schaden. Zweifellos hat diese Organisation für viele ehemalige Kameraden Gutes getan. Man messe sie auch nicht an manchen Äußerungen. Dummheit und Unbelehrbarkeit findet man in allen Lagern, auch in jenen, die sich für besonders demokratisch halten. Was ich von der »Hiag« sagte, das gilt auch für die Traditionspflege und die Soldatentreffen. Jeder muß selbst wissen, was er tut; mein Weg der totalen Abwendung kann nicht bedeuten, daß andere, die auf Pflege von Tradition Wert legen, deshalb als undemokratisch anzusehen wären. Bei allen Armeen der Welt treffen sich ehemalige Kameraden.

Junge Menschen, die bei der Erwähnung von Soldatentreffen die Mundwinkel spöttisch nach unten ziehen, sollten sich zu verstehen bemühen, daß Soldaten, die jahrelang zusammen im Dreck lagen, gemeinsam gehungert und gefroren und sich gegenseitig aus »der Scheiße« gezogen haben, untereinander Kontakt halten wollen. Der Krieg hat uns alle, bewußt oder unbewußt, mitgeprägt. Er hat uns einen Teil der Jugend gekostet.

Aber wahrscheinlich ist für eine sinnvolle Auseinandersetzung der Graben zwischen den Generationen bereits zu tief. Die Söhne sind heute naturgemäß stärker mit der Bewältigung des Wohlstandes beschäftigt als mit der Bewältigung der Vergangenheit. Sie können den Einsatz ihrer Väter nicht verstehen, weil sie von der damaligen Zeit in der Regel keine, oder eine einseitige Meinung haben. Die Umerzieher haben bei den Massenmedien ganze Arbeit geleistet. Die Väter wiederum sind bestürzt, wenn sie lesen, daß – nach einer Umfrage des Allensbacher Institutes – 61 Prozent der Jugendlichen von 16–24 Jahren der Begriff Vaterland nichts mehr gibt. Aber verhängnisvoll wäre es, wenn man Menschen, denen Traditionspflege etwas bedeutet, in den Untergrund und damit den Unbelehrbaren in die Arme triebe. Man ist übrigens auf dem besten Weg dazu.

26
Unter einem Stalinbild:
Meine Hochzeit in Budapest

Im Laufe der Jahre wollte ich bewußt Abstand gewinnen, dieses Kapitel meines Lebens schließen. Zudem füllte mich der Existenzkampf voll aus. Ich krallte mich buchstäblich an München fest; bloß nicht zurück in die Enge meines Geburtsortes.
Mein persönlicher »Schlager« in München wurde: »Nur immer wirb', das Glück wird mürb'.« Allmählich schien es mürbe zu werden. Schritt für Schritt kämpfte ich mich nach oben. Aber dann kam es zu einer Begegnung, die die Weichen für meine Zukunft stellte. Sie führte mich aus den Engpässen meines bisherigen Denkens und Strebens heraus. Sie ließ mich auf neuen Gleisen fortbewegen. Diese Begegnung machte mich fortan zu einem »Wanderer zweier Welten«, allerdings nicht im Sinne des edlen Gymnasiasten Wurche, den Walter Flex zu einem idealen Menschen hochstilisierte. Meine Wanderung machte mich zu einem Menschen, bei dem der durch Elternhaus, Religion, Dorfschule, Waffen-SS, einem mit der Nase an Karriere-Fährten schnüffelnd, geführten Existenzkampf entwickelte Bewußtseinszustand mit beginnender, liberaler Weltoffenheit in einem unentwegten Streit lag. Diese Begegnung ließ mich auch den Wahnsinn des Rassenhasses sozusagen »hautnah« persönlich erfahren.
1953 fuhr ich als freier Mitarbeiter für die links stehende Zeitschrift »Deutsche Woche« zu den Weltjugendfestspielen nach Bukarest. Mich reizte das Abenteuer, ich wollte für mich einen Zipfel des Eisernen Vorhanges lüften, und sehen, wie es dahinter ausschaut. Ich gehörte sicher zu den ersten westdeutschen Journalisten, die den Ostblock besuchten. Die

Fahrt ging über Budapest an die rumänische Grenze nach Lököshaza, einem verschlafenen Ort, wo sich Fuchs und Hase gute Nacht sagen. Die zeitraubenden und bürokratischen Grenzformalitäten begannen. Ich stieg aus, ging zu den Panjewägen, wo Bauern saftige Melonenstücke feilboten. Mit Heißhunger schlang ich einige ziemlich hastig hinunter: »Pay attention, you may get stomach troubles«. Ich sah zur Seite. Neben mir stand ein Mädchen, das mich auf mögliche Magenbeschwerden aufmerksam gemacht hatte.
Sie hatte ein einfaches, blaues Leinenkleid an, dezent ausgeschnitten und sah aus wie eine Norwegerin, blond und blauäugig, braungebrannt und sportlich. Die Figur war kräftig. Sie lachte – schöne, weiße Zähne. »Are you german?« Ihr Akzent verriet die Ungarin. »Yes!« Sie wechselte ins Deutsche, das sie auch ganz gut beherrschte. – »Woher kommen Sie?« – »Aus München.« Ihre Augen glänzten: »Oh – München, muß eine schöne Kunststadt sein. Meine Eltern haben mir viel davon erzählt.«
Wir kamen ins Gespräch. Zwei junge Leute, neugierig aufeinander, ich aus dem »Goldenen Westen«, sie aus einem Lande, das gerade für uns Deutsche durch Film und Operette von Pußta-Romantik geprägt war und der ungarische Akzent als Symbol von sozusagen exotischem Charme galt. Sie war zwanzig Jahre alt. Der Zug hielt lange. Wir sonderten uns ab, sprachen über Gott und die Welt und vorsichtig auch über Politik. Sie war Studentin, studierte an der Dramaturgieklasse der Film- und Theaterhochschule. Soviel machte mir das Gespräch klar: Dieses Mädchen hatte mit dem Kommunismus nichts zu schaffen. Wir tauschten Adressen aus. Sie hieß Eva Kolar. Als der Zug fauchend und rauchspuckend anfuhr, versprachen wir, uns bald zu schreiben.
Wir taten dies. Ich fuhr öfter nach Budapest, teils als Tourist, teils als Sportreporter. Das ging am leichtesten. Die Ungarn

führten damals ihre berühmte Fußball-Wundermannschaft um Puskas und Kocsis gerne Westlern als Beweis der Überlegenheit der sozialistischen Ideologie vor. Sie taten dies augenzwinkernd, geglaubt haben sie diesen Schmarrn natürlich nicht.
Eines Abends gingen Eva und ich am Donauquai entlang. Es war ein wunderbarer Sommerabend, aus den Restaurants trug der Wind Csardasklänge und Zigeunerweisen zu uns her. Budapest ist eine ausgesprochene »Nachtschönheit«. Wenn die beginnende Dunkelheit die Bausünden der Gründerzeit zuzudecken beginnt, die Lichter am Donauufer aufflammen, dann beherrschen der Strom, die weiten Brücken, die von Scheinwerfern angestrahlte Burg auf dem Gellertberg und das Parlamentsgebäude die Stadt.
Wir sprachen erstmals vom Heiraten. Plötzlich blieb sie abrupt stehen, fiel wieder ins Englische, das sie eine Spur besser als deutsch beherrschte und sagte mit gepreßter, nervös flakkernder Stimme: »But, you must know, I am jewish.« (Du mußt wissen, ich bin Jüdin) – »At least, half jewish«, (Zumindest Halbjüdin) fügte sie hinzu. Ich schwieg. Sie fuhr deutsch fort: »Stört es dich?« Ich kämpfte mit mir, gab mir dann einen Ruck: »Ich muß dir auch etwas sagen: »Ich war bei der Waffen-SS.« Sie schluckte. Fragte zögernd: »Bei der Waffen-SS sagtest du, bei denen die Soldaten waren. Du hattest also nichts zu tun mit KZ-SS? Du mußt die Frage verstehen. Viele aus meiner Verwandtschaft sind umgekommen. Uns hat nur gerettet, daß mein Vater, der lange in Indien gearbeitet hatte, einen englischen Paß hat. Ich kann die Zeit nicht vergessen.«
Ich schwieg. Wir hörten unsere Schritte auf dem Pflaster. Jeder hing seinen Gedanken nach. Die Musik hörten wir nicht mehr. Plötzlich sagte Eva: »Ich kann das nicht verstehen, was waren das für tapfere und schöne Menschen.« Sie erzählte

von dem Kampf um Budapest. »Weißt du, diese Menschen gehörten wie du zur Waffen-SS. Sie waren oben in der Burg eingeschlossen. Sie kämpften buchstäblich bis zum letzten Mann. Gegen eine tausendfache sowjetische Übermacht. Warum bloß, warum? Es war doch sinnlos.« – »Eva, sie kämpften, weil sie keine Chance hatten. Sie wußten, was für ein Schicksal sie erwartet. Gefangenschaft! – Nein, nicht selten der Tod.« Ich erzählte ihr von unserer Tätowierung. Ihre Augen füllten sich mit Tränen. »Weißt du, ich denke gerade daran, wie das Schicksal Mörder – (ich spreche von KZ-SS, fügte sie feinfühlig hinzu) – und Opfer, Wächter und Eingesperrte auf diese makabre Weise verband. Die SS hatte die Tätowierung unter der Achsel, meine jüdischen Verwandten in den KZ's die Tätowierung auf dem Handrücken. So war jeder gebrandmarkt, konnte seinem Schicksal kaum entgehen.« Ich blieb stehen, schaute hinauf zur Burg: »Mir tun meine Kameraden leid. Ich weiß, wie tapfer sie sich geschlagen haben. Aber vielleicht ist ihnen durch den Tod manches erspart geblieben.« – »Du, vor der Einschließung habe ich sie oft gesehen. Unser Haus, wie du weißt, liegt ja nicht weit weg von der Burg. Sie kamen öfter zu uns, brauchten dies und das, waren höflich, boten meiner Mutter Zigaretten an – du weißt, sie raucht viel zu viel. Meine Mutter sagte immer: ›Schade um diese Burschen, sehen so jung und anständig aus und müssen so früh für diesen Verbrecher Hitler sterben.‹ Hättest auch dabei sein können.« Wir sprachen noch lange und ehrlich über diese Zeit. Eva wußte mehr darüber als nahezu jedes deutsche Mädchen, das ich kannte. Sie erzählte mir, wie gerade ältere Menschen diese Zeit wohl nie mehr vergessen können: »Jahrelang gingen Großmutter und Großvater nahezu täglich auf den Bahnhof. Jeder wollte in eine andere Richtung fahren. Auf dem Bahnsteig verabschiedeten sie sich herzlich. Die Züge liefen ein. Sie fuhren wieder weg, ohne

Großmutter und Großvater. Sie trafen sich wieder im Wartesaal, glücklich, daß sie sich wieder gefunden hatten. ›Abschiedsspiel‹ nannten sie dies unter sich, Erinnerung an die Verschleppung.« Ich hatte einen Knödel im Hals, spürte, wie mir die Augen feucht wurden. »Der Narben lacht, wer Wunden nie gefühlt« läßt Shakespeares Romeo zu Julia sagen.
Erst kürzlich las ich mit Zorn und Trauer, wie Heinrich Himmler, der Millionen von Juden wie Ungeziefer vertilgen ließ, in dem ihm eigenen schwülstigen Stil 1936 sogar einmal Ratten und Mäuse verteidigen ließ, weil der Mensch eben gut zu Tieren sein müsse. In einer vom nationalsozialistischen »Franz Eher-Verlag« herausgegebenen Schrift »Die Schutzstaffel als antibolschewistische Kampforganisation«, die nicht allgemein erhältlich war, schrieb er unter der Überschrift »Das Recht des Tieres«: »Nur ein Arier, ein Germane war dazu fähig, das Tier, das in anderen Ländern dieser Erde rechtlos ist, in seine Rechtsordnung einzubeziehen. Auch hier finden wir Reste bis ins späte Mittelalter. Selbst in Fällen, wo der durch Tiere angerichtete Schaden ein offenkundiger war, wie bei einer Ratten- oder Mäuseplage, kennen wir Überlieferungen, daß der Stadtrat die Vernichtung dieser Mäuse und Ratten nicht ohne weiteres von sich aus ansetzen konnte, denn auch diese kleinen für die Menschheit doch in diesem Falle schädlichen Tiere waren in der göttlichen Ordnung verankert, auch sie waren und sind von Gott geschaffen. So wurden sie vor Gericht gestellt, und der anständige Deutsche stellte dem Nager einen Verteidiger vor Gericht, und erst nach dem Rechtsverfahren, wenn erwiesen war, daß wirklich Ratte oder Maus die Ordnung und Harmonie dieses Stückchens Erde gestört hatte, konnte beschlossen werden, einen Vernichtungsfeldzug gegen sie zu beginnen.
Heute lachen wir vielleicht über die uralten, nach unserer Ansicht kindlichen Anschauungen. Es wäre besser, wir pietätlo-

sen Menschen der neuen und neuesten Zeit würden unser Haupt neigen vor der Tiefe und Größe dieser Weltanschauung, dieses zutiefst wurzelnden Gottesglaubens und dieser im Herrgott gegründeten Ordnung.« Der »anständige Deutsche« und pietätvolle Heinrich Himmler wollte den kleinen Nagern einen Verteidiger stellen, Juden aber ließ er ohne Verfahren vergasen!

1955 haben Eva und ich geheiratet. In Budapest, unter einem Stalinbild. Statt ja sagte ich »Igen«.
Zu der von Eva eingeladenen Hochzeitsgesellschaft gehörten führende oppositionelle Budapester Intellektuelle, darunter auch der langjährige Lehrer meiner Frau im Fach Dramaturgie, der bekannte ungarische Schriftsteller Julius Hay, dessen Hauptwerke »Haben«, »Gott, Kaiser und Bauer« und der »Putenhirt« auf vielen europäischen Bühnen mit großem Erfolg gespielt wurden. Er war Kommunist und Weggefährte der Diktatoren Rakoski und Gerö gewesen und ab 1954 gehörte er mit Tibor Déry zu den geistigen Wegbereitern der ungarischen Revolution. Er war auch derjenige gewesen, der noch den letzten, hoffnungslosen Radioappell erließ, als schon die russischen Panzer den Platz rund um das Parlamentsgebäude erreichten. Nach deren Scheitern zwang ihn die Rache der Machthaber auf die Anklagebank. Sechs Jahre Zuchthaus lautete das Urteil. 1965 aus seiner Heimat verdrängt, ging er in den Westen, wo er mit »Geboren 1900« seine brissante Autobiographie und politische Chronik dieses Jahrhunderts schrieb.
Meine Frau gehörte einer typischen Intellektuellen-Familie an. Der Vater war Ingenieur, die Mutter literarisch hoch gebildet und von einer besonders scharfen Urteilskraft. Sie war eine geborene Fülöp, die ungarische Version von Philip und kam aus einer ursprünglich spanischen, genauer gesagt mau-

rischen jüdischen Familie. Sie sah rassig aus und hatte eine ungewöhnlich dunkle Hautfarbe.
Die Ehe hat nicht gehalten. Vielleicht lebte ich damals in einer etwas späten Sturm- und Drangzeit und gab mich zu sehr einem echten oder vermeintlichen Nachholbedarf hin. Aus dieser meiner ersten Ehe stammt eine Tochter. Sie lebt und studiert in Amerika. Wir sind gute Freunde.
Die Scheidung änderte nichts an meiner Hochachtung und Dankbarkeit für meine ungarische Frau. Durch ihre weitverzweigte Verwandschaft lernte ich überall jüdische Familien kennen, insbesondere in Amerika und Frankreich. Durch die damit verbundenen Gespräche ist mein Bewußtsein geschärft, sind meine Gedanken geschliffener geworden. Nicht alles, was ich sah und hörte, gefiel mir, manches blieb mir fremd; aber der Umgang brachte in mir etwas zum Schwingen, was ohne Berührung mit dem intellektuellen Judentum eine unbespielte Saite geblieben wäre.
Meine erste Rumänienreise hatte noch eine weitere Folge: eine Immunität gegen jede Art von Kommunismus. Die offenkundige Diskrepanz zwischen theoretischem Anspruch und praktischer Durchführung ist wohl nirgends zu bewältigen. Rumänien war damals übrigens ein besonders stalinistisches Land. Die unselige Anna Pauker wollte beweisen, daß eine Frau an doktrinärem Denken und grausamen Handeln einem Mann nicht zwangsläufig nachstehen muß. Aber dies ist nur eine Randbemerkung.
Mit Bukarest verbindet sich für mich ein anderer Name, der des berühmten Rennfahrers der Vorkriegszeit, Manfred von Brauchitsch. Ich habe ihn anfangs der fünfziger Jahre kennengelernt, als er noch mit seiner bildschönen, wenngleich etwas exzentrischen zweiten Frau in Kempfenhausen bei Starnberg eine Villa mit allem Komfort bewohnte. Seine Frau beging einige Jahre später Selbstmord. Brauchitsch und ich

mochten uns ganz gern. Ich hatte als Jüngling die draufgängerische Fahrweise des gutaussehenden Edelmannes bewundert und genoß es, wenn er mich jetzt in seinem VW mitnahm und auch damit seine Kunst am Steuer zeigte.
Nach dem Krieg hatte er versucht, in einem Rennwagen noch einmal an seine früheren Erfolge anzuknüpfen. Er schaffte es nicht mehr. Seinen gewohnten Lebensstandard konnte er nicht halten.
Auch daß er 1949 der erste Sportpräsident des AvD in der Nachkriegszeit werden konnte, befriedigte ihn nicht. Es ging bergab. Er machte die Umstände dafür verantwortlich. Kommunistische Späher und Agenten der sogenannten Friedensbewegung, die im Westen auf der Suche nach attraktiven Persönlichkeiten waren, die sie für ihre Ziele einspannen konnten, kamen auf seine Spur. Sie hatten keine allzu große Mühe. Sie fanden bald seinen wunden Punkt heraus, seine Eitelkeit. Sie schmeichelten ihm. Ein Geistesheld war der Rennfahrer nie gewesen und von Menschenkenntnis hatte er keine Ahnung. Dafür waren seine Rennleiter und Manager zuständig gewesen. Das süße Gift des Vorgaukelns einer ruhmvollen Zukunft begann zu wirken. Sport habe mit Tagespolitik nichts zu tun, sagten seine Charmeure; er müsse der Völkerverständigung dienen. Um dies zu verwirklichen, bedürfe es jedoch Persönlichkeiten, die im In- und Ausland geschätzt seien, kurz gesagt, eines von Brauchitsch.
Er wurde ihr Mann, wie andere gewesene Größen aus Politik und Kunst auch. Er kam wieder in die Schlagzeilen. Überall trat er auf, warb für Frieden und Völkerverständigung. Seine »Stallbesitzer« schickten ihn als Friedenstaube von Ort zu Ort. Die Souffleure präparierten ihn gut. Aufkommende Brände des Zweifels löschte er mit Whisky. Mir gegenüber sagte er dann ab und zu verbittert: »So ein Scheiß, den glaubt doch sowieso keiner und diese sächsischen Proletentypen in

ihren Anzügen von der Stange kann ich nicht mehr sehen.«
Dabei blieb es. Er war schon zu abhängig geworden. Der
Osten war und ist mit Geld nie knausrig, wenn es sich für ihn
um wichtige Leute handelt.
In Bukarest war von Brauchitsch Ehrengast. Überall wurde er
herumgereicht, ein Paradiesvogel unter grauen Spatzen. Brav
sagte er seine Sprüchlein auf. Er aß, wie wir alle, von Tischen,
die sich vor kulinarischen Kostbarkeiten bogen. Draußen
hungerte das Volk, bettelten die Kinder um Schokolade. Ich
dachte an Deutschland 1945. Wenn ich nun bei Pressekonferenzen despektierliche Fragen stellte, lobte mich von Brauchitsch, wenn wir allein waren, um wenige Tage später bei
seinen eigenen Pressekonferenzen genau das Gegenteil, nämlich Linienkonformes zu sagen. Hierbei fand er einen würdigen Partner. Es war der einstmals berühmte Mittelstreckler
und zeitweilige Weltrekordinhaber über 880 Yards und 1500
Meter, Dr. Otto Peltzer, der sich ebenfalls in Bukarest für die
östlichen Propagandazwecke einspannen ließ. Er war von
den Nazis wegen sogenannten unsittlichen Verhaltens kurzfristig eingesperrt gewesen, ging nach dem Krieg als Trainer
nach Rotchina und schrieb beachtliche Bücher über Trainingsmethoden.
Kurze Zeit nach Bukarest siedelte von Brauchitsch endgültig
nach Ostberlin über. Anfangs der Fünfziger Jahre war nämlich ein Hochverratsverfahren gegen ihn angestrengt worden.
Meines Erachtens schoß man dabei mit Kanonen auf einen
Spatzen. Was konnte er »hoch«-verraten haben, außer »niedrig« sich selbst? Das Urteil wartete er nicht ab. 1954 bat er bei
seinem Auftraggeber, der DDR, um politisches Asyl! Hier
nahm man ihn als Aushängeschild mit offenen Armen auf. Er
wurde Präsident des Allgemeinen Deutschen Motorsportverbandes, außerdem Präsident der Gesellschaft zur Förderung
des Olympischen Gedankens. Ja, dabei sein ist alles! – Er lebt

heute im »wohlverdienten« Ruhestand und die Brust des preußischen Edelmannes schmückt der proletarische »Vaterländische Verdienstorden in Gold«. Ich hoffe, daß er auch immer genug Whisky hat!
Vergessen wir aber über den Brauchitsch von heute nicht jenen von gestern. Immerhin war er ein großer Rennfahrer. Seien wir ehrlich: Arm ist keiner gern, besonders jener nicht, der weiß, wie das Gegenteil, nämlich reich sein, schmeckt. Darüber hinaus bestand in den fünfziger Jahren allgemein eine gewisse Anfälligkeit gegenüber Ideen des Ostens, was nicht zuletzt daher kam, daß auch Kommunisten während der 12 braunen Jahre sich im Widerstand auszeichneten.
Ich gebe meiner Reise nach Bukarest deshalb einen so großen Raum, weil sie für mich zu einem Schlüsselerlebnis wurde. Mir fiel nämlich schon damals auf, wie leichtgläubig westliche Intellektuelle auf den östlichen Leim gingen. »Les extrêmes se touchent«. An dieses Sprichwort mußte ich während des Bukarester Spektakels denken, das häufig zu einer politischen Schmierenkomödie ausartete. Elegant parlierende und pointenreich formulierende Intellektuelle und im simplen Funktionärsjargon redende, sowie hölzern schreibende kommunistische Drahtzieher gingen eine Ehe ein. Es wurde keine Liebesheirat. Es kam immer wieder zu Spannungen. Aber von Anfang an war klar, wer das Sagen hat: die Funktionäre! Im Laufe der Jahre trieben sie ihre intellektuellen Partner zur Selbstaufgabe und zur geistigen Prostitution. Später konnten sich einige Parade-Intellektuelle zur Scheidung aufraffen, aus »Gewissensgründen«, nachdem sie das Gewissen lange Jahre hindurch genügend strapaziert hatten. Einige stiegen allerdings gleich wieder in andere Betten um.
In Bukarest habe ich beispielsweise so manchen ungarischen und vor allem tschechischen Schriftsteller und Journalisten getroffen, vor deren stalinistischer Einstellung wir von

wohlmeinenden Freunden gewarnt wurden, die später bei den kurzfristigen politischen Frühlingstagen von Budapest und Prag zu Hoffnungen der Liberalen heranblühten. Die sogenannte literarische Welt des Westens nahm sie mit offenen Armen auf; die gleiche Welt, die ehemals rechten Schriftstellern nach wie vor die kalte Schulter zeigt. Es gab und gibt Tabus, an denen nicht gerüttelt werden darf. Das wurde mir nie klarer als während der ungarischen Revolution. Meine ungarische Frau Eva und ich wurden zur Berichterstattung herangezogen. Wir wußten verständlicherweise etwas mehr als die etablierten Kollegen, aber deren »Ferndiagnosen« durften nicht in Frage gestellt werden. Wenn Eva darauf hinwies, daß die erste kommunistische Führungsgarnitur fast ausschließlich jüdisch war, daß Rakosi und Gerö eigentlich Roth, bzw. Singer hießen und diese Tatsache bei der Ursachenforschung mit zu berücksichtigen sei, dann mußte sie hören: »Um Gotteswillen, vergessen Sie das. Sie wollen doch keinem neuen Antisemitismus das Wort reden?« – »Ausgerechnet ich muß mich von ehemaligen HJ-Jungen über Antisemitismus belehren lassen!« kommentierte meine Frau trocken.

Gut gemeint ist auch im Journalismus das Gegenteil von gut. Schon damals begann das, was ich heute öfter als »Intercontinental-Journalismus in Krisengebieten« bezeichne: Anflug des Stars am Morgen. Mittags Lunch mit einem »Informanten«. Nachmittags ist der Bericht fertig, exclusiv und mit dem Anspruch: ex cathedra. So wird Information zur Desinformation. In eine ähnliche Kategorie gehören jene Schriftsteller und Journalisten, die von ihren Logenstühlen in der Toscana, am Lago Maggiore oder der »Côte d'Azur« aus sozusagen mit dem Fernrohr den Szenenablauf der bundesdeutschen Bühne verfolgen und ohne Kenntnisse der Vorgänge und Personen wolkig daherreden und uns Stichworte zur Weiterführung der Handlungen zurufen.

27
Als Reporter unterwegs

Nach meiner Scheidung und der damit erfolgten Trennung auch von meiner Tochter trieb es mich jahrelang durch nahe und ferne Länder. Als Funk- und Fernsehreporter sowie für Zeitungen war ich in den verschiedenen Ostblockstaaten und in der Sowjetunion, in den arabischen Ländern, in Pakistan und Indien, sowie in Nord- Mittel- und Südamerika. Damals begann mich die Schlaflosigkeit, seit dem Krieg mein mehr oder minder ständiger Begleiter, wieder besonders zu quälen. Darüber hinaus verfiel ich fixen Ideen, machte mein Leben zur Szene. Teilweise lebte ich mehr in der Phantasie als in der Realität. Nachdem ich jahrelang kaum etwas getrunken und nicht mehr geraucht hatte, ging's jetzt damit wieder los. Mit Mengen, die meiner Gesundheit abträglich waren. Meine Leistungsfähigkeit sank. Depressionen stellten sich ein. Es gehörte jedoch zu meinem damaligen schizophrenen Zustand, daß ich dennoch durchaus realistisch die beginnende Verkrustung auf dem Mediensektor einschätzte. Nicht wenige Spießer und Gesinnungsjongleure gelangten hier an Schaltstellen, politische Funktionäre ans Ruder.
Die äußere und persönliche Entwicklung drängte mich an den Rand meines Berufes, machte mich fast zum Aussteiger. Feste berufliche Bindungen wollte ich jedenfalls nicht eingehen. Außerdem schien es mir aufregender und zugleich betäubender zu sein, zwischen Lima und Iquitos am Amazonas hin- und her zu fliegen als berufliche Bittgänge zwischen dem Funkhaus und dem Landtag an der Isar zu absolvieren. Noch konnte ich nicht wissen, wie die »Macht schmeckt«, sah lediglich, daß diejenigen, die sich in ihrem Dunstkreis abstram-

pelten, häufig zu Frühgreisen wurden, zu Magenkranken der Politgeschichte.
Um Haaresbreite wäre ich in Brasilien hängengeblieben. Nach einer durchzechten Nacht in einem noblen Hotel in Rio meinte ein reicher Fabrikbesitzer und ehemaliger Kampfflieger: »Franz, sei kein Narr, vergiß das beschissene, uralte Europa, dieses ›Eunuchia‹! In 30 Jahren gehört Deutschland sowieso dem russischen Bären. Sollen doch die Amis und ihre Spezis drüben die Suppe auslöffeln, die ihnen der Paranoiker Roosevelt eingebrockt hat. Willst du da vielleicht auch noch den Vorkoster spielen? Schau dir den Untergang des Abendlandes hier im Kino an. Die Zukunft ist hier. Jetzt bist grad noch jung genug, kannst Sprachen. Mach' bei mir Public-Relation. Kontaktstark bist du offensichtlich auch.« Ein wohlwollender Blick streifte die Brasilianerin an meiner Seite, die zwar kein deutsch verstand, aber in der Körpersprache perfekt war.
Es war verführerisch. Die Sterne schienen mir hier heller zu funkeln als »drüben«. Hier waren Direktheit und Herzlichkeit, keine intellektuelle Verbiesterung. Es war wie in einem alten Ufa-Film. Die gleiche Komparserie: livrierte Diener, Männer, die wie Männer aussahen, rassige Frauen, Samba.
Ich bat um Bedenkzeit.
Am nächsten Tag stritten in mir Vernunft und Gewissen. Es kam zu seltsamen inneren Dialogen.
»Die gestrigen Leute waren doch Nazis oder Sympathisanten?«
»Na und – die gibt's doch drüben auch. Nur, die hier sind Steher und die drüben Überläufer.«
»Aber du hast doch nur die Schokoladenseite gesehen?«
»Gibt's die nicht auf der ganzen Welt? Ist es nicht ›oben‹ überall schön und ›unten‹ überall mies?«
»Und was ist mit den Klassengegensätzen? Reiche Grundbesitzer, arme Indios?«

Der damalige bayerische Ministerpräsident Dr. Alfons Goppel überreicht den Bayerischen Verdienstorden.

Der Ufa-Star Camilla Horn bereitet sich auf ein Gespräch mit dem Autor für die Sendung: »Und was bleibt?« vor.

Der Autor bei der Einweihung eines Gefallenen-Mahnmals 1981 in der Oberpfalz. Die Schlußsätze seiner Ansprache: »Wer die Toten nicht ehrt, ist das Leben nicht wert. Der Opfergang der Gefallenen aber verpflichtet uns, stets gegen Rassen- und Völkerhaß zu kämpfen und alles für die Erhaltung des Friedens zu tun.«

»Mir kommen die Tränen. Jetzt kommen die Gedichtchen aus dem Schatzkästchen der Linksintellektuellen und Humanisten. Böll steh' mir bei!« Ich sagte ab.
Wahrscheinlich siegte weder das Gewissen, noch die Vernunft, sondern der Bauer in mir, der nicht die Schiffe hinter sich verbrennen und über seinen Chiemgauer Schatten springen konnte.

28
Neuanfang

Jahrelang habe ich meinen Entschluß bedauert, bis ich auf einem Faschingsball in München eine junge Rechtsanwältin kennenlernte. Sie hieß Ingrid. Sechs Wochen später heirateten wir. Das liegt mittlerweile 17 Jahre zurück. Diese Ehe schaffte mir wieder Boden unter den Füßen. Auch zu meinen Eltern fand ich allmählich wieder ein besseres Verhältnis, versuchte, sie gemeinsam mit Ingrid an unserem geordneten Leben teilhaben zu lassen. Doch die Zeit war zu kurz. Bald nachdem ich Chefredakteur einer Münchner Zeitung geworden war, starb mein Vater. Einige Jahre später folgte ihm meine Mutter. Vieles, was mir noch am Herzen lag, blieb ungesagt. Ich hatte ein schlechtes Gewissen. War von meiner Seite genügend geschehen, um der immer stärker werdenden Entfremdung entgegenzuwirken? Meine Eltern waren wirklich immer stolz auf mich gewesen, konnten es aber nicht richtig zeigen. Mein Vater versteckte seine Gefühle hinter einer gewissen Bärbeißigkeit, meine Mutter wollte dies kompensieren und tat dabei des Guten zuviel. Geblieben ist bei mir ihnen gegenüber eine tiefe Dankbarkeit: Trotz allem und für Alles!
Auch im Beruf ging es aufwärts. Und obwohl ich früher beruflich als nicht integrierbar galt, fand ich mich eines Tages als Festangestellter gut zurecht. Die Arbeit in einem geordneten Rahmen machte mir Spaß. So ist es noch heute. Beifall macht mich allerdings nicht mehr so enthusiastisch, Ablehnung nicht mehr so betrübt wie früher. Zu diesem Beruf gehört Gelassenheit. Wenn man unten ist, hat man nichts zu befürchten, außer verlogenem Mitleid. Hat man Erfolg, empfiehlt es sich, ein Panzerhemd überzustreifen, um seine seeli-

sche Verletzbarkeit in Grenzen zu halten. Der Neid ist der Bruder des Erfolges.
Aber nun machte ich eine merkwürdige Beobachtung. Je älter und erfolgreicher ich wurde, umso mehr begann mich wieder meine Jugend zu beschäftigen. Immer wieder kreisten meine Gedanken um die zentralen Themen meines Lebens: Europäischer Faschismus und deutscher Nationalismus, Rassenhaß und Judentum, Verführbarkeit junger Menschen. In diesem Zusammenhang konnte ich in den letzten Jahren so manche nicht uninteressante Beobachtung machen und kaum bekannte Begebenheiten aufstöbern. Sie blieben bis heute unbeachtet. Eine ehrliche Auseinandersetzung mit unserer Vergangenheit hat bis jetzt in den Massenmedien kaum eine Chance. Noch geben Historiker und Schriftsteller der ehemaligen Feindstaaten den Ton an und hierzulande wagen es nur ganz wenige, »taktlos« zu sein und abweichende Meinungen zu vertreten. Doch allmählich ändert sich das bisher höchst einseitige Bild. In Deutschland ist eine Generation herangewachsen, der man die schrecklichen Untaten nicht mehr anlasten kann, so sehr dies der israelische Ministerpräsident Begin aus seinem alttestamentarischen Haß heraus möchte. Die internationalen Archive öffnen sich. Auch im Ausland ist manche als bisher unangefochten geltende Position nicht mehr haltbar. In Frankreich beispielsweise ist die Vergangenheitsbewältigung ein Thema, das die Nation kontrovers bewegt. Der Mythos der Resistance bröckelt ab. Die Jugend kratzt an selbstgeschnitzten politischen Heiligenbildern. Augenzeugen von damals regen sich, wenn auch sichernd und witternd, wie gefährdetes Wild. Der Schock von 1945 sitzt hier noch tiefer. Dies wurde mir bei einem Erlebnis deutlich, das ich vor zwei Jahren in Frankreich hatte.
Ich hatte auf einer Reise durch meine Vergangenheit die Bretagne besucht, war dann wieder nach Paris gefahren und saß

nun im Schnellzug Paris–La Rochelle. Ich verbringe meinen Urlaub auf der Isle de Ré, einer immer noch sehr französischen Insel, der auch der Tourismus nicht viel anhaben konnte – bis jetzt!
Ich blätterte in einem interessanten Buch über die Collaboration. Mir gegenüber saß ein Mann meines Alters. Er hatte kluge, helle Augen in einem scharfgeschnittenen Gesicht, war gut, mit unaufdringlicher Eleganz gekleidet. Er beobachtete mich aufmerksam, ich spürte, wie er nach einer Möglichkeit suchte, mit mir ins Gespräch zu kommen. Nun, wie es in Frankreich zu sein pflegt, geht dies am besten übers Essen und Trinken. Ich hatte mir einen Rotwein geholt, einen Bordeaux, einen »Juliénas«. Er nickte anerkennend. Wir kamen ins Gespräch, stellten Vergleiche zwischen deutschen und französischen Weinsorten an, kamen über den Gemeinsamen Markt auf die Politik unserer beiden Länder zu sprechen, tasteten uns über die Gegenwart in die Vergangenheit zurück. Er war überrascht, daß ich mich in den Ereignissen jener Zeit, sowohl was das Vichy-Frankreich als auch das gaullistische angeht, so gut auskannte. Ich spürte, wie das Gespräch in ihm etwas zum Schwingen brachte. Und dann brach es förmlich aus ihm heraus: »J'étais dans l'armee allemande« (ich war in der deutschen Armee).
Fast erschrocken blickte er sich um. Wir waren nahezu allein im Wagen, konnten nicht gehört werden. Kurz und gut: Vor mir saß ein ehemaliger Angehöriger der Brigade »Charlemagne«. Ich gab mich zu erkennen.
Er konnte sich kaum beruhigen: »Pas possible, pas possible!« (Das ist einfach nicht möglich!)
Auch ich war aufgeregt. Wir zwei, nicht mehr jungen Herren, jeder mit einem kleinen Embonpoint, waren plötzlich wieder 20 Jahre alt. Das »Weißt-du-noch«-Gefühl stellte sich ein, wenn wir uns auch siezten.

Auch mein Gegenüber war in Wildflecken gewesen. Wir entdeckten gemeinsame Bekannte und wie das so zu sein pflegt, glaubten wir endlich, uns dort schon einmal begegnet zu sein. Der Reisegefährte war mit der Division an der Ostfront gewesen, war leicht verwundet worden, hatte das Eiserne Kreuz bekommen. Er wollte dann bei den Zwangsarbeitern untertauchen. Man hatte ihn entdeckt. Die Tätowierung unter der Achsel hatte ihn verraten. In Frankreich war er eingesperrt gewesen, nachdem er auf die damals übliche Alternative Fremdenlegion und Indochina oder Gefängnis sich für das Zweite entschieden hatte: »Nachdem mich meine Landsleute erst geschlagen hatten, verzichtete ich darauf, mich für sie zu schlagen. Außerdem hatte ich für die Kolonialkämpfe nichts übrig.«

Nach der Entlassung hatte er sich mühsam eine jetzt offensichtlich gut bürgerliche Existenz aufgebaut. Wir schwammen in einem Strom der Erinnerungen. Wir beide hatten, von kleinen Ausnahmen abgesehen, nahezu 35 Jahre nicht mehr über das damals gesprochen. Ein Gefühl der Solidarität stellte sich ein. Der Rotwein tat das übrige: »Schauen Sie, ich möchte gerne über diese Zeit sprechen. Sie hat mein Leben geprägt, aber mit wem soll ich reden? Meine Frau ist ängstlich, jetzt nach der schändlichen Ermordung von Oberst Peiper in Frankreich durch Kommunisten um so mehr. Was sind das für Menschen, die einem anderen das Dach über seinem Haus anzünden und ihn elendlich verbrennen lassen?«

Mir gab es einen Stich. Wie hatte ich mich denn verhalten? Hatte ich meinem Ruf Ehre gemacht, sehr deutlich und ohne Rücksicht auf Karriere meine Meinung zu sagen? Was hatte ich denn gesagt, als einige Kollegen bedauernd von einem »Betriebsunfall« sprachen, den man nicht hochspielen oder dramatisieren dürfe, um die deutsch-französischen Beziehungen nicht zu belasten. Habe ich auf das tragische Schick-

sal dieses untadeligen Regiments-Kommandeurs der Leibstandarte hingewiesen, der in Dachau im Laufe des Malmédy-Prozesses, wo man Angehörige der Leibstandarte angeklagt hatte, Kriegsgefangene ermordet zu haben, gefoltert worden war?
Ich habe es nicht getan. Ich schäme mich deswegen. Ich hätte sagen sollen, daß damals die Geständnisse der Deutschen vor den Amerikanern durch schlimme Folterungen erpreßt worden sind. Um diesen Quälereien ein Ende zu machen, nahm Peiper alle Schuld auf sich und sagte vor Gericht: »Laßt meine Männer in Ruh' und ich unterschreibe unbesehen jedes Schuldgeständnis, das ihr mir vorlegt. Ihr könnt mit mir tun, was ihr wollt. Ihr seid die Sieger, wir die Geschlagenen. Aber laßt die Männer in Ruh'.« (Zitiert nach Karl Albrecht »Sie aber werden die Welt zerstören«.)
Die Vorgänge von Malmédy sind nie restlos aufgeklärt worden, aber die Wahrscheinlichkeit ist groß, daß die gefangenen Amerikaner zwischen die Linien gerieten und durch Kriegshandlungen umkamen. Der persönlich unschuldige Peiper wurde zum Tode verurteilt, saß lange in Landsberg in der Todeszelle, in das Zeichen des Todes, die rote Jacke gehüllt.
Sein Todesurteil wurde dann durch die Bemühungen eines anständigen amerikanischen Verteidigers in lebenslänglich umgewandelt. Nach Jahren wurde er entlassen, übersiedelte später nach Frankreich, wollte dort ruhig sein Leben zu Ende leben.
Das Schicksal von Peiper erinnert mich an eine große Tragödie aus dem gallischen Krieg. Auch der Anführer der Gallier, Verçingetorix, opferte sich für seine Männer, lieferte sich der Gnade oder Ungnade seines Bezwingers Cäsar aus. Der kostete genüßlich die Rache des Siegers, trieb ihn über die Alpen, in einem Triumphzug durch Rom und ließ ihn 8 Jahre später durch einen nubischen Sklaven erdrosseln.

Am liebsten hätte ich meinem Gegenüber meine Scham eingestanden, ihm auch erzählt, daß ein »wohlmeinender« Kollege, dem ich von meinen Skrupeln berichtete, nur meinte: »Laß doch das alles vergangen sein. Wen interessiert noch ein Peiper. Die wenigsten kennen ihn noch: Tempi passati.«
Für uns zwei Passagiere in dem Zug Paris–La Rochelle wurde die Vergangenheit lebendig, auch wenn sie nach wie vor unser Leben verdunkelt: »Wissen Sie, meine Söhne wären schon an der damaligen Zeit interessiert, aber sie verdrängen sie. Sie haben Angst um ihre Karriere. Zu recht, übrigens! Haben Sie gelesen, daß vor wenigen Monaten der Direktor der Universitätsklinik Cochin, der anerkannte Professor Maurer, von seinem Posten zurücktreten mußte, weil bekannt wurde, daß er als blutjunger Mensch bei der Division Charlemagne war? Aber auch der Mythos der Resistance schwindet immer mehr. On verra – man wird sehen.«
Ich erzählte, daß mich seit einiger Zeit der Gedanke beschäftigt, ein Buch zu schreiben. Er nannte mir Autoren, die für mich wichtig wären, Jean Mabire zum Beispiel und vor allem De La Mazière. »Er ist ein ehemaliger Kamerad von uns, war Leutnant, und sein Buch ›Le Reveur Casqué‹ müssen Sie unbedingt lesen. In Deutsch ist das Buch im Lübbe-Verlag unter dem Titel ›Ein Traum aus Blut und Dreck‹ erschienen.«
Ich bedankte mich für die Hinweise. »Außerdem«, meinte er, »Sie kennen sicher auch die tragische Geschichte von Reichenhall. Ist ja ganz in Ihrer Nähe, nicht?«
»Ich habe davon gehört.«
»Sie sollten der traurigen Angelegenheit nachgehen!«

29
»Vergangenheit« und was
ich zu Albert Speer meine

Wir streiften noch viele Themen. In La Rochelle stiegen zwei nicht mehr ganz nüchterne ältere Herren aus dem Zug. Wir umarmten uns. Wir ließen es bei der einen Begegnung. Noch in La Rochelle rannte ich in sämtliche Buchhandlungen, um das Buch von De La Mazière zu kaufen. Kein Laden hatte es vorrätig. Aber ein paar Tage später, als ich auf der Isle de Ré in einem Trödlerstand voll mit Büchern herumschmökerte, hatte ich plötzlich den »Reveur Casqué« in der Hand. Ich las das Buch auf einen Sitz. Dabei fand ich Antworten auf Fragen, die ich mir damals in Wildflecken noch nicht gestellt hatte, die mich aber später beschäftigten. Aus welchen Kreisen, aus welchen Berufen kamen diese jungen Leute? Was waren die Motivationen ihres Eintrittes?
Zunächst war es faszinierend zu erfahren daß der Autor selbst, Sohn eines geschätzten Offiziers, erst nach der Landung der Alliierten in Frankreich in die Waffen-SS eintrat. Zu einer Zeit, als in Frankreich kaum noch jemand an den deutschen Sieg glaubte. Er war Mitarbeiter einer Pariser Collaborationszeitschrift, hatte aber durchaus noch die Möglichkeit gehabt, die Fronten zu wechseln. Warum er bewußt den verhängnisvollen Weg zur Waffen-SS ging, beschreibt er so:
»Mir fiel ein junger Arbeiter ein, der in demselben Zimmer gesessen hatte, ehe er die Uniform der Waffen-SS angezogen hatte. ›Ich habe Ihre Artikel gelesen‹, hatte er mir gesagt, ›und da habe ich erkannt, wohin der Weg in eine bessere Zukunft führt.‹ Dieser Mann hatte sich meine Überzeugungen zu eigen gemacht. Ich war mit schuld an seiner Entscheidung. Wenn

ich nicht eines Tages in Angst und Schande leben wollte, dann mußte ich seinem Beispiel folgen.«

Das mag heute, in einer Zeit, in der die höchste Kunst im politischen Leben darin zu bestehen scheint, Verantwortungen zu vermeiden oder wenn etwas schief gegangen ist, anderen diese aufzubürden, pathetisch klingen. Doch die wahren Kämpfer von damals haben danach gehandelt – sei es der deutsche Oberst Peiper oder der französische Untersturmführer De La Mazière. Ich schätze sie weit mehr als den damaligen Führer der deutschen Sklaveneinheiten Albert Speer, der später in seinen Memoiren die subtile Kunst des persönlichen Weißwaschens und des Kleinmachens ehemaliger Mitstreiter so weit gebracht hat, daß er zu einem Aushängeschild unserer ehemaligen »Umerzieher« und auch mancher Linksintellektuellen aufgestiegen ist. Er war in Nürnberg zum Kronzeugen der Anklage geworden, für nicht wenige Deutsche ist er es geblieben. Seine schuldige Verantwortung für die Katastrophe, oder genauer gesagt, das verlustreiche Hinausschieben des Zusammenbruches war jedoch weit größer als die von anderen Angeklagten, die gehenkt wurden. Er war kein Frontführer, sondern Kommandant der Etappe. Er war der Typ des Schreibtischtäters. Vielleicht sollten sich heute manche Zeitkritiker fragen, die seine Wandlung und Reue rühmend hervorheben und ihn deutlich abheben von den »brutalen Nazitypen«, ob sie nicht genauso auf den smarten, sympathischen Weltmann hereinfielen, wie damals nicht wenige junge und gebildete Deutsche, die sich sagten, wenn ein so vornehm und klug wirkender Mann aus guter Familie bei den Nazis mitmacht, dann kann das Ganze nicht so schlecht sein. Aber während ich dies schreibe, fällt mir ein: Habe ich das Recht, diese Meinung zu verbreiten? Trifft hier nicht das Gotteswort zu: »Richtet nicht, auf daß Ihr nicht gerichtet werdet!« Hat dieser Mann nicht 20 entsetzlich lange Jahre im Gefängnis gesessen, zum Teil unter Umständen, die man heute Isolationsfolter nennen würde? Saß er nicht in seinen besten Jahren, während ich 20mal das Aufbrechen des Frühlings erlebt und im Winter eindrucksvolle Skitouren gemacht habe? Während er Frau und Kindern bei den erlaubten spärlichen Besuchen nicht einmal die Hand geben durfte, sah ich meine Kinder heranwachsen, konnte die Freuden aber auch Leiden mit meiner Frau teilen. Wiegen die glanzvollen 10 Jahre an der Seite seines Herrn und Meisters Hitler die 20 grausamen Jahre von Spandau auf? Jahre, die monoton und lautlos wie aus einer Sanduhr das Leben verrinnen ließen! Wie hättest du dich denn verhalten? Und trotzdem: Speer hat viele Verteidiger. Sie weisen darauf hin, daß er sich persönlich die Hände nicht schmutzig gemacht habe. Aber ist es nicht schlimmer, andere Hände die Drecksarbeit tun zu lassen und die eigenen in die weißen Handschuhe der persönlichen Unschuld zu stecken? Damit Speer im Kriege erfolgreich bleiben und sich an Hitlers Gnadensonne erwärmen konnte, dafür sind viele gefallen oder in der Nachkriegszeit eingesperrt worden. Dabei hatten sie vorher nicht einmal die 10 fetten Jahre! Und bei diesen Überlebenden interessiert sich niemand aus »historischen und psychologischen Gründen«, wie sie mit Schuld und Sühne leben. Den oft gehörten Zusatz, jedenfalls ohne Tantiemen, halte ich hier allerdings für nicht relevant. Er macht die Frage nur klein. Wie dem auch sei: Meine Sympathie gehört nun einmal den Kämpfern. Die Aversion meines Vaters gegen »Märzenveilchen«, gegen Nutznießer jeglicher Art, hat bei mir tiefe Wurzeln geschlagen, läßt nicht immer eine differenzierte Betrachtungsweise zu. Mir war der Stehler immer lieber als der Hehler. Er riskierte mehr.

Aber so wie es eine Solidarität der »Smarties« und der Überlebenskünstler gibt, so auch eine Solidairät der Kämpfer und Risikofreudigen, und zwar manchmal in geradezu unglaublich scheinender Form. Erlauben Sie mir, hier ein persönliches Beispiel anzuführen. Ich bin in München ein Stammgast des Prinzregentenschwimmbades. Nach Einlaß, um 8 Uhr früh, sind wir in der Regel für eine geraume Zeit zu zweit: ein Kollege, ein sehr bekannter Polizeireporter, sachkundiger und humorvoller Autor, und ich. Er ist bewußter Jude. Er spricht dabei auch höchst unbefangen über nicht ganz »koschere« Juden, die soll's trotz deutschen Verdrängungskomplexes ja auch geben. Unnachahmlich versteht er es, über die großen und kleinen Schlawiner von München zu erzählen, besonders aus jenem Bereich, wo die Übergänge von der Gesellschaft zur »G'sellschaft« fließend sind und manche Namen nicht nur ständig in den Spalten der Klatschkolumnisten erscheinen, sondern auch in den Vernehmungsprotokollen der Polizei.

Er ist der Meinung, daß sich die Deutschen schwer tun, eine unbefangene Einstellung zu den Juden zu entwickeln. Unabhängig von den historischen Belastungen, die dies natürlich erschweren, ja fast unmöglich erscheinen lassen, mag es in unserem Volkscharakter, soweit man davon sprechen kann, Züge geben, die einen jähen Übergang vom Prügeln zum Kriechen ermöglichen. Machte man vor 1945 die Juden zu Untermenschen, so stilisiert man sie heute gerne zu Übermenschen empor. Auch dies ist schädlich.

Mein Kollege könnte übrigens auch selbst seinem Wesen nach ein jüdischer Preuße, ein Mann von »law and order« sein. Das sagt er gefragt und ungefragt. Das macht ihn nicht unbedingt zum Liebling einer gerade in München stark vertretenen Schickeria mit einem verblasen linksintellektuellen Gehabe. Im Gegensatz zu den schicken Schwaflern weiß mein Kollege, wovon er spricht. In der israelischen Gründerzeit gehörte er einer Polizeieinheit an. Vorher war er Mitglied einer jüdischen Untergrundorganisation während der britischen Mandatszeit. Als wir eines morgens wieder Seite an Seite unser Pensum herunterkraulten, erzählte er mir von einigen riskanten Untergrundeinsätzen. Aber plötzlich endete er ganz abrupt mit dem Satz: »Na, was soll ich gerade Ihnen das erzählen. Sie müssen ja wissen, was Himmelfahrtskommandos sind. Sie waren doch bei so einer Eliteeinheit, der Waffen-SS.« Ich prustete und schluckte eine gehörige Portion Wasser. Er schwamm seelenruhig weiter und fuhr schwimmstoßweise plaudernd fort: »Wissen Sie, wen ich wirklich hasse: Die Spießer, die sich von allen fernhalten, nicht weil sie weitsichtig oder gar mutig wären, sondern feige und ängstlich. Sie bringen niemanden um, aber helfen auch keinem.« Ich sagte wieder nichts, aber in meinem Hirn notierte ich Namen, die gut in eine solche Liste paßten. Es waren nicht nur unbekannte darunter. Aber das Schicksal bestimmt manchmal eben nicht gerecht und gleichmäßig das Verhältnis von Schuld und Sühne. In Deutschland wie in Frankreich und überall. Daß beispielsweise ausgerechnet Rudolf Heß heute noch gefangen ist, wird wohl jeder rechtlich denkende Deutsche als Schande bezeichnen.

30
Reise in die Vergangenheit

Das Kapitel »Charlemagne« soll abgeschlossen werden mit der Schilderung einer kürzlich erfolgten Reise in die Vergangenheit nach Wildflecken.
Zunächst mußte ich dort die gleichen Erfahrungen machen wie in der Bretagne und auf Korsika. Die Menschen vergessen im allgemeinen schnell. Die Gegenwart nimmt sie so sehr in Anspruch, daß für die Vergangenheit nur wenig Raum bleibt. In Bad Brückenau konnten sich nur wenige ältere Passanten an die Franzosen erinnern, einige verwechselten die Wallonen mit den Angehörigen der Charlemagne. Der einzige Name, den einer noch kannte, war der von Degrelle.
Es war ein nebeliger, kalter, windiger Tag, den ich mir zum Besuch von Wildflecken ausgesucht hatte. Wie zum Ausgleich für das häufig unwirtliche Klima hat die Natur hier aber einen Menschenschlag hervorgebracht, der als besonders umgänglich und gastfreundlich gilt, eine Erfahrung, die auch die Franzosen schon vor über drei Jahrzehnten machen konnten und die ich wieder bestätigt fand. Mich fror. Plötzlich verstand ich, warum gerade Wildflecken immer wieder zur Aufstellung von Waffen-SS-Einheiten herangezogen wurde. Hier waren die Voraussetzungen gegeben zur Erfüllung der Forderung: »Gelobt sei, was hart macht.« Hier könnten die sagenhaften Figuren eines Nebelheimes ihr schicksalhaftes Walten betrieben haben, blondlockige Frauen neben bärtigen Riesen und verwachsenen Zwergen, germanischer Urschleim. Ein Thingplatz, geeignet für militärische Vorspiele zu einer politischen Götterdämmerung. Für meine französischen Freunde, von denen nicht wenige aus dem sonnigen Süden kamen, aus der Cote d'Azur, aus den Py-

renäen, der Tourenne, muß dieser Ort ein wahres Straflager gewesen sein. Ich erinnerte mich während meines Besuches einer Unterhaltung mit einem Angehörigen der »Charlemagne«: »Man muß wohl in Wildflecken gewesen sein, um zu verstehen, warum eure Märchen immer so grausam sind und voller Hexen und Zwerge. Warum die Höhlen eine so große Rolle spielen, der dichte Wald, der unheimliche Wind, die scheuen Rehe und die bösen Wölfe.« Heute verstehe ich meine Kameraden besser als damals.

Im übrigen fand ich den Kasernenkomplex, der mir durch einen liebenswürdigen, aus München stammenden Beamten gezeigt wurde, kaum verändert. Die »Küchenstraße« schaut noch so aus wie damals. Dort, wo früher die Stallungen waren, sieht man außen an den Wänden noch die Haken für die Ringe, an denen die Pferde angebunden waren. Ich dachte kurz an unsere müden Klepper der Infanteriegeschützkompanie, auch daran, wie fürsorglich Capitaine Roy mit ihnen umging. Wahrscheinlich hielt er es mit Schopenhauer: »Wer die Menschen kennt, liebt die Tiere.«

Die Steine könnten viel erzählen von den Zeiten zwischen Hakenkreuz und stars and stripes der heutigen Nato-Kaserne.

Wenn es sich auch als historischer Irrtum herausgestellt hat, so dachte ich doch daran, daß sich meine Kameraden als Bollwerk gegen den Bolschewismus verstanden und sich als Angehörige einer Art Nato-Armee fühlten. Sie haben sich getäuscht und sie wurden obendrein verraten. Sie kämpften nicht für die Freiheit, denn in Unfreiheit für Freiheit zu kämpfen ist ein Widersinn.

Sie mögen vielleicht den Verrat dunkel geahnt haben. Wie anders ist die Bitte der Offiziersanwärter der Junkerschule Bad Tölz zu verstehen, über ihren Kommandeur von Hitler »bindende Auskunft« über das Schicksal ihrer Länder zu be-

kommen. Sie wollten »nicht für die Vergrößerung Deutschlands, sondern nur gegen den Bolschewismus kämpfen«. Sie erhielten Ausflüchte. Ich entnehme diese Zeilen dem Faksimile-Querschnitt durch das »Reich«.
Wenn allerdings am Schluß die europäischen Freiwilligen in ganz seltenen Fällen auch in Feindberührung mit den westlichen Alliierten gerieten, so war dies keine Absicht, sondern eine Auswirkung der verworrenen Frontlagen und des immer enger werdenden Raumes, in dem sich die deutschen Armeen bewegten. Von verschwindenden Ausnahmen abgesehen, haben tatsächlich nie Freiwillige gegen Soldaten der Westmächte gekämpft, lediglich einige wallonische Einheiten waren bei der Ardennenoffensive dabei.
Zurück zu Wildflecken 1981. Hier möchte ich eine Begebenheit nicht unerwähnt lassen, die mich betroffen machte und auf eine Misere unserer Zeit hingewiesen hat.
Als ich – angemeldet – an das große Eingangstor unten an der Rampe kam, traf ich dort auf einen in amerikanischen Diensten stehenden Wachmann. Er war in dem Maße amerikanisiert, wie man es aus billigen Westernfilmen kennt. Er hatte einen breitbeinigen, schaukeligen Gang und legte eine dämliche, joviale Herablassung an den Tag, die er wohl fälschlicherweise für eine heutige Spielart von Autorität hielt. Der ganze »mittelalterliche« Mann ließe sich als erhobener Zeigefinger karikieren. In einem Ton, den früher Stützpunktsleiter und NS-Hauswarte gegenüber Menschen angeschlagen hatten, denen sie soziale Ressentiments entgegenbrachten, fragte er: »Na, Sie junger Mann, wo haben wir das Scheinchen und das Papierchen?«
Die Lust an der Schikane war zu spüren, auch seine Mißbilligung, daß man so einen aus München kommenden Zivilisten, Journalisten noch dazu, Eintritt in den militärischen Himmel gewährte. Da soll er ruhig zuvor ein bißchen im Fegefeuer der

Formalitäten schmoren. Ich habe Verständnis für Notwendigkeiten, aber der Ton macht die Musik. Als ich merkte, daß man mit diesem Menschen nicht ruhig argumentieren kann, wußte ich auch das richtige Rezept: Nach allen Regeln gelernter »Barraskunst« »schiß« ich ihn zusammen. Das wirkte. Er wurde auf einmal höflich. Später erfuhr ich, daß er ein dort einflußreiches NPD-Mitglied war. Gäb's doch bloß diese Partei nicht! Gäb's doch überhaupt in Deutschland keine dämlichen und unbelehrbaren Neo-Nazis. Sie merken gar nicht, wie sie immer wieder Wunden aufreißen, Schatten auf unsere Vergangenheit werfen, die dunkel genug ist. Sie unterlaufen das Bemühen einsichtiger Männer, einer teilweise veröffentlichten Farbenblindheit entgegen zu treten, einen Versöhnungs- und Integrationsprozeß voranzutreiben. Diese Neo-Nazis liefern doch willkommene und manchmal sogar ausdrücklich bestellte Munition für jene »Federgewichtler«, die ihre Angst vor den roten, höchst lebendigen Unterdrückern dadurch kompensieren, daß sie ihren »Mut« gegen braune Tote demonstrieren. Damit sei nichts gegen Vergangenheitsbewältigung gesagt, aber alles gegen eine verzerrte.
Ich möchte diesen Wachmann trotz NPD-Mitgliedschaft nicht als Neo-Nazi bezeichnen, aber er dürfte es jedem cleveren journalistischen Fährtensucher leicht machen, ihn auf braune Pfade zu locken.
Mich hatte der Vorfall deshalb so aufgeregt, weil er mich erneut daran erinnerte, wie sich damals die Franzosen über den Satz mokierten: »Am deutschen Wesen wird die Welt genesen« und süffisant, wie sich das für genußfreudige Franzosen gehört, hinzufügten: »Was wird das dann für eine Küche sein, was für ein Umgang unter Menschen, wenn die ›Was ist das‹ die ganze Welt ›zakisch‹ – also zackig – machen wollen!«
Nein, die Franzosen bemühten sich zwar damals, uns zu mö-

gen, sie schafften es jedoch nicht. Auch nicht politisch. Fast möchte man sagen: es spricht für sie! Übrigens hat dies der Chef der französischen Miliz, der nachmalige SS-Sturmbannführer Darnand, 1945 auf die kürzeste Formel gebracht: »Die deutschen Nazis sind und bleiben immer die Feinde der französischen Faschisten. Das habe ich in Deutschland verstanden.« Joseph Darnand wurde von einem französischen Hinrichtungspeleton am 10. Oktober 1945 erschossen. Er starb mit dem Ruf: »Gott schütze Frankreich.«
Vor ihm hatte einer der geistigen Wegbereiter des französischen Faschismus, Drieu la Rochelle, kurz vor Kriegsende seinem Leben selbst ein Ende gesetzt. Sein Vermächtnis, das er kurz vor seinem Selbstmord niederlegte, hat Symbolgehalt für die Division Charlemagne und ihren Kampf innerhalb der deutschen Armeen, beschreibt ihren Irrtum und ihre Tragik: »Ja, ich bin ein Verräter. Ja, ich habe mit dem Feind zusammengearbeitet. Ich habe meine Intelligenz dem Feind angeboten. Es ist nicht meine Schuld, daß dieser Feind nicht intelligent war. Ja, ich bin kein beliebiger Patriot, kein Nationalist mit Scheuklappen; ich bin ein Internationalist. Ich bin nicht nur Franzose, sondern ein Europäer. Auch ihr seid es, bewußt oder unbewußt. Aber wir haben gespielt und ich habe verloren.«

31
Die Schandtat von Bad Reichenhall

An dieser Stelle möchte ich das Versprechen einlösen, das ich im Zug von Paris nach La Rochelle meinem französischen Kameraden gegeben habe, nämlich einem an Angehörigen der Division Charlemagne verübten Kriegsverbrechen nachzugehen. Ein guter Kollege, der in der Nähe von Bad Reichenhall wohnt, half mir dabei. Er wies mich auf das ebenso interessante wie sachkundige Heimatbuch »Die Schreckensjahre von Bad Reichenhall« hin. Autor ist der Gewerkschaftler und langjährige SPD-Stadtrat Fritz Hofmann, der im Kriege bei den Fallschirmjägern war. Ich besorgte mir das Buch, stellte eigene Nachforschungen an, aber Hofmann's Aufzeichnungen dienten mir als Kompaß.

Hier stand ganz genau beschrieben, wie es zu dem bis heute nicht gesühnten heimtückischen Mord an elf oder zwölf Angehörigen der Division Charlemagne kam. Unter der Überschrift »Elf Franzosen wurden in Karlstein erschossen« heißt es:

»Über die Erschießung der 11 Franzosen durch ihre Landsleute am 8. Mai wissen wir seit einiger Zeit mehr. Nachdem am 29. April 1945 die Reste der 38. SS-Panzergrenadierdivision ›Nibelungen‹ versuchten, den amerikanischen Streitkräften den Übergang über die Amper- und Isarbrücken bei Moosburg zu versperren, wurde ein Teil des dieser Division zugeteilten Sturmbataillons der französischen SS-Division Charlemagne versprengt. Die 11 Franzosen von Karlstein gehörten dieser Einheit an. Pater Gaume – ein früherer Missionar in Dahomey – war Augenzeuge der Erschießung. Nach dem Bericht in der Zeitschrift des Kameradenkreises ehemaliger Angehöriger der Waffen-SS ›Der Freiwillige‹,

19. Jahrgang, Heft 9, September 1973, ›Der Fall Karlstein‹ von Dr. Erich Kopp, gab Pater Gaume an eine der Familien nachstehende Erklärung ab: ›Nachdem vom Stab der Division der Befehl kam, die Gefangenen kurzerhand ohne Urteil zu erschießen, gab mir Pater Fouquet, der Divisionsgeistliche, den Auftrag, ihnen in ihrer letzten Minute beizustehen. Der junge Leutnant, der das Hinrichtungskommando hatte, gehörte nicht meiner Einheit an und ich kenne ihn nicht. Völlig bestürzt über den erhaltenen Befehl fragte er aber, ob er sich nicht weigern solle. In seiner Gewissensnot wollte er sein Möglichstes tun, um den Männern die letzte Stunde zu erleichtern und ging vor der Erschießung mit ihnen zur Kommunion.
Das Erschießungskommando wurde von einer anderen Einheit gestellt, und die 12 Mann wurden nach Karlstein gebracht. Einer der Gefangenen lehnte den kirchlichen Beistand ab, drei andere erklärten, für ihre Familien keine letzte Nachricht abzugeben. Unter den übrigen war mindestens einer, der seine Familie bat, seinen Mördern zu verzeihen.
Die Erschießung geschah in drei Etappen zu je vier Mann. Die letzten sahen so alle ihre Kameraden fallen. Alle weigerten sich, ihre Augen verbinden zu lassen und fielen mit dem Ruf: »Es lebe Frankreich!« Unter den letzten waren Leutnant Briffault und SS-Grenadier Payras. Gemäß den mir erteilten Befehlen ließ ich die Leichen liegen, aber ich wandte mich an amerikanische Soldaten, die in der Nähe lagen, und empfahl ihnen die Bestattung der Toten, was einige Zeit später geschah.‹
Folgende kurzgefaßte Erklärung gab später Pater Fouquet, der ehemalige Divisionsgeistliche der 2. gaullistischen Panzerdivision ab: ›Der Erschießungsbefehl wurde im Divisionsstab erteilt, und zwar von einem Offizier, dessen Namen ich nicht kenne, im Anschluß an ein Telefongespräch mit dem General Leclerc.

Die französischen SS-Angehörigen hatten eine besonders arrogante Haltung. Sie hatten einem französischen Offizier, der ihnen vorgeworfen hat, sie hätten die Uniform der »Boches« angezogen, geantwortet, daß er sich in der Uniform der Amerikaner wohl auch ganz wohlfühle.‹

Nach diesen weiteren Erkundigungen befanden sich unter den zwölf Gefangenen auch solche, die aus dem Lazarett kamen. Eine fotografische Aufnahme läßt den Verwundetenschein erkennen, der wehrmachtsgerecht am Knopfloch befestigt war. Ferner befand sich unter ihnen ein junger Freiwilliger von 17 Jahren (!). Sie hatten sich den Amerikanern kampflos ergeben, die sie zusammen mit anderen deutschen Kriegsgefangenen in der Kaserne der Gebirgsjäger in Bad Reichenhall einsperrten. Auf die Nachricht, daß ihre Bewacher von gaullistischen Truppen abgelöst werden sollten, beschlossen sie die Flucht. Es gelang ihnen auch, durch die Umzäunung der Kaserne in ein nahegelegenes Wäldchen zu entkommen. Aber die Flucht wurde entdeckt, und sie wurden kurz darauf von 2 gaullistischen Kompanien umzingelt und unter starker Bewachung zurückgebracht.

Am Nachmittag des 8. Mai wurden sie auf Lkw's nach Karlstein, das heißt, an der Straße nach Kugelbach, gebracht. Eines der Opfer hatte Durst, aber man verweigerte ihm jeden Schluck Wasser. Als man sich anschickte, den Männern in den Rücken zu schießen, protestierten sie heftig, worauf sie das Recht erhielten, sich frontal zu stellen.

Die Leichen blieben tatsächlich auf dem Platz liegen und wurden erst drei Tage später von amerikanischen Soldaten bestattet. Hier war ein amerikanischer Militärgeistlicher zugegen, der die Toten segnete. Sodann wurden auf die Gräber Holzkreuze mit dem Namen der Erschossenen gesetzt. Bewohner eines in der Nähe liegenden Bauernhofes konnten sich später noch sehr gut an den Vorfall erinnern, konnten

aber keine genauen Einzelangaben machen. Sie hatten wohl erraten, was gespielt wurde, als sie die Vorbereitungen bemerkten, hatten sich aber dann versteckt. Sie wollten nicht Zeugen dieses Vorganges werden, da sie damals befürchteten, hierdurch recht unangenehmen Folgen entgegensehen zu müssen.«
Hier schließen die Akten des Chronisten.
Stadtrat Hofmann führte weiter aus, daß die Erschießung am 8. Mai gegen 17.00 Uhr erfolgte, also nur einige Stunden vor Inkrafttreten des Waffenstillstandes. In Reichenhall nicht zu klären war auch die Frage, ob es sich, wie E. Kopp berichtete, um 12, oder »nur« um 11 Franzosen handelte. Der Fall Karlstein war übrigens auch schon in Frankreich in der Presse behandelt und dabei ein Bild veröffentlicht worden.
Erlauben Sie mir, lieber Leser, zu dem erschütternden Bericht von Stadtrat Hofmann ein paar persönliche Anmerkungen:
Während der frühere Missionar Pater Gaume in seinem Bericht einen menschlichen und christlichen Ton anschlägt, klingen die Worte des ehemaligen Divisionsgeistlichen, Pater Fouquet, ausgesprochen gehässig und »politisch«. Das, was er bei seinen Landsleuten »arrogant« nennt, war wohl nichts anderes als deren verzweifeltes Bemühen, nicht um Gnade zu betteln, sondern mit Würde zu sterben. Sie lebten und starben so, wie es Drieu la Rochelle einmal definierte: »Man ist eher einer Haltung verpflichtet, als einem Gedanken.« Pater Fouquet aber scheint einem Typ von Priestern anzugehören, der seine geistigen Wurzeln in der spanischen Inquisition hat.
Nicht völlig geklärt oder widersprüchlich beantwortet ist auch die Frage, wer nun eigentlich den Befehl zum Mord gab. Des Rätsels Lösung könnte das Bild bedeuten, das der Autor Hofmann seinem Bericht beigefügt hat (siehe Bildteil). Es zeigt General Leclerc, Victome de Hautecloque in einer US-

Montur, ausgerüstet mit einem Spazierstock à la Montgomery. Die Begleitoffiziere trugen dagegen die Uniform der französischen Armee. Somit erklärt sich wohl auch die trotzige Äußerung, die wahrscheinlich Untersturmführer Daffas Leclerc gegenüber getan hat: »Sie scheinen sich aber in Ihrer amerikanischen Kleidung auch ganz wohl zu fühlen!« Der Gedanke drängt sich auf, daß der gekränkte und für seine hochfahrende Art bekannte General selbst den Hinrichtungsbefehl gab. Er hatte ja auch die Gefangenen selbst verhört. Im übrigen muß man diese tragischen Vorgänge auch vor dem Hintergrund der damaligen militärischen Ereignisse sehen. Sie standen im Zeichen der Rivalität zwischen Amerikanern und Franzosen. Jeder wollte der Erste auf dem Obersalzberg sein. Dabei geriet das 7. US-Infanterieregiment sogar unter Beschuß der französischen »Kameraden«. Trotzdem waren die Amerikaner die ersten auf dem Obersalzberg. Das höher gelegene, aber weniger bekannte Teehaus auf dem Kehlstein überließ man den Franzosen. Die Spannungen dauerten aber noch geraume Zeit an.

Ich war mehrfach in Reichenhall, nahm Kontakt mit dem Vorsitzenden des »Krieger- und Veteranenvereins von 1840«, dem Amtsinspektor a.D., Herrn Heinrich Lichtmannegger, auf. Der rührige ehemalige Gebirgspionier und zeitweilige CSU-Stadtrat erzählte mir vom weiteren Schicksal der toten Franzosen. Am 2. Juli 1949 wurden sie exhumiert und in einem Sammelgrab beerdigt. Am 6. 7. 1963 wurden sie erneut umgebettet. Sie bekamen ein Wandgrab unmittelbar neben dem Grabmal zur Erinnerung an die im Ersten Weltkrieg gefallenen Reichenhaller Bürger. Der Friedhofsverwalter sagte mir, daß immer mehr Menschen aus ganz Europa, ja sogar aus Amerika, das »Franzosengrab« besuchten und Kränze und Blumen niederlegen. Daß auf dem Grabkreuz das Wort »gefallen« steht, zeigt die Schwierigkeit, die wir noch

heute mit einer ehrlichen Bewältigung der Vergangenheit haben!
In Reichenhall erzählten mir kürzlich einige Bürger von einem Nachspiel zum Fall Karlstein, das beinahe zu einem kommunalen Trauerspiel entartet wäre.
Im besagten Kriegerverein tauchte vor ein paar Jahren der Gedanke auf, an der Mordstätte ein »künstlerisch gestaltetes« Marterl aufzustellen. Es ist ja ein schöner und alter Brauch in Bayern und Österreich, dort, wo auf besonders tragische Weise Menschen umgekommen sind, Gedenktafeln aufzustellen, die mit Bildern und Inschriften versehen sind. Heinrich Lichtmannegger informierte darüber den Stadtrat. Dieser empfahl einstimmig das noble Vorhaben. Der Kriegerverein sammelte und brachte die erforderliche Summe auf.
Aber plötzlich gab's bedenkliche Amtsmienen. Der »schwarze Peter« ging um. Da war im Rathaus von geheimnisvollen »Winken« aus Bonn und dann wieder aus München die Rede, man solle die »Sache« nicht weiter verfolgen. Paris könnte übelnehmen. Kurz: Jeder sah ein, aber niemand wollte. Das Wort Zivilcourage ist und bleibt in manchen deutschen Amtsstuben ein nicht nachvollziehbares Fremdwort.
Wie anders denken und handeln da Soldaten. Ich darf darauf hinweisen, daß seit langer Zeit in der amerikanischen Militärakademie von Westpoint das Bild eines Unterscharführers der Waffen-SS hängt, als Ausdruck des Respektes vor einem großen Gegner.
Als nun in Reichenhall zu hören war, der »schwarze Peter« wäre endgültig beim dortigen Forstamt gelandet, das sich weigere, den Platz für das Marterl zur Verfügung zu stellen, wollte ich es genau wissen. Mein Anruf galt dem zuständigen Ministerium für Landwirtschaft und Forsten. Dieses handelte schnell und unbürokratisch. Wie man es von dem ehemaligen

Kriegsflieger und menschlich denkenden jetzigen Minister Eisenmann nicht anders erwartet, erteilte er die Einwilligung zur Errichtung des Marterls. Es soll im Oktober 1981 aufgestellt werden. Die Inschrift lautet: »Hier starben am 8. Mai 1945 12 Soldaten der Division Charlemagne. Franzosen und Deutsche haben sich über den Gräbern der Toten versöhnt. Mögen die Völker der Welt sich nie mehr als Feinde begegnen.« — Ein frommer Wunsch, gewiß, aber auch Ausdruck ehrlicher Überzeugung von ehemaligen Soldaten.
Ich stelle mir die Frage nach dem Sinn meines Reichenhaller Engagements. Wen interessieren diese Ereignisse noch? Idealisierte ich vielleicht meine ehemaligen Kameraden aus Trotz über Gleichgültigkeit und Feigheit meiner Umwelt? Wie sagte unlängst ein mir wohlgesonnener Kollege, als ich ihm von der Absicht erzählte, bei der Einweihung im Oktober, wenn es sich zeitlich machen läßt, dabei zu sein: »Ja, bist du denn überhaupt noch zu retten? Du weißt doch, wie das heute gemacht wird. Es wird heißen, Schönhuber nahm an geheimen SS-Treffen im Wald teil. Die wenigsten werden erfahren, daß es sich um eine versöhnende Aktion handelte.«
Ich fragte mich weiter, ob ich nicht auf dem besten Wege sei, ein journalistischer Don Quichote zu werden, der gegen die Windmühlen der Zeitströmungen anrennt. Unser Zeitgeist erlaubt ja keine anständigen ehemaligen Faschisten, anständige und tapfere gleich zweimal nicht. Das Recht auf Irrtum gilt nicht für die rechte Seite des politischen Spektrums. Daß es soldatische Fairneß und menschlichen Anstand trotz falscher politischer Überzeugung gegeben hat, will eine bestimmte Clique von Meinungsmachern nicht wahrhaben. In der häufig zum Ausdruck kommenden Gnadenlosigkeit und Arroganz könnt' ich mir übrigens manchen unter ihnen gut als ehemaligen NS-Funktionär vorstellen. Wahrscheinlich hätten sie Hitler ebenso angebetet, wie sie sich heute gegensei-

tig beweihräuchern! Aber vielen Wortführern unseres Volkes hat man so sehr das Kreuz gebrochen, daß sie es nicht, wie beispielsweise die Spanier, wagen, die Tapferkeit der faschistischen Verteidiger des Alćazar von Toledo und die der roten Verteidiger von Madrid gleichermaßen anzuerkennen.

Was mich aber, auch als Vater von Kindern, am meisten beschäftigte, ist die Tatsache, daß man im letzten Krieg auch vor der Ermordung von Jugendlichen im Verlaufe von Kriegshandlungen nicht zurückschreckte. Die Erschießung des Sturmmannes in Arys war ein Verbrechen. Die Hinrichtung von zwei Hitlerjungen im Alter von 16 und 17 Jahren in Aachen durch die Amerikaner im Jahr 1945 war ein Verbrechen. Sie hatten Spionage betrieben. Konnte ihnen als halbe Kinder die Bedeutung ihres Tuns klar sein? Was waren das für Väter, die solche Todesurteile unterschrieben haben, hüben und drüben? Für die Ermordung von Kindern in Konzentrationslagern reicht die menschliche Sprache kaum aus, um der Entrüstung Ausdruck zu verleihen. Um die Erinnerungen an solche Verbrechen wachzuhalten, muß es Mahnmale geben, die auf die Verderblichkeit von Rassen-, Völker- und Bruderhaß hinweisen. Auch aus diesem Grund habe ich mich in Reichenhall für die Errichtung des Marterls eingesetzt, nicht zuletzt aber deshalb, weil Besiegte selten eine Lobby finden. Vae victis!

32
Das Leben ist ein Würfelspiel

Ich denke, die Selbstbestimmung spielt auf der Bühne des Lebens eine Nebenrolle. Die Hauptrolle spielt der Zufall. Die Protagonisten heißen Glück und Pech. Wir sangen damals: »Das Leben ist ein Würfelspiel, wir würfeln alle Tage. Dem einen bringt das Schicksal viel, dem andern Müh' und Plage.« Philosophie in Liedform! Eine winzige Gleichgewichtsschwäche bei der Musterung verwehrte mir das ersehnte Fliegerdasein. Auf der Nummer 2 der Wunschliste von Patriotismus und Abenteuer stand die Waffen-SS. Ich hatte dann allerdings nicht, wie der heutige Oberbürgermeister von Stuttgart Manfred Rommel, einen Marschall zum Vater, der aufgrund seiner gemachten Erfahrungen seinem Sohn den beabsichtigten Eintritt in die Waffen-SS ausreden konnte.
Wie ein Lebensweg vom Zufall, oder sagen wir von göttlicher Fügung, bestimmt werden kann, erzählte mir kürzlich ein hoher katholischer und bayerischer Würdenträger: »Ich war Hitlerjugendführer, von der Idee des Nationalsozialismus angezogen, von manchen kirchlichen Kreisen darin sogar bestärkt. Meinem programmierten Eintritt in die Waffen-SS entging ich dadurch, daß der Zug, der mich zur Rekrutierungsstätte bringen sollte, wegen eines Bombenangriffs ausfiel. Ich nahm dies als Zeichen des Himmels und bezähmte mein patriotisches Verlangen, das zu diesem Zeitpunkt wegen der sich ständig verschlechternden Frontlage sowieso nicht mehr das allerstärkste war.« Und einer der Spitzenpolitiker dieses Landes vertraute mir einmal zu vorgerückter Stunde an: »Mein Schicksal hing buchstäblich an einem Zentimeter. 1,73 statt der geforderten 1,74 Meter schaffte ich bei der Freiwilligen-Meldung. Damals nahm man es noch sehr

genau bei der Waffen-SS. Man lehnte mich ab. Tagelang habe ich geheult. Heut' hab ich gut lachen.« – »Das Leben ist ein Würfelspiel ...«
Aber wenn bei mir auch der Schicksalswürfel auf die Seite Waffen-SS fiel: ich darf mich nicht beklagen. Während des Krieges hatte ich Glück, unverschämtes Glück. Mein Fronteinsatz, wenn auch wie in Korsika durch eine Insellage erschwert, war relativ kurz. Mehr zu schaffen machte mir in Warschau das Gefühl, als »Prätorianer Hitlers« das Ziel eines kaum verhüllten Hasses zu sein. Das Schlimmste aber war die Angst vor der Gefangennahme durch die Russen. Beim Endkampf waren meine Sinne schon so abgestumpft, daß ich die apokalyptischen Reiter in Gestalt der Panzer und Tiefflieger nur noch am Rande wahrnahm.
Oft aber habe ich mich gefragt, wie es mir ergangen wäre, wenn mich der Zufall nicht an die Südfront, sondern an die Ostfront gewürfelt hätte. Wäre vor allem meine physische Standfestigkeit stark genug gewesen, die Belastungen durch tägliche Kämpfe, Hunger und Kälte auszuhalten? Ich weiß es nicht! Aber meine Zweifel sind groß, wenn ich lese, was Heinz Höhne über eine Abwehrschlacht von Soldaten der Waffen-SS schreibt: »Nach dem Durchbruch starker sowjetischer Kräfte westlich Moskaus, die im Januar 1942 bis in den Rücken der Heeresgruppe Mitte vorgestoßen waren, warf der Oberbefehlshaber der 9. Armee, General Model, das SS-Regiment »Der Führer« unter Obersturmbannführer Otto Kumm an den Wolgabogen bei Rschew. Das Regiment sollte die dünne Barriere, die eine Verbindung mit den Heeresverbänden im Westen sicherte, gegen die anrennenden Sowjets halten, bis Model im Süden genügend Truppen konzentriert hatte, um einen vernichtenden Schlag gegen den Gegner führen zu können. Bei 52 Grad Kälte hielten die SS-Männer aus, Tag für Tag, Stunde um Stunde, den Gegner unermüdlich

abweisend. Am 18. Februar hatte Model den Gegner geschlagen. Als Kumm mit seinem Regiment abgelöst wurde, traf er den Oberbefehlshaber der Armee. Model: ›Ich weiß, was Ihr Regiment durchmachen mußte, Kumm. Aber ich kann es noch nicht entbehren. Wie stark ist es noch?‹ Kumm wies zum Fenster hinaus: ›Mein Regiment ist draußen angetreten!‹ Da stand es: 35 Mann stark, der Rest von 2000 Mann.«

Über den Blutzoll, den die Waffen-SS zu entrichten hatte, berichtete u. a. Obergruppenführer Berger in Nürnberg bei seinem bewegenden Schlußwort unter dem drohenden Schatten des Galgens: »Sie hatte beinahe soviele Tote wie das gesamte amerikanische Heer im Zweiten Weltkrieg.«

Nach Schätzungen sind ungefähr 250 000 Angehörige der Waffen-SS gefallen.

Die Waffen-SS war ohne Frage die Speerspitze der deutschen Armeen und eine militärische Elite. Daran ändert auch die Tatsache nichts, daß sie – um ihre ständigen »Feuerwehraufgaben« erfüllen zu können – häufig besser ausgerüstet war als die Wehrmacht. Dies muß man fairerweise den Kameraden der Wehrmacht gegenüber anmerken. Und doch: Auch für die Waffen-SS gilt in Abwandlung des Schiller'schen Satzes aus Wallenstein: »Von der Parteien Haß und Gunst verwirrt, schwankt sein (ihr) Charakterbild in der Geschichte.« Dies hat Gründe. Sie liegen vor allem in der Entstehung der Waffen-SS. Zumindest am Anfang ihrer Existenz war die Abgrenzung zu den anderen SS-Organisationen noch nicht für jedermann klar ersichtlich. Einige wissen darüber heute noch nicht Bescheid. Andere wollen es nicht wissen.

Zum anderen hat der Ehrenschild der Waffen-SS Flecken. Nicht mehr und nicht weniger als der anderer Armeen auch, darunter auch der deutschen Wehrmacht. Es muß hier ganz klar festgestellt werden, daß z. B. die Ermordung von Geiseln in dem südfranzösischen Ort Oradour sur Glane ein Kriegsverbrechen war. Dazu möchte ich wiederholen, was mehrfach Offiziere der Waffen-SS gesagt haben: »Wo das Verbrechen beginnt, hört die Kameradschaft auf.« Nur, man sollte die Kritik nicht allein jenen Historikern und Journalisten überlassen, die diese Zeit nicht mehr erlebt haben. Sie können keine Ahnung haben von der fiebernden Erregung des Kriegers. Sie wissen nichts von den Gefühlen, die ihn befallen, wenn er – wie dies in Oradour der Fall war – von der Entführung eines beliebten Frontoffiziers durch Maquisards erfährt. Sie können sich die angestaute Wut nicht vorstellen, die das Herz des Kriegers mit tödlicher Kälte überzieht, wenn er gesehen hat, daß Freischärler nicht immer Gefangene gemacht haben, sondern sie gelegentlich als lästigen Ballast einfach ins Jenseits beförderten. Schlaflosigkeit, Angst und Erschöpfung ließen manche Sicherung durchbrennen. Dies ist niemals eine Entschuldigung, aber manchmal eine Erklärung. Dies muß übrigens für alle Seiten gelten.

Leider gibt es auch genügend ernst zu nehmende Historiker, die zwar wissen, wie es war, es aber trotzdem kaum auszusprechen wagen, weil sie Angst haben, von der veröffentlichten Meinung an den Pranger gestellt zu werden. Als Betroffene dürfen wir nicht schweigen. Suchen wir also die Diskussion. Stellen wir uns der Kritik. Dies sind wir den toten Kameraden schuldig, aber auch der geschichtlichen Wahrheit.

Am wenigsten befugt, Verdammungsurteile zu fällen, sind aber vor allem jene in der ganzen Welt, die sich noch heute auf das Recht der stärkeren Bataillone stützen und sich den Teufel um Recht und Menschlichkeit scheren. Außerdem, sind nicht jene schlimmer, die damals den jungen, unwissenden Leuten die Waffen in die Hand gedrückt haben? Denken wir an die Schreibtischtäter, an manche vornehmen Herren aus der deutschen Industrie, die sich einst der fremden Arbeits-

sklaven bedienten, um ihr Soll Hitler und Himmler gegenüber zu erfüllen und dabei auch noch die eigenen Taschen füllten? Sind sie nicht selten nach dem Krieg in Gnaden wieder aufgenommen worden und sitzen heute an den gleichen Schalthebeln wie damals? Diesen Herrn mißtraue ich tief!
Aber wenn auch viele von uns sich nach dem Kriege schlecht behandelt fühlten oder tatsächlich wurden, dürfen wir nicht wehleidig sein! Vergessen wir nicht, daß das demokratische Deutschland uns besser behandelt hat als die Führer des Dritten Reiches mit ihren demokratischen Widersachern umgingen. Und stellen wir uns vor, welche Rolle wir im Falle eines Sieges zu spielen gehabt hätten? Aus gefürchteten, aber trotzdem geachteten Elitekriegern wären die verhaßten Zwangsherren Europas und Asiens geworden. In einer Welt des kalten Lichtes hätten wir überall die »Geßlerhüte« zu bewachen und »Platz dem Landvogt«, sprich Gauleiter zu rufen gehabt. Dieses Bild ist nicht weit hergeholt. Die Münchner werden sich an die Zeit erinnern, wo sie beim Passieren des Ehrenmals der von der SS bewachten Feldherrnhalle mit erhobenem Arm grüßen mußten. Die Hybris der Macht hätte jene verdorben, die sich ihr ergaben und jene vernichtet, die sich ihr widersetzten.
Aus vielen Gesprächen, die wir im Kriege führten, weiß ich, daß nicht wenige aufrechte und tapfere Männer der Waffen-SS an die sogenannte »Zweite Revolution« glaubten. Sie hätte die Nutznießer und Bonzen hinwegschwemmen und einen wahren idealistischen Nationalsozialismus schaffen sollen. Heute weiß man, daß dies ein frommer, aber sinnloser Wunsch war. Man kann ein System nicht im Detail reformieren, wenn es als Ganzes falsch ist. Und wenn es tausendmal stimmt, daß der Nationalsozialismus nicht nur schlechte Züge hatte, daß manches sogar die Zeiten überdauert; es darf keine Rechtfertigung für ein System geben, das andere Men-

schen wegen ihrer Rasse diskriminierte und sogar liquidierte. Ich bin überzeugt, daß die übergroße Mehrheit der Kameraden der Waffen-SS ähnlich denkt. Immer wieder haben gerade höchste Offiziere ihre Bereitschaft zur Mitarbeit im demokratischen Deutschland erklärt. Dieses demokratische Deutschland ist heute von Ultras auf der rechten und der linken Seite bedroht. Vielleicht eignen sich gerade jene besonders zur Verteidigung der Demokratie, die das Gegenteil davon, nämlich Diktatur in ihrer härtesten Form, kennengelernt haben? Aber vielleicht ist es schon zu spät?
Auch wenn ich keinen Zweifel an meiner heutigen Ablehnung der Organisation der Waffen-SS und ihrer ideologischen Zielsetzung lassen möchte, so bedeutet dies keine Distanzierung von meinen ehemaligen Kameraden. Im Gegenteil! Es waren gläubige, tapfere und anständige Menschen. Man hat sie politisch mißbraucht und militärisch verheizt. Dies gilt insbesondere für die europäischen Freiwilligen. Der Krieg nahm vielen Männern der Waffen-SS das Leben, allen ihre Jugend; die Nachkriegszeit den Überlebenden nicht selten ihre Ehre. Was kann man tun?
Voraussetzung für eine Versöhnung ist, daß wir ehrlicher miteinander umgehen. Nach den Begräbnisfeierlichkeiten zu Ehren des von Terroristen ermordeten Arbeitgeberpräsidenten und ehemaligen SS-Offiziers Martin Schleyer sagte zu mir mit Bitterkeit ein ehemaliger Waffen-SS-Angehöriger: »Muß man denn erst eine hohe Position in der Wirtschaft erreicht haben und dann ermordet werden, damit die höchsten Würdenträger dieses Landes wie bei Schleyer sagen, man habe sich um das Vaterland verdient gemacht? Die gleichen Leute aber unternehmen nichts oder wenig dagegen, wenn noch heute ehemalige SS-Angehörige zu Buhmännern gemacht werden und damit die braune Suppe allein auslöffeln müssen. Ist das nicht eine doppelte Moral? Die moralische Beurteilung

eines Mannes kann doch wohl nicht allein von seiner intellektuellen Kapazität und seiner Nützlichkeit im Wirtschaftsleben abhängig sein! Warum sagt das denn niemand? Warum schweigen die ehemaligen Kameraden, die heute hohe Beamte sind, in den Parlamenten sitzen oder in der Publizistik tätig sind?«
Ein Seitenblick streifte mich. – »Sie alle bräuchten doch bloß zu wiederholen, was Adenauer und Schumacher gesagt haben!« Innerlich gab ich ihm recht. Im übrigen waren wir uns einig in der Bewunderung für die tapfere Haltung Schleyers während seiner Entführung.

Ich habe dieses Buch unter anderem geschrieben, damit es zu einer gerechteren Beurteilung der Soldaten der Waffen-SS beitragen möge. Meine Hoffnungen sind dabei nicht allzu hoch gespannt. Täglich werden ja neue Gräben des Hasses aufgeworfen. Der Ruf nach Rache hier, zieht den Schrei nach Vergeltung dort nach sich. Man wird müde. Vielleicht schafft es die Kirche. Sie war in schweren Zeiten ein fester, manchmal mein einziger Halt.
Ab und zu entdeckt man Hoffnungsschimmer und faßt neuen Mut. Mir ging es so nach einem Satz, den ich in dem Buch »Eurofaschismus – Europas verratene Söhne« von H. W. Neulen gelesen habe: »In Diksmuiden/Flandern treffen sich jährlich am 1. Juli die flämischen Veteranenorganisationen und gedenken ihrer Gefallenen, wobei Widerständler und ehemalige SS-Freiwillige gemeinsam demonstrieren.« Diese Menschen haben begriffen, worum es geht. Sie wollen Frieden, weil sie wissen, was Krieg bedeutet. Sie wollen Versöhnung, weil sie erfahren haben, wozu Haß und Hybris fähig sind.

ANHANG

B e s t ä t i g u n g

Der Schüler _Franz Schönhuber_, geb. 10.1.1923

der im Schuljahr 1941/42 die __7.__ Klasse Abt. __C__ der
Luitpold-Oberschule f. Jungen in München besuchte, wurde in die
8. Klasse versetzt und erhält hiermit auch den Reifevermerk.

München, 11. Juli 1942   Der Oberstudiendirektor:
   25.9.1942.   J.V. K. Spannagel

Aus der Heimat

Sonnen-Aufgang 6.59   Sonnen-Untergang 16.26
          Freitag: Kath. u. Prot.: Zach. u. Elis.

Trostberg, den 4. November 1943.

Kriegsauszeichnung. Der Unterscharführer bei der Waffen-SS Franz Xaver Schönhuber von Trostberg-Mögling erwarb sich durch seine Tapferkeit an der Südfront das Eiserne Kreuz 2. Klasse. Die Heimat gratuliert!

3. SS-Panz.Div. "Totenkopf" Div.Gef.Std., den 17.11.43
　　　Kommandeur

Abschrift von Fernschreiben

von Manstein
Generalfeldmarschall　　　　15.11.43, 24,00 Uhr

An

3. SS-Panz.Div. "Totenkopf"
==============================

　　　　　　B r a v o SS - T o t e n k o p f .
　　　　　　J h r s e i d M o r d s k e r l e .

　　　　　　　　　gez. von M a n s t e i n
　　　　　　　　　　　Generalfeldmarschall.

Ich habe diesem Befehl nichts hinzuzufügen.

Verteiler:
Rgtr.u.Div.Tr.

Viele Heerführer des 2. Weltkrieges haben nach dem Krieg vergessen, was sie im Krieg über die Waffen-SS gesagt haben.

To whom it may concern.

This is to certify that Schönhuber Franz, has been employed at No: 2 Squadron 83o2 (D) Wing Royal Air Force (D.A.ZL.III/1/14) from 2o.1o.45 until 15.7.1946

His work has been conscientous and satisfactory. It is requested to give him every assistance in his search for equitable employment in civilian life.

Kiel-Holtenau,15.7.1946

signature
for Officer Commanding
No: 2 Sqdr.83o2(D)Wing/RAF.

B e s c h e i n i g u n g.

Hiermit wird bescheinigt,dass der Schönhuber vom 2o.1o.45 bis zum 15.7.1946 bei der No: 2 Squadron 83o2 (D) Wing - Royal Air Force (D.A.Z.L. III/1/14) beschäftigt war.

Seine Arbeit war gewissenhaft und zufriedenstellend. Es wird gebeten,ihm bei seinen Bemühungen um eine angemessene Beschäftigung in zivilen Leben jede Hilfe angedeihen zu lassen.

Kiel-Holtenau,15.7.1946

Für die Richtigkeit der Übersetzung:
gez.Binder
Feldmeister und Verbindungsoffizier.

Zur Beglaubigung
der Abschrift / Unterschrift
Trostberg, den 3.7.47.
Stadtrat
Bürgermeister

DAZL III/I/14 Kiel-Holtenau   Kiel-Holtenau, den 9. August 1946.

From: Officer Commanding No.2 8302 (D) Wing R.A.F.
To: Holding Unit Flensburg and Nortorf.

Es wird bescheinigt, daß der Vorman Franz S c h ö n h u b e r
seinen letzten Urlaub Dezember 1943 erhielt. Infolge Unabkömlichkeit
konnte er hier keinen Urlaub erhalten. Es wird gebeten, ihm bei seiner
neuen Einheit Urlaub zu gewähren.

It is to certify, that the Vorman Franz S c h ö n h u b e r has
got his lasthome-leave December 1943. He could not to get leave from
this unit on account of being indispensable. It is to propose to
grant him leave as soon as he arrives at the new unit.

Arbeitsleiter, C.O. - DAZL III/I/14   Officer Commanding
                                            No.2.Sqdn. 8302 (D) Wing
                                            Royal Air Force.

Der Kriegsgefangene Schönhuber bekommt von den Engländern Heimaturlaub.

"Die Neue Bühne" GmbH München
   Theater Traunstein   Traunstein, den 1. IV. 48

Herrn/Frau/Fräulein   *Franz Schönhuber*

Entsprechend unserer mündlichen Vereinbarung nehmen wir und
Sie zur Kenntnis, dass Sie für die
          Sommerspielzeit 1948 (1.5.-30.9.48)
    und   Winterspielzeit 1948/49 (30.9.48-1.5.49)
weiter bei uns verpflichtet sind.
Die Bedingungen bleiben vorerst dieselben wie bisher.

Zum Zeichen Ihres Einverständnisses
Ihre Unterschrift:

                                    "Die Neue Bühne" GmbH

Fahr'n ma, Euer Gnaden!

● ● ●

Singspiel von Oskar Weber
Musik: Karl Hieß

Regie: R. C. Schmalţ   -   Bühnenbild: G. Hesch
Musikalische Bearbeitung u. Leitung: R. C. Schmalţ
Orchester: Sepp Barstorfer

Inspizient: Hans Lux
Souffleuse: Marie-Luise Schür
Technische Einrichtung: Franz Danner
Beleuchtung: Alois Schwarz
Kostüme: Helga Bach
Frisuren: Adalbert Meyer und Franziska Lodinsky

Personen:

Johann Gschwandtner . . , ...
  Albert Keßler a. G

Fränzi, seine Tochter . . . .
  Edith König

Munk, ehem. Fiaker . . . .
  Franz Schönhuber a. G.

Maria Nagerl, Taxiunternehmerin . . . .
  Gerti Hertinger

Stefan Licht . . . .
  Helmut Früchtenicht

Dr. Haudtenried . . . .
  Walter Stieber

Pucksbart, Gemeindediener . . . .
  Gottlieb Hesch

Theodor Kreisler . . . .
  Alfred Pussert

und die Heurigensänger

Pause nach dem 2. Akt

Des Teufels General

DRAMA VON

CARL ZUCKMAYER

Regie: Dieter Timan

Bühnenbild: Gottlieb Hesch

Inspizient: Hans Lux

Souffleuse: Sybille Rabsch

Kostüme:

Westdeutsche Kostümwerkstätten

Dortmund

Technische Einrichtung:

Bühnenmeister Franz Danner

Beleuchter: Alois Schwarz

Frisuren:

Theaterfriseur Adalbert Mayer

und Franziska Lodinski

PERSONEN

Harras, General der Flieger	Bruno Sarowy
Lüttjohann, sein Adjutant	Dieter Timan
Korrianke, sein Chauffeur	Ernst Braasch
Friedrich Eilers	<u>Franz Schönhuber</u>
Oberst und Führer einer Kampfstaffel	
Leutnant Hartmann	Dieter Naumann
Leutnant Writzky	Ernst Hauser
Oberleutnant Hastenteuffel	P. Hornsteiner
Hauptmann Pfundtmayer	Albert Kessler
Siegbert von Mohrungen	Alfred Pussert
Präsident des Beschaffungsamtes für Rohmetall	
Baron Pflungk, Attaché im Außenmin.	Helmut Früchtenicht
Doktor Schmidt-Lausitz, Kulturleiter	Hans Berger
Oderbruch	Walter Zeno Diemer
Chefingenieur im Luftfahrtministerium	
Anne Eilers	Brigitte Schwarz
Waltraud von Mohrungen, gen. Pützchen . .	Lia Pahl
ihre Schwester	
Oliva Geiß, Diva	Ruth Eiben
Diddo Geiß, ihre Nichte	Gerti Hertinger
Lyra Schoeppke, gen. die Tankstelle . .	Edith König
Otto, Restaurateur	Walter Stieber
Francois, Kellner . . . . Wiprecht von Barby a. G.	
Herr Detlev, Kellner	Hans Friedrich
Zwei Arbeiter . . . Robert Trepse und R. Wagner	
Polizeikommissar . . . Wiprecht von Barby a. G.	

Ort: Berlin · Zeit: Spätjahr 1941, kurz vor Eintritt Amerikas in den Krieg

Erster Akt: Höllenmaschine

Zweiter Akt: Galgenfrist oder Die Hand

Dritter Akt: Verdammnis

Je 10 Minuten Pause nach dem I. und II. Akt

A.Z.Z. 775/47   Traunstein, den 12.September 1947.

   Die Spruchkammer für den Landkreis Traunstein

          erlässt in Sachen gegen

S c h ö n h u b e r Franz, Schüler in Trostberg, Möblingerweg 11
                        geb.am 19.Januar 1923 in Trostberg

           in G e g e n w a r t :

des Vorsitzenden:.Landgerichtsrat J.Schleifer, Traunstein
u.der Beisitzer : J.Schaffner, städt.Angestellter, Traunstein
                  Fr. Walter, Postassistent, Traunstein
                  Karl Wiendl, Lagerist, Traunstein
                  L. Staudinger, Postassistent a.D. Traunstein
d.Öffentl.Klägers:Dipl.Ing. L. H e c k , Traunstein
Protokollführerin:R.Vetter

in der öffentlichen Hauptverhandlung vom 12.September 1947
folgenden

             S p r u c h :

   I. Der Betroffene wird in die Gruppe der Mitläufer eingereiht.
  II. Der Betroffene hat einen einmaligen Sühnebetrag in Höhe
      von RM: 500.-- (Fünfhundert RM) zu bezahlen. An Stelle
      von je RM: 10.-- der Geldsühne tritt für den Fall der Un-
      einbringlichkeit eine Arbeitsleistung von einem Tag, je-
      doch nicht mehr als 30 Arbeitstage.
 III. Der Betroffene hat die Kosten des Verfahrens zu tragen.
  IV. Der Streitwert wird auf RM: 2.000.-- festgesetzt.

Bundesrepublik Deutschland
  Der Bundeskanzler
                                    Bonn, den 17. 12. 1952

   Herrn
   Generaloberst a.D. H a u s e r

   Ludwigsburg / Wttbg.

   Asperger Str. 48

   Sehr geehrter Herr Generaloberst!

   Einer Anregung nachkommend teile ich mit, daß die
   von mir in meiner Rede vom 3. Dezember 1952 vor dem Deutschen Bundestag abgegebene Ehrenerklärung für die Soldaten
   der früheren deutschen Wehrmacht auch die Angehörigen der
   Waffen-SS umfaßt, soweit sie ausschließlich als Soldaten
   ehrenvoll für Deutschland gekämpft haben.

              Mit dem Ausdruck vorzüglicher Hochachtung
                 bin ich Ihr

                            (Adenauer)

STANDARDWERKE ZUR ZEITGESCHICHTE VON WOLFGANG PAUL

DER ENDKAMPF UM DEUTSCHLAND 1945

2. Auflage · Leinen · 552 Seiten

Militärgeschichtliche Mitteilungen des Militärgeschichtlichen Forschungsamtes Freiburg i. Br., *1/79:* »Gefährliche Klischeevorstellungen vermeidend, schildert der Verfasser in der ihm eigenen erzählenden Art die Zeit von Herbst 1944 bis zur Kapitulation der Wehrmacht im Mai 1945. Bildhaft und lebensnah erzählt Paul in vielen Details das Hoffen und Leiden der deutschen Soldaten wie der zivilen Bevölkerung in den zerbombten Städten. Gleichzeitig macht er die militärischen Abläufe auf den verschiedenen Ebenen der Führung sichtbar, schildert er die Kontroversen zwischen Hitler und der Generalität. Das Buch, der Belletristik zugeordnet, hat bereits eine größere Verbreitung gefunden, als dies sonst bei militärhistorischen Studien der Fall ist. Der Erfolg seiner Bücher dürfte darauf zurückzuführen sein, daß Paul bei fesselnder Erzählkunst die wesentlichen historischen Abläufe dem heutigen Forschungsstand entsprechend korrekt wiedergibt.«

Helmut Forwick

Rheinische Post, 19. 4. 1977: »Wolfgang Paul ist der erste verläßliche Chronist des gesamten Geschehens. Sein Werk ist gegen die Abnutzung durch die Zeit immun. Es ist eine enzyklopädische Bestandsaufnahme dieser Endzeit. Dadurch erreicht es höchste Glaubwürdigkeit.«

Peter Jokostra

Deutschlandfunk, 7. 7. 1977: »Hier ist ein Werk entstanden, das auf jeder Seite den Eindruck unmittelbaren Erlebens vermittelt und das auch in der sprachlichen Ausdruckskraft endlich einmal dem fürchterlichen Geschehen gewachsen ist. Man hat den Eindruck, als habe der Verfasser die Stimmung von Bevölkerung und Soldaten 1945 eingefangen und es fertiggebracht, sie ungetrübt von Vergangenheitsbewältigung und politischen Ereignissen bis heute zu bewahren. Man kann diesem Werk nur weite Verbreitung wünschen.«

BECHTLE

ERFRORENER SIEG

Die Schlacht um Moskau 1941/42
3. Auflage · Leinen · 414 Seiten

Norddeutscher Rundfunk, Journal 3 für Literatur, 25. 11.75: »Wolfgang Paul gelingt es von der ersten Zeile an, die besonderen Konditionen dieses Krieges in ihrer ganzen Vielschichtigkeit zu vermitteln. ›Erfrorener Sieg‹ ist nicht nur die Geschichte des deutsch-sowjetischen Krieges vom Juni 1941 bis zu seiner Erstarrung in Blut, Eis und Schnee des ersten Rußlandwinters. Hier zeichnet sich in der militärischen Führung beider Seiten wie in der Truppe hüben und drüben bereits das Schicksal der folgenden Jahre ab. Ein Geschichtsbuch im besten Sinne des Wortes.« *Gottfried Vetter*

Münchner Merkur, 22. 11. 75: »Das Buch ist ein packendes Kapitel neuerer Geschichte.«

Braunschweiger Zeitung, 17. 12. 75: »Namen, von manchen längst vergessen, tauchen wieder auf: Smolensk, Wjasma, Orel, Orscha, Istra, Kaluga, Tula und Kalinin. Für alle, die diesen Winterkrieg vor Moskau miterlebt haben, sind diese Orte mit zahllosen Erinnerungen verbunden: mit Kämpfen und Sterben, mit Vormarsch und Rückzug, mit erbarmungsloser Kälte bis zu 40 Grad. Dies alles wird wieder lebendig in Wolfgang Pauls »Erfrorenem Sieg«, einer dokumentarischen Erzählung der Schlacht um Moskau aus eigenem Erleben und dem Kriegsaktenstudium. Diese Mischung aus dem Dabeigewesensein – der Autor war Leutnant und Führer einer Schützenkompanie – und dem Quellenstudium von Kriegstagebüchern und Divisionsakten machen das Buch zu einer besonderen Lektüre, ehrlich und schonungslos zugleich.«

Europäische Wehrkunde, März 1976: »Das Buch kann als hervorragendes Werk empfohlen werden.« *Dermot Bradley*

BECHTLE

ENTSCHEIDUNG IM SEPTEMBER
Das Wunder an der Marne 1914
2. Auflage · Leinen · 416 Seiten

Frankfurter Allgemeine Zeitung, 6. 12. 74: »Seit langem ist kein deutsches Kriegsbuch von solcher Qualität mehr geschrieben worden. Paul hat die Marneschlacht › bewältigt ‹, indem er eben nicht mehr › abrechnet ‹ und polemisiert, sondern durch die Kraft seiner Darstellung erschüttert und von Vorurteilen frei macht.«   *Wilhelm Ritter von Schramm*

Abendzeitung, München, 4. 1. 75: »Dieses Buch wird in hundert Jahren noch genauso beklemmend aktuell wirken wie heute.«
Toni Meissner

Welt am Sonntag, 1. 12. 74: »Wolfgang Paul ist es gelungen, eine hervorragende Schilderung einer Entscheidungsepoche deutscher Geschichte zu schreiben, die lebendig und lesbar ist.«   *Henk Ohnesorge*

Der Spiegel, 6. 6. 75: »Wolfgang Paul versteht es in der Tat, Geschichte lebendig zu machen. Die Rezensenten waren denn auch ausnahmslos entzückt.«

BECHTLE

DAS FELDLAGER
Jugend zwischen Langemarck und Stalingrad
2. Auflage · Leinen · 428 Seiten

Neue deutsche Hefte, 4/1978: »Das Buch ist ebenso sehr Aufklärung und Entlarvung, wie es lebendigste persönliche Anteilnahme, ja in gewisser Weise Bildungs- und Entwicklungsroman ist in einer der nicht nur gegen andere, gerade auch gegen das eigene Volk, seine Jugend unmenschlichsten Epochen. Das Buch Pauls hat keine nostalgischen Zwecke, es ist ein schonungsloses, wenn auch niemals ins Schnöde absinkendes Geschichts- und Aufklärungsbuch für kommende Zeiten. Vielleicht das Persönlichste und menschlich Bewegendste, das dieser hochproduktive Autor geschrieben hat.« *Joachim Günther*

Und das neueste Werk von Wolfgang Paul:

DER HEIMATKRIEG
1939–1945
1. Auflage Leinen · 428 Seiten

Wolfgang Paul stützt seine Dokumentation auf Akten im Bundesarchiv/Militärarchiv, auf in- und ausländische Publikationen und vor allem natürlich auf Augenzeugenberichte. Der Autor selbst ist Augenzeuge. Die Weise seines Erzählens bewegt, weil persönliche Erfahrungen die thematischen Gegenstände verknüpfen. Er trifft die innere Tonlage der Jahre des Reichsuntergangs. Er schreibt wahrhaftig, unbestechlich. *Berliner Morgenpost*

BECHTLE